高校主题出版
GAOXIAO ZHUTI CHUBAN

多元一体视域下的中国多民族文学研究丛书
The Series on Minority Literature: Perspectives from A Pluralistic and United Chinese Nation

丛书主编：姚新勇　副主编：邱　婧

国家出版基金项目
NATIONAL PUBLICATION FOUNDATION

东巴叙事传统研究

A Study of
the Narrative Tradition
in Dongba

杨杰宏　著

暨南大学出版社
JINAN UNIVERSITY PRESS

中国·广州

图书在版编目（CIP）数据

东巴叙事传统研究／杨杰宏著.—广州：暨南大学出版社，2018.12
（多元一体视域下的中国多民族文学研究丛书）
ISBN 978 – 7 – 5668 – 2216 – 1

Ⅰ.①东… Ⅱ.①杨… Ⅲ.①纳西族—礼仪—研究 Ⅳ.①K892.26

中国版本图书馆 CIP 数据核字（2017）第 259742 号

东巴叙事传统研究

DONGBA XUSHI CHUANTONG YANJIU

著　者：杨杰宏

···

出 版 人：徐义雄
策划编辑：武艳飞
责任编辑：黄　斯
责任校对：王燕丽　冯月盈
责任印制：汤慧君　周一丹

出版发行：暨南大学出版社（510630）
电　　话：总编室（8620）85221601
　　　　　营销部（8620）85225284　85228291　85228292（邮购）
传　　真：（8620）85221583（办公室）　85223774（营销部）
网　　址：http://www.jnupress.com
排　　版：广州良弓广告有限公司
印　　刷：广州市快美印务有限公司
开　　本：787mm×960mm　1/16
印　　张：19.75
字　　数：350 千
版　　次：2018 年 12 月第 1 版
印　　次：2018 年 12 月第 1 次
定　　价：68.00 元

总　序

　　本套丛书中刘大先先生的著作题名为"千灯互照",本是形容中华多民族文学丰富多彩、交相辉映之态,现借以形容这套总数不过十本的丛书,自然太过夸张,但若以点出本套丛书之于中华多民族文学研究的多样性、丰富性,虽仍夸张,却并非漫无边际。至少我们的确可以罗列出本丛书相关的三五特点。第一,以主题、研究专题、研究领域为集结的文学研究丛书自然很多,但征诸不同地方的少数民族文学的研究者,将其成果集结起来,组成一套研究品质较为纯粹的丛书,且由国家出版基金资助,这样的情况恐怕还不多见。第二,本丛书的作者为中青年学者,有的已从事少数民族文学研究多年,成果丰硕;有的虽然才博士毕业几年,但已经显示出强劲的发展势头,其中更有几位已跻身于少数民族文学相关研究领域的前列。本丛书收录的十本著作中,或是博士论文、博士后出站报告,或是国家社科基金结项成果。这都保证了丛书的新锐性、前沿性、专业性与可靠性。第三,丛书的主题、领域、视角多样丰富,所涉族裔文学现象多样,时代纬度参差交错。有神话与史诗研究,民间口头文学及说唱文学研究,族裔文学个案剖析与多民族文学现象的互动分析,当下少数民族文学及少数民族文艺创作、表演现象的宏观扫描及理论概括,某一族裔文学、文化经典传统个案的诗学理论之内在结构、文本肌质、表演仪式、叙述模式的深度剖析与细致型构,某一族裔当代文学创作的文化转型、民族心理与时代张力的考察,族裔母语文学的考察或母语、汉语双语互动的分析,等等。第四,丛书名为"多元一体视域下的中国多民族文学研究",这并非政治正确的口号,而是本套丛书研究特点的自然呈现,更是丛书作者之于中国多民族文学发展态势的敏锐观察与理论回应。而具体落实于本丛书上,则呈现为一个重要的共性——互文性。第五,互文性。中国多民族文学、文化的互文性,某一具体族裔文学、文化现象中的互文性,也为本丛书多数著作的特点之一。这既是研究者的理论自觉，更是中国多民族历史、文化、文学互动的自然结晶。比如神话研究，自新时期以来重新恢复生机，国外各种神话学理论渐次被介绍到中国，积三十多年的努力，中国神话研究取得了很大的发展。但是与此同时，神话所表征的民族或族群关系之"分"的趋势却日益明显，研究者、研究对象、接受群体的民族身份的"同一性"也似乎愈益强化。而《中国多民族同源神话研究》的作者王宪昭先生，在多年材料与研究积累的深厚基础上，有力地考辨了我国多民族神话"同源母题的作品占有相当高的比例"这一现象，不仅进行了数量可观的神话文本的互文性解读，也为中华民族多元一体关系增添了丰富多彩而又切实有力的论证。再如《锡伯族当代母语诗歌研究》一书，从书名上看，此书似乎只涉某一具体族裔的母语诗歌创作，但实际上，锡伯族的形成，它从祖国的大东北迁徙到大西北的历史本身就是一部波澜壮阔的宏伟史诗。因此在锡伯族的诗歌中，故土的大兴安岭、白山黑水，新家园的乌孙山脉、伊犁河畔，交相辉映；"大西迁"的刻骨铭心与"喀什噶尔"的深情咏叹，互为参照；族裔情感与国家情怀，水乳交融。满、汉、蒙、哈、维等语言因素都不同程度地结构或渗透于锡伯语中，因此，本书相当关注锡伯族母语诗歌创作与汉语之间的关系，也就再自然不过了。

《东巴叙事传统研究》一书，以更为纯正的理论品质，更为肌理性的文化、文本研读，从多角度、多层面探究了东巴叙事传统的成因、传承、流布、特征，并通过深描东巴叙事文本在祭祀仪式中的演述，揭示了口头文本、书面文本、仪式文本、表演文本在民众的生活与精神空间中的互文互构关系。作者还把东巴叙事传统与彝族、壮族、国外的史诗作了横向的比较研究，对当下的民间叙事学、史诗概念及类型作了深入的反思，表现出与国内、国际同行进行高水平对话的努力。

说到研究之间的互文性，对有心的读者来说，其实从本丛书的不同著作中也不难发现。比如说，丛书中有的研究主题相对比较封闭、形式化，所说、所论也容易被归为某一民族的特点，这尤其表现在那些神话或史诗研究中。而另一些有关当代少数民族文学创作的研究，则相对更注意"民族""民族文化""民族文学""民族意识""民族认同"的相对性、建构性。对其进行有意识的对照性阅读，或可互为弥补、相互启发。

比如《彝族史诗的诗学研究——以〈梅葛〉〈查姆〉为中心》和《凉山内外：转型期彝族汉语诗歌论》，所论文学现象皆属彝族，而前者着重于通过细读《梅葛》《查姆》揭示彝族史诗的诗学特征，后者则更敏感于新中国民族识别、少数民族文学工程的实施，之于整体性的彝族诗歌、彝族意识的生成、流变与转型的促动。这样，后者之于前者可能就对"彝族""彝族文学"的天然性、自在性多了质疑性价值，而前者则又可能提醒后者，彝族、彝族意识、彝族认同的建构，并非权力、他者的随心所欲。这样的互文性阅读，有可能突破本丛书有限的数量，更为宽广、丰富、深入地去理解、把握中国文学、中华民族的多元一体之复杂性。

当然，不管本丛书的认识价值与问题视野的可能性究竟有多大，其视域肯定是有限的，况且收录其中的著作质量并非齐一，也自然存在这样那样的缺陷。个中缺憾不知有无机会弥补。

感谢王佑夫、关纪新两位先生对本丛书的大力推荐，感谢丛书作者惠供大作，也感谢暨南大学出版社徐义雄社长的鼎力支持。

姚新勇

2017 年 7 月

于广州暨南园

序

　　杨杰宏博士的新著《东巴叙事传统研究》^① 即将出版，我得以先睹为快。这几年杨杰宏深入研究南方少数民族史诗，对东巴叙事传统下功夫颇深，发表了多篇文章，可以说他是最早提出"东巴叙事传统"这个学术概念的人。一百年来，国内外学者对东巴文化的研究成果是比较多的，我自己也曾花很多年功夫对东巴教的诸多内容进行了比较深入的研究，出版了《东巴教通论》。《东巴教通论》虽然提到口诵经与文字经籍的一些关系，但没有提出东巴叙事传统的概念，也没有聚焦在这一主题上进行深入的研究。就我所见，当下学术界论述东巴叙事传统的成果也不多，杨杰宏是第一个比较系统地研究这个主题的学者，他的这本书对东巴叙事传统进行了深入的论析，可以说弥补了学术界对这块领域研究的不足，有开拓创新的意义。我一直看重微观深入的研究，觉得只有大量深入细致的微观实证研究，才能为宏观研究奠定厚实的基础，东巴文化的研究也是这样，必须要深入进行多学科的微观研究，才能见微知著，揭示东巴文化博大深厚的内涵。杨杰宏博士对东巴叙事传统的深入研究，正是走出了这样扎扎实实的一步。通观此著，我认为有以下几个突出的特点：

　　其一，提出了"东巴叙事传统"的新概念，并对此概念下了准确的定义："东巴叙事传统是指东巴在祭祀仪式及民俗生活中进行叙事活动的文化传统。它以东巴教信仰及仪式实践作为叙事动力，以宗教叙事作为核心特征，以神话叙事作为表现特征，以口头叙事与仪式表演互为文本，以程式作为叙事构件，主要表现繁衍生息、与自然互惠亲和的两大文化主题。东巴叙事传统具有宗教叙事、民间叙事、仪式叙事、神话叙事、口头与书面叙事兼容的多元

①　该书为国家社科基金项目"川滇地区东巴史诗的搜集整理研究"（18BZW187）的阶段性成果。

叙事特征。"

其二，作者批评了东巴文学研究的两种错误倾向：一是仅从"文学"角度对东巴叙事传统进行单向度的研究，二是东巴文学研究与东巴文化相脱离。作者认为东巴叙事传统并非独立存在的产物，而是与民间歌舞艺术、宗教信仰、民俗事象、历史事件、经济形态等不同文化类别共融共生的。这些不同文化类别构成了东巴叙事传统的活水之源，也只有基于东巴文化本身所具有的多元文化形态特征的整体性研究，东巴叙事传统这条鱼才能鲜活地展现在人们面前。

其三，从东巴文学史层面而言，神话叙事传统与仪式叙事传统贯穿了整个东巴文学的产生、发展与衰落过程，这两个传统同源共生，互文互构，决定着东巴叙事传统的叙事特征、文本结构、演述形态。这本书结合叙事学、口头程式理论、表演理论、诗学民族志理论，从多角度、多层面探究了东巴叙事传统的成因、传承、流布、特征，并通过深描东巴叙事文本在祭祀仪式中的演述，揭示了口头文本、书面文本、仪式文本、表演文本在民众的生活与精神空间中的互文互构关系。作者在书中还把东巴叙事传统与彝族、壮族、《荷马史诗》等国内外的叙事传统做了初步的比较研究，对当下的民间叙事学、史诗概念及类型做了深入的探讨与反思。

其四，作者在书中进一步提出了这样的观点：东巴经籍文本就是东巴在仪式中为口头吟诵服务的提词本，属于典型的口头记录文本。它本身源于口头，服务于口头。东巴象形文字本身有字无词、有词无字、非线性排列、非逐字记音等不成熟文字特征，由此也决定了它的半口传文本性质。这些带有浓厚的口头程式特征的东巴经籍文本与东巴画、东巴舞、东巴音乐（主要包含东巴唱腔、东巴乐器、民歌调）、东巴工艺等多元艺术表演融合在一起来实现叙事、治疗、祈福、禳灾、表演、传承等多元文化功能。从这个意义上来说，东巴叙事文本绝不只是像书面文学作品那样用来阅读的，还是通过东巴在仪式现场的吟唱来听的，通过东巴在仪式中的歌舞、绘画、制作工艺来欣赏观看的，通过神圣庄严的宗教情境来体验的，所以说东巴叙事文本不仅属于口头传统，还属于纳西族源远流长的文化传统。

我很赞同他提出的这些观点。确实，对东巴叙事文本的理解绝不应仅仅把它们视为书面文学作品或书面文献那样来理解，而忽略东巴经籍文本与东巴仪式、东巴画、东巴舞、东巴音乐、东巴工艺等多元艺术表演融合在一起来实现叙事和宗教诸多功能的整合特征。就我所接触过的东巴教仪式而言，确实不是所有的叙事文本都集合在书面的"文学文本"中，仪式中穿插的各种小祭仪与祭司咏诵的文本密切相关，但又不表现在文本上，仅仅对具体仪式所属的书面文本和口头咏诵文本进行分析，而忽略这些仪式中的各种祭仪和口诵内容，确实会形成传统的"文学文本"阅读和实际上应该更为深入的文化解读之间较大的距离。

我以为，杨杰宏这本书的创新主要表现在以下几个方面：

其一，表现在学术思想的创新上。在相当长的时期里，学术界把史诗、神话等同于与作家文学相对的"民间文学"进行"文学化"的翻译整理、研究，这就难免带来不同程度的文本误读。本书的学术思考基于口头传统理念，将东巴叙事传统文本视为一种活形态的文本与民俗文化传统有机地整合为一体，在具体的仪式演述中检验史诗的概念内涵，深化了对东巴叙事传统的理解。

其二，表现在学术观点的创新上。本书提出了"文本与仪式互证"的学术观点，即把东巴经书的口头文本、书面文本与活形态的仪式研究有机结合，有利于东巴叙事文本的整体性、活态性研究，这对与民间信仰仪式高度融合的国内外不同民族的口头传统研究有重要的参考价值。

其三，此书对进一步深入研究东巴文字文本、东巴口诵经、民间口头传承文本之间的相互关系，以及其与东巴教的仪式和艺术之间的内在联系提供了很好的思路和研究的路径。这个研究思路的提出，也对研究其他民族的叙事传统中仪式、书写文本、口传文本等相互之间的关系有重要的启示意义。

《东巴叙事传统研究》对我们如何更理性地解读各民族的叙事文本有较大的启示，我们对文学色彩很浓郁的叙事文本的解读，如果能够如此书所进行的论析那样，更多一些整合的、立体的审视，将会有助于我们更为深入地对融宗教、民俗、民族心理、情感等于一体的各种叙事文本进行解读。

如果学术界能以立体多元和跨学科的视角，对属于一个民族或语支的不同民族的叙事传统进行深入的比较研究，会有更多有意义的新发现。杨杰宏这本聚焦东巴叙事传统的学术著作，也为今后进一步深入进行比如藏缅语族各族之间的叙事传统的比较研究开启了一个窗口。

《东巴叙事传统研究》的问世，将启迪我们以整合与透视的眼光和学术理念仔细审视各民族的叙事传统，更多地关注书面和口头文本与宗教仪式的程序、场景、器物、仪式的功能以及民俗事象之间千丝万缕的内在联系，突破长期以来把一个民族的叙事传统分解到某类体裁的文学作品而带来的片面性的理解乃至误读。这样深入的研究成果积累多了，一定会裨益于学术界更为立体地审视和解读各民族文化的丰富内涵，突破从单一学科的视野来论析这种叙事传统的局限性。从上述意义上而言，我认为《东巴叙事传统研究》这本书，是具有比较突出的学术创新性的。

期待杰宏今后能结合更多东巴叙事传统的案例和其他民族的案例就这一专题进行更为深入的研究，如能进行同一语系和语支民族更多的比较研究，必定会有更多新见。

杨福泉①

2018 年 3 月 29 日

---

① 杨福泉，二级研究员、中国民族学学会副会长、中国西南民族学会副会长、云南纳西学研究会会长。

目 录
CONTENTS

绪 论

一、选题的缘由与意义

很长一段时期里，不只是纳西族，包括各少数民族在内的整个民间文化界，一说到叙事就离不开文学。"民间文学""民族文学"成了民间叙事、民族叙事的代名词。东巴叙事传统也是如此，在各大知名期刊网站搜索，除了笔者近年来著述的几篇文章外，鲜有文章提及"东巴叙事传统"，几乎都是关涉东巴神话、东巴文学、东巴史诗等。笔者并不是说东巴文学，或者东巴神话、东巴史诗的名称不科学或没有研究价值，反过来，正是提出了"东巴文学""东巴神话""东巴史诗"等概念，极大地促进了纳西文学研究的长足进步，尤其是将东巴文学从历史上的"以夏变夷""迷信糟粕"的污名化境地中正名，功不可没。但我们必须看到东巴叙事传统与东巴文学并不能画等号，因为后者是从文学的视角来看待东巴叙事传统的。在这样的文学观支配下，东巴文学被看作类似于作家文学的文学，进行了系列的"文学化"加工：首先经过文艺工作者们到民间的搜集工作，把原来民间的、口头的或民族文字写成的文本整理成汉字文本，然后刊布于世；其次，在此基础上依照我们分析作家文学的传统模式，从作品产生的时代背景、所蕴含的主题、修辞方式、艺术特色、人物性格等方面进行条分缕析。从这个加工过程看，东巴文学主要是作为文学读本来读的。此外，东巴文学还作为人类学或社会学研究的素材，譬如东巴经中的自然崇拜、图腾崇拜作为原始社会、人类童年时代的形象例证。当然，知人须论世，知文也须论世。东巴叙事传统被"文学化""政治化"是与国家的时代命运紧紧地联系在一起的。20世纪50年代以来两次国家层面的"民间文学运动"①，改变了之前东巴文学的个体户研究状况，变成了国家支持下的集体协作方式，并推出了一大批可观的整理文本，纳西族东巴文学名篇——《创世纪》(《崇搬图》)、《黑白战争》(《黑白之战》《董埃术埃》)、《鲁般鲁饶》、《署鹏争斗》、《白蝙蝠取经记》、《崇仁潘迪寻药记》、《窝英都奴杀猛妖》、《普尺五路》等经典都是这两个时期的整理成果，同时通过对东巴经典的创编、加工，创作出了一大批以东巴经典为底本的文学作品，如木丽春、牛相奎二人在高中时创作的《玉龙第三国》、戈阿干的《格拉茨姆》，有的还改编成了歌舞剧本、电影剧本。这在客观上极大地提升了东巴文学的文化地位和学术地位。正是因为这两次民间文学运动，东巴文学从民间仪式中的宗教经籍中独立出来，进入国内外文化学者的视野中，使东巴文学，乃至东巴文化的研究、传承及保护工作得到了有效提升，这方面的成绩是需要肯定的。

　　同时，我们必须看到这种"文学化"的做法存在着诸多弊病。首先，人为割裂了东巴文化的整体性。所谓的东巴文学并非单独存在的个体，它是镶嵌在纳西族的东巴文化传统中，或者说存活于以东巴信仰为根基、东巴为演述主体、东巴仪式为载体、歌舞绘画为表演形式、民俗为文化空间的东巴文化传统中。离开东巴文化语境而谈东巴文学，犹如离水观鱼，看到的只会是死鱼，虽然可以通过解剖死鱼身体而获得关于鱼的一些知识，但观察不到它在水中的活形态，这种只观察死鱼的做法是无法看到真正的鱼的。其次，"文学化"的做法在一定程度上背离了文本真实性原则，与东巴叙事传统的真实的发生、存在、发展状态相去甚远。与作为文学读本的"东巴文学"整理文本不同，东巴叙事传统是与其特定的文化传统，包括精神信仰融合为社会有机体，它存活在民众的生产、生活及精神世界中，一个人从生到死都离不开这一套叙事传统——婴儿的出世、命名需要请东巴主持仪式，迎请素神（家神）保佑孩子平安健康成长，并根据孩子的生辰八字，遵循东巴巴格图测算其方位来赐名；在十四、十五岁时要举行成人礼，结婚时举行"素注"婚礼，遇上厄年及口舌是非举行禳栋鬼、退口舌是非仪式，去世时举行丧葬及超度仪式。这说明东巴叙事传统贯穿了一个人的生命周期，赋予他/她生命的意

---

　　① 第一次民间文学运动主要是指 20 世纪 50 年代初期配合国家的民族识别工作而展开的各民族民间文学搜集、整理工作；第二次民间文学运动是指 20 世纪 80 年代以来配合"三套集成"(《中国民间故事集成》《中国歌谣集成》《中国谚语集成》)而开展的各民族民间文学搜集、整理工作。第一次民间文学运动推出了一些好作品，但是在整理的过程中对民间文学的改动过大，有些地方损害了民间文学的原貌，有较多不可取之处。第二次民间文学运动吸取了前一次的经验教训，更强调民间文学记录和整理的忠实性与科学性。

义，型塑其价值观及精神世界，这远远超出了仅作为文学读本的消遣、娱乐功能。最后，东巴叙事传统的文学化在一定程度上削弱了其多元文本特征。东巴叙事并不只是通过阅读来实现的，或者说阅读在东巴叙事传统中并不占主体地位，它更多是通过"演述"来实现的。① 东巴在仪式中的叙事往往借助东巴唱腔、器乐伴奏（板铃、鼓为主）来达成，不同仪式的不同经书文本有不同的唱腔，如《耳子命》（《粮食的来历》）就有九种不同的唱腔，也就是说仅是演述这一本经书就要运用九种不同的唱腔！东巴在仪式中的叙事有时借助东巴舞蹈，如东巴丧葬仪式上的《丁巴什罗舞》，就是通过舞蹈形体语言演述东巴教主丁巴什罗从出生到死的悲壮人生；有时通过类似于小品表演的方式来达成叙事目的，如禳栋鬼仪式中东巴及其助手分别扮演恒英静玛与史支金补，各持一个面偶，边对话边作掷骰子表演，鬼主史支金补掷了 6 次都告输，给它好吃好喝的后将其面偶掷向南方，以示将其驱赶回南方；有时借助绘画、工艺品的运用达成叙事目的，禳栋鬼仪式中悬挂优麻战神画卷以及优麻面偶，与经书中的迎请优麻战胜魔鬼的情节是相对应的，丧葬仪式中的神路图，东巴一边跳着东巴舞，一边手持油灯从神路图的地狱慢慢移动到天堂，隐喻着死者的灵魂超度到天堂中。这说明东巴叙事传统的文本是多元的、动态的、互文的，至少可以明显地观察到它的文本形态既有口头文本，也含有书面文本；既有平面的、静态的文本，也有立体的、动态的文本；既有念诵文本，也有吟唱文本；既有文学文本，也有艺术文本，其艺术文本中又包含音乐文本、舞蹈文本、工艺文本等。笔者把这种多元形态文本定义为"多模态叙事文本"②。

综上，我们把东巴叙事传统简单地视为"文学文本"去"阅读"去研究是不契合研究对象客观状况的，毕竟作为"阅读文本"的东巴文学是静态的、孤立的、片面的，与作为民众的文化信仰、生活世界的东巴叙事传统存在着巨大的文化鸿沟。格尔兹说"钻入土著人的脑中"去解释他们的文化。如果没有这种互为主体（或主体间性）的文化视角，我们的"文学阅读"与民众的文化阅读是相去甚远的。譬如上文提到的禳栋鬼仪式中的小品表演，这在东巴经中是看不到的，就是说并不是所有叙事文本都集合在书面的"文学文

① "演述"是英语 performance 的翻译，一般译为"表演"。笔者在此引用了巴莫曲布嫫的译名——"演述"，主要考虑到演述对象——史诗在仪式中的吟诵或乐器伴奏吟唱具有表演与叙述两个文化功能，演述更能突出史诗的叙事表征。参见巴莫曲布嫫：《叙事语境与演述场域——以诺苏彝族的口头论辩和史诗传统为例》，《文学评论》2004 年第 1 期。

② 杨杰宏：《多模态叙事文本：东巴叙事文本性质探析——基于东巴书面与口头文本的比较研究》，见《纳西学研究》（第 1 辑），北京：民族出版社 2015 年版。

本"中，这些"小品表演"与南斯拉夫游吟诗人的以娱乐为目的的史诗演述不同，它是进行着极为严肃的宗教仪式。这个仪式中还有一个小品——东巴、东巴助手分别扮演儒欣阿巴、儒欣阿尤与主人进行对话。男主人把舍不得穿的一件衣服和帽子作为替身施给儒欣阿巴，女主人把舍不得穿的一件衣服施给儒欣阿尤，并把米饭、肉等装进鹿皮袋送给他们，让他们承载着主人家的灾难，爬过死亡之坡，蹚过死亡之水，迎着夏雨冬雪而去。从这个意义上说，所谓的东巴叙事传统其实是作为信仰东巴教文化的民众的文化根基而存在的，对它的解读、阐释也必须基于这样的立场，必须基于研究对象本质特征的方法论。而这样的方法论必须摒弃"文学化"单一的、机械的传统模式，从文化整体观、多模态文本、多元视角的理论和方法论角度来解读东巴叙事传统，从而更贴近研究对象，更能深入其文化肌理。应该说这是本书选题的缘由所在，也是本书的主旨及方法论意义所在。

当然，研究东巴叙事传统不仅仅是为了"弘扬东巴文化"，还在于通过东巴叙事传统的个案研究，揭示东巴史诗、东巴神话、东巴口头传统的发生、发展形态、传承内因、演述方式、文本构成，进而对史诗及口头传统的多元形态、概念特征、文本意义进行多角度、多层面的观察与思考。

二、东巴叙事传统研究状况

东巴叙事传统研究为历史学、人类学、民俗学、文学、宗教学等人文社会学科所覆盖的局面并未打破。国内外学者把东巴史诗、神话、故事、传说当作"人类童年文化"的证据，或为社会进化论、阶级斗争提供证据，或为原始文学、原始艺术、原始宗教、先民民俗等文化的滥觞提供线索，或运用人类学、历史学、民族学、社会学、艺术学等学科理论对其所蕴含的文化内涵、历史信息进行解构与阐释。

相对来说，在诸多学科中与东巴叙事传统较为接近的是"东巴文学"，毕竟纳西族民间文学、口头文学、口头诗学的研究皆与东巴文学有着千丝万缕的联系，其他民族的叙事传统同样也与包括其口头传统在内的民族文学形式存在着互构关系。东巴文学在漫长的封建社会时期是作为"牛头马面"而受到歧视冷落，直到20世纪中叶以来才作为民间文艺受到重视，期间在"文革"时作为"四旧"内容而遭受批判，改革开放后才得以正名。

1992年出版的《纳西族文学史》把东巴文学置于纳西族的历史发展背景中，与东巴文学的母体——东巴、东巴教、东巴文、东巴经有机联系，予以分析。首先，它第一次提出了"东巴文学"的概念，与民间文学、作家文学相并立，使东巴文学从原来民间文学的附庸身份中获得了独立。"东巴文学是唯一用象形文字写的作品群，它以独特性、丰富性、宏伟性，赢得了人民的喜爱，经受了历史的检验，获得了不朽的生命。它和纳西族的民间文学、作家文学一起构成了三种文学潮流，成为古代纳西族文学的中坚。它不仅在纳西族文学史上有深远的影响，占有极重要的地位，而且在祖国的文学遗产中，也是一束独特的艺术花朵。"[①]　其次，它对东巴文学进行了科学合理的分类，把东巴文学分为东巴神话（起源神话、伏魔神话、祖先神话）、创世史诗、英雄史诗、叙事长诗、祭天歌、东巴经故事、东巴习俗长调、口头传说、民间歌谣等。东巴文学的研究，是以东巴神话与东巴史诗的研究成果为主，二者是构成东巴叙事传统内容的主体。

（一）东巴神话研究

东巴叙事传统从内容上来看是以神话叙事为范本的，虽然其后期出现了一些具有现实主义色彩的作品，但整体来说仍以充满浓郁幻想的神灵世界为主体，属于神圣叙事的范畴。神话当然与神灵密切相关，那么什么是神灵？哪些不是神灵？神灵与鬼怪的区别在哪？白庚胜的《东巴神话研究》"对其神灵体系的产生、形成进行了神话性、历史性、文化性的阐释"，刘魁立评价说，"使混沌的东巴文化世界呈现出清澈的世界"[②]。在此书中，他把东巴神灵体系分为旧神、新神、最新神三大系统。旧神系统包括自然神、始祖神、创造神、生产神、生活神。新神系统指东巴经中诞生于白蛋、黑蛋的神鬼系统，其分工、居所较为固定。最新神系统来自本教和藏传佛教，天界神灵（至尊神、战神、神灵乘骑）、署神、鬼怪。[③]鲍江根据东巴教的宇宙空间概念，把神灵体系分为上、中、下三个层面，高居上方天空的有神灵、祖先神，居于中央大地的有自然神（署类）、人类，下方地狱界的为妖魔鬼怪。[④]　与道教里的有名道士羽化后成为神仙相似，东巴教里的东巴教主也是由人升格为神灵的，主要代表为一世祖丁巴什罗和二世祖阿明什罗。还有一类虽然没有提及具体姓名，但在东巴神话里经常出现，承担起为人类禳灾解难重任的东巴祭司也属于神灵，他们在神灵体系中的地位处于模糊状态，白庚胜的《东

---

① 和钟华、杨世光主编：《纳西族文学史》，成都：四川民族出版社1992年版，第241页。
② 白庚胜：《东巴神话研究》，昆明：云南大学出版社2012年版，第3页。
③ 白庚胜：《东巴神话研究》，昆明：云南大学出版社2012年版，第49页。
④ 鲍江：《象征的来历——叶青村纳西族东巴教仪式研究》，北京：民族出版社2008年版，第48 - 49页。

巴神话研究》把东巴列入丁巴什罗系统内的至尊神行列。① 洛克把东巴祭司的地位降为优麻战神与自然神之间的行列中。② 李霖灿把东巴与自然神归为一类，需要指出的是，他把自然神（署类）与汉文化中的"龙王"等同化了。③

象征是神话艺术的基本特征。从象征论视角来研究东巴文化是 20 世纪 90 年代东巴文化研究的一个热点，这方面成果以白庚胜的《东巴神话象征论》为代表。东巴文化象征论与原型论相类似，如通过对东巴神话中的神山——居那若罗山所象征的文化事象来寻找它的原型，认为东巴神话中的神山原型应为印度古代神话中的须弥山（Sumeru）。④ 纳西族东巴神话的象征具有一定的体系性，按生殖崇拜加以组织的象征体系丰富完整。东巴神话中宇宙起源模式按性行为进行构拟，米利达吉海象征母胎，居那若罗神山象征男根，神龟象征女阴，含依巴达神树象征旺盛的繁殖力，竖眼意味兽性，横眼意味人性，白色始终与善、美、真、实、吉等联系在一起，黑色大都象征恶、丑、虚、假、厄。⑤ 伊藤清司通过对《崇搬图》中女性的竖眼睛、横眼睛进行比较研究，认为人类变迁经历体质的进化到具有人性的人类诞生两个阶段，从身体不完整的人向完整的人进化，认为"创世神话所描写的远古人类眼睛的差异，不只是道德的象征，也深深地包含着文化的意义。直眼象征着妖魔鬼怪、蒙昧和邪恶；而横眼则象征着神、文化和纯正"⑥。习煜华认为，纳西族是由北方迁徙而来，北方为祖居地，是心灵的依靠，于是把北方神圣化为保佑自己的神灵居住的地方。而纳西先民在由北向南迁徙的过程中，迎面遭到敌对势力的重重挑战，虽然最后定居于金沙江上游，但对未曾深入的南方仍视为潜伏危险和隐患的不祥之地，由此认为那栖居着令人恐惧的魔鬼。⑦

不管是从神灵体系、东巴神话内容，还是从仪式轨程、宗教信仰等方面来看，藏族宗教文化，尤其是本教对东巴文化的影响是巨大而深远的，所以这方面的研究一直是东巴神话研究的重点。本教对东巴教的影响研究成果较多，特别是关于东巴教主与本教教主为同一人之说逐渐成为学界共识。丁巴

---

① 白庚胜：《东巴神话研究》，昆明：云南大学出版社 2012 年版，第 66－67 页。

② ROCK J F. A Na－khi－English encyclopedic dictionary（part II）. Rome：Istituto Italiano per il Medio ed Estremo Oriente，1972.

③ 李霖灿编著：《么些象形文字、标音文字字典》，台北：文史哲出版社 1972 年版。

④ 白庚胜：《东巴神话象征论》，昆明：云南人民出版社 1998 年版，第 349－352 页。

⑤ 白庚胜：《东巴神话之神山象征及其比较》，《民族文学研究》1996 年第 3 期。

⑥ 伊藤清司著，马孝初、李子贤译：《眼睛的象征——中国西南少数民族创世神话的研究》，《民族译丛》1982 年第 6 期。

⑦ 习煜华：《"三"在纳西文化里的含义》，见《习煜华纳西学论集》，北京：民族出版社 2009 年版，第 192 页。

什罗被当作东巴教祖师，东巴经中有《什罗祖师传略》《拯救什罗祖师经》《什罗除魔记》等书，还有全身绿的什罗画像。关于丁巴什罗的来历，长期从事东巴文化研究的周汝诚说："明拉与丁巴什罗斗法，被明拉打败后，丁巴什罗退居哈巴与玉龙雪山之间。"大东巴和玉才说："丁巴什罗是喇嘛，东巴经书是丁巴什罗带来的。"鲁甸东巴和云彩说："丁巴什罗可能是藏族，明拉是纳西大喇嘛。"精通藏语的杨云昭说："'丁巴'藏语里是导师、教导的意思，'什罗'是人名，含有智慧的意思。"①

本教的传入对东巴叙事传统的修辞、叙事风格产生了深刻的影响。白庚胜认为，"在本教传入之后，东巴神话从口传神话变为书面神话，许多作品开始定型化。在篇幅上，许多作品从过去的短篇向长篇发展；在形象塑造上，开始调动白描、心理描写、肖像刻画等多种技巧；在语言上，一改过去平白明快的叙述语言，大量使用排比句，有的甚至连续使用十几个或几十个排比，造成铺天盖地、势如波澜，或缠绵悱恻、细雨连连的艺术效果。如果没有本教书面语言的影响，纳西族古老的神话语言是难以有如此重大的发展，形成如此富有特色的东巴神话语言特色的"②。

与不同民族的神话进行比较研究也是东巴神话研究的一大特色。日本学者斋藤达次郎通过纳西族东巴教神话与蒙古族叙事诗的比较研究，认为纳西族文化多系统、多重地复合有北方文化与南方文化。③ 邹蓉通过对羌族与纳西族用羊占卜、偶人替死仪式环节的比较，发现宗教仪式中的叙事发展到代言经历了四个阶段：从叙述情况发展出关涉对话，进而产生间接对话，最后发展出代言的直接对话。④ 纳西族与藏族的文化比较研究一直是个热点，两个民族的神话比较研究往往成为文化研究的切入点。杨福泉从藏族与纳西族关于人神分界宇宙观的比较入手，将"姜日木保"神山（文笔山）和玉龙神山信仰中的纳藏文化交融对藏族和纳西族的人与自然观以及神山崇拜进行了比较研究。作者认为藏族和纳西族的神山信仰和关于人与自然的宇宙观、人神分界观等方面都有很多相似因素。⑤ 孙林通过对东巴神话经典及本教、摩尼教经典的比较研究，认为三种宗教中的二元对立观普遍存在，将宇宙的原始动力

① 和志武、郭大烈：《纳西族东巴的现状和过去》（调查报告），见云南省历史研究所编：《云南现代史料丛刊》（第3辑），昆明：云南历史研究所1984年版。
② 白庚胜：《纳西学论集》，北京：民族出版社2008年版，第142页。
③ 斋藤达次郎著，白庚胜译：《纳西族东巴教神话与蒙古叙事诗》，《民族文学研究》1995年第3期。
④ 邹蓉：《从羌族与纳西族宗教仪式看叙事到代言的演变》，《戏剧之家》2017年第1期。
⑤ 杨福泉：《藏族、纳西族的人与自然观以及神山崇拜的初步比较研究》，《西南民族大学学报》（人文社会科学版）2005年第12期。

解释为白色与黑色两种光，白光与黑光在宇宙创造过程中有时还以白卵与黑卵的形式出现，它们分别产生神与恶魔的传承系统。二元论宗教主要是波斯的拜火教与摩尼教，藏族与纳西族宗教中的二元论观念，我们认为主要是受波斯宗教的影响而产生的，其中受摩尼教二元论的影响更大些。① 张胜冰则把彝族、藏族、白族、纳西族、哈尼族、景颇族、阿昌族、拉祜族、傈僳族、普米族、怒族、独龙族等视为同一个西南氐羌民族，从它们的神话、史诗中寻找审美特征，他认为神巫意识、本族意识、崇生意识、乐生意识等，以及审美形态上表现出的怪异、狞厉、拙稚、神秘等原始文化特征构成了氐羌民族共同的审美观念。②

（二）东巴史诗研究

每个民族的史诗传统都是认识其自身的百科全书，也是一座"民族精神标本的展览馆"③。东巴史诗以《创世纪》（《崇搬图》）、《黑白战争》（《黑白之战》《董埃术埃》）为代表，这两部史诗与长篇叙事长诗《鲁般鲁饶》一同称为纳西族东巴文学的"三颗明珠"。《创世纪》是创世史诗，《黑白战争》为英雄史诗，这两部史诗比较全面地反映了纳西族先民筚路蓝缕、开天辟地、刀耕火种、辗转迁徙、部落战争等重大历史，真实记录了采集渔猎、畜牧农耕、纺织冶炼的社会经济生活内容，以及从原始血缘群婚到对偶婚的婚姻发展形态，反映了他们对物质与精神、人与自然、宇宙结构、万物起源、人类诞生等重大哲学问题上的深层思考。这两部史诗堪称"纳西族古代社会的博物馆"，也是纳西族民族认同的文化基因、历史根谱。

1913 年，法国人巴克（J. Bacot）出版了《么些研究》，涉及《创世纪》《黑白战争》的内容、主题、祭祀仪式等方面的研究，这不仅标志着东巴文化研究从以前单一的猎奇式的记载介绍转入学科研究阶段，同时也是这两部史诗研究的开端。但从史诗学科角度对这两部史诗进行研究，也只是近三十年的事。整体来看，东巴史诗研究取得了不俗成果，也存在着不足。

1. 东巴史诗的翻译整理

《创世纪》《黑白战争》是用东巴象形文写成的祭祀经典，分别在东巴超度仪式、禳栋鬼④仪式上演述，只有专职东巴才能看懂此书，加上不同时期、

---

① 孙林：《论藏族、纳西族宗教中的二元论及与摩尼教的关系》，《西藏研究》2004 年第 4 期。
② 张胜冰：《西南氐羌民族审美观念研究》，武汉大学博士学位论文，2012 年。
③ 朝戈金：《〈亚鲁王〉："复合型史诗"的鲜活案例》，《中国社会科学报》，2012 年 3 月 23 日。
④ 主要是在驱赶"垛鬼"的"垛肯"仪式上吟诵此部经书，纳西族家庭如有发生不明病症、口舌是非、家庭不顺等情况，就请东巴举行此仪式。

不同区域形成的多种异文版本等客观情况，对它的翻译、注释、校勘成为扩大研究力量的必要条件。近百年来，不少学者对这两部经典进行了翻译整理工作，取得了突出的成就。较早的是 20 世纪 30 年代洛克把这两部经书翻译为英文，① 20 世纪 40 年代李霖灿、赵银棠也进行过翻译工作，② 但从翻译情况看，三个人的翻译还是以意译为主，即在东巴诵读、纳西语翻译的基础上再转译为汉文。20 世纪 80、90 年代和志武、杨世光也进行过汉语翻译。③ 这种意译为主的翻译工作对东巴经典的介绍起到了重要的推动作用，但同时因为忽视了文本的语境以及不同语言转换的问题，导致了文体的变化，原来的韵文变成了散文。

　　语言学意义上的翻译工作始于 20 世纪 60 年代初期，这一时期在丽江县委书记徐振康的支持下对纳西族东巴经书进行了有效的搜集整理，译注了几百本东巴经书，并以石印形式内部出版了 21 种东巴经译本。2000 年 9 月，由丽江东巴文化研究院翻译整理的《纳西东巴古籍译注全集》正式出版，全集共 100 卷，选入不重复的东巴经书有 897 种。这两次大规模的搜集、整理的成果中就包括了《创世纪》《黑白战争》这两部东巴史诗。如《黑白战争》的整理本有：李即善、周汝诚翻译的《懂术战争》，和明信翻译的《董神与术神战争之经》，和发源翻译的《董术争战》，和开祥、李瑛翻译的《董术战争》，和士成、和力民翻译的《董埃术埃》，这五本译著都采取了四对照翻译，即东巴文、汉字直译、汉文意译、国际音标注音。这种四对照翻译模式尽量保持了原来文本语言的真实性与完整性，有利于研究的深入。

　　2. 东巴史诗的主题研究

　　不同学科对这两部史诗的主题研究一直到现在仍是研究焦点。《黑白战争》的主题归纳出来主要有三大类：一是同一族群内部两大氏族或部落之间的战争。《纳西族文学史》④ 等大多数著述都认为这部经典史诗的主题是纳西族古代氏族或部落之间的战争。也有学者根据不同部落的文化特点，认为这不仅是部落之间的战争，同时也是"光明与黑暗之间的战争"⑤。赵银棠也持这一观点。⑥ 二是不同民族之间的战争。胡文明认为这一史诗反映的不是纳西

---

　　① 洛克著，和匠宇译：《纳西语英语汉语语汇》（第 1 卷），昆明：云南教育出版社 2004 年版。
　　② 赵银棠：《玉龙旧话新编》，昆明：云南人民出版社 1984 年版。
　　③ 和志武译：《东巴经典选译》，昆明：云南人民出版社 1994 年版。杨世光翻译整理：《黑白之战》，《玉龙山》1980 年第 1 期。
　　④ 和钟华、杨世光主编：《纳西族文学史》，成都：四川民族出版社 1992 年版。
　　⑤ 陈烈：《纳西族英雄史诗〈黑白战争〉主题思想的形成》，《民族文学研究》1998 年第 2 期。
　　⑥ 赵银棠：《玉龙旧话新编》，昆明：云南人民出版社 1984 年版。

族部落之间的战争，而是纳西族与普米族之间的战争。① 和士华认为这是纳西族先民用东巴象形文字记录了中国上古时期的分属夏朝、商朝的两大部族之间的战争。② 但这些观点因无具体历史文献、考古材料等史实支持而未成为主流观点。三是农耕与游牧两大集团之间的战争。这一观点最早是由日本学者诹访哲郎提出的。他认为，《黑白之战》（《黑白战争》）中黑白从对立到统一的转化很可能象征着纳西族社会以黑（畜牧民）为统治者，并融合了白（农耕民）的历史。纳西族神话中关于黑白从对立转向统一，以及畜牧民之代表与农耕民之代表相婚生下民族始祖的情节正是对笔者所提出的由北南下的畜牧民集团统治土著农耕民集团，最后两者实现融合形成现今纳西族之观点的有力支持。③ 叶舒宪也认为《黑白之战》（《黑白战争》）中东部落王子与西部落公主的结合，可以从两种文化在冲突中融合的意义上去理解；而东部落战胜西部落的结局也不能简单视为善良战胜邪恶或白吞并了黑，其文化蕴含在于外来的游牧集团面临山地生态而被迫放弃以游走放牧为主的生活方式，同化到当地已有的农耕生活之中。④ 白庚胜也持类似观点。⑤

《创世纪》的主题以创世、迁徙、祭天为主，但其中所反映的社会经济、文化、思想、宗教、民俗、艺术等方面的内容异常丰富，所以从宏观层面来说，学术界对《创世纪》的研究更倾向于"百科全书式"的文化阐释。马国伟的博士论文《纳西族神话史诗〈创世纪〉研究》对这一部史诗所蕴含的纳西族原始经济生活形态、原始宇宙观和古代哲学思想、古老婚姻家庭形态、原始宗教和民间文化习俗、传统审美观念和文学艺术特色等内容做了研究，认为神话史诗《创世纪》作为纳西族古代社会的"百科全书"、东巴教的核心经典、民间文学的魁首之著，是民族历史文化的"多层次积淀体"⑥。诹访哲郎认为《创世纪》反映了纳西族从游牧民族逐渐过渡到农耕民族这一历史文化。⑦ 李子贤从《创世纪》中的洪水神话得到启示，纳西族的兄妹群婚发生在洪水暴发之前，而其他民族的神话与史诗的兄妹婚则是发生在洪水暴发

① 胡文明：《普米族与纳西族的关系：对〈黑白之战〉的一点浅见》，见《普米研究文集》，昆明：云南民族出版社 2002 年版。
② 和士华：《纳西古籍中的星球、历法、黑白大战》，北京：民族出版社 2002 年版。
③ 诹访哲郎著，白庚胜、杨福泉译：《黑白的对立统一》，见《国际东巴文化研究集粹》，昆明：云南人民出版社 1993 年版。
④ 叶舒宪：《中国少数民族英雄史诗的类型及文化生态》，《东方丛刊》1998 年第 2 期。
⑤ 白庚胜：《东巴神话象征论》，昆明：云南人民出版社 1998 年版。
⑥ 马国伟：《纳西族神话史诗〈创世纪〉研究》，中央民族大学博士学位论文，2012 年。
⑦ 诹访哲郎著，姜铭译：《从创世神话看纳西族的游牧民性与农耕民性》，《云南民族学院学报》（哲学社会科学版）1989 年第 2 期。

之后，从中反映了《创世纪》的历史文化背景——纳西族先民从血缘群婚到对偶婚的过渡形态。①

3. 东巴史诗的口头程式研究

从口头传统的文本类型来看，两部东巴史诗都属于口头—书面文本，或半口传文本，兼具口头与书面文本特征。自 20 世纪 90 年代国内学者引入口头诗学理论（又称口头程式理论或帕里—洛德理论）来观照各民族口头传统，口头诗学理论成为研究史诗的利器。东巴史诗也不例外，以口头诗学理论视角研究东巴史诗近年来呈现出后来居上的态势。从研究成果来说，笔者对东巴史诗的口头与书面文本关系、叙事视角、文本结构、句法程式化特征、东巴史诗中的音乐和绘画的程式化等方面做了初探。② 李英在《东巴经的口头程式与经文书写》一文中，运用口头程式的理论体系和研究方法，从东巴经中存在的语词、短语、句子、段落、格式、叙事等方面对东巴文学的口头程式进行了分析，通过对东巴文字文本的书写方式和东巴经的口头程式以及东巴经的书写的研究，认为东巴文字以省略书写的东巴经传统，根植于东巴经文高度程式化的结构中。③ 许多多亦对东巴经中的五色系统及创世神话中的数字的程式化特征做了比较研究。④

（三）东巴叙事传统研究存在的不足

第一，以今观古，文本"格式化"⑤。在研究中，忽视生成文本的历史

---

① 李子贤：《论丽江纳西族洪水神话的特点及其所反映的婚姻形态》，《思想战线》1983 年第 1 期。

② 杨杰宏：《东巴经籍文献中的口头程式句法研究》，《中央民族大学学报》2017 年第 1 期；《东巴史诗的音乐程式探析》，《西北民族研究》2017 年第 1 期；《纳西族口头传统互论》，《中央民族大学学报》2016 年第 1 期；《东巴祭天仪式的程式化特征及结构形态》，《黔南民族师范学院学报》2016 年第 1 期；《东巴仪式叙事中的"大词"》，《中国社会科学报》，2015 年 11 月 6 日；《多元化的南方史诗类型思考——基于创世史诗〈布洛陀〉与〈崇般突〉比较研究》，《中央民族大学学报》2018 年第 4 期；《东巴画的程式化特征研究》，《内蒙古艺术学院学报》2015 年第 2 期；《东巴仪式表演的文本结构探析》，《民族艺术研究》2015 年第 4 期；《转换与交融：东巴史诗的多元叙事视角》，《贵州师范学院学报》2015 年第 4 期；《多模态叙事文本：东巴叙事文本性质探析——基于东巴书面与口头文本的比较研究》，《纳西学研究》2015 年第 0 期。

③ 李英：《东巴经的口头程式与经文书写》，《丽江师范高等专科学校学报》2014 年第 4 期。

④ 许多多：《东巴经中的五色系统程式研究》，《民间文化论坛》2016 年第 5 期；许多多：《东巴、达巴创世神话中的数字》，《中国社会科学报》，2017 年 5 月 15 日。

⑤ "格式化"源于巴莫曲布嫫在《叙事语境与演述场域：以诺苏彝族的口头论辩和史诗传统为例》一文中的论述，主要是指某一口头叙事传统事象在被文本化的过程中，以参与者主观价值评判和解析观照为主导，掺杂了参与者大量的移植、改编、删减、拼接、错置等并不妥当的操作手段，致使后来的学术阐释，发生了更深程度的文本误读，这种文本转换的一系列过程及其实质性的操作环节表述为"民间叙事传统的格式化"。

的、发展的过程，以现今的意识形态、学科分类来分割、臆断。如依据现有
文体观念把东巴叙事传统划为"民间文学""民族文学""神话""史诗"等；
对主题分析简单化为"光明与黑暗""正义与邪恶"的政治冲突；采集文本
时，侧重"民间文学"、有"积极意义的"神话内容，对不符合标准规范的
异文本予以"格式化"改造；忽视贯注其间的宗教、民俗、历史内容，同时
很少交代访谈人、诵经人的具体情况，甚至以"集体"名义予以抹杀。譬如
20 世纪 50 年代末搜集整理的《创世纪》是在对不同区域的版本进行了删减
增补的基础上再创编而成的，最突出的是按当时的意识形态对原来的东巴经
文本进行切割。譬如把东巴经书末尾的程式句——"主人这一家，请来东巴
念经，兴盛繁昌，流水满塘"被认为是"东巴宣传封建迷信思想麻醉人民的
最露骨的表现"，并认为原文中把洪水暴发的原因归结为兄妹婚是东巴对现实
的歪曲与篡改，在整理文本中删除了这一情节。[1]

　　第二，以文观境，去语境化倾向严重，对文本的演述[2]性质重视不足。语
境的概念意味着相互关联的三个基本维度：一是文化意义上的"语境"，即知
其文化背景、理解其民俗；二是功能意义上的"语境"，即社会的与心理的功
能，关注民俗如何合法化社会结构，减轻心理冲突；三是场景化的"语境"，
关注的是社会生活运作中民俗的社会应用，在文化地限定的场景与事件中研
究民俗的功能。[3] 东巴叙事文本原本是在举行东巴祭祀仪式上演述的文本，有
着自身的文本语境与演述场域。以往研究者往往把它作为孤立的"民间文学"
作品来看待，抽离了它得以产生、演述的民族传统背景、具体演述场域，以
及演述者与观众互动中达成的语境。

　　第三，以外观内，遮蔽了"内在性"研究。从现有研究成果来看，东巴
叙事传统研究为历史学、宗教学、文学所覆盖的局面仍未打破，这种"外在
性"[4] 研究忽略了其作为口头传统的性质，遮蔽了对其"内在性"的深入研
究。尤其是对史诗文本、程式特征、深层结构、传承人、演述模式、格律、

---

　　① 云南省民族民间文学丽江调查队搜集翻译整理：《创世纪》，昆明：云南人民出版社 1978 年
版，第 97 页。

　　② "演述"之词源于鲍曼创立的"表演理论"中"performance"的中文翻译，早期学者大多翻
译为"表演"，巴莫曲布嫫译为"演述"，突出了史诗的表演、讲述的多重功能特征。

　　③ 王杰文：《"文本化"与"语境化"：〈荷马诸问题〉中的两个问题》，《民族文学研究》2011
年第 3 期。

　　④ "外在性"提法源于索绪尔对语言学的研究，索绪尔认为语言学对象的两种不同的规定性。
影响语言活动的外在性因素包括政治、民族、历史、地理，以及其他社会制度如教会、学校教育，甚
至文学等，在一定程度上，索绪尔的"外在性"概念可与"政治性"互换。而语言的"内在性"则
是指摆脱了外在性政治的意识形态"干扰"的内在于语言系统的规则规定性。参见吕微：《"内在的"
和"外在的"民间文学》，《文学评论》2003 年第 3 期。

句法、文体模式等方面的研究仍处于空白状况。这种研究倾向在客观上造成东巴叙事传统沦为研究纳西族历史、宗教、文学、民俗学的资料库，而自身的本体研究一直处于边缘状态。

第四，以偏观全，文本选录、翻译中存在以偏概全、失真性的问题。东巴经典的文本翻译是在东巴与研究者之间达成的，只有东巴才能对东巴经典进行诵读，所以东巴对经典的理解水平，研究者对东巴文化的掌握程度，对汉语、国际音标的熟练程度都决定着翻译的质量。从东巴叙事传统代表经典的翻译情况来看，成就最大的是《纳西东巴古籍译注全集》，但细察之，这套百卷译注也存在一些问题，虽然瑕不掩瑜，但不能不正视之。一是全集不全。譬如《黑白之战》不同版本达十多本，全集中只收录了和发源、李瑛、和力民翻译的三个文本，而没能收入和年恒、和志武翻译的《董术战争》，李即善、周汝诚翻译的《懂术战争》，和明信翻译的《董神与术神战争之经》等。二是对形成于不同方言区的东巴经典文本没有进行对应翻译，如全集的诵读东巴都是由丽江县①境内的东巴完成，有些经书来自迪庆州、宁蒗县、四川木里县等不同地区，因为没有这些不同地区东巴的参与，东巴经典的翻译存在失真性问题。三是翻译过程中没能对诵读者的方言情况、音韵体系予以说明，从而给纳西语内部的不同方言、同一方言内的不同土语造成混乱。日本学者黑泽直道指出："在以纳西语为母语的该研究所纳西族学者中，没有意识到语言的重要性，从而没能将纳西语各地方言、音韵差别作为重大问题加以把握。正因为这样，各种经典读音中的纳西语各种方言音韵几乎都被抛弃殆尽。"②

三、东巴叙事传统研究的多元维度

东巴叙事传统本身的多样复杂性决定了其研究范式的多元性。这种多元维度的研究范式并非意味着对传统的"东巴文学"研究范式予以摒弃，而是对"东巴文学"的否定之否定。当然，对东巴叙事传统的研究并不是说研究范式越多越好，关键在于有效，而这种理论的有效性需要在具体的个案研究中得以检验，而且同样需要不断的否定之否定，使之臻于至善。以下几个研究维度是笔者近年来对东巴叙事传统研究所做的尝试，应该说是值得深入探索实践的。

---

① 2003 年，原来的丽江地区改设为丽江市，原来丽江纳西族自治县分为古城区、玉龙纳西族自治县。

② 黑泽直道：《〈纳西东巴古籍译注全集〉评述》，见白庚胜译：《日本纳西学论集》，北京：民族出版社 2011 年版。

（一）历时性的研究维度

东巴叙事传统的载体——东巴文化并非孤立发展形成的，而是在漫长的历史发展过程中继承了古羌底层文化，吸纳了本教文化、藏传佛教文化、汉文化、白族文化等外来多元文化才沉淀生成的，这种多元文化对东巴叙事传统的发生过程必然产生了深层的影响。从东巴叙事传统的叙事主题来说，自然崇拜、祖先崇拜、图腾崇拜、神灵崇拜作为主线贯穿了其叙事内容。这些叙事主题的形成，明显带有历时性特点。东巴叙事传统的形成并非能够独善其身，而是受到自身内外政治、经济、军事、宗教、艺术等方面的长期影响。最突出的一个例证是雍正元年（1723）实行的"改土归流"，应该说这场政治变革推进了丽江纳西族社会生产力的发展，加速了其与内地接轨的进程。但地方统治者采取的"以夏变夷"的文化政策，对东巴文化进行污蔑、打击、排挤，迫使东巴文化生态急遽恶化，东巴文化退缩回穷乡僻壤苟延残喘，这使发展中的东巴叙事传统受到严重挫折，特别是东巴文化生存的山区社会发育程度低，极大限制了东巴叙事传统的创新发展，使东巴文化明显与近现代社会脱节。东巴叙事传统的历时性还表现在其内容上，如《创世纪》中所反映的刀耕火种的原始农耕社会到《耳子命》（《粮食的来历》）中反映的精耕细作的封建农耕社会，从血缘婚到对偶婚到一夫一妻制的婚姻变迁，叙事主角从神灵转变为现实中的平凡人……这些叙事内容都是以时间线性作为维度的。还有一个时间维度值得注意，即东巴叙事的主体——东巴本人的历时性问题，他是什么时候学习东巴文化的？什么时候主持仪式？什么时候成为德高望重的大东巴？他早期、中年、晚年的东巴叙事风格、叙事能力、创编水平都会发生相应的变化，这种从个体的历时性考察东巴叙事传统，有助于我们从一个发展的、动态的过程中更直观、丰富生动地感受到东巴叙事传统活形态的发展变化。

可以说，历时性的比较研究维度有助于我们更有效地观察体验到叙事主体对叙事传统的依赖程度、创编法则，以及叙事传统在发展过程中的稳定性与变异性，从而对叙事传统文本的历史化过程有一个整体的把握。

（二）共时性的研究维度

共时性的研究维度主要是指不同地域、不同族群等空间因素带来的文化差异性研究。东巴文化大多保留于层峦叠嶂、江河纵横、峡谷雄峙的自然环境中，这种地理环境造成了相互间的交通困难，加上行政区划、社会经济发展程度不同，不同地方的东巴叙事传统存在着不同程度的差异，这种差异表现在文本上就成为异文本，表现在文化上成为同源异流。具体来说，东巴叙事传统中的东巴经书、东巴唱腔、东巴舞蹈、东巴画、东巴工艺、东巴器乐、东巴仪式、东巴服饰等方面都存在着差异，这些叙事元素之间的差异性对东巴叙事传统的形成及发展演变是有深层影响的。三坝至鸣音、奉科、宝山、大具一带的东巴唱腔比其他地方的唱腔要丰富得多，而东巴经书的书写以丽江坝区至太安、鲁甸一带的经书最为翔实、丰富，故事情节也更为突出；江边阮可人的东巴仪式中以祭胜利神为大，而丽江坝区及其境内纳西族以祭天仪式为大，这与阮可人居于强大他族势力范围中，匪患频发的特殊历史地理密切相关。这些不同的东巴叙事文本到底以哪个地方的文本作为范本？以哪个人的文本作为代表作？还是综合不同地方的文本"合成"一个综合性文本？这里是否存在人为创编乃至篡改文本的学术伦理问题？如果我们把不同区域的文本尽量搜集、整理出来，供研究者或受众自己选择，这种看似科学合理的做法背后，客观上也带给研究者或受众选择性困难，或者说文本整理者主动放弃了文本的比较、甄别、精选的研究职责。

历时性研究强调叙事传统是在历史的发展演变中逐渐沉淀生成的，而共时性研究则注重当下的生存发展形态。"口头诗歌创作的叙事单元就是在共时性的关照中总结出来的，这些诗歌学说的法则，可以有效地促进史诗文本的研究。"[①] 所以共时性维度研究更突出田野调查中获得的活形态资料，并从中探讨叙事传统的内部运作规律，揭示其文本、文类和传统的独特性。

（三）不同文本比较研究维度

文本（text）是人类学的一个关键词，指语言符号系统、现象系统及其内容。有两种情况，一为语言的成分，一为超语言的成分。前者指一个句子、一本书和一个观察现象的内容所构成的认识对象，后者指话语的语义和内容所组成的记号复合体，它反映语言外的情境。这种语言外的情境因各人的情况不同而有所不同。文本有三重意义：①话语的记号系统或现象的记号系统；②该系统所表述的意义系统；③现象的观察者与书本的读者所了解的不同抽象记号系统。结构主义大多把文本的记号系统与所表达的意义看成平行的、固定的。[②] 朝戈金认为，任何分析对象都是文本，文本产生过程也可视为文本。在这个含义上，文本包括表述/被表述两个层面。而按口头程式理论的概

---

①　尹虎彬：《荷马与我们时代的故事歌手——洛德〈故事的歌手〉译后记》，《读书》2003 年第10 期。

②　参见冯契主编：《哲学大辞典》（修订本），上海：上海辞书出版社 2001 年版，第 1533 页。

念界定，文本是"表演中的创作"（composition in performance），这是在口头诗学的形态学意义上理解"文本"的。① 本著中的"文本"概念涉及三个层面：一是基于仪式中口头演述的口头叙事文本，如东巴口诵经；二是作为口头演述提词本（prompt）的书写文本，或半口传文本，如东巴经书；三是基于整个仪式叙事层面来说的仪式叙事文本，它涵盖了仪式中的口头演述、仪式程序、仪式表演等不同层面，既包含口头叙事与书面叙事文本，也包含超语言的多形态的复合型文本——东巴音乐文本、东巴绘画文本、东巴舞蹈文本、东巴仪式文本等。也就是说，东巴叙事文本不是单一的书面文学文本，而是多元形态的、动态的复合型文本。只有对这些多元形态的文本进行全面的深描、阐释，才能更接近文本的本来样貌及本质特征。

从东巴叙事传统的文本形态而言，口头与书面文本并非是单向度的进化发展关系，更多体现出互动共融的多维发展形态。口头文本为书面文本提供了取之不竭的书写资源，书面文本又保存了不同时期的口头传统，继承、发展了口头文本的优秀传统，二者始终处于不断转换互融的过程中，并一同沉淀生成了特定的叙事传统。正如洛德所言，"无论口头的抑或书面诗歌，都拥有其权威性，都是一种艺术的表达，我寻找的并非某种裁决，而是理解"②。

（四）不同文类比较研究维度

东巴叙事传统在民俗学范畴上可归纳到口头民俗学中。王娟把口头民俗学分为叙事类（神话、故事、传说）、语言类（谚语、谜语、歇后语）、音韵民俗学类（民歌、民谣、故事歌、史诗）。③ 东巴叙事传统涵盖了叙事类及音韵民俗学类这两大类，主要有东巴神话、东巴史诗、东巴故事、东巴传说四大类别。这些不同文类可以再细分，如东巴神话可分为创世神话、造物神话、镇妖神话，东巴史诗可分为创世史诗、英雄史诗、迁徙史诗等。这些不同文类之间既相对独立，也相互联系。一般来说，神话是东巴叙事传统中最典型的叙事特征，是整个东巴叙事传统的基座，东巴史诗、东巴故事、东巴传说都带有浓厚的神话色彩。东巴神话是东巴史诗的母体，东巴史诗中的叙事主角也是以神灵为主体，只是在文本的修辞、体裁方面与神话不同，史诗属于韵文体的叙事长诗，其叙事内容与民族的重大历史密切相关，而且也融合了

---

① 朝戈金：《口传史诗诗学：冉皮勒〈江格尔〉程式句法研究》，南宁：广西人民出版社2000年版，第15页。
② 阿尔伯特·贝茨·洛德著，尹虎彬译：《故事的歌手》，北京：中华书局2004年版，第176页。
③ 王娟：《民俗学概论》，北京：北京大学出版社2002年版。

东巴故事、东巴传说，乃至谚语、歌谣等其他不同文类。东巴故事、东巴传说在某种意义上属于东巴神话的变体，譬如东巴史诗中的洪水神话、创世神话演变成散文体的故事体裁，有些东巴神话、东巴史诗在民间流传过程中也会流变为故事或传说；反过来，有些民间故事、传说经过东巴的创编、加工而成为东巴神话或东巴史诗。《纳西东巴古籍译注全集》中不少东巴经典的名称就标为"故事"或"传说"的缘由也是基于这一文类的相互转化。《三多的传说》《达勒·乌萨命的传说》至今在民间流传，在东巴经中也有记载，说明它的源头是在民间。但这些传说一旦进入东巴经典后，虽然故事情节大同小异，但其修辞、风格方面已经发生了很大的变化，都做了诗体化处理。而东巴叙事长诗《鲁般鲁饶》与上面情况不同，它对民间叙事文类的影响要大于民间叙事文类对它的影响。民间叙事长调《尤悲》（民间又称为《殉情调》）是受《鲁般鲁饶》影响而形成的。

　　这说明，东巴神话、东巴史诗、东巴故事、东巴传说乃至民间叙事传统之间是你中有我、我中有你的互文互构关系。但这些不同文类之间是如何实现互文互构的，在不同时空条件下它们之间的关系又是如何？不同叙事主体对文类的影响，如一个水平比较高的大东巴与一个水平一般的东巴，他们处理同一个文本的结果是不一样的。前者往往能够把东巴故事、东巴传说创编成韵文体的东巴经诗神话，而后者往往把东巴经诗神话变成散文体的故事或传说。这种由于东巴能力水平差异带来的文类差异又与特定的东巴叙事传统的文化语境、文化区域存在着内在关联，东巴文化兴盛时期，东巴文化生态较为完整的区域出现高水平的大东巴的概率也相对高一些，东巴叙事文本的种类、内容也相对丰富些。和继先东巴说："同一本经书，不同知识修养的东巴念出来的程式和韵味都不一样。厉害的东巴能随机应变地念出别具一格的韵味，词句程式也会多样化，感觉更贴近仪式的气场。"① 纳西族民间有句俗谚："讲古讲不过东巴。"这说明东巴掌握民间叙事传统的全面性与丰富性，同时这也会折射到东巴叙事文本中。所以，对东巴叙事传统中的不同文类进行比较、综合研究有利于更深入地揭示东巴叙事传统要素之间的辩证关系及叙事文本的生成规律。

（五）不同文化类别比较研究维度

　　东巴叙事传统不仅仅是作为文学存在，而且作为传统而存在，作为信仰而存在。它不只是用来阅读的，更多是通过表演，包括诗歌朗诵、歌唱、音

---

① 根据 2017 年 11 月 27 日对和继先东巴访谈的资料。

乐伴奏、舞蹈、绘画来达成叙事目的的。支撑这些东巴叙事活动的动机是满足民众的物质及精神需求，譬如祭谷神、祭自然神、祭畜神就是为了风调雨顺、五谷丰登，而举行祭天仪式是为了增进宗族内部认同，举行禳栋鬼仪式是为了治病救人、驱鬼镇魔，这些功利性目的又与传统信仰存在着内在逻辑性。可见，如果我们只是从"文学"角度对东巴叙事传统进行单向研究，往往会失之于偏颇。所以我们对东巴叙事传统进行整体性研究时，必须考虑到东巴神话、东巴史诗是与民间歌舞艺术、宗教信仰、民俗事象、历史事件、经济形态等不同文化类别共融共生的。这些不同文化类别构成了东巴文化的活水之源，也只有通过这样的研究，东巴叙事传统这条鱼才能鲜活地展现在人们面前。

东巴叙事传统与不同文化类别之间的比较及综合研究，也有助于我们对习焉不察的文学理论进行反思，对推动文学学科建设也大有裨益。譬如我们在谈到民间文学的创作主体时往往以集体性、匿名性、人民性来做说明，这一特点在民歌创作中表现得最为集中，在相互对答中，你一句，我一句，即兴对唱，用的是同一个调，但歌词是根据现场情境临时填配的。虽然民歌创编有传统的制约，但往往难以说明具体作者是哪一个，尤其在无文字社区，即兴演述的转瞬即逝的特点加大了确定作者的难度。从纳西族民间长调来说，至今一些喜好民歌的纳西族民众仍能对和文修的《三月和风吹》、和锡典的《狱中调》耳熟能详，和顺良创作长达700余行的长诗《诉苦调》至今仍留存于世。笔者在调查中发现，民间仍有新的东巴经书在不断"创作"，和力民根据传统东巴经典创编的祭三多神、纳西族成人礼的东巴经书，和继先把俄亚、三江口一带的东巴经典名篇及民歌名句融合到新创作的东巴经书中，并在仪式中予以应用，《祭谷神》是其中代表性的一本，构布塔东巴也创编了《祭三多》《劝善经》等新时代东巴经。

东巴文学的观众是些什么人？我们一般都会自然而然地指向叙事者所在的村落、家族、家庭中的成员，但在现场我们发现，东巴们在演述东巴经时，真正能够自始至终地听完的观众微乎其微，尤其是在现代性冲击的语境下，年轻人与传统文化的鸿沟越来越大，东巴仪式对他们而言更多是一种传说。这样说来，东巴叙事似乎成为一种自我言说。其实，东巴的演述不只是给活人看的，更多是给神灵鬼怪看的，或者说，这些神灵、鬼怪才是他们叙事的真正的听众与观众。朝戈金在研究苗族史诗《亚鲁王》时这样说："《亚鲁王》具有类似'指路经'的社会文化功能，由此决定了史诗演述的主要功用不在于娱乐民众，而在于为亡者唱诵，成为苗民生死转换不可或缺的一个'关揵点'。进一步说，对于恪守传统的苗族民众来说，在葬礼上演述《亚鲁王》绝不是一个可有可无的'故事讲述'活动，而是与他们的宇宙观与生活世界紧密联系在一起，是每个人不可或缺的人生仪礼。"[①] 这深刻阐明了研究史诗进行不同文化类别比较研究的必要性，这不仅是由史诗本身的特点所决定的，也是学科可持续发展的必然要求。

（六）多民族比较研究维度

任何一个民族的文化都是在"他者"与"我者"的互动中生成发展的。他者既包括不同的民族、地区、国家，也包含不同的经济类型、自然环境。方国瑜认为，纳西族源于西北地区河湟流域的古羌人。[②] 从历史上说，古羌是一个庞大的族群集团，现在语言谱系上的藏缅语族基本上与古羌有着千丝万缕的联系，从更小的范围来说，纳西语与彝语支、羌语支民族关系更为亲密。孙宏开认为纳西语是最早从彝语支分化出来的，介于彝语支与羌语支的语言。[③] 这两个语支的民族包括彝、哈尼、傈僳、拉祜、基诺、怒、羌、普米等众多民族。从地域来说，从西北河湟流域的草原、戈壁进入西南高原山地，经历了游牧文化、畜牧、农耕等不同经济形态。这些同源异流的不同民族文化、地域文化、经济形态不断地作用于纳西文化中，并通过其特有的物质及非物质文化形式表现出来，而东巴叙事传统是其中典型的文化表现。如果我们对这些与自身民族文化产生过深层影响的他者文化视而不见，则往往陷入"只见树木，不见森林"的短视怪圈中，自说自话，失之于偏颇。纳西族东巴教的祭司称为东巴，"东巴"是外来词汇，系藏族本教融入东巴教时带来的专有名词，源于本教教主"敦巴辛饶弥沃"的简称，在东巴教中又称为"东巴什罗"或"丁巴什罗"。民间一般将东巴称为"补崩"（biu biuq），为"吟诵""口诵"之意。无独有偶，藏缅语族中的许多民族对民间祭司的称呼皆相似，如彝族"毕摩"中的毕，也是"念诵"之意，摩是指长者，傈僳族的祭司称为必扒，哈尼族祭司则称为呗摩、毕摩、贝玛、莫批，羌族祭司称为释比，拉祜族祭司称为比摩，皆有吟诵者之含义。这些祭司在本民族的传统文化创造及传承过程中起着举足轻重的作用，至今仍以顽强的生命力延续着传统文脉。另外，这些同源民族的原生宗教都具有浓厚的自然崇拜、祖先崇拜、神灵崇拜特征，且具有父子连名、送魂路、迁徙记忆、重卜好巫、二次葬等

---

① 朝戈金：《〈亚鲁王〉："复合型史诗"的鲜活案例》，《中国社会科学报》，2012 年 3 月 23 日。
② 方国瑜编撰，和志武参订：《纳西象形文字谱》，昆明：云南人民出版社 1981 年版，第 1 页。简称为"方国瑜字谱"。
③ 孙宏开：《纳西语在藏缅语族语言中的历史地位》，《语言研究》2001 年第 1 期。

诸多文化共性。纳西族的始祖神称为阿普笃，彝族始祖称为笃慕，羌族的天神称为阿巴穆都斯或阿巴木比塔，这里的阿普、阿巴都是指爷爷、先祖，核心词是后面的"笃""都"，从中也反映了民族共源的文化信息。叙事传统文本中类似的故事主题、情节、母题也比较多，如纳西族与彝族的创世神话里都有横眼睛女人为善、竖眼睛女人为恶的描述；马学良在楚雄彝族地区搜集到的创世神话与纳西族的《崇搬图》更是惊人的相似，包括最后的结尾——人类先祖从天上娶了天女回到人间，生下了三个儿子，一开口就说出了三种不同的语言，由此形成了三个民族，纳西族神话中把三个民族说成与之相邻的藏族、白族、纳西族，楚雄彝族则说成彝族、汉族、白族。石林彝族支系撒尼人的"阿诗玛的传说"与纳西族的"阿萨命的传说"，不论是主人公的名字还是故事情节都有惊人的相似之处。这说明，如果没有一个横向的与其他民族之间的比较研究，则无从寻找到民族文化之根，也找不到自身叙事传统的历史成因。

多民族之间的叙事传统比较研究，除了要重视与本民族亲缘关系较近的民族外，也要与亲缘关系较远，甚至没有亲缘关系的民族之间进行深入的比较研究，更何况有些文化共性不只是民族性这一个成因，地缘共性也是不可或缺的重要因素。这在南方民族的叙事传统中得到了充分体现，南方少数民族大多居于山地间，以农耕为主，历史上受中原文化影响较深，同时都保留着自己的原生宗教。① 南方民族叙事传统都具有仪式叙事、神话叙事的特征。这说明除了民族间的文化传播带来的影响因素外，共同的地域特征、经济形态、国家观念也是促成文化共性的重要原因。而北方民族的叙事传统则与草原文化、游牧经济、战争英雄有着紧密的联系，其神话叙事多以英雄叙事、战争叙事为主，与南方的创世、迁徙形成鲜明的对比。古希腊神话则带有海洋文化的特征，其神话叙事突出人神同性的人本主义色彩，以《荷马史诗》为代表的史诗源于对城邦战争中涌现的英雄进行歌颂的赞美诗，经过上千年不断加工锤炼而成为具有典范意义的英雄史诗。从亚里士多德、柏拉图开始到当代的帕里、洛德，都对这部西方文学之源的巨著进行了不间断的研究，由此建立了宏大的史诗研究的理论大厦。我们研究各民族的神话、史诗离不开理论指导，"他山之石，可以攻玉"，不了解西方的神话学及史诗学理论传

---

① 此处以"原生宗教"替代传统的"原始宗教"名称，主要借鉴了金泽的研究成果，他认为原生宗教包括了一般所说的"原始宗教"，原生宗教是在长期的历史发展过程中，在民众中自发产生的一套神灵崇拜观念、行为习惯和相应的仪式制度。参见金泽：《能否和谐发展：民间信仰面临的挑战与选择》，《福建省社会主义学院》2006 年第 1 期。

统，无以对自身的神话、史诗进行有效的研究。我们承认东西文化的巨大差异性，但这个差异性是与文化共性相对来说的，作为人类共有的文化遗产，人类社会都经历过神话及史诗时代，而且作为同一个文类，在内容及形式上皆有相似性。神话的神圣性叙事、史诗的韵文体形式及重大文化体积等文类共性特征为不同民族、地区、国家间的叙事传统进行比较研究提供了前提条件。毋庸讳言，用西方理论观照我国各民族的叙事传统，不一定都是严丝合缝、对症下药的，必然会有不同程度的理论不适或排斥反应，而这恰好是促进学科理论可持续发展的动力所在。

"利用口头资料，汲取当代语言学、人类学和民俗学的营养，克服教条主义的做法，不照搬外国理论，我们的研究不是为某种现成的理论提供证据。从中国的材料出发，解决中国的问题。目的在于争取在田野作业的操作程序、材料的搜集整理、编目和归档，学术研究的概念运用和问题意识上与国际通行法则接轨，研究要面向世界，面向 21 世纪。"① 这不只是东巴叙事传统研究的新路径，也是我国各民族活形态口头传统研究的学术生长点，对于国内外的口头诗学、民俗学、人类学等多元学科研究也有着积极的意义。

---

① 尹虎彬：《口头传统视野下的中国史诗研究》，见中国社科院民族文学研究所编：《史诗研究国际峰会论文集》，2012 年。

第一章 东巴叙事传统的文化语境

东巴叙事传统指纳西族民间祭祀——东巴在东巴仪式及民俗生活中进行叙事活动的文化传统；它以宗教信仰及行为实践作为叙事动力，以仪式及民俗活动为载体，以神话为叙事内容及表现形态，以口头演述与仪式表演互为文本，以程式作为叙事表达单元，成为纳西族的一个传统范例、一种文化标志。

东巴叙事传统的生成、发展与其特定的文化语境密不可分。马林诺夫斯基（Malinowski）把语境分为三类：话语语境、情景语境和文化语境。我们在调查研究东巴叙事传统的过程中，东巴的口头—书面文本叙事可能更接近于演述话语语境，而东巴在仪式中的吟诵、唱腔、舞蹈、表情，与受众之间的互动，更吻合演述情景语境，而文化要素、文化空间、演述禁忌、文化传统与文化语境相契合。本章就东巴叙事传统的文化语境中所包含的文化要素、文化空间、演式禁忌、影像在场的演述语境等几个方面进行论述，以期对东巴叙事传统的整体概貌有个宏观的把握。

第一节 东巴叙事传统的文化要素

东巴叙事传统的文化要素既指东巴在仪式中进行传统叙事活动的构成要素，也包括这些要素之间的内在关系。东巴叙事传统的文化要素主要包含以下内容：

一、纳西族

纳西族聚居地分布于云南、四川和西藏三省（区）交界处的丽江市及其毗邻地区，主要分布在云南省。纳西族总人口 32.6 万（2010 年人口普查），其中云南有纳西族占纳西族人口的 96%。

纳西族是一个古老的民族，是古代羌人的一支，自西北河湟地区南迁。历史文献记载及周边民族称纳西族为摩沙、磨些、么些、摩娑、摩梭等，均为 MOSO 的同音异写，自称纳西、纳、纳汝、纳恒、纳罕等。

秦汉至魏晋，纳西族已迁徙至大渡河、雅砻江流域，据《华阳国志》记载，东汉（25—220）末年，该地区有"摩沙夷"活动。唐代，部分纳西先民沿雅砻江南下，抵达丽江。据《蛮书》所记，西至金沙江河谷、巨甸以北"铁桥上下及大婆、小婆、三探览（均在今丽江地区）"，东至雅砻江流域"昆池（今盐源）等川"，都是"磨些蛮"所居之地。随后纳西先民在洱海东部建立了纳西族政权——越析诏，后被南诏所灭。1253 年，忽必烈率军南下征服大理时，纳西族首领麦良迎兵于剌巴江口归附忽必烈，并协助忽必烈平定各部，攻克大理。忽必烈进入纳西族地区后，先后对当地部落首领授予"茶罕章管民官""茶罕章宣慰司"等官职，产生了土司土官制度的雏形，促进了纳西族地区相对统一。明代，丽江纳西族木氏土司崛起，纳西族活动地域更为广阔。清雍正四年（1726）云南推行"改土归流"后，纳西族土司式微，纳西族分布区域逐渐缩小。中华人民共和国成立后，依照名从其主的原则确定为纳西族。

二、东巴文化

东巴文化是指以纳西族传统文化为主体，由纳西族祭司——东巴世代传承，并存续至今的特征鲜明的非物质文化遗产类型，主要包括纳西族东巴古籍文献；纳西族东巴语言文字、音乐、舞蹈、曲艺、绘画、雕塑、服饰、器皿、代表性建筑及设施和场所等；纳西族东巴文化传承人及其所掌握的传统知识和技艺；具有纳西族东巴文化特色的传统民俗活动；其他有保护价值的纳西族东巴文化。东巴文化不仅包含宗教、哲学、历史、象形文字、民俗、医学、天文、历法、地理、生产知识、建筑、服饰等多种学科的内容，而且是一座纳西族古代文学艺术的辉煌宝库：有卷帙浩繁的用象形文字写成的神话、史诗、古歌、民谣、经词等文学作品；也有世界上最早的象形文舞谱和内涵丰富的数十种古典舞蹈；有堪称天籁之声的东巴音乐和多种形制、音色的乐器；有古老拙朴的木牌画、竹笔画、纸牌画、布卷画和形形色色的面塑、泥塑、木雕等艺术形式，由此形成了蔚为奇观的东巴文化。

唐宋时期是东巴文化崛起的重要历史阶段。这一时期，在文化上最为显明的是原始宗教和原始文字的长足发展。随着与吐蕃、南诏、中原的持久交往，藏族本教、藏传佛教及中原道教相继传入纳西族地区，对尚处于原始状态的纳西族巫教产生了冲击，这种冲击尤以本教为甚。纳西族原始巫教在面临多种文化的选择中，吸收、融合了外来宗教，掺糅发展，终于形成了独具特色的民族宗教——东巴教。

东巴文化渗透到了纳西族社会生活的各个方面，几乎所有的社会生产生活都受到东巴文化的影响，如生丧嫁娶、祈年动土、砍树伐木、开沟理渠、耕种稼穑、放牧狩猎、战争疾病、天灾人祸等，都要延请东巴举行各种相应的仪式。从总体上看，东巴教的仪式活动主要是祭祀、祈祷、禳灾，由东巴主持或参与。纳西族历史上一些突出的社会问题也融进了东巴教的教义和仪式系统中，如纳西族的殉情风尚在东巴教中形成规模宏大的祭殉情者仪式——祭风，并由此产生了脍炙人口的叙事长诗《鲁般鲁饶》等东巴文学中的悲剧作品。这反映了宗教与社会生活的相互影响。

达巴文化与东巴文化为同源异流的文化关系。达巴是纳西族东部方言区祭司的称呼，与东巴一样，是不脱离生产劳动的宗教从事者。在古代，摩梭人每个"斯日"（氏族）或"丛"（部落）必须有一个达巴，多则四五个，数量根据斯日的经济、人口而定。达巴集祭祀、念诵、卜算于一体，与东巴最大的区别是没有形成象形文字书写的经书体系，但其教义、仪轨、神话、传说、故事与东巴教相似，学术界一直视其为东巴教的分支，又同属一个民族，所以达巴文化作为东巴文化的一个范畴，在文书中不再单独说明。

三、东巴

东巴叙事传统的主体是东巴。东巴是对纳西族原生宗教祭司的称谓，过去汉文献中也写作"多巴""多跋""刀巴"等（东部方言区称"达巴"）。"东巴"一词在纳西语中并无具体释义，和志武认为这一词系藏语转译，指东巴教祖师丁巴什罗，是本教祖师丹巴亲饶的音译转读，[①] 意为智者、精神导师。东巴在民间又称为"补"（py²¹），用作动词时指念诵、反复念诵等；用作名词时指诵经者，与周边民族的"毕摩""释比""贝玛"等意义相通。"补波"（by³³mbu²¹）与本教的祭司"本波"音义相近。

"东巴"往往被认为是"集唱、舞、画、医、匠为一身，是原始古代文化的创造者和传播者"[②]。东巴形成了一个特殊的阶层。在民众的观念中，他们

---

① 和志武：《东巴教与东巴文化》，见郭大烈、杨世光编：《东巴文化论集》，昆明：云南人民出版社1985年版，第16－37页。

② 和志武：《纳西东巴文化》，长春：吉林教育出版社1989年版。

是死后彼岸的引渡者、灵魂的超荐者、民族历史文化的传承者。

东巴是纳西族东巴教祭司的泛称，因其内部分工、知识积累、社区威望不同，又划分为多种不同的称呼，和志武早在《祭风仪式及木牌画谱》中对东巴做了详细的解释。①

称谓	含义
"本波"	系东巴古称。与藏族本教之"本波"、彝族的"毕摩"、哈尼族的"贝玛"、白族的"朵兮薄"等称谓当为同源
"黑补"	系东巴自称
"达恒"	系开丧、超荐时之东巴专称
"许虽"	祭天东巴之专称
"东巴"	民间俗称

东巴传承以血缘传承、村寨传承为主，因才艺学识、德行威望在民间分为大东巴、东巴师傅、一般东巴、东巴学徒几个等级。传统意义上的东巴不脱离生产劳动，而且因多才多艺，除了在仪式中承担请神驱鬼之责的祭司外，也是民间起房建屋、种植庄稼、治病解难、管理村事、协调关系的能人。

从叙事传统的角度来说，东巴传承形态具有复杂多样化的特点。首先从东巴的叙事方式来说，既有东巴经文念诵为主的书面与口头相结合的传承特点，也有脱离经书的口头传承特点；东巴是东巴经的书写者、传承者，具有书写型传承者特点；东巴书写型传承者的身份特征也是多元的，既有秉承东巴经文书写传统的传承者，也有学习、掌握了藏语、藏文、汉语、汉字的传承者，且这些受外来文化影响的东巴传承者对东巴文化的转型、发展贡献甚大，晚清至民国期间的和文裕、和凤书、和芳、和诚、久知拉、康巴才、青爸严、和文质、和世俊、和泗全等东巴就是杰出的代表。另外，当代东巴中出现了新的东巴传承人类型——学者型东巴，他们长年从事东巴文化研究，较为全面地掌握了东巴仪式、教义、经书等东巴文化知识，其水平超越了限于一地一村的东巴，且招收徒弟、进行民间传承、主持各种东巴仪式，在民间也被公认为德识高深的大东巴，丽江东巴研究院的和力民，丽江东巴博物馆的木琛、和丽宝就是这一类型的东巴传承人。另外，受东巴文化渗透、影

---

① 和志武：《祭风仪式及木牌画谱》，昆明：云南人民出版社1992年版，第3页。

响的傈僳族、普米族、彝族、藏族、汉族村落也出现了本民族的东巴，这说明民间叙事传统与特定的文化空间、文化变迁有着内在联系。

四、东巴教

"东巴教"一词普遍见于国内学术界，有时与"东巴文化"相混用。东巴文化研究的先行者——约瑟夫·洛克曾以"萨满"（Shamanism）宗教（Religion）来指称"东巴教"，当代西方研究东巴文化的学者也多以"纳西宗教"（Naxi Religion）一词来指称，如英国人类学家杰克逊在东巴教方面的专著《纳西宗教》（*Naxi Religion*）。本书仍采用了国内通用的"东巴教"一词，一则从其性质来考察，无法以"萨满"一词概之；二则"纳西宗教"有泛化之嫌，按其义解，"纳西宗教"应涵盖了纳西族所信仰的宗教文化，包括民间巫术、外来宗教，如藏传佛教、汉传佛教、道教。其实，在纳西族民间，东巴教与巫术是分开的，专门从事民间打卦算命的巫师称为"桑尼"（女巫师）、"桑帕"（男巫师），巫师的合称为"桑尼帕"。

东巴教信仰是东巴叙事的原动力。东巴教从观念层面上分为宗教信仰的意识形态，从行为层面上分为东巴仪式及民俗活动。东巴仪式及民俗活动是东巴教信仰观念的实践、操演。东巴叙事内容多以神灵鬼怪故事为主的神话叙事，杂糅了大量的自然崇拜、神灵崇拜、祖先崇拜的内容，这与东巴教的巫术、原始宗教、人文宗教的多元宗教因素混融共生的特点密切相关。

东巴教的性质一直是个有争议的问题，主要有三种不同的观点：一种是认为应属于巫术为主的萨满教或原始巫教的范畴；[1] 另一种说法认为它属于原始宗教或原始多神教的范畴；[2] 还有一种说法认为其属于由原始宗教向人为宗教过渡的一种宗教。[3]

这三种说法的分歧在于把巫术、原始宗教、人文宗教作为划分不同宗教性质的三个参照体系，而这三个参照体系本身存在诸多争议，由此关于东巴教性质的纷争也就在所难免了。这本身是个无法证伪的命题，也就是说，这三个不同性质的观点皆可在东巴教中找到充足的正反两面的证据。显然，把东巴教定性为巫术、原始宗教、人文宗教是受到"前逻辑""原始思维""巫

---

① 冯寿轩：《东巴教的原始综合性》，见郭大烈、杨世光编：《东巴文化论集》，昆明：云南人民出版社1985年版，第57页。

② 和志武：《东巴教和东巴文化》，见郭大烈、杨世光编：《东巴文化论集》，昆明：云南人民出版社1985年版，第23页。

③ 马林诺夫斯基著，李安宅译：《巫术科学宗教与神话》，北京：中国民间文艺出版社1986年版，第66页。

术—宗教—科学"等进化论、功能论的影响所致。

　　东巴教仪式的一个重要功能是驱鬼治病，它保留了大量的模拟巫术、交感巫术、咒语等巫术文化，也保留了大量的图腾崇拜、自然崇拜、神灵崇拜等原始宗教内容，但作为一种延续至今的民间信仰活动，显然无法概定为"巫术""原始宗教"，毕竟这些传承者及信仰群体无法归到"原始人"的行列中。何况东巴教本身有着自成一体的文字体系、经典教义、神灵体系、宗教仪轨等，明显具有人文宗教的因子。从这个意义上说，历经千百年发展而来的东巴教绝非早期的"原始巫术"，即使它仍残留着大量的原始宗教的内容，但绝不能静止地、狭义地理解为纳西先民早期的萨满教（巫教）。东巴教的性质难以用"原始"二字涵盖。我们只有从历史发展的层次性、多元性、全面性上来考察，才能完整地把握、理解东巴教的内涵。其实这不只关涉东巴教的性质问题，诸多少数民族的民间宗教同样存在类似问题。学术界对此也进行了反思，提出了不少创见。许烺光认为："无论我们采取哪一种标准，都会得出这样一个结论：巫术和宗教不应看作是两种互不相容的实体，而必须整体地将它们看作是巫术—宗教或巫术—宗教现象。"① 这种观点得到越来越多的人类学家的赞同。金泽提出以"原生性宗教"概念替代"原始宗教"概念的观点，他认为，首先原生性宗教不是创生的，而是自发产生的；其次，与原始宗教相对应的史前时代不同，原生性宗教可从史前时代延续到文明时代；再次，它不只是仅仅作为文献、考古发现的"化石"，还是在社会生活中发挥作用的活态宗教；最后，与一般所说的原始宗教产生于无文字社会不同，许多民族的原生性宗教中还有成文经典。②

　　基于以上观点，东巴教性质归纳为：东巴教是在承袭纳西族原始信仰的基础上，吸收早期本教的内容，且逐渐融入佛、道等多元宗教文化因素，形成一整套独特的宗教、伦理思想体系，主要特征是多神、重卜、重巫，有相对规范、统一的仪式规程与宗教经典。东巴教是以神灵信仰为核心，包括自然崇拜、祖先崇拜、天命体验、祭祀活动和相应制度，以东巴为信仰活动中坚，以"敬天法祖""万物合和"为宗旨的纳西族原生宗教。③

五、东巴文

　　东巴文因主要在纳西族地区流传，所以有些学者称其为纳西文。但东巴

① 转引自史宗主编：《20 世纪西方宗教人类学文选》，上海：上海三联书店 1995 年版，第 726 页。
② 金泽：《宗教人类学导论》，北京：宗教文化出版社 2001 年版，第 103 - 104 页。
③ 关于对东巴教性质的探讨，可参考笔者论文《再论纳西族东巴教的性质问题》，《楚雄师范学院学报》2017 年第 5 期。

文并不是在纳西族地区普遍使用的文字，只是限于较为偏僻的山村中的东巴教徒使用。东巴文的纳西语称为 "ser-jjel-lv-jjel"，即刻写在木石上面的痕迹。这种文字的构造法中有象形、会意、假借、形声等，主要以象形字为主，所以学术界普遍称其为东巴象形文字。东巴文的构字规律既反映了纳西先民的意识观念，也体现出其造字法中的程式化特点。方国瑜在《纳西象形文字谱》中归纳出东巴文的十种结构类型："依类象形、显著特征、变易本形、标识事态、附益他文、比类合意、一字数义、一义数字、形声相益、依声托事。"①

喻遂生在此基础上归纳出 "东巴文六书"：象形、指事、会意、形声、假借、借形。"其中，象形字有 1 076 字，占 47%；会意字（含指事字）761字，占 33%；形声字（含假借字）437 字，占 19%。"② 象形字占主体的一个原因在于作为自然崇拜特征较为突出的民族原生宗教，"万物有灵" 构成了其占支配地位的宗教观念，自然界中的日月星辰、山川河流、飞禽走兽、人类神鬼等自然万物构成了东巴教的主要描述、表现对象，由此观乎自然万物之形状而进行描摹成为创制文字的最初动机。现在学术界一般认为东巴教产生于唐宋时期，而这一时期纳西族定居于金沙江上游流域。近年来，在金沙江上游流域，即丽江与迪庆两州市之间的金沙江两岸，如大具、宝山、三坝、洛吉等地发现了大量的上古岩画。据考察，这些岩画大约绘制于一万年前，大多为人类与动物图案。和力民认为有些动物的线条、风格与东巴文字极为相似。可以推测，纳西族先民进入金沙江流域时，为了躲避凶狠动物及洪水，躲到这些山洞里，发现了这些岩画后受启发而创制了东巴文。③

东巴文并不是在所有纳西族地区流传，主要局限于西部方言区，东部方言区中的宁蒗县拉伯乡的汝卡人也使用东巴文。东巴文现在常用单字有约1 400 个。东巴文存在地域差异性，如汝卡人使用的东巴字中有 100 多个字与其他地区不同。东巴文在丽江境内有了新发展，大致在晚清至民国时期创制了一套标音文字——格巴文，"格巴" 即弟子之意，说明这套新文字系统是由东巴教的徒弟们在东巴文的基础上发明创制的，是适应时代需要而产生的。这充实了纳西象形文字体系，使纳西语的记录手段更加便捷、完备。但大部分东巴经书仍以东巴文记录为主。

喻遂生认为东巴文有五个特点："其文字符号还近似于图画；文字表词的

---

① 方国瑜编撰，和志武参订：《纳西象形文字谱》，昆明：云南人民出版社 1981 年版，第 56 - 72 页。

② 喻遂生：《纳西东巴文研究丛稿》，成都：巴蜀书社 2003 年版，第 23 页。

③ 和力民：《和力民纳西学论集》，北京：民族出版社 2010 年版。

抽象程度较低，一词多形的异体字很多；大多数经书都没有完全地记录语词，文字只起记录主要词语以帮助记忆和提示诵读的作用；文字不按语序成线性排列，而作图画式排列，几何位置甚至色彩有表义的作用；完全保留了文字产生初期的原始面貌。更可贵的是，东巴文时至今日，在纳西族边远山区仍在使用，使我们能看到其鲜活自然的原始状态。"①

和志武认为东巴文"是处于原始图画文字与表意文字中间的一种象形文字"②。学术界一般认为东巴文是不成熟的文字，与现代汉字的字词对应、线性排列、逐词记录的特征不同，东巴文的书写方式呈现出字词不对应、非线性排列、没有逐词记录的特征。③ 这种书写方式带来的一个后果是只有书写者本人或传承人才能完整地理解文字内容。如创世史诗《崇搬图》中有这样一段文字：

译成汉语为："衬恒褒白在织布的时候，斑鸠飞来歇在篱笆上，崇仁利恩带来弓箭，瞄了三瞄，衬恒褒白说：射呀！射呀！赶快拿起织布的梭子，向崇仁利恩的手肘上一戳，箭就飞出去，正射在斑鸠的嗓子上。"④

这段文字有 10 个东巴字，念诵时需要 13 句话，79 个音节。对于一般东巴来说，他可能对这段文字表明的内容有所意会，念诵出来时的句数、音节并不完全一样。

六、东巴经

东巴经是纳西族古代文化的百科全书，其内容涉及纳西族古代社会的语言、文字、历史、地理、宗教、哲学、民族、民俗、文学、艺术、天文、历

---

① 喻遂生：《纳西东巴文概论》，重庆：西南大学语言研究所，2010 年。（未刊稿）

② 和志武：《试论纳西象形文字的特点——兼论原始图画字、象形文字和表意文字的区别》，见郭大烈、杨世光编：《东巴文化论集》，昆明：云南人民出版社 1985 年版，第 136－154 页。

③ 也有少部分晚期产生的东巴经书中存在线性排列、逐词记录、字词对应的文本，以丽江鲁甸、太安、塔城一带的经书为典型代表性，但这部分经书总体所占比例不高。

④ 方国瑜编撰，和志武参订：《纳西象形文字谱》，昆明：云南人民出版社 1981 年版，第 504 页。

法、农业、畜牧、医药等领域，被誉为"纳西族古代传统文化的百科全书"，是中华民族和全人类历史文化的瑰宝。2003 年 8 月，纳西东巴古籍文献被联合国教科文组织列入世界记忆遗产名录。[①] 国内外学者认为，东巴经是研究纳西族古代哲学思想、语言文字、社会历史、宗教民俗、文学艺术、伦理道德及中国西南藏彝走廊宗教文化流变、民族关系史以及中华远古文化源流的珍贵资料。

"东巴经"是指由东巴文书写而成的东巴教经书，纳西语称为"do ba jjeq"，即东巴经籍。东巴经的产生年代至今仍无定论，有秦汉说、隋唐说、北宋说三种。[②] 东巴经是由当地莞树皮制作的厚绵纸装订而成，经书形状呈贝叶经形制，一般长度为 26～30 厘米，高 8～10 厘米，与藏经（含本教、佛教经卷）、印度梵文经卷装订形式一脉相承，应该说是印度梵文经典的装订方式影响了藏经，藏经又影响了东巴经。经书左端用线装订，从右往左翻页，每一页分为三至四行，每行从左往右书写，每写完一句就画一竖线，写完一行就画一相隔的横线。东巴经书写工具以竹管笔为主，也有玉米天花秆、高粱秆、铜管做的笔，以锅烟灰作墨汁原料。由这种图画象形文字书写记录的东巴经籍文献有 1 000 多种，现在国内外所藏的东巴经籍文献有 2.5 万余册，其中国外有 1 万余册，国内有 1.5 万余册。东巴经籍文献并非束之高阁的图书文献，而是在为社区民众服务的仪式上演述的活态经书，它的分类以仪式功能为主，主要有祈福类、禳灾类、丧葬类、占卜类。东巴经籍文献也是纳西族古代文学的集大成者，里面保存了丰富的史诗、神话、故事、叙事长诗、谚语、歌谣等文学类作品。其中创世史诗《创世纪》、英雄史诗《黑白战争》、悲剧长诗《鲁般鲁饶》被誉为东巴文学中的三颗明珠。

东巴经内容体例在不同区域呈现出不同的特点，从北到南，依次呈现出经文内容从简略到复杂、从粗略到详细的特点，如白地、俄亚、拉伯一带的东巴经内容比丽江太安、鲁甸、塔城区域的经书内容要简略。

七、东巴仪式

仪式行为是宗教观念的实践。东巴教种类繁多的经书，繁杂庞杂的神灵体系为东巴仪式提供了丰富的载体及内容，使东巴仪式类别呈现出复杂化特征。著名的西方纳西学家洛克把东巴教仪式类别分出 122 种，基本上把大小

---

① 1997 年 12 月丽江古城被联合国教科文组织列入世界文化遗产名录，2003 年 7 月包含丽江在内的川滇藏三江并流被联合国教科文组织列入世界自然遗产名录。

② 方国瑜编撰、和志武参订：《纳西象形文字谱》，昆明：云南人民出版社 1981 年版，第 41 页。

不等的东巴仪式都概括进去了。后来他又将东巴仪式分为五大类别："丧葬仪式""特殊丧葬仪式""延寿仪式""纳西宗教仪式""较小仪式"。① 他的这套分类方法在学术界没有得到认可，因为其分类标准极其模糊，不同类别之间存在相互交叉的现象，如其他四类可以同时归纳到"纳西宗教仪式"中；"较小仪式"可涵盖丧葬仪式中的小仪式，譬如婴儿夭折后小规模的丧葬仪式；"特殊丧葬仪式"，其特殊性是依其个人标准而定的，而非东巴仪式的主持者。依民间东巴分类，他们从广义上将东巴仪式分为"ggabei"（祈福）与"xubei"（禳灾）两大类，直译即做善事与做凶事的两大类。当然，此处的善、凶是依仪式处理的对象而定。善事仪式主要与天上的神灵相关，而凶事仪式则与仪式中的鬼怪凶灵相关，要把这些鬼怪镇压下去。东巴仪式从狭义来分，主要分为祈福、禳鬼、丧葬、占卜、祭署（自然神）五大类。这五大类是从上面的两大类中划分出来的，如祭署（自然神）因介于二者之间，所以单独把它列出来；占卜是测定祸福的，不好判断好坏，所以也单列出来；丧葬类规模大，时间长，"死者为大"，在民间民俗活动中地位高，也是涉及神灵与鬼魂之间的关系。

祈福类仪式是因向天上神灵祈求降临福瑞而名，主要有祭天、祭胜利神、祭家神（素库）、祭五谷神、祭畜神、祭猎神、祭祖先、祭星辰、祭村寨神、祭长寿神等。其中，祭天仪式是祈福仪式中最有代表性的。纳西族自称"纳西祭天人"，每年要举行春祭与秋祭两次祭天仪式，以春祭为大。祭天仪式期间全体宗族人员都要参加，严禁外人涉内，在仪式中东巴向天父、天母、天舅祈福祷告，献上牺牲、供品，吟诵《崇般绍》（《人类迁徙记》）、《哈什》（《献饭》）、《猛增》（《献牺牲》）等经书，主题是讲述民族历史，歌颂祖先英雄壮举，祈求风调雨顺、五谷丰登，深化族群认同。祭家神在祭祖仪式及结婚仪式中最为隆重。纳西人认为每个人生来就与保佑家庭的神灵——素神密切相关，家庭中的任何成员，只要敬畏、供奉好素神，不管到哪儿都受其保佑。素神供养在纳西族传统民居中的素笾篓里，在结婚仪式上，东巴把新娘家的素神从素笾篓里请出来，再迎请进新郎家的素笾篓里，两个家庭素神的结合隐喻着新人结合，说明双方的家神都认可对方为家庭成员。

署（自然神）属于喜怒无常、善恶难分的神灵。在东巴经《休曲术埃》神话中讲述了署神与人类的复杂关系：人类与署神属于同父异母的兄弟关系，署管辖自然界，一开始二者相安无事，后来人类繁衍发展，便到处开荒烧山，

---

① ROCK J F. A Na–khi–English encycloedic dictionary：part Ⅱ. Rome：Istituto Italiano per il Medio ed Estremo Orientt，1972.

乱砍滥伐，导致自然生态恶化，署神大怒，便通过暴雨、泥石流、洪水、冰雹等天灾来惩罚人类，人类不堪其苦，便到丁巴什罗处祈求施法制止署神。丁巴什罗派大鹏鸟制服了署神，并让其与人类签订了新盟约：人类若需要自然资源，须向署神祈求，不可过量攫取。由此人类每年都要举行祭署仪式来保证自己诺言的践行，同时型塑了纳西人的"人与自然和谐相处"的观念。署类众多，分布于天上、地上、人间诸界。如天上有九十九个署，地上有七十七个署，山上有五十五个署，峡谷间有三十三个署，村寨有十一个署。另外，有神海之署、岩间之署，以及云之署、风之署、虹之署、河之署、泉之署、坡之署、草滩之署、石之署、树之署、宅基之署。署的神灵体系分为署王、署后、署臣、署吏、署官、署民、署鬼等不同等级。① 署类具有神鬼合一的特征，人类遵守契约时，它往往带给人类风调雨顺，若人类违背契约而破坏自然，它则降下灾难，与人类为敌。也有些署类经常干扰、作祟人类的生产、生活，东巴通过仪式教训、规约这些署类遵守双方的契约，所以人类对署类既有敬畏的一面，也有斗争的一面，东巴经《休曲术埃》《普尺阿路》《都沙昂吐》就是叙述人类与署类斗争的故事。

禳灾类仪式也分大小规模，大禳灾仪式以大祭风、大祭垛鬼为代表，另外还包括小祭风、祭垛鬼、祭口舌是非鬼、祭蛇鬼、祭呆鬼、祭突鬼、祭绝后鬼、除秽、招魂、顶灾等仪式。禳灾类仪式其实质为驱鬼仪式，古人认为灾难与疾病是由某一个鬼魂作祟引起的，所以需要通过东巴占卜来算出具体的鬼类，再举行相应的仪式来驱鬼禳灾。禳灾类仪式存在仪式交叉举行状况，如在大祭垛鬼仪式上，把除秽、招魂、顶灾、小祭风、祭口舌是非鬼、祭呆鬼等仪式也穿插其间，形成了一个复合型的大仪式。相对来说，原丽江县境内东巴仪式以祈福类居多，而宁蒗、四川境内以禳灾类仪式居多。

丧葬仪式包括大祭风、什罗务、拉姆务、关死门仪式。丧葬仪式的目的是把死者的灵魂送达祖居地，从而成为祖先神灵，来保佑后代子孙发展兴旺。东巴丧葬仪式以"大祭风""超度丁巴什罗仪式"最有代表性。"大祭风"，纳西语称为"her la leeq keel"（海拉里肯），这一仪式的主要目的是超度因殉情、自杀或战争死亡的灵魂。东巴教认为，这类非正常死亡者的灵魂居无定所，四处游荡作祟人间，所以需要举办大祭风招安这些孤魂野鬼。举行大祭风对主祭东巴要求比较高，必须是德高望重、法术高明的大东巴才能胜任。如果东巴德行及法术低浅，镇压不住凶鬼，反克自己，致使仪式失败。祭风仪式上要吟诵东巴经典名篇《鲁般鲁饶》，此经典情节曲折，语言优美，男女

---

① 白庚胜：《东巴神话研究》，北京：社会科学文献出版社 1999 年版，第 89 - 90 页。

主人公殉情悲剧令人潸然泪下。东巴们为了不让年轻人偷听，往往安排在深夜吟诵这一经典，并用击鼓敲锣来掩盖诵经声，但仍抵挡不住年轻人偷听的热情，从中可以看出东巴经典的魅力所在。"超度丁巴什罗仪式"是在东巴去世后才举行的，与普通民众去世后其灵魂超度到祖先居住地不同，东巴亡灵必须超度到天上的东巴教主丁巴什罗处，所以才命名为"超度丁巴什罗仪式"。超度丁巴什罗仪式规模大，旷日持久，甚至有超过半个月的，参加人数众多，仅参加的东巴就包括了死者的徒弟、师兄弟，以及村寨、周边的东巴。举行仪式的地点分为灵堂、神坛、鬼寨、神寨、火化场等不同场域，在出殡之前，画有天堂、人间、地狱的神路图从灵柩上一直铺设到大门口，东巴们手持摇铃、刀剑在灵柩前翩翩起舞，模仿丁巴什罗从母亲腋下出生后蹒跚学步的情景，还有丁巴什罗掉入毒海后弟子们在法杖上系上鹰爪奋力捞教主的场景，叙述丁巴什罗从生到死的一生，场面宏大，气氛热烈悲壮。

占卜仪式虽然单独作为一类来看待，其实与上述仪式是相互交叉的，譬如祈福仪式是否有效，今年收成如何，可通过占卜来测算。禳灾类则更为突出，东巴在接受他人邀请主持仪式前都先占卜算卦，如果占卜结果较为有利，他可以答应主持仪式；如果占卜结果为凶卦，则可能婉言谢绝。丧葬仪式所需要的天数也是通过占卜来确定的。民间的起房盖屋、结婚生子、举行庆典、外出活动都离不开占卜打卦。东巴占卜种类繁多，主要有羊胛骨卜、鸡胛骨卜、猪胛骨卜、海贝卜、左拉卜、巴格卜、星卜、手指卜等数十种。占卜仪式主要分为三个步骤：除秽、烧香—念经请神、念咒语—看卦象而测定因果。占卜仪式上，《白蝙蝠取经记》是最重要的一本经书，里面叙述了东巴占卜经书的来历。东巴占卜依据巴格图来推算祸福，巴格图又名青蛙八卦图，以青蛙五个部位代表五个方位及五行，周边相应配上十二生肖，与道教八卦图极为相似。从文化传播来看，巴格图应该是藏族本教吸纳了道教八卦图后再传入纳西族东巴教的产物。

东巴仪式看似种类繁多，其程序都是大同小异：请神—祈神—送神，其目的是消灾祈福。东巴担负起了处理神—人—鬼之间关系的职能。简单的仪式程序结构背后却是复杂的仪式单元组合，任何一个东巴仪式都需要相应的东巴法器、服饰、供品、绘画、工艺品，还要跳东巴舞，吟诵东巴经书，搭建神坛、鬼寨，给神灵祭献牺牲等。东巴仪式既是东巴叙事传统的演述载体，也是东巴叙事传统传承、创新的文化空间。

第二节　东巴叙事传统的文化空间

一、东巴叙事传统的文化空间构成

"文化空间"的概念有广义与狭义之分，广义来说主要包含三个方面：一是特指按照民间约定俗成的传统习惯，在固定的时间内举行各种民俗文化活动及仪式的特定场所，兼具时间性和空间性；二是泛指传统文化从产生到发展都离不开的具体自然环境与人文环境，这个环境就是文化空间；三是在一般文化遗产研究中，文化空间还作为一种表述遗产传承空间的特殊概念，"可以用于任何一种遗产类型所处规定空间的范围、结构、环境、变迁、保护等方面的研究，因而具有更为广泛的学术内涵"①。狭义的文化空间概念与非物质文化遗产的分类有关。2005 年，我国根据联合国教科文组织颁布的《保护非物质文化遗产公约》，制定了《国家级非物质文化遗产代表作申报评定暂行办法》，其中第 3 条中把"文化空间"作为非物质文化遗产的一个基本类别，并定义为"定期举行传统文化活动或集中展现传统文化表现形式的场所，兼具空间性和时间性"②。

基于以上概念定义，我们把东巴叙事传统的文化空间分为三大类：一是在固定的时间内举行各种东巴叙事演述及东巴仪式的特定场所，如东巴祭天仪式、祭署仪式、祭村寨神仪式、祭素神仪式等，与民俗概念中的"岁时节日"相类似，但突出东巴叙事的时间性和空间性特征；二是在非固定时间内举行的东巴叙事演述活动及东巴仪式的场所，如东巴命名仪式、结婚仪式、丧葬仪式、禳灾仪式、占卜仪式等，具有人生礼仪的性质；三是东巴叙事传统得以生成的人文地理环境，主要包含村落、山川、河流等。

二、岁时节日中东巴叙事传统的文化空间

民间宗教与民间节日传统关系密切，民间宗教是民间节日的源头，民间节日是退化了的宗教。岁时节日又称为"民俗节日""年中行事"，指按一年时序节令所举行的固定性的民俗活动。至今纳西族的岁时节日中还保留着东巴叙事传统。以一年为期，与纳西族岁时节日相关的东巴叙事传统主要有祭

---

① 郭玉成：《中国武术传播论》，上海：复旦大学出版社 2008 年版，第 224 页。
② 《国务院办公厅关于加强我国非物质文化遗产保护工作的意见》，国办发〔2005〕18 号。

天、请素神、祭村寨神、祭祖、祭三多神、祭署神、小祭风、除秽、顶灾等仪式。

1. 祭天

祭天仪式在纳西语中称为"蒙补"（mee biuq），纳西族自称为"祭天人"，"纳西以祭天为大"，由此可见祭天在纳西族中的重要性。纳西族的祭天以氏族为单位，分为"铺笃""古徐""古沾""古珊"等祭天群，不同的祭天群举行祭天仪式的时间并不一致，相差几天。纳西族祭天传统历史悠久。元朝李京《云南志略风俗条》记载："（么些人）正月十五登祭天，极严洁，男女幼百数，各执其手，团旋歌舞以为乐。"明朝景泰年间《云南志·卷五·丽江风俗》记载："摩些蛮，不事神佛。惟每岁正月五日，具猪羊酒饭，极其严洁，登山登天，以祈丰禳灾。"明末地理学家徐霞客在其游记中也有记述："其俗所正重祭天之机。自元旦至元宵后二十日，数举方止。每一处祭后，大把事设燕（宴）木公。每轮一番，其家好事者，费千余金。"清光绪年间《丽江府志稿·卷一·地理志风俗》记载："元旦斋戒，祀白神或谒庙香。次日以后，村族党择洁地为坛，植松柏栗各一，陈豕供祭米，请刀巴（即东巴）祝祝，名曰祭祖。"祭天一般每年有春秋两祭，以春祭为大，秋祭为小，分别称为大祭天、小祭天。祭天坛上立有三棵神树，左右两棵为黄栗树，代表纳西族女始祖衬恒褒白的父母，即天神孜劳阿普和其妻衬恒阿孜，中间一棵为柏树，代表衬恒褒白的舅父，即天神美汝柯洛。祭天程序主要包括：做米酒、修祭天场栅栏、选祭天树、春神米、立祭天树、除秽、点香、献酒、射箭镇鬼、杀猪鸡献血、献牲、献食、用母鸡复祭等，其间要由祭天祭司"许虽"念诵祭天经书《迎接迁徙下来的人类祖先》《献牲经》《献饭经》等。参加祭天的人们手持香炷，在祭天坛前下跪祈求福泽，祈求一年风调雨顺、人畜平安、庄稼丰收、人丁兴旺。

2. 请素神

素神即"家神"，是保佑一家平安吉祥、人丁兴旺的保护神。请素神仪式（seel kvq）在春节正月间举行，具体时间以家中男性长者的属相日为主，如家长属蛇，则在属蛇日举行。举行请素神仪式的地点在母房内的火塘边。屋内有母柱，为一家神圣之处，上挂有素筼篓，系家神"素"的所居之处，篓内放有祭素神的神石、粮食、桥、梯、箭、旗等物，神石下压有杜鹃叶。举行仪式时素筼篓内祭品都要清洗干净。祭坛前供上一簸箕五谷、一饼猪油、猪或羊牺牲、香炷及茶、酒等，东巴念诵《给素神献牲经》《素神的药的出处来历经》，然后在素筼篓内的供品及火塘、床、母柱上倒上放有苦胆的酒水，象征施药，祈求家神保佑家人健康平安。施完药后，东巴按长幼顺序给每位家人的额头抹上一点酥油，象征素神赐福于家人。最后，东巴及家人一同吟唱《素神牲皮经》，把牺牲皮赠送给主持仪式的东巴。

3. 祭村寨神

祭村寨神仪式（zzeeq wue biuq）属于村落集体祭祀仪式，在正月的属马日或属牛日举行，仪式地点一般选在能看得见村寨的附近的山顶上。仪式伊始，东巴给村寨神献上牺牲羊、牺牲鸡，并念诵《献牲经》。牺牲羊头两年不杀，第三年才杀。祭祀时在山顶竖立一根长三四米的村寨旗，村寨旗称为"柱巴伍"。东巴念诵《村寨旗的来历经》，经书叙述了最早居住于此的是"濮"人与"依"人，最后在村寨神的帮助下夺取了这块好地方。念诵此经书是祈求村寨旗镇住五方恶鬼，给村子带来安宁吉祥。最后在东巴带领下全体村民举行村寨神许愿仪式。许愿毕，给村寨神供上煮熟的牺牲及饭，然后全体村民一起共享祭村寨饭。村民回到家后，把仪式上带回的牺牲供给火塘边的灶神。

4. 祭祖

纳西族的祭祖仪式（yuq biuq）在一年中分为春祭、夏祭、冬祭三次。春祭在正月初一至初七之间选择一天举行。纳西族传统的和、尤、树、梅四大氏族的春祭日期相差几天。春祭地点在家院中的正房前举行，供桌陈放一枝代表祖先的青松枝，以及献给祖先的五谷、腊肉、酒水、茶水等，地下插五块祭猛鬼的木牌，祭祖前先要给猛鬼献上一只祭牲鸡，东巴念诵《祭猛鬼经》，意喻让猛鬼别抢祖先的供品，不要挡住祖先回家的路。念毕给祖先神献牲献饭，念诵《献饭经》，然后东巴与家人向祖先神磕头许愿。

夏祭在纳西语中称为"余补"（yuq biuq），"余"意为祖先，补为念诵。时间一般在农历六月初一至十五日内选一天。仪式地点在家院中。祭坛设在朝北方向，以示祖先从北方迁徙而来。在祭坛前插上一棵代表祖先的栗枝，供上新面做的馒头及酒、茶、粮食等供品。东巴给祖先敬上酒、香后，再杀羊做牺牲，分两次举行生献、熟献仪式，并念诵《献牲经》《献饭经》，最后东巴带头向祖先磕头祈福。祈福毕，东巴从栗树上摘下几棵栗枝，置于家中神龛前，意喻着祖先降下福泽。

冬祭因在冬月举行祭祖仪式而名，纳西语称为"此补"（cee biuq）。时间一般在农历十月三十至十一月二日中择一日。仪式轨程与夏祭相同，不同的是牺牲用猪，供品用麦芽糖，献饭要用米饭。祭牲及供品的区别与不同季节有关，比喻不同季节所收获的成果与祖先神灵共享，以此表示感恩之情。东巴经《祭祖经》如是说："父亲抱你的恩情、母亲给你喂奶的恩情、给你在额头抹油的恩情、劳累回家还要立刻给你喂奶的恩情、用手掌给你接屎接尿的恩情、用羊皮披肩背你的恩情、手把手教你走路的恩情、嘴对嘴教你说话的恩情、事对事教你做人的恩情……"

5. 祭三多神

祭三多神仪式（sai do sul）主要分为大祭、村祭、族祭三类。大祭是在三多的属相日——二月初八这一天举行，远近各民族都可以参加。地点在白沙三多阁（白岳庙），由大东巴主持仪式，供牲，敬香，磕头，祷告。村祭是以村为单位进行，农历六月二十五日，村民集中于附近山上祭三多神。七月十四日为族祭，以家族为单位，集中在某一家祭祀。祭祀仪式上诵念《祭三多神经》，并杀公鸡、供猪头肉等祭献三多神。

6. 祭署神

祭署神仪式在纳西语中称为"署古"（svq ggvq）。署神是自然神的总称，总管自然界山川河流、木石鸟兽、花草虫鱼等自然界中万物。祭署规模庞大，一般要举行三天，参加的东巴有六七个，全村人参加。行祭日期一般选择每年正月或二三月的龙、蛇日。如遇久旱不雨时，也可安排祭署仪式。祭署地点在水潭或水源处。仪式程序有准备祭场，分设神坛、署坛、秽鬼寨，晚上派人守护；除秽仪式、烧天香、请董神、求威灵、杀牺牲，砍倒秽鬼树；祭署大典，迎请署神，祭献供品，杀猛妖，送猛妖，送署门卫，请署安睡；唤醒署神，开署门、娱署神，求福泽，送署神，再祭署神。祭署神期间禁吃肉，连炒饭菜也不能用动物油，献给署神的牺牲鸡只能生献，不能杀死见血，相传这与署神主管大自然生灵、不喜杀生的习性有关。仪式结束后，人们带着象征向署要回福泽的木牌画和"署巴"返回家，各家把福泽木牌画钉在天柱上，把"署巴"拴在屋后自家的"署巴树"上（村民各自在家附近认定一棵松树为自家的"署巴树"，一旦认定，不得让任何人伤害此树）。主持人家还得把祭署时用的"署门"带回家，插在自家的大门上。

7. 小祭风

小祭风仪式（her sso biuq）属于消灾仪式。一般在农历三四月间选一吉日举行，共三天。仪式地点分为家中、野外。第一天为准备时间，主要在家制作祭祀所需祭木、木牌画、祭风树。当天东巴要迎请东巴教中的祖先神灵——董神、沈神，并给鬼怪施食。第二天，主人在山上或野外设一简单祭风场，供上饭菜，东巴坐镇家中念诵《祭风经》。第三天，东巴到野外祭风场主持仪式，先在祭坛前种下祭风树，以一羊、二鸡作牺牲，东巴念诵禳灾驱鬼经书。野外祭风仪式完毕后回家送祖先神灵。

8. 除秽

除秽仪式（chel sul）在五月的龙、蛇之日间举行，共两天。祭场一般在村中空地或村口。头天清扫场地，制作祭木，建秽鬼门。第二天，全村人集中在祭场中给神灵及鬼类献上香及酒、茶、粮食等供品，然后用杜鹃枝和杉树枝烧起除秽火，东巴念诵《除秽经》，念毕，分派村民到村子各地烧除秽火。然后，东巴率领村民挨家挨户进行驱臭鬼仪式。东巴手持除秽火把出入各个房间，念诵《除秽经》，把藏在家中的臭鬼、秽鬼驱赶出来；其后东巴助手抱着一只用柳枝扎编的除秽马及臭鬼，主人把饭粘在臭鬼上面，以示喂了饭后让它再也不要回来。驱赶完臭鬼，众人随东巴回到祭场，杀一只羊、一只鸡作为祭牲献给臭鬼，以此表示偿还了欠臭鬼的债。最后东巴向神灵祈福，全体村民聚餐。

9. 顶灾

顶灾仪式（del biuq）即预防天灾、祈求风调雨顺之仪式。在农历六月三伏天的初伏期间举行，地点在村外山冈上，时间为一日。举行仪式时，先在祭场北边立顶灾树。顶灾树是一棵高四五米的白桦树干，树下压董神石，插一把扫鬼帚、一杆有色纸旗子，前置三个代表施降灾难的木偶。东巴先给顶灾树下的董神除秽，给董神石涂上酥油，献上酒水，念诵《烧天香》《董神的来历》，念毕杀鸡献牲，以示偿还人类欠降灾鬼怪的债。东巴念诵《驱鬼经》，大意是已经好吃好喝招待了，各类降灾鬼怪不要再作祟了，在神灵的保佑下，各种鬼怪降下的灾难都顶了上去。

三、人生礼仪中东巴叙事传统的文化空间

从某种意义上说，东巴叙事传统是依靠民俗存在的。在东巴教盛行地区，一个人从生到死整个人生都贯穿了东巴叙事性仪式。人生礼仪与岁时节日相比，其日期不固定，且一般以个体家庭为单位举行。

1. 求子

由于"不孝有三，无后为大"等传统观念的影响及农耕社会劳动力的需要，生儿育子成为社会重要的道德评价标准，同时这种习俗与纳西族传承已久的生殖崇拜也有着内在的联系。求子仪式通常是到象征男女生殖器的石头处举行。丽江山区一带也有到山上向署神求子的习俗。夫妻双双要背着祭物前往祭署处，男的背篓上插有各种竹棍、木棍，女的背着家中代表祖先神的石头。迪庆白水台纳西族在农历三月举行镇压"替罗鬼"仪式，不孕妇女要躺到野外的梨花树下，隐喻以后生子多如梨花。

2. 孕期驱鬼

四川木里县俄亚乡的纳西族有为胎儿驱鬼的仪式。东巴念完《驱鬼经》后，孕妇用镰刀砍碎象征鬼的面偶，然后放到村外的喂鹰处，只有老鹰吃了

面偶，才意味着驱鬼仪式圆满。怀孕妇女有诸多禁忌，如不能去深水潭及湖水、深山等偏僻地方，以免野鬼侵入，生出怪胎；不能进入结婚人家的新房；不能吃兔子肉、生姜，以免生下的孩子豁唇、歧指。在丽江地区，产妇临产前要请东巴来家中举行小祭风仪式，目的是驱赶鬼怪对产妇和即将诞生的婴儿的侵扰，确保母子安全健康。这一仪式比较简单，仅杀两只鸡为祭品。东巴在仪式上祝诵："这家主人，今年恰逢好时好岁，鬼怪必将前来作祟，达勒阿萨命、毒鬼与仄鬼，都会前来挡生路，都会前来破坏好时与好岁。我以东巴什罗弟子的名义，谨请诸路大神降临，快把他们赶尽杀绝！"

3. 命名

婴儿生下来后的第七天，就要请东巴举行命名仪式。给孩子起名时要以巴格图来推算。东巴念诵《阿美如鲁盘》（适龄产妇卜书）、《古吃徐吕》（洗头卜书）、《青蛙卜书》。按照《阿美如鲁盘》，根据产妇年龄所在方位及婴儿生属取名。也有以四季、月份、时辰命名的：头胎以八格，二胎以属相，三胎以季节，四胎以月份。

取得名字后，主人家中的长者高喊一声新取的名字，产妇替婴儿答应："哦喂——哎……说出一句难得的话，得了一个美好的名字。愿我儿安康幸福！"命名那天产妇的母亲要向骨亲、肉亲送礼。命名时骨肉两亲都要到场。

然后向大神献熟食：把煮熟的食品放在院中的供桌上，每人拿一炷香立前，婴儿父亲以铜瓢打醋汤除秽后，长者向大神献食：在一片瓦上烧上青柏枝，婴儿父亲将每样熟食夹点放在瓦片中，并点九位大神的名字，众人齐拜。

用餐前在火塘上方向家神、胜利神、五位灶神及祖先供熟食。先让产妇吃饭，后让来送礼的人吃羊油鸡蛋蜂蜜米酒汤，再给客人吃饭。命名礼结束。

婴儿出生后新年正月初四为祭天日。生男带酒九碗，生女带酒七碗及糖果，称为"泡八日本"。祭坛拜年称为"阿素湟堆"。首先向达巴树祭献，东巴诵祝祈福，并将达巴树上一朵花作为吉祥物送给婴儿；婴儿父亲替婴儿向蒙、达、许三树磕头献供品。①

4. 结婚

男女青年结婚要请一个东巴做"素苦"仪式（请素神），所请东巴属肖要与新郎新娘相睦。结婚前一天东巴就要到新郎家做准备工作，如洗素笾箩，给新娘制作"素桥""素梯""素箭"等，装进素笾箩中，以示新娘已属这一家。备上天香，次日（结婚日）鸡鸣，家人就要去杀献给素神的牺牲（猪或

---

① 参见和即贵口述，牛耕勤整理：《纳西族生育、命名、成年礼习俗》，见《丽江文史资料》（第13辑），丽江：丽江县政协文史委员会1995年版，第112页。

羊），同时在院子里烧上天香，东巴诵《烧天香经》。诵毕东巴到火塘边做给素神献牲仪式，献牲后，东巴可坐在院子南面称为"笃"的"树"下（这"树"要栽两棵，扎青松，上插杉枝，高约七尺），媒人陪坐东巴左右。男女宾客要分开坐，新郎不去女方家接亲，新娘将到家，东巴要到门口去驱鬼，新娘到后，不能遽进屋，而要到屋后做一个洗头仪式，此仪式由男方请一位与新娘属肖相睦的妇人，替新娘洗头，以示新娘成为这家的成员。洗完头，新郎新娘换上新衣，到火塘前，由东巴做"巴麻巴"仪式，即用酥油抹在新人的额头上，表示这对新人成了被这家素神护佑的夫妻，新人双双要向素神磕头，并要向火塘边的"床"表示感谢。次日，新郎家要给女方送新娘的人每人一条长五六尺的蓝布（送新娘一般六人，男四人，女二人），这蓝布要挂在送客的肩上，临走时主人家还要唱调子酬唱。①

5. 丧葬

丧葬仪式在纳西语中称为"溪开"（xi kai）。办丧事一般有以下几个程序：放口含、送魂、洗尸、报丧、入官棺、停灵、诵念退口舌是非鬼、给死者亡灵献牲、哭丧、诀别、发灵、火化或土葬、复丧。仪式全程由一位大东巴主持，另请五六位东巴帮忙，时间根据占卜决定，一般为三天。如果死者是大东巴，则需举行规模更大的祭丁巴什罗超度仪式，以使死去的东巴抵达丁巴什罗教主所在的十八层天上。在整个大仪式中东巴要念诵近百本东巴经书，跳东巴舞，举行大小不同的仪式几十个，参加者除了死者亲戚外，全体村民也要参加。丧葬仪式期间，所有村民围聚在庭院中间，烧上大火，边跳边唱"默喂达"，丽江六区一带则跳"窝仁仁"（又叫"热美蹉"），领唱者是村内有名的民间歌手，内容主要是叙述死者为人高尚、治家有方、子女成器、家庭和睦、与人为善等，一直唱到通宵达旦。

6. 超度

超度仪式在纳西语中称为"希务"（xi wul），又称复葬，即举行第二次葬礼。时间一般在举行完第一次葬礼后次年的十一月初四，请原主持开丧仪式的主祭东巴及其助手，举行为期四天的超度仪式。程序主要有：第一天，布置祭坛；第二天，做给亡灵擀披毡仪式，杀猪祭死者，以作领路猪；第三天，超度死者亡灵，孝子孝女献牲，做洗马仪式；第四天，把代表死者亡灵的木偶寄放到岩洞里，俗称"武金"（ngv jji）。超度仪式的目的是把死者的灵魂送回北方祖居地，《送魂经》是仪式中重要的经书，记录了死者所在家族的送

---

① 李静生：《东巴在一年中的祭祀活动》，见《丽江文史资料》（第 11 辑），丽江：丽江县政协文史委员会 1992 年版。

魂路线。超度仪式中有个东巴要扮演"阿古"——充当人鬼之间的媒介。

7. 大祭风

超度仪式因死者情况不同而不同，如超度情死者仪式要举行大祭风仪式，纳西语称"夯拉勒克"，又译为祭风仪式，即祭风流鬼，风流鬼为殉情者的游魂。如果对这些游魂不进行超度，就会祸害本家及村子。男女双方家庭各请一主祭大东巴、五六个东巴助手，举行为期五天的祭仪，把情死者亡灵超度到玉龙第三国，纳西语称为"乌鲁尤凑阁"。祭风仪式在野外举行，祭场要竖三四米高的松树、桦树两棵，高树代表男性，矮树代表女性，树上挂满了五颜六色的纸花纸衣挂，以此象征情死者的乐园。仪式中要制作 80 多张木牌画，以及风神达勒阿萨命像，念诵上百本东巴经书，东巴经典《鲁般鲁饶》就是在此仪式中念诵的。祭牲用猪、羊、鸡各一只。祭风仪式为规模较大的东巴仪式，后来发展为超度所有非正常死亡亡灵的仪式。

8. 禳栋鬼

禳栋鬼仪式也是规模较大的东巴仪式，以禳灾祛病为主旨，一般在超度后一年内，或在家人生病、年成不好的情况下举行。祭场分为家中和家外，家中设有神坛，家外野地设有鬼寨。整个仪式要用 3 ~ 4 天时间，东巴及助手五六人需要念诵上百本东巴经，祭牲用羊、猪、牛、鸡，要邀请全村村民及亲戚参加仪式，耗费极大。禳栋鬼仪式属于复合仪式，此大仪式包含了烧天香、除秽、退口舌是非鬼、加威灵、请素神等诸多亚仪式。

禳栋鬼仪式在原丽江县境内几近失传，在三江口、无量河、俄亚、依吉一带仍有保留。著名东巴经典英雄史诗《黑白战争》就是在此仪式上吟诵。

9. 退口舌是非鬼

退口舌是非鬼仪式也是在家中、家外两个场地举行，主要是通过禳除口舌是非鬼达到家庭和睦、健康平安，六畜兴旺。举行此仪式前必须先请卜师占卜，确认家中灾祸是由口舌是非鬼所为后才能举行。当卜师卜算出因由之后，主人家就得马上去请东巴，先由东巴做一个称为"补"的许愿仪式，即东巴向口舌是非鬼许下愿在收成好、养好肥猪之后做仪式偿欠鬼之债，请口舌是非鬼不要作祟。做此仪式要请全村村民和远亲吃饭，而且不能收任何礼品，因此耗费颇大。

此仪式共花三天时间，第一、二天请东巴做准备工作，诸如砍制祭木，做口舌是非鬼之四道门等。第三天天未亮人们就要到仪式场地举行仪式，要在黄栗门前杀一只山羊，松门前杀一只绵羊，"本不"（一种植物名）前杀一头猪，白桦门前杀一只鸡，表示偿还主人家欠口舌是非鬼的债。各门左右压示董神、沈神的神石。此仪式请东巴二人，用书80余本。①

10．占卜

占卜就是通过巫师或算卦人的卜算来预测事态发展前景凶吉。它只能预测，无法改变、影响、控制事物。有些占卜属于解释类，即通过解释一些生理、自然现象来预测事物的发展结果。这种解释类的占卜也称为释兆。如蛇、蛙进门，母鸡下小鸡蛋，公鸡白天打鸣，夜晚狗哭，乌鸦在村里叫，牛断角，马折腿等皆为凶兆，梦见墙内倒、房屋倒塌、大树倒下、牙齿掉意味着家中亲人有不幸。纳西族占卜的类别多，主要有骨卜（羊胛骨、猪胛骨、牛胛骨占卜）、贝子占卜、石头占卜、鸡蛋占卜、酒占卜和筷子占卜等。东巴在占卜前先要迎请主管占卜的盘孜萨美女神，并吟诵《白蝙蝠取经记》。

四、东巴叙事传统的人文地理概况

1．纳西族的人文地理环境

东巴叙事传统主要流布于滇、川、藏交会区域的丽江、迪庆州、凉山州、昌都等地。这一区域的地理空间位于云南、藏区、四川西部的接合部，纳西族人口也主要分布于这三省区交会区。这一区域又是青藏高原、云贵高原、四川盆地的交叉地区，境内既有雪域高原、横断山区的生态，也有河谷、盆地、游牧或半游牧的农业生态，造就了纳西族文化生态的多样性。从文化地理环境来看，丽江处于北边迪庆、西藏的藏族文化圈，南边大理白族文化圈，西边怒江傈僳族文化圈，东边大小凉山彝族文化圈及永胜、华坪一直到川西的汉族文化圈。从历史上看，丽江与藏文化圈、大理文化圈、汉文化的交流互动频繁，影响也较为深远。方国瑜《么些民族考》从唐代至清代之间的历代政权及疆域的变化论述了纳西族的民族关系：

么些所居之地，东为雅砻江，与西川接，西至金沙江上游，与施、顺诸蛮杂居，其南则连蒙诏，而北与吐蕃交错。西川、蒙诏、吐蕃争强，么些介于三太之间，且其势微弱，已成攘夺之疆场……自唐初么些民族介于吐蕃、南诏之间，其势力消长互相攘夺，则其文化之冲突与融合亦可想象得之。今日么些之文化，受西川传入汉文化之影响甚大，而南诏、吐蕃之文化亦当有

---

① 李静生：《东巴在一年中的祭祀活动》，见《丽江文史资料》（第11辑），丽江：丽江县政协文史委员会1992年版。

影响，又么些之文化输至吐蕃者亦有之（如食品、礼节多习之么些也）。①

这种特殊的地域关系也对纳西族内部不同文化类型的形成产生了影响。杨福泉认为：

四川省木里县俄亚乡纳西族保留至今的一夫多妻和一妻多夫及"阿达"多偶婚恋习俗，与这一区域的封闭环境、主流文化的冲击轻等因素亦密切相关。俄亚和云南中甸县（香格里拉县）三坝乡纳西族相对保留了较多的传统文化习俗和特色，东巴教的信仰及其仪式活动在那里至今仍然比较活跃，这亦与这两个区域相对封闭，受外来文化的冲击和影响较轻有密切的关系。②

人类学者罗伯特·F. 莫菲在《文化和社会人类学》一书中强调："一个文化项目是外来文化渗透的结果，还是自身独立发明的产物，这个问题对于那些注重历史遗产的人来说是非常关键的，对于那些运用比较研究方法的人来说也是很重要的。我们肯定地说，在所有文化中90%以上的内容最先都是以文化渗透的形式出现的。"③ 当然，这是人类学传播学派的主流观点，并演化为文化中心论，为后期人类学者所诟病。文化传播虽并非文化成因的唯一因素，但也是其中一个重要的因素。东巴文化中糅合了大量的藏族宗教文化因子，后期又受汉文化影响。这与纳西族所居住的环境有着密切的关系。

2. 东巴叙事传统的人文地理

东巴叙事传统具有同源异流的特点，这与纳西族不同支系所居住的自然环境不同也有内在关系。东巴教发源地——三坝乡所在地位于迪庆藏族自治州境内，历史上与藏族关系密切。现在学术界一般认为东巴教受本教影响与佛教受到吐蕃王朝重视而采取的抑本扶佛政策有关，大量本教徒逃到藏区周边地区以求发展，由此提供了与周边民族文化融合的机会。至今三坝境内仍流传着丁巴什罗与藏传佛教宁玛举派创始人米拉日巴斗法的故事，民众认为东巴教教主丁巴什罗出生地在三坝，至今仍有世系谱系流传，他们修法显灵的地方——阿明灵洞、白水台、哈巴雪山都成为东巴教圣地的地理标志。至今民间流传着这样的谚语："不到白地，不算大东巴！"而金沙江以南的丽江

① 方国瑜：《么些民族考》，见《方国瑜文集》（第4辑），昆明：云南教育出版社2001年版，第31页。

② 杨福泉：《纳西族文化史论》，昆明：云南大学出版社2006年版，第16 – 17页。

③ 罗伯特·F. 莫菲著，吴玫译：《文化和社会人类学》，北京：中国文联出版公司1988年版，第2页。

（县）作为纳西族主要聚居地，地域较大，人口集中，经济发展状况比其他纳西族地区要发达，由此为东巴文化的可持续发展提供了社会基础，这与丽江地势较为平缓，多盆地良田，玉龙雪山雄峙境内，外有金沙江天险环绕的优良自然条件也有关系。丽江境内纳西族奉玉龙山的化身——三多战神为民族保护神。加上元、明、清（前期）近五百年受木氏土司统治，客观上加强了境内民族的统一和文化的发展。民国时期丽江（县）境内出现了东巴学校、雕版印刷东巴经、东巴大法会等新生事物，这与丽江特定的人文地理环境有着密切的关系。而无量河流域、泸沽湖区域在历史上处于藏族、彝族、汉族等民族环伺的境地，历史上不同民族的地方政权间相互攘夺，冲突频繁，由此这些区域的东巴（达巴）文化突出了视死如归的英雄气质、强化根谱的自我认同意识，而这些文化精神通过集体参与的祭胜利神、禳灾驱鬼等仪式得以熏陶、型塑，至今泸沽湖区域的丧葬仪式仍保留着穿戴盔甲跳仪式舞的传统。

东巴文化同源异流的地域性差异与纳西族所居住地区地理环境险恶、不便于交通交流的因素也有关系。如不同区域的纳西族所敬奉的神山是不同的。丽江（县）境内奉玉龙山为神山，而三坝奉哈巴雪山为神山，三坝的东坝村民则奉格初初居为神山，泸沽湖区域则奉格姆山为神山，盐源坝境内则奉柏林山为神山，盐源县左所则奉普那山为神山。这些不同区域的纳西族在祭祀神山时，要点到周边的名山大川，如盐源县达祖村纳西族祭神山时，除了要点到本村的托雷神山外，还要点到玉龙山、格姆山、普那山、柏林山、金沙江，甚至峨眉山也在其祈福的范围内。东巴经中的神山、神海、神树、神石可能是个虚指的概念，但这些宗教观念在实践中就有具体的实指。这与汉族神话中的昆仑山、瑶池、蓬莱仙岛的概念是一样的，从《山海经》中的东南西北中五个山构成的中原地理概念，到封建帝国时期的五岳四渎、皇帝封禅，这种人文地理观念传统是一脉相承的。这说明了纳西族的祭神山传统与早期的古羌和华夏族群的人文地理观念有着很深的渊源关系。

3. 东巴叙事传统的祭祀文化空间

东巴叙事传统的祭祀文化空间一般指举行仪式的场所。这些场所既包括家庭内的建筑设施，也包含家庭外的自然环境。这些场所因为有了祭祀活动，所以具有了文化空间的特征。东巴叙事传统的祭祀文化空间既有固定的场所，也有非固定的。如祭天仪式、祭署仪式、丧葬仪式、请素神仪式、祭村寨神仪式、顶灾仪式都是在传统的祭祀场内举行，而祭风仪式、占卜仪式的地点为非固定场所。禳栋鬼、退口舌是非鬼仪式场所则为固定与非固定场所相结合，家院正房内的神坛及素神柱是固定的，而家外的鬼寨为非固定场所。祭天场一般在村落内或附近，分为以家庭或家族为单位的祭天场。祭天场四周用石头垒筑，场内以有松、柏、青冈树为吉，盐源县达祖村的祭天场内还建有简易小房，以供祭天期间守护者住宿。祭署场所位于出水处，为署神居住处，禁砍伐树木、污染环境。请素神在家屋内的素柱、火塘、神龛边举行。祭村寨神、顶灾仪式在可以看得见村寨的山顶举行，仪式中要竖立旗杆及顶灾树。丧葬仪式场所包括家院、母屋正房、火化场、超度仪式场、寄木偶处等多个场所。

东巴叙事传统的祭祀文化空间还涉及建筑文化空间。如请素神仪式、结婚仪式都与代表素神的母柱及其建筑形制密切相关，甚至可以说，离开了母房及火塘，东巴叙事及仪式就无从谈起。老百姓说"东巴文化就在火塘边"。井干式建筑是纳西族传统建筑，这种建筑形制又称为木楞房。清代光绪《丽江府志稿》卷一记载："么些蛮所居，用圆木纵横相架，层而高之，至十尺许，即加椽桁，覆之以板，石压其上，房内四面皆施床榻，中轩火炉，高与床齐，用铁锅。刳木甑，炊灶其上。"木楞房一般分为两间，中房占三分之二，为做饭、休息睡觉的重要场所。火塘位于靠后墙角边，高 2~3 尺，面积为 2 平方米。火塘内的火四时不熄，比喻家道长年不衰。火塘边靠神龛位为灶神供养处，竖一石头作为象征，吃饭前都要先祭祀灶神，以松柏、杜鹃枝来烧天香，并放上一些肉饭祭之。祖先神灵供奉在"格固鲁"（意为正上座）上方的神龛里，除了祖先神位居于此处外，盘神、禅神、素神、恒神、沃神、谷神、嘎神、华神等诸神也居于此。火塘四周为座位，兼作床榻，正上方俗称"格固鲁"，一般为家中主人或尊客所坐。偏间为储藏粮食之所。屋内有母柱，为一家神圣之处，上挂有素箢篓，系董神、沈神、天神孜劳阿普、衬恒阿孜等神灵所居处。婚丧嫁娶都要祭素神。家中老人去世，要把母房上面的瓦片或木板用长竹竿捅开，以喻死者灵魂飘逸到天上。木楞房在永宁泸沽湖区域也多有分布。永宁纳人①认为人的出生、成长、去世都在家屋中完成，一个人自诞生在这个家屋后，她（他）就成为家神保佑的对象，成为这个家庭的一分子，自幼享受家庭的温馨、欢乐，成人要承担起相应的家庭和社会责任及义务，所以在母屋中举行的成年礼意味深长。纳人去世后，家人要做一个类似木楞房的小棺材，以资死者在阴间享用。

宝山石头城位于北边金沙江畔西岸，距离丽江古城 110 公里。石头城中

---

① 纳人是指历史上称为"么些""摩挲""摩梭"的族群，20 世纪 50 年代初民族识别中这一族群的身份分别列入纳西族、蒙古族中，但其自称中的核心词——"纳"是一致的，学术界称为"纳人"或"纳系族群"。

居民全为土著纳西族，有近百户纳西人家。宝山石头城在元明时期曾设治所，系丽江府所辖的宝山州。宝山石头城地势西高东低，西面悬崖峭壁，高不可攀。城内城墙、台阶、房屋、街道、门槛、灶台、睡床、舂臼、推磨、桌子、凳子全是依据山势，就地取材，在原有石山的基础上琢凿而成，历几百年之功精雕细凿而成。英雄史诗《黑白战争》在宝山称为《分清白石与黑石》。举行丧葬仪式时，最后的出殡仪式，全体青壮年都要参加抬灵、拉灵，因为地势陡峭，道路狭窄，需要众人抬，后面有人推，前面有人拉，形成一个纤夫拉船一样的场面，令人震撼。有人将这些抬灵人称为"灵魂的纤夫"①。

俄亚纳西族自治乡位于四川省凉山彝族自治州木里藏族自治县西南角，处在滇川两省的丽江、中甸、宁蒗、稻城、木里五县的交界处。俄亚地处无量河流域，无量河是东巴送魂路线中的必经之路。无量河在东巴经中读作"苏吉"，俄亚纳西族称作"苏喜"。俄亚民居为平顶雕楼（又称百尺楼），外墙以卵石垒墙与石块构筑相结合为主，顶层覆以当地特有的白土混合泥灰后以重锤夯实。里屋一般分为两层，上为民居，下为畜圈。虽然外观上与丽江民居迥异，但里屋设置与丽江山区的木楞房内设置并无两样。男柱、母柱、素神（家神）、灶神的神位皆有明确的位置。俄亚大村百余户人家房屋依着山势，鳞次栉比，重重叠叠，高低有序，每家每户皆可从房顶上串通而到，由此形成了平时是住宅、战时是城堡的军事设防格局。俄亚仍保留着原生态的东巴文化及一夫一妻制、多夫一妻、多妻一夫、不落夫家、"阿达"走婚等多种婚姻形态。这些都构成了东巴叙事传统的文化空间。

第三节　东巴叙事传统的演述禁忌

一、禁忌与民间信仰的关系

禁忌指为了避免受鬼神发怒或降罪受难而采取的防范性措施。禁忌也是一种信仰，它是着重于被动防御性质的民间信仰。巫术是通过主动行为去操纵、影响鬼神，告诉人们"怎么做"，而禁忌则是被动的集体知识，告知人们"不能这样做"。禁忌有消极的一面，所以有人称其为"消极巫术"。"禁忌"一词源于波利尼亚语"tabu"，原意为"不能接触的人和物"。精神分析学派的鼻祖西蒙·弗洛伊德认为禁忌代表了两个不同方面的含义："首先，是'崇

---

① 赵晓鹰：《行走三江——三江并流地区考察实录》，昆明：云南美术出版社 2007 年版。

高的''神圣的'，另一方面，则是'神秘的''危险的''禁止的''不洁的'。"① 禁忌与信仰密切相关。禁忌规定哪些不能做是为了强调哪些可以做，由此强化了宗教信仰对个人和集体的约束力，从而型塑了宗教信仰的神圣性与权威性。金泽说："宗教禁忌的约束性及其强制性的制裁，需要特定的宗教氛围尤其需要当事人（个人乃至整个群体）坚信不疑。所谓'信则有，诚则灵'是也。这是宗教禁忌最重要的一个基本特征，即它是以神灵信仰、神秘交感信仰、对超自然世界怀着虔诚的敬畏之情为基础、为前提的。如果离开了宗教信仰的基础，宗教禁忌就像泄了气的皮球瘫痪在地上。"②

在调查中可以观察得到，在传统民间信仰保存较完整的村落，民间禁忌规定也比较多，且能够得到村民的集体遵守与维护，而在传统民间信仰淡化的村落，民间禁忌也逐渐被打破、瓦解。由此可见，民间禁忌通过神圣空间与世俗空间的划界，为民间信仰的传承提供了文化保障，民间禁忌本身构成了民间信仰的组成部分，而且是必不可少的关键文化内核。丽江作为国内著名旅游景区，东巴文化作为文化旅游的重要元素引入到商业化的旅游展演中，仪式内容及仪式主持者并没有改变，而受众群体由信仰东巴教的村民置换为外来游客，文化隔阂及对仪式禁忌的一无所知导致了仪式演述语境的变异，仪式主旨也由娱神变成了娱人，信仰层面的文化表征荡然无存。

二、东巴叙事传统的演述禁忌

东巴叙事传统是在仪式中演述的，演述禁忌与仪式禁忌是属于同质的。东巴叙事传统的演述禁忌也主要集中在神圣性与不洁性两个方面。

（一）与神圣性相关的演述禁忌

纳西人自称为"祭天人"，自古有"纳西祭天为大"的说法。祭天仪式是东巴仪式中最为神圣的祭祀仪式，这种神圣性就是通过仪式禁忌得以维护与彰显的。举行仪式之前及仪式进行期间，参与者都不得作奸犯科，也不得有败坏品行道德的行为，否则一经发现将被禁止参加宗族祭天仪式，如果家长违规犯法，则意味着全家人都不能参加祭天仪式。另外，祭天是通过追溯祖先的丰功伟绩来提升族群自信，强化宗族内部认同意识，所以禁止宗族以外的人进入祭场，同时也禁止妇女进入，这说明宗族的血缘传承是以直系男性为主体的。举行祭天仪式时不得任意喧哗，严禁说脏话及其他民族语言。

---

① 弗洛伊德著，杨庸一译：《图腾与禁忌》，北京：中国民间文艺出版社 1986 年版，第 32 页。
② 金泽：《宗教禁忌》（第 2 版），北京：社会科学文献出版社 2002 年版，第 23 页。

　　戈阿干于 20 世纪 90 年代初期到甘孜州的白松乡纳西族村落调查东巴文化，发现当地纳西族文化藏化趋势已经很明显，但仍顽强保持着传统的祭天仪式，在祭天仪式上只准说纳西话。① 祭天仪式中的语言禁忌还包括对一些事物及动作名称只能说暗语，如长头发指女人、翘尾巴为狗、脖长为马、拱嘴为猪、两脚为鸡、长角为牛、卷角为羊、拍脚板为逃跑等。

　　东巴叙事中的演述禁忌与神圣空间相关。东巴仪式祭祀场所大多是在母屋内举行的，而母屋内的火塘、素神柱、神龛构成了神圣空间，在举行仪式时，除了主人及主祭东巴外，其他人不能随意进入神圣空间范围。通过仪式禁忌，神圣空间与世俗空间得以区隔，只有东巴作为人神之媒出入于两个空间中。信仰东巴教的民众认为，这些神圣空间是神灵活动及居住的场所，外人一旦涉足其间就触犯了神灵，由此会导致仪式的不圆满，从而给家人及仪式参加者带来灾难。这种宗教观念给这些神圣空间设置了诸多禁忌：火塘上方有锅庄和祭台，正壁上供家神。火塘两边，右是主位，左是客位，不能混乱。忌用脚蹬踏火塘上的锅庄，忌从火塘上跨过。煮茶不能以水溅火塘，忌在火塘边吵架。三脚架的香灰不能踩踏，不能在灶上走动或跨过灶石。忌在火塘边谈论与性有关的问题。忌在火塘边使用火钳时发出碰击声。忌在火塘上一个人支锅，另一个人抬锅。忌在火塘上从两边加柴，只能从正下方一个方位进柴火。火塘上加柴忌先烧尖部，要先烧根部。忌将脚踏进火塘内。忌向火塘内抛污物、吐口痰。忌将带去的礼盒、酒瓶放在火塘下方，因为办丧事时才在这里搭灵台供祭品，礼物应放在火塘上方的灶神前。

　　不同的东巴仪式既有共同的禁忌，也有每一个仪式特有的禁忌。在祭署仪式前后以及仪式举行期间，严禁在仪式场内及周边砍伐树木，在河流、水潭、湖水、山神处吐口水，随地大小便。东巴教的神灵、鬼怪体系庞杂宏大，每个仪式都有相应的神灵、鬼怪，由此决定了诸多相关的鬼神禁忌。如夜间吹口哨认为会招引鬼怪进家门；在家中唱"时本"（情歌），谈论男女私情和殉情等事情，殉情鬼会找上门来；在非丧葬仪式场合唱丧调，会招引孤魂野鬼。

（二）与不洁性相关的演述禁忌

　　和神圣与世俗的对应关系相类似，崇高、洁净与不洁、肮脏相对应。不洁、肮脏与阴暗、传染疾病、阴谋诡计、灾难、邪恶、危险相关联。洁净与

---

　　① 戈阿干：《滇川藏纳西东巴文化及源流考察》，见《戈阿干纳西学论集》，北京：民族出版社 2008 年版。

肮脏的分类并不是以卫生学及美学为标准来划分的。英国人类学家玛丽·道格拉斯在《洁净与危险》一书中对此做了深入的探讨，她认为动物的洁净与肮脏与否，不在于它本身，而在于它是否符合宗教文化的分类系统。① 她指出"我认为一些污秽是用来表达一种社会秩序概观的对比"，并举例说明，"有一些观念认为一种性别与另一种性别接触是危险的，但是我们不应把这种危险理解为两性之间的实际关系，而应把这种危险理解为对两性之间对称或等级的一种社会表达"②。洁净在特定的宗教观念中象征了一种有序的社会秩序，肮脏象征着非正常的、失序的混乱状况。如乱伦、卖淫、道德败坏、偷蒙拐骗等行为有着破坏社会秩序的危险性，属于"不洁"类别。在宗教禁忌中有诸多涉及妇女方面的内容，实质上通过这种禁忌分类反映了男权主导的社会等级制度。东巴仪式禁忌中也有此类规定，如祭天仪式禁止妇女进入祭天场，仪式期间禁房事，家人在场忌讲与两性有关的事，男子忌吃女人坐月子时吃剩的东西等。

　　有些仪式禁忌与仪式演述文本内容有关。丧葬仪式经书中有一本人死后用来查验死因及灵魂归宿的占卜经书——《死者亡灵占卜经》，因这本经书与亡灵相关，不能存放在家中，要放在家外的土墙内，上面还要用石头与荆棘压着，而使用时不能用手指头去翻阅，要用镰刀小心翼翼地翻阅。东巴经中的蛙、乌鸦、狗、猫、马对人类有功，从而带有神圣性，人们一旦吃这些动物则属于不洁行为，会受到神灵的惩罚。从这里可以看出，"不洁"的观念与违背宗教观念的行为相关。当然，人非圣贤，孰能无过？宗教仪式对违犯了禁忌的行为在进行惩罚的同时，也给予悔过自新的机会。东巴仪式中有许多向鬼神偿还债务的仪式，就是因人类的不洁行为触犯了鬼神而进行的忏悔仪式。几乎每个东巴仪式之前都会举行的除秽仪式是对不洁行为及有人格污点进行"消毒""预防"处理。笔者 2006 年在丽江塔城参加夏季祭天仪式时听到两则事例。一则是村中参加了祭天仪式的青年男子参军入伍后，没有受伤、死亡事故；另一则是有户村民参加祭天仪式后三年内主人疾病缠身，庄稼歉收，家畜病亡，事后有人披露说是当年参加祭天后带回去的福泽肉被猫吃了。这些民间流传的灵验传说使原先抽象的宗教禁忌观念得以具象化、灵验化，从而强化了村民的宗教信仰，维持了村落社会秩序。

---

　　① DOUGLASM. Purity and danger: an analysis of concepts of pollution and taboo. London, Bosten & Henley: ARK Paperbacks, 1966: 45 –46.

　　② DOUGLASM. Purity and danger: an analysis of concepts of pollution and taboo. London, Bosten & Henley: ARK Paperbacks, 1966: 3.

在丽江旅游景区，经常可以看到有些"东巴"戴着五幅冠兜售神路图、东巴画的场景，其实这属于违犯东巴禁忌的行为。在东巴仪式中，只有镇压鬼怪时才能戴上五幅冠，这是因为五幅冠上面绘有五个威力无比的优麻战神。而神路图是在丧葬仪式中给亡灵送魂时才能打开，平时打开，也只能展现天堂、人间两部分内容，地狱部分内容严禁展现。东巴宗教观念中认为一旦打开了地狱内容，里面的妖魔鬼怪就会出来作祟，祸患无穷。按宗教禁忌观念理解，人们一旦犯了禁忌，就会受到相应的惩罚。但现实中的假东巴们肆无忌惮地犯禁忌而毫发未损，甚至大发横财，这给仍保留了东巴教信仰的村落民众带来了巨大的冲击，因为他们看到的现实颠覆了原来的观念，从而动摇了信仰根基。

第四节　影像在场与东巴叙事传统演述语境

一个民族的叙事传统是一个民族的标志性文化，承载着民族精神与文化记忆。在现代性冲击下，各民族的叙事传统面临传承危机，通过利用影像手段全面搜集、忠实记录现存史诗成为紧迫的时代要求。而"音影图文"作为当下影像民族志的主要影像记录手段，是国内外研究者搜集、记录各民族活形态的叙事传统的重要方法。在国际上享有盛誉的帕里特藏及芬兰文学学会口传文学资料库就是音影图文口头传统数据库的典范。

本书中的"音影图文"是音影图文口头传统数据库的简称，指对口头传统的录音、影像、图片、资料文本按照数据结构来组织、存储和管理数据的档案仓库。该数据库建设分为三个具体步骤：一是田野调查与搜集，二是对调查与搜集材料进行分类整理，三是归档入库。可以看出，在数据库建设的流程中，田野调查与搜集是第一个环节，也是决定数据库质量的关键因素。田野点、田野报告人、调查方式、调查方案、调查者自身能力及团队协作能力决定着田野工作的质量。

20 世纪 30 年代以来，自美国人类学家约瑟夫·洛克开始，影像手段已经被引进东巴叙事传统的记录与调查研究中，现在更是成为田野作业中必不可少的民族志工具。我们不得不面对这样一个现实——东巴演述语境再也无法回到没有他者的仪式语境中。既然现实如此，我们能在多大程度上避免这种影像在场带来的负面影响，从而促进仪式演述语境的自然化与正常化？本节正是对此问题进行的探讨与交流。

一、"音影图文"的史诗演述记录功能及要求

在很长一段历史时期，我们把史诗当作"民间文学文本"来"读"，而忽略了它作为口头传统的活态性、演述性、仪式性等文本特征。也就是说，史诗不只是用来阅读的，还是用来吟唱的、观看的、跳舞的、表演的，也可以参与体验。活形态史诗文本的多样性特征决定了记录手段的多元性。影像、声音、图片、文字等多元记录手段的介入成为搜集、整理、研究史诗的重要手段。影像、声音、图片、文字四个手段各有侧重，但又彼此联系，它们各自所记录的文本共同构成了有机的史诗记录文本。

（一）影像功能——动态的史诗文本

影像、图片都有"看"的功能。相比于静态的图片，影像记录手段突出了动态的、连续的、多视角的"看"的功能。如纳西族口头传统的典型代表——创世史诗《人类迁徙记》（又名《崇般绍》）① 是在大型的祭天仪式表演中演述的。全体村民连续三五天在祭天场进行祭祀仪式，伴随体育竞技、歌舞娱乐表演。传统的东巴丧葬仪式耗时较多，有的长达七八天乃至半个月，参加者在几百人以上，有时在三四个场地同时进行不同的东巴仪式。在这一特定的场景中，通常的文字描述、图片、录音手段无法完整记录这一大型综合性表演，影像记录手段成为有力的利器。影像手段既可通过宏观的、统摄式的拍摄达成对这一大型综合的民俗活动的整体把握，也可通过对演述主角的特写、场域内外互动的跟踪拍摄达成对史诗演述的点、线、面的有机结合。影像手段在记录宗教仪式中也是不可或缺的。"仪式展演具有强烈的视觉性，无论是空间、程序的设置，还是服饰、路线的安排，抑或动作、色彩的强调，都超越了文字所能表达，而给参与者带来丰富的'场信息'和强烈的情感体验，最终使参与者能'感受'到而不只是'认识'到仪式的意义指向，而这些同时又是影像传播的优势所在。"② 笔者参与过两次东巴丧葬仪式，时间延续近 7 天，诵读近百本经书，大仪式下的亚仪式 30 余个，且有些仪式是在两三个场地同时进行。如出殡日当天，主祭东巴在村外的祭祖场举行送神仪式，东巴助手在屋内灵台前进行驱鬼仪式，其他东巴在山上火葬场举行火化仪式，

---

① 《人类迁徙记》（《崇般绍》）在俄亚又称为"祭天创世纪"（mee biuq coq ber tv），与传统经典《崇搬图》（《创世纪》）交代的开天辟地创世过程不同，前者重在讲述人类祖先从天上迁徙到人间的过程。

② 熊迅：《影像、仪式与传播网络：视觉人类学的进路》，《广西民族大学学报》（哲学社会科学版）2006 年第 3 期。

此时多台摄像机的分工协作可以起到良好的记录效果。另外，仪式中东巴史诗的经腔吟唱、东巴舞蹈以及手势、表情、身势等身体语言，都离不开影像记录的参与。

（二）图片功能——定格的多彩史诗文本

当然，图片记录手段并不只是起影像的补充作用，它具有影像无法取代的功能，如它不受具体仪式时空的限定，可以对演述者的服饰、法器、场景、演述文本、图片进行特写，而且在像素质量、色彩、角度、多次拍摄等方面也有突出优势。尤其是在摄像机不可能面面俱到的情况下，可以选择摄像机忽略、无法顾及的场景、演述行为、仪式情境进行有效的记录。演述文本的图片记录对于以后的学术资料提供也是极为重要的。在东巴丧葬仪式中，所吟唱的东巴经典近百本，有些经典东巴耳熟能详，所以在演述中并不照本宣科，更多是以口头演述为主；在晚上进行的仪式中，暗淡的灯光、频繁的仪式活动也不利于摄像机记录，而相机刚好可以弥补摄像机的短板。这些相片资料本身构成了口述记录文本。可以说照片提供了定格的、多视角的、多形态物体构成的多彩史诗文本。

（三）录音功能——可以听的史诗文本

对于史诗研究者而言，史诗的声音文本的重要性不亚于影像文本，因为演述者的声音、腔调、韵律等特征更接近史诗的文本特质——韵体的、修辞的叙事文本。摄像机本身兼有录音功能，好像录音成了多余，但在具体的田野记录中，二者还是有着巨大区别的。史诗演述的口头性、仪式性、表演性、集体性等特点决定了摄像机需要不断调整机位来保证"看"的功效，而非"听"。譬如为了防止出现演述者"晕镜头"现象，摄像机机位不可能离演述者太近，这样势必会影响摄像机的录音效果。在具体的演述情境中，现场声音较为嘈杂，摄像机往往达不到清晰录音的效果。而录音装置可以通过近距离、多点录音的手段保障"听"的质量。如我们在录制东巴史诗唱腔时，把无线话筒插在东巴的腰带上，耳麦置于离东巴嘴边较近的衣领旁，这样不管他坐着、站着，还是走着、舞着，都能够保证录音质量。2017 年 8 月笔者在滇川交界的树枝村搜集纳西族英雄史诗时，东巴及其 4 个徒弟有时一起吟诵，有时分开吟诵，有的声音高亢，有的低沉，笔者采取了多点录音的方法来降低多源声音的互扰。从最后录音效果看，基本上保证了这些不同声音源的质量。史诗最大的特征是仪式中的口头演述，声音是史诗口头文本最直接的载体。从这个意义上来看，录音效果直接决定了史诗文本记录的质量。

（四）文字功能——史诗的注解文本

"文"的所指是多义的，包括田野中搜集的文献资料、田野现场日志或笔记、演述口头记录文本、按入库要求填写的档案表格、后期整理而成的口头传统民族志文本等，这些不同时空、不同视角形成的"文本"有着内在的逻辑联系，它是基于前者"看""听""读""感受"而进行的文字记录，有个从关注表象到理解本质的动态发展过程，是从文字的搜集、记录、整理过程中解读口头文本，加深对口头传统何以形成、怎样形成、为什么这样形成的思考。可以说"文"是影、音、图最好的注解，是主观与客观的有机融合，是从田野工作转向田野研究的催化剂。因为我们在具体的田野作业中，摄像、录音、照相等手段不可能随时跟踪拍摄、录制，事无巨细都予以记录，尤其是记录者与田野访谈者之间的交流、感受、感悟更多是以"非物质"形式进行的。如何尊重文化持有者？如何达成田野共谋？如何忠实记录？如何选择"客位"与"主位"？由此而言，田野记录者的知识储备、观察能力、交流能力、现场记录能力也决定着书写记录文本、整理深化文本的质量。

（五）专业技能与地方性知识——对史诗演述记录者的要求

并不是只有对文本整理者有着较高的田野及学科理论要求，对进行摄像、录音、拍照的田野工作者也要求具有相应的专业水准。可以这样说，一个接受过音像专业技能训练的田野研究者肯定比未受过训练者更能胜任此项工作，当然，接受过音像专业技能训练的田野研究者并不意味着可以轻松胜任史诗的田野调查。举一些事例可以说明问题：在东巴仪式中的史诗演述结束后，众人各回家中，有些摄像师也收拾工具，准备收场。岂不知仪式并未结束：东巴回到家中洗手，在火塘边烧香除秽，然后在神龛前念经安神，念毕才意味着整个仪式的结束。这个小仪式对于整个东巴仪式而言是至关重要的，一是东巴需要回顾总结整个仪式过程是否圆满，有无遗漏；二是通过这一小仪式起到镇邪安神之效，以防仪式中出现的纰漏、留下的遗患造成恶鬼缠身。东巴仪式中一日三餐的祭献仪式，每个早晨举行的加威灵仪式，这些重复性仪式可能会引起田野研究者的"审美疲劳"。但这些"每一次"仪式中隐藏了"这一次"的独特性，如果认为记录一次就足够了，就失去了对仪式文本"异文"特征的解读机会。如果田野调查者对地方性知识储备不足，对口头传统背景不甚了解，可能会陷入浮光掠影、疲于应付的田野窘境中。

"音影图文"的口头传统及史诗调查、搜集是个系统工程，需要不同分工者的团结协作，从而达成和而不同、相得益彰的"共和"局面。"音影图文"四个不同部分是有机的内在联系，而并不只是简单的拼盘与凑数。

二、"音影图文"在场的演述语境的主体构成分析

(一) 演述语境的概念范畴

"演述语境"是指构成演述事件的情境。"演述"是由英语 performance 翻译而来,一般译为"表演"。笔者在此引用了巴莫曲布嫫的译名——"演述",主要考虑到演述对象——史诗在仪式中的吟诵或乐器伴奏吟唱,具有表演与叙述两个文化功能,演述更能突出史诗的叙事表征。① 巴莫曲布嫫把演述概念引入史诗语境研究中,构拟出了"演述场域"的新概念。"演述场域"包含"语义场""表演舞台""场域"(fields)的概念所指,"演述场域与叙事语境有所不同,但也有所联系。后者是研究对象的客观化,属于客体层面;前者是研究者主观能动性的实现及其方式,属于主体层面"②。"演述场域"概念范畴比"叙事语境"要小,更切合史诗演述的现场性、表演性、叙事性等特点,避免"语境"概念过于宽泛之弊。

从"音影图文"的视角来看,"演述场域"的概念无法覆盖"音影图文"的文本范畴。因为"音影图文"的来源既来自仪式现场——史诗的演述场域内,也来自演述场域之外,如自然环境、村落环境,有的图片、资料可能是在演述场域以外搜集到的,包括田野民族志的书写更多是在演述场域的外边完成的。基于此,本书还是采用了"演述语境"的名称。"演述语境"的概念范畴可分为演述话语语境(语言层面)、演述情景语境(场域层面)、演述文化语境(文化背景层面)。这三个层面与马林诺夫斯基的语境分类是相一致的,他把语境分为三类:话语语境、情景语境和文化语境。持阐释学视角的研究者认为,视觉形象应作为社会文本进行深描或多重阐释。③ 除了理解和解释视觉在"制造意义"之中的意义外,在关照的范围上也应扩大到视觉产生、编辑、解释和研究的整个过程中的各个"场"④。显然,这里的"场"更接近于三个不同的语境概念范畴。我们在进行"音影图文"的文本采集制作时,演述者的史诗文本叙事可能更接近于演述话语语境,而演述者在仪式中的吟

---

① 巴莫曲布嫫:《叙事语境与演述场域——以诺苏彝族的口头论辩和史诗传统为例》,《文学评论》2004 年第 1 期。

② 巴莫曲布嫫:《叙事语境与演述场域——以诺苏彝族的口头论辩和史诗传统为例》,《文学评论》2004 年第 1 期。

③ 理查德·豪厄尔斯著,葛红兵等译:《视觉文化》,桂林:广西师范大学出版社 2007 年版,第 2 - 8 页。

④ 陈卫星:《传播的观念》,北京:人民出版社 2004 年版,第 160 - 166 页。

诵、唱腔、舞蹈、表情，与受众之间的互动，更吻合演述情景语境，而文化空间、仪式禁忌、传统习俗与文化语境相类似。

（二）史诗演述语境的主体构成分析

巴莫曲布嫫曾经以彝族的史诗传统为例，谈到田野研究的几个"起关键性作用的要素"——史诗传统在场、表演事件在场、演述人在场、受众在场、研究者在场。这五个因素"同时在场"，才能构成史诗表演的"演述场域"，也就是"具体的表演事件及其情境"①。从"音影图文"在场的特定条件来分析史诗演述语境的构成，演述者、演述文本、受众是最基本的三要素，正如我们观看一场演出，观众—演出剧目—表演者构成了表演的基本要素，而仪式中的演述行为或演述事件成为演述语境的核心要素，史诗传统是统摄、制约整个演述语境的内在因素。与"五个在场"不同的是，"研究者"是"音影图文"的实施主体，而非研究对象，所以没有列入演述语境构成之中。作为聚焦史诗演述行为及文本的田野工作，演述文本既是田野研究中的重点，也是演述语境中不可或缺的要素。基于此，本书的史诗演述语境的主体构成包括史诗演述者、受众、演述文本、仪式中的演述行为、史诗传统等五个因素。

三、"音影图文"在场对史诗演述语境的影响因素分析

（一）对演述者的影响

"音影图文"在场对演述者的影响是显而易见的，如果研究者与演述者关系处理得当，建立了相互信任的田野关系，这样有利于把"音影图文"在场对演述者的影响降低到较小，反之就会带来不利的影响。当然，与演述者建立良好的田野关系只是保障田野工作的前提，而非全部。具体而言，"音影图文"在场对演述者的影响主要体现在以下四个方面：

其一，对影像层面的影响。摄像机机位离演述者太近、摄像者调换机位频繁、机位居高临下、摄像者对演述者进行摆拍、摄像灯光太亮等因素都会对演述者的正常演述行为带来不利影响。笔者多次经历过这样的场景：有些演述者平时非常健谈，但一坐在摄像机面前，就手足失措，表情僵硬，局促不安，"晕镜头"；尤其面对近距离镜头时，直视动作明显减少，代之以低头

---

① 廖明君、巴莫曲布嫫：《田野研究的五个在场——巴莫曲布嫫访谈录》，《民族艺术》2004 年第 3 期。

或环顾左右；在摄像灯的强光照射下汗流浃背等。这说明，摄像者如何有效避免此类影响因素，最大限度地保障演述者的正常演述是应该提前准备好的。

其二，录音对演述者的影响。相比于摄像机，录音机因其形体较小，摆放位置相对固定，对演述者影响因素不是太突出。如一些比较小的录音笔可以放在演述者前面或衣服口袋里，都是比较妥当的办法。但也有例外情形，如采用挑杆长臂话筒、捆绑式无线耳麦，这对演述者的演述活动必然带来不便。挑杆长臂式录音设备并不适合在史诗演述仪式中使用，不仅有伤画面的干净，而且破坏了仪式的神圣空间。有个传承人曾这样说："有一次，北京这边来了一伙拍电视的，一进门就忙着摆放'先进武器'，那么多长枪短炮（指摄像机）一齐对着我，上面还有探照灯、毛筒子（带毛套的长臂话筒），一大圈人团团围着我，这不变成看猴子耍把戏了吗？神灵都吓跑了，我还敢搞吗？"

其三，图片对演述者的影响。有些民间祭司对于神像、神位、祖先遗像、牌位、经书是有禁忌的，不能随意拍照，尤其是使用闪光灯。有个东巴曾对笔者谈起过这样一件事：有一次在东巴超度仪式上，有个外来记者对着坐在神位旁边的东巴连续拍照，频频使用闪光灯，最后东巴忍无可忍，直接命令助手将他赶出了仪式场地。那次仪式结束后又补做了一个小仪式以示忏悔。他认为那个记者触犯了神灵，致使仪式不圆满。与摄像者情况相类似，距离演述者太近、在演述者前面频繁走动换机位、拍摄时居高临下、违反传统禁忌拍摄等情况也是图片拍摄者应该注意的。

其四，文本对演述者的影响。相比于前三者，文本属于静态物，好像对史诗演述者影响甚微，这其实是一个理解误区。作为一个研究者，摄像、录音、图片除了具有建立数据库的功能外，还有一大功能是为民族志的文本书写、研究服务，如果研究者对演述的史诗、演述仪式、地方知识等内容一无所知，则整个搜集工作就大打折扣，甚至那些影像、声音、图片会变成一堆"谜团"——史诗的名称内涵、仪式程序、仪式行为、神灵名称、演述内容、仪式道具、音乐舞蹈等内容直接关系如何分类、命名、注释那些影像、录音、图片资料，更关系到田野民族志的书写及以后的深度研究。文本除了田野日志、场记、调查报告外，还包括了田野中采集的文献资料。采集文献资料对演述者的影响也是巨大的。石宝寿家属于传承 25 代的东巴世家，家中珍藏着600 多卷东巴经书，他视之如命，如果不是很熟的朋友，不会轻易展示。有次有个外地来的研究生一进家门张口就要拍他家的经书，他毫不客气地把他赶走了。在仪式演述过程中，有人不经准许就用相机拍放在旁边的经书，他不得不出面干涉，由此影响了整个仪式的进程。民间对卖经书者有异议，这也是民间传承人普遍重视传统经籍文献所有权的原因。

（二）对史诗文本的影响

史诗文本是史诗演述的核心元素，也是史诗录制的重点任务。从笔者田野经验来看，"音影图文"在场对史诗文本的影响主要有这样一些情况。一是对史诗文本的积极影响。如果说演述者及受众一开始对"音影图文"在场习以为常，这些外界带来的干扰因素也就能相应地降低了。这在一些被国家各级部门评定为"非遗"传承人的身上表现得更为突出。当外来访谈者、拍摄者纷至沓来，经过多年的锻炼，这些传承人已经"久经沙场"，积累了一套有效应对外来者或"音影图文"在场的经验。甚至在某一方面，这些"音影图文"在场因素对演述者的史诗演述产生积极的影响。张润平在甘肃岷县搜集"花儿"时，把"音影图文"作为主要手段，他在现场中用"上电视""要出书""要作为资料永久保存"这样的言语来鼓励歌手的演述积极性。① 通过上电视、出书、进入资料库，乃至成为各级"传承人"，可以把自身的文化资源转换为象征资本、经济资本，这也是演述者或传承人对此保持积极性的原因所在，这种积极性对史诗文本的影响是显而易见的。

笔者曾于2013年春节期间在树枝村调查时，对石宝寿演述的史诗《黑白战争》做过"音影图文"录制，但当时的录制环境并非在仪式中进行的，只是单独地录制了这一个史诗文本。2017年8月石宝寿在东巴仪式中对这一史诗进行了演述，两相比较，仪式中演述的文本内容要多一些。多出来的部分除了与仪式因素有关外，与"音影图文"在场的积极因素也有内在关系。有的传承人直接说，"心情好时多念些，心情不好就少念些"。东巴仪式中需要念诵的东巴经书很多，在树枝村举行的禳栋鬼仪式上就念诵了200多本经书，这些经书并非全部照本宣科，有的只是捡重点内容念诵，有的甚至几句话就带过去了。也就是说仪式经书有主次之分，而主次的确定，除了与传统规定有关外，与主持者、演述人现场采取的叙事策略也有关系。

"音影图文"在场对史诗演述文本也有消极影响。如前面所述的摄像机位不恰当、闪光灯使用频繁、未经同意擅自拍摄经书文本、录音机的不恰当使用、人为打断演述进程等都会使史诗演述文本的完整性出现不同程度的破坏。还有一种消极影响情况是因为演述者对"音影图文"在场者的不信任，或者

---

① 岷县非物质文化遗产保护中心编：《岷县百名花儿歌手调查实录（上）》，兰州：甘肃文化出版社2017年版，第28－40页。

担心经书文本外传而自己利益受损（同一区域中的民间祭司存在竞争关系）等，从而在演述中有所保留，如只对史诗的内容梗概提一下走个过场，导致所录制的史诗文本不完整。

"音影图文"在场对史诗文本的影响从文本的产生、制作过程中也可得到验证。不同时空下的"音影图文"构成的史诗演述文本是不同的，同一时空语境下的"音影图文"构成的史诗演述文本也是不同的。譬如拍一个史诗演述现场，摄像机可能更关注影像成像质量、画面的动感及美感，录音机更关注声音质量，相机更关注瞬间的表情、色彩，文本资料更注重资料的完整、翔实、珍贵。影像文本、录音文本、图片文本、文字文本构成的史诗文本同样存在不同程度的差异，四者合一构成的文本才是相对完整的史诗演述综合文本。在这个综合文本里，"音影图文"所占的比例、质量也会影响整体文本的结构、质量，这是由"音影图文"的互文性特点所决定的，即"牵一发而动全身"。譬如石宝寿在演述《黑白战争》时，念及神灵名字时左手指头朝上附到额头上做顶礼状，这一动作录音是无法记录的，而念诵到请神部分时东巴唱腔体现出沉缓庄严、语气平稳的特点，叙及驱鬼部分时语气一下子就变得急促高亢、声色俱厉，这些演述语气的变化只有录音功能能够准确有效地记录下来，甚至演述者的叹息声、喘息声，转换语气过程的吸气声等细微声音也可从中清晰辨析，从中感受到史诗演述者的情感变化，从而深化了对史诗文本的理解。

（三）对受众的影响

众所周知，受众与表演者之间存在着相互影响的因素。史诗演述同样如此，受众群体的理解水平较高、参与度高、现场气氛好都会促进史诗演述者演述质量的提升；演述者的演述水准决定着受众的期待值和参与度。"音影图文"对史诗演述语境中的受众的影响主要表现在以下三个方面：

首先是"音影图文"在场必定会产生影响，甚至左右受众的关注点。受众与演述者一同制造了史诗的演述语境，而能否达成比较理想的"自然语境"，"音影图文"在场者与受众之间的关系成为关键因素。相对来说，传统的史诗演述语境在没有"音影图文"在场的条件下更接近"自然语境"，因为受众与演述者的关注点共同趋向于史诗演述内容，而"音影图文"一旦介入仪式现场，受众的关注点呈现分散状态，消减了演述语境的常规状态，对史诗演述语境的影响在所难免。如前文提及的摄像者频繁移换机位、照相者随意走动拍摄、文本记录者不顾仪式情境与受众交流访谈等，都会导致受众的注意力从演述者为中心的聚焦点转移到"音影图文"在场者身上，从而势必对正常的史诗演述语境造成负面影响。反过来，如果"音影图文"在场者能够尽快地入乡随俗，尽量减少对受众的干扰因素，引导受众群体的注意力集中在演述者及演述现场，客观上有助于保持史诗演述语境的正常状态。当然，这需要一个过渡阶段，即从一开始的好奇、观望心理过渡到自然接受、习以为常的状态中。

当然，对于研究者而言，他可能更关注"这一次"的田野工作效果，而不是通过多次的现场演习来消除受众的好奇心。最可取的办法还是达成研究者与演述者、受众之间融洽的合作关系，把"音影图文"在场对仪式的影响降低到最小。其中最可行的一个办法是促成研究者与受众的现场关注点聚焦在演述者及演述行为中，而不是分散受众的关注点。我们在树枝村拍摄纳西族史诗时，摄像机的主机位从演述者身上移到受众方向时，往往会引起一阵骚动，有些村民窃窃私语，"咱们也上电视了"！有的赶紧整理衣服，有的有意转过头，主祭东巴的目光也转移到受众群体那儿。显然，这种影像行为已经影响到了仪式语境及史诗演述的正常进行。后来课题组商量后决定主机位对准史诗演述者后不再进行大幅度摇移，而另外安排一台摄像机负责拍摄受众群体，把机位设在不引人瞩目的角落里，以便受众群体慢慢适应这种"静态拍摄"，从而促使受众注意力集中到仪式演述中，原来打破的史诗演述语境相应地得到了复原。

其次是"音影图文"在场一定程度上影响受众对史诗演述及传统仪式的参与度。参加某一项活动的频率与参加者人数是衡量参与度的两个重要指标。传统的东巴仪式及史诗演述大多以家庭为单位，比较大的祭天、祭自然神等少数仪式以村落或家族为单位，但也有出现以家庭为单位的集体参与的仪式，如丧葬仪式、禳栋鬼大仪式、大延寿仪式。一般小仪式基本上以家庭成员为主。"音影图文"介入其中后，这些传统也在逐渐发生改变。譬如原来以家族为单位的祭天活动变成了全民参与的活动，包括外来者，而这一传统的改变与"音影图文"进入祭天场这一文化事实密切相关。禁止外来者、女性进入祭天场是东巴祭天仪式的禁忌。"音影图文"记录者一旦介入其间就打破了这些禁忌。当然，"音影图文"在场是征得了东巴祭司、家族长老、村民群体的许可，他们更希望通过这些"文化人""宣传者"的推介使本村或家族的名声得到提升，使传统文化得到更好的保护与传承，推动村子的可持续发展。这些外来者客观上成为仪式中受众群体的组成部分，并深刻影响着村落中的受众群体对仪式及传统文化的认识态度。

最后是"音影图文"在场影响受众对仪式及传统文化的认同和评价。"音影图文"记录者在某种程度上成为一种政治象征符号，他们在不在场，意味着国家、政府或相关机构团体是否重视这一活动。比如村民津津乐道于某个仪式来了多少电视台记者、拍了多少天，哪个领导来了，给了多少钱，上了电视没有……这说明，"音影图文"在场客观上深刻影响了他们对传统文化的认知，并在某种程度上推动了传统文化的重新书写与创编。当下层出不穷的文化节、"非遗"活动日、仪式展演无不说明了这一时代特征。史诗演述语境也存在类似情况，如果"音影图文"在场者对演述仪式表现出浓厚的兴趣和文化尊重，受众自然也会受到影响，深化对传统文化的认同。"音影图文"记录者持续、重点关注某一个仪式、某一个传承人、某一部史诗，客观上也在影响，甚至改变着受众对这一仪式、传承人、史诗的看法。前面提及的祭天仪式、习阿牛、和占元东巴、史诗《崇搬图》和《黑白战争》就是突出的例证。笔者在树枝村拍摄纳西族史诗时，村中有个东巴说："我们更关注这个仪式能否真正达到禳灾驱邪的效果，而不是哪一本经书重不重要，所有经书都是为仪式的宗旨服务的，性质上都是一样的重要。你们这样一搞，这两本经书就与众不同了。"笔者注意到，当演述者吟诵这两本史诗时，由于在场的摄像者、照相者、录音者、文字记录者都明显提高了注意力，整个仪式进入一个较为理想的情境中，包括旁边的受众群体都在凝神静听，现场只有东巴一人沉缓悠长的吟诵声回荡。当史诗演述完毕，"音影图文"记录者可能认为重任告成，注意力有所懈怠，同时也影响了周围的受众，仪式语境明显不如史诗演述时好。

（四）对仪式行为及传统文化的影响

"音影图文"在场对史诗演述语境的影响除了上述三个方面外，对作为史诗演述语境载体——传统仪式及传统文化也有深刻的影响。上文中提到的"音影图文"在场者过于侧重某个仪式或仪式的某个过程，都会不同程度地影响传统的仪式语境。如在"非遗"时代语境的影响下，田野研究者对列入"非遗"项目的史诗的重视程度要大于非"非遗"项目。在树枝村录制东巴史诗过程中就出现了这一情况，虽然一开始就强调了仪式的完整性，对所有演述文本都一视同仁，但在具体的仪式过程中还是出现了仪式重心偏向演述史诗的情况。有些拍摄者为了突出异文化特质，在祭天仪式、东巴婚礼、祭自然神仪式中让东巴戴上五幅冠，而民间只有举行禳灾驱鬼仪式才戴五幅冠；有的拍摄者为了镜头美感，让演述者摆姿势，在丧葬仪式中，让跳东巴舞的东巴们定格，让行进中的抬灵者定格。笔者在贵州苗寨的鼓藏节仪式中亲眼所见这样的"奇观"：在举行砍牛仪式时，摄影师为了把天上的月亮与砍牛者一同放入镜头，让拍摄对象举着斧头足足定格了三分钟。在另外一个苗寨的鼓藏节中也发现了被摄影师改编了的传统——把村寨中杀掉的牛头全部集中在学校的操场中，通过俯拍达到"震撼"效果。这些"音影图文"的在场无不在篡改着、侵蚀着传统仪式及传统的地方性文化。

四、在仪式中谁都不是外人

综上可察，"音影图文"在场对史诗演述语境的影响主要有积极与消极两个方面。研究者及演述者对于史诗演述语境的指向是一致的——都想达到理想的"自然语境"状态。"自然语境是指由惯常的表演者，在惯常的时间和地点，为惯常的观众进行表演。而如果田野工作者以'调查者'的身份拿着录音机和摄像机出现在表演者和观众的面前，就破坏了自然语境。"① 但追求"自然语境"永远只能是一个理想，正如我们追求"原生态"的原点，可能本来就没有这样的"原点"。鲍曼认为"自然语境"本身是个"成问题的概念"，与其追求这样一个不切实际的理想目标，不如在田野研究中对民族志工作者在场对表演动态过程造成的影响保持敏感性。"对表演的敏感性由此成为批评的、自反性的民族志的必要组成部分，这不仅仅是在口头文学的研究方面，而是在通过与本土信息提供者的语言互动而进行资料搜集的一切工作中。"②

对自身在场及带来的影响保持敏感性，尽量减少消极性影响，促成积极性影响是"音影图文"在场者的努力方向。如何在最大限度内保障史诗演述的正常语境，最关键的内因还是在于"音影图文"在场者或研究者与演述者、受众群体达成信任、融洽的合作关系，而要达成这种关系，积极主动地学习、理解地方性知识是最主要的内因。格尔兹说"钻入土著的脑中"去解释他们的文化。卡尔森（M. Carlson）在评论格尔兹的巴厘岛斗鸡范例中提及，在格尔兹看来，深入讨论卷入"深度展演"的参与者，对有关文化基本思想和文化符码（code）具有重要的研究意义。③ 从他者视角变成他者与我者视角互位的动态的视角融合。对于仪式主持者和受众而言，他们的目标指向是通过仪式达成祈福禳灾的宗教功能，而对田野研究者来说，他们更在意获得他们所需要的资料、感受、体验。这种由于文化隔阂导致的目标趋向不一致构成了

---

① 杨利慧：《从"自然语境"到"实际语境"——反思民俗学的田野作业追求》，《民俗研究》2006 年第 2 期。

② RICHARD B. Disclaimer performance. in JANE H H，JUDITH T I. Responsibility and evidence in oral discourse. New York：Victoria Cambridge University Press，1992：195，196.

③ CARLSON M. The performance of culture：anthropological and ethnographic approaches. in Performance：a critical introduction. 2nd ed. London & New York：Routledge，2003：11 – 30.

影响史诗演述语境的内在因素。史诗演述，对于前者而言是信仰，是祭祀仪式，是与神灵同在，对于后者而言，这只是一次文化展演，一次搜集活动，属于局外人。人类学家阿诺尔德·范热内普（Arnold van Gennep）、维克多·特纳（Victor Turner）认为一个传统仪式存在三个结构性阶段，即阈限前、阈限中和阈限后。特纳强调社会文化进程中展演符号的作用，把宗教仪式、朝圣、语词、历史都看作一套互相关联的象征体系，探讨其内在的隐喻、结构和意义。① 显然，此处的"展演"绝非一般意义上的"艺术类或商业类的表演"，而更接近于有感仪式的文化实践，这种文化实践是基于认同、信仰的情感及行为的参与体验。以禳栋鬼仪式为例，对于仪式主持者和村民而言，仪式前他们还处于世俗空间阶段（阈限前），而进入仪式的除秽、请神步骤后，意味着进入了神圣空间阶段（阈限中），这一阶段是人与鬼神同在，三者之间存在交流关系，如东巴在院子中跳东巴舞时犹如神灵附体全身发抖，村民都全神贯注，而驱鬼仪式上集体呐喊、叱喝，犹如鬼怪就在跟前，这绝不是在外人面前故意表演"怪力乱神"，直到仪式结束后才回到世俗空间阶段（阈限后）。而对于田野研究者，如果没有这种文化背景和体验，很难进入仪式阈限的三个阶段，他们对仪式的时间阶段的理解如同看一场演出活动，是从演出准备到演出结束的一个过程。可以这样说，田野研究者对地方性知识及仪式的了解有多深，决定了他与仪式语境的融合程度。一个对地方性知识及仪式文化背景毫不了解的人是进入不了仪式语境中的，他在仪式中只是一个局外人。

当然，田野研究者除了需要深入了解地方性知识外，从内心深处真正尊重演述者及受众群体也是保障仪式演述语境的必要条件。了解地方性知识也有助于促进外来者理解、尊重地方文化持有者，否则所谓的尊重、理解只会变成一种表演性质的外交礼仪而已。譬如一个不知道仪式禁忌的拍摄者，在拍摄时擅自跨过火塘，爬上神龛旁边的神灵空间，随意在楼顶走动，这些行为举止显然是不友好的，与仪式文化语境也是格格不入的。对于任何一个进入仪式演述语境的田野者而言，主动学习、了解仪式禁忌是最起码的田野伦理，也是职业道德；而更高一点的要求是对仪式程序、史诗文本内容有个整体的把握。这些田野知识短板可以通过邀请演述者或地方文化精英进行讲述来弥补。另外，田野研究者可以通过相互间的交流、互动来深化双方的田野关系，譬如在仪式休息时间，可以把拍摄的影像、图片、声音反馈给他们观

---

① 维克多·特纳著，刘珩、石毅译：《戏剧、场景及隐喻：人类社会的象征性行为》，北京：民族出版社 2007 年版，第 78 页。

看、倾听，而完成田野任务回到单位后，田野关系的建立并未结束，把村民照片洗出来寄回村里，在不影响拍摄单位版权的前提下，可以把相关影像资料剪辑成光盘回赠给演述者及受众，这对于以后的田野跟踪调查及建立融洽的田野关系是非常有益的。概言之，在仪式里，只要你按下了镜头，你的身份就不只是个拍摄者，还是仪式中的有机构成。在仪式中谁都不是外人。明白这个道理，可以让我们更顺利地进入仪式的演述语境中。

第二章　东巴叙事传统文献的整理范式

第一节　东巴文献的搜集、整理与刊布

一、西方学者对东巴文献的搜集与整理

在西方学者介入东巴文化研究之前，以汉族文人为代表，对纳西族及其文化有过详略不一的记载、简评。有些文化现象也引起过这些文人或文官的注意，如樊绰的《蛮书》，李京的《云南志略》，崇祯年间的《徐霞客游记》，乾隆年间的《丽江府志略》对纳西族的民俗、民情做过简介；杨慎、徐霞客对木氏土司的文学做过评述。清末的纳西族秀才和文裕以音字的形式注释、翻译过一些东巴经书。但从整体上来看，这一时期由于人文社会知识统摄于封建义理和原始宗教之中，处于未分化状态。又加上封建社会时期的经学注释及民族偏见，使东巴文化研究呈混沌、芜杂的沉潜状态。真正学科意义上的东巴文化研究是从西方发轫的。而西方学者对东巴文化的研究与近代以来的全球化命运联系在一起。19世纪中叶，为了适应西方殖民主义扩张的需要，大量的西方传教士、探险家、人类学学者奔赴第三世界国家进行调查、搜集工作。这一时期，关注"无文字社会""微型社区""异文化"的人类学派、神话学派也异军突起。随着中国逐渐沦为半殖民地社会，深藏于喜马拉雅山脉的东巴文献因其特有的"象形文字""原始宗教""本教文化因子"等文化特征引起了西方学者的关注。

1867年，法国传教士德斯古丁斯（Pere Desgc – dins）从丽江寄回巴黎一本东巴经《高勒趣赎魂》。这是西方人第一次接触纳西族文化。随后掀起了一股搜集东巴经的狂潮，一直持续到1949年中华人民共和国成立。其间，西方人在纳西族地区共搜集到东巴经12 536卷，分别藏于美国国会图书馆、英国大英博物馆、法国国家图书馆、德国柏立图书馆等。这为西方学者研究东巴

文化提供了丰富的材料。这一阶段西方学者的主要工作是搜集、介绍、翻译，并开始进行学术方面的研究。法国学者拉卡珀里尔根据寄回的第一本东巴经，于 1885 年在学术刊物上发表了《西藏境内及其周围的文字起源》，第一次向西方学术界介绍了纳西族东巴象形文字。但严格意义上第一个系统研究纳西族文化的是法国人巴克（J. Bacot），他于 1907 年、1909 年两次深入纳西族地区进行田野调查，在此基础上把实证研究与文本相结合，于 1913 年出版了《么些研究》一书，对纳西族的口语、词汇、语法做了语言学方面的研究，还较为系统、全面地介绍了纳西族的社会状况、民俗习惯。虽然这本著作仍有肤浅之处，但从学科意义上说，这本书标志着西方学者研究东巴文化的起步，东巴文化研究已经从以前单一的猎奇式的记载介绍转入学科研究阶段。可以说巴克为西方学者进行东巴文化研究开了先河。从学科建设的角度上，可以这样说，东巴文化研究的客体——东巴文化是土生土长的，而东巴文化研究的主体——研究人始自西方。

　　西方搜集东巴经书狂潮一直延续到 20 世纪中叶，30、40 年代到纳西族地区进行搜集的美国人昆亭·罗斯福、约瑟夫·洛克为后来居上者。其中，昆亭·罗斯福搜集到了 1 861 卷东巴经，约瑟夫·洛克搜集到了近 8 000 卷，成为西方学者研究东巴文化的重要资料。洛克本人在纳西族地区从事东巴经搜集、翻译、整理工作 27 年，精通纳西语与东巴文，从 1948 年到 1972 年出版了《中国西南古纳西王国》《纳西语、英语百科词典》《纳西人的纳加崇拜及其有关仪式》等东巴文化研究的代表性著作，奠定了西方学界"东巴文化研究之父"的地位。洛克是西方学者中最早译注、整理、刊布东巴经文的学者，他的主要译作《纳西族的纳加崇拜及其有关仪式》（1952 年）收录了两个仪式和一百多册经书的详细翻译，用了 800 页的篇幅和 1 000 个脚注来详述。他的第二本巨著是《指路葬仪》（1955 年），该书只涉及一个使用 36 本经书的仪式，有 230 页和 470 个脚注。另一本著作《祭天仪式》（1948 年），论及一个使用 12 本经书的仪式，有 150 页，近 300 个脚注。而《开美久命金的爱情故事》（1939 年）是一个单独的仪式使用的经书，有 150 页。此外，还有 10 篇文章，涉及 8 个仪式，共有 200 多页。① 可惜，这些译注本至今未能在国内翻译出版。

----

　　① 安东尼·杰克逊著，彭南林、马京译：《纳西族宗教经书》，见郭大烈、杨世光主编：《东巴文化论》，昆明：云南人民出版社 1991 年版，第 630 页。

二、国内学者对东巴文献的搜集与整理

西方人的东巴经搜集狂潮引起了国内学者的关注。1933 年，在北京大学国学研究所学习的方国瑜受刘半农指派回到家乡丽江进行东巴经及文字的搜集、整理工作，翻译了创世史诗《崇搬图》及若干经书的章节，并于 1936 年完成了《纳西象形文字谱》初稿，该书经过近半个世纪的不断修改、补充，一直到 1981 年才正式出版，其间受到了章太炎、郭沫若、吴晗、周有光等学者的高度评价。《纳西象形文字谱》分"绪论""纳西象形文字简谱""纳西标音文字简谱""纳西文字应用举例"等四个部分，"绪论"结合方国瑜多年研究纳西族历史文化成果，详细阐述了纳西族的渊源、迁徙和分布，纳西象形文字与标音文字的创始和构造特点，记录了纳西语的音标；在"纳西象形文字简谱"中，分天象、地理、植物、飞禽、走兽、虫鱼、人称、人事、形体、服饰、饮食、居住、器用、行止、形状、数名、宗教和传说古人名号共十八属，对 1 340 个象形文字及 222 个派生（词）逐字做标音解说，这是全书的主体；在"纳西标音文字简谱"部分中，共收录较常用的 582 个标音字及 2 000 多个常用词汇；在"纳西文字应用举例"中，详细说明了象形文字在东巴经书中代表词、语和句子的方法。书末附有东巴经书简目，共 16 类 394 种（册）。方国瑜认为象形文字主要保存在卷帙浩繁的东巴经书里，要从文字、语言、文学、宗教四个方面联系起来深入研究，同时比较甲骨文、金文，下苦功夫探索造字共同规律，庶几可获得更大成就。[①] 这对东巴文化的研究有着深远而重大的指导意义。

在东巴文字的搜集、整理方面，纳西族学者杨仲鸿是较早的先行者，早在 1933 年，与洛克的东巴经师和华亭合作编写了《摩些文多巴字及哥巴字汉译字典》一书，全书共 134 页，分为数类、天文类、地理类、时令类、鸟类、兽类、昆虫类、植物类、人类、身体类、服饰及用具类、水类、火类、杂类、佛类、鬼类、怪类、龙类等 18 类，共收 1 042 字，并统计了不重复的东巴经书 313 种。但因此书编写完成后命运多舛，一直未能出版，同时因采用了汉字注音方式而降低了语言研究的参考价值。周善甫对该书评价是中肯的："即便不免粗疏，也算是有关研究东巴象形文的第一本著作。"[②]

---

① 方国瑜：《"古"之本义为"苦"说——汉字甲骨文、金文、篆文与纳西象形文字比较研究一例》，见郭大烈、杨世光编：《东巴文化论集》，昆明：云南人民出版社 1985 年版，第 98 页。

② 转引自喻遂生：《杨著〈摩些文多巴字及哥巴字汉译字典〉述略》，见《纳西东巴文研究丛稿》（第二辑），成都：巴蜀书社 2008 年版，第 373 页。

　　上述两本纳西族学者编纂的字典虽成书较早，但都因未能及时出版而降低了学术影响。而出版于 1946 年的李霖灿的两本东巴文字典——《么些象形文字字典》《么些标音文字字典》在当时学术界产生了广泛影响。语言学家闻宥评价说："取材之富，实为已往所未有，每字下之音读，精确可信，亦远胜驼（洛）克不会音理之拼切（例如 gk－de—等皆极费解），自此书出，而巴哥（克）书中文字之部分已成废纸。"① 《么些象形文字字典》共 208 页，16 开本，分天文，地理，人文，人体，鸟，兽，植物，用具，饮食，衣饰，武器，建筑、数目、动作，若喀字，古宗音，宗教，鬼怪，多巴龙王，神等 18 类，收字 2 120 个。因读音者为东巴和才，注音者为"中央"研究院历史语言研究所的张琨，语音准确度较高，同时对字义、字源、异体字、假借字做了相应的说明。《么些标音文字字典》共 108 页，收字 2 334 个，按照字形笔画分为黑点、弯钩、斜道、竖道、圆圈、不规则弯曲线、横平、卷扭、两点、人字形、十字、三点、三角形、方框、其他等 15 类，并对 347 个常用字及 104 个异体字做了简表。李霖灿的两本东巴文字典因其收集全面、字释详细、注音精准、字类丰富、字形分析合理、查阅方便等特点而获得了学术界高度评价，从而奠定了其"么些先生"的学术地位。

　　李霖灿对东巴文化研究的另一大贡献，是开创了东巴经文字释之先河。东巴文字因其依类象形、突出特征、变易本形、依声托事、一字多义等造字特点，加上其书写方式并未体现出逐词记录、线性排列的语用特点，同时不同时期、不同区域中形成的异文特点，给东巴经文阅读造成了极大的障碍。这就意味着即使掌握了东巴文字典中所有的文字，也并不意味着能够通读经文。正是基于这种实情，李霖灿独创了东巴经文字释的研究方式。1946 年，李霖灿出版了《么些经典译注六种》，后在此基础上增订了三种，于 1978 年在台湾出版了《么些经典译注九种》，内容为么些族的洪水故事、占卜起源的故事、多巴神罗的身世、都萨峨突的故事、哥来秋招魂的故事、某莉亥孜的故事、延寿经释注、挽歌、菩赤阿禄的故事。"我在这几册经典的翻译格式上试用了一种新的处理办法：原则上是形、声、义、注四部分都能兼顾，而且是要一页之上面面俱到，使读者没有前后翻阅对照之劳。"② 此处的"形"指东巴经原文，"声"即国际音标注音及汉字直译，"义"为意译，"注"即注

　　① 转引自郭大烈：《李霖灿与纳西东巴文化》，见郭大烈、杨世光编：《东巴文化论集》，昆明：云南人民出版社 1985 年版，第 457 页。
　　② 李霖灿：《么些经典译注九种》，台北："国立"编译馆中华丛书编审委员会 1978 年版，第 19 页。李先生序写于"三十五年八月十一日"，即 1946 年。

释，对经文中的假借字、字源情况予以详解。另外，在每卷经书前面详述了经书出处，搜集、翻译的过程，并对经书特点进行概括。

这一方法在学术界得到了广泛认可。语言学家傅懋勣于 1940 年到维西县纳西族地区调查，后在丽江向大东巴和芳学习东巴经文，并在他的帮助下完成了《丽江么些象形文〈古事记〉研究》，此书于 1948 年出版。傅懋勣一直关注东巴文化的研究，1981 年、1984 年在日本分别出版了《纳西族图画文字〈白蝙蝠取经记〉研究》上下两册。与李霖灿字释相比，傅懋勣的字释更为详尽，首先，除了对东巴经原文中的具体单字进行解释外，对构成完整句子的字组也进行了解释；其次，在汉字直译中加入了主语助词、宾主助词、语气助词、动词前助词、引语等词性说明，从而便利了读者对句子的完整理解，也有助于读者了解语法特点；最后，对某些直译而词不达意的具有特殊意义的词，则采取了比较、解释的方法。"东巴经里有一个 tsho^{31} 字，大体上可以用'人'来直译。但是另外还有一个 dzi^{33} 字，也可以用'人'直译。这在经书中会引起难以解释的问题。当我直译的时候 tsho^{31} 字的下面写'人（措）'，在 dzi^{33} 的下面写'人（则）'。放在括号里的'措'和'则'是音译字。我认为'措'和'则'原来是两个氏族的名称。这样就可以区别开了。"①

20 世纪 50 年代，由于受政治运动的冲击，东巴活动日趋减少，国外学者也无法涉足纳西族地区进行搜集、整理东巴文献。直至 60 年代初期，时任丽江县委书记徐正康看到洛克著的英文版《中国西南古纳西王国》后，认识到东巴文化的重要价值，从而组织丽江县文化馆对丽江县境内的东巴文献进行搜集、整理、翻译，当时聘请了大东巴和正才、和芳作为释经人员。此次共译注了几百册东巴经书，并以石印形式内部出版了 21 种东巴经译本。译注整理工作因随后的"文革"冲击而中断，东巴经文译注本大多佚失，仅保留下来石印本 21 种。2010 年 7 月，在郭大烈、木根主持下，对这 21 种石印本东巴经书进行了重新整理、翻译、刊布，并在原有基础上进行了相应的修订完善：①增加了纳西拼音文字；②重新规范东巴经文书写；③附加了东巴经译诵录像光碟；④序言中对这一创举的背景及意义进行了阐述；⑤对每一册经书内容进行了摘要处理；⑥附录介绍了整理者、组织者们的简况；⑦对译文进行了技术性修订。② 在丽江地区行署副专员和万宝的力推下，于 1980 年 6 月成立"丽江东巴经翻译整理委员会"，1981 年 5 月正式成立"云南省社会

---

① 　傅懋勣：《纳西族图画文字〈白蝙蝠取经记〉研究》，北京：商务印书馆 2012 年版，第 12 页。

② 　纳西学资料丛编编委会编：《纳西族东巴经典藏精选》（第一卷），昆明：云南民族出版社 2014 年版，第 7 页。

科学院东巴文化研究室"，并先后聘请知名东巴和玖日、和云彩、和微、杨树兴、和云章、和成典、郑五山、和学智、和即贵、和士成、和开样等人，从1981 到 1989 年，在 60 年代遗留下来的译注本基础上先后油印了 26 本东巴经译注本，公开出版了三册《纳西东巴古籍译注》。这一时期的译注本采用了东巴经原文、国际音标注音、汉字直译、意译四对照方式，所选经书代表了东巴经中重要的经典。2000 年 9 月，由丽江东巴文化研究所翻译整理的《纳西东巴古籍译注全集》（以下简称《全集》）正式出版，共 100 卷，选入不重复的东巴经书共有 897 种。"该书分类基本上是按东巴教内部的类属，分为五大类：祈神类、禳鬼类、丧葬类、占卜类及其他类（包括舞蹈、杂言、字书、药书）等经典。《全集》的译注，采取科学严谨的五层次对照的古籍译注体例。所以，这部内容浩繁、博大精深的东巴圣典，具有严谨的科学性和权威性。"①《全集》的出版意义深远，正如和万宝在其"序言"中所说："传统文化，备受近现代文化冲击，东巴文化当然在所难免，众多东巴已销声匿迹，幸存者已寥寥无几；图籍文物，不断毁销散佚；仪式习俗，濒临消亡。这一'其命维新'的古老文化，已是风烛残年，危在旦夕。好在东巴文化本身有其不可磨灭的价值，而世上也真有敢挽狂澜于既倒的志士仁人，存亡继绝、起死回生于奄奄一息之际！见此全集，理宜铭记具有远见卓识和大无畏精神的先驱者们，与学者共事研究的东巴先生们，他们率先叩响东巴文化大门，传扬出去，开山创业，卓有成就，功垂青史，永不湮灭！"②

综上所述，就东巴文献搜集、整理刊布的整体情况来说，据英国纳西学家杰克逊统计，世界各地公私收藏的东巴经有 21 800 多册，中国国内收藏约有 13 000 册。其中美籍奥地利学者洛克一人所藏就达 7 118 册。③ 新中国成立后，东巴经书虽损失惨重，但东巴经的搜集工作仍呈延续态势。喻遂生认为，改革开放以后，国内单位和个人收集了 3 500 多册，流入西方国家 2 000 余册。具体数目是：东巴文化研究所 500 册，中甸县（2001 年更名为"香格里拉县"）文化站 650 册、维西县文化局 360 册、戈阿干个人近千册，个人零星收藏近千册，西班牙 100 余册，其他西方国家 1 000 册以上。④ 东巴经的刊布，

① 和力民：《东巴经典大破译：写在〈纳西东巴古籍译注全集〉出版之际》，《民族团结》1998年第 2 期。
② 和万宝：《总序》，见东巴文化研究所编译：《纳西东巴古籍译注全集》，昆明：云南人民出版社 2000 年版，第 1 页。
③ 安东尼·杰克逊著，彭南林、马京译：《纳西族宗教经书》，见郭大烈、杨世光主编：《东巴文化论》，昆明：云南人民出版社 1991 年版，第 622 页。
④ 喻遂生：《纳西东巴文研究丛稿》，成都：巴蜀书社 2003 年版，第 2 页。

国内学者整理并正式出版的共有 22 种。计有：傅懋勣的《丽江么些象形文〈古事记〉研究》《纳西族图画文字〈白蝙蝠取经记〉研究》《纳西族〈祭风经——迎请洛神〉研究》，李霖灿的《么些经典译注九种》，云南省少数民族古籍整理出版规划办公室的《纳西东巴古籍译注》一至三卷共 10 种。22 种内有少量重复。另丽江县文化馆 1962 年至 1965 年石印东巴经 22 种，近年东巴文化研究所油印东巴经数种。① 从东巴文献的译注种类、数量、规模来说，以《纳西东巴古籍译注全集》百卷本成果最为突出，影响也最大，可以说在百余年来东巴文化研究史上具有里程碑式的意义。

第二节　以"文学为取向"的东巴文献整理

一、东巴文献的文学化整理、改编与创作

相形之下，以"文学为取向"的东巴文献受时代意识形态的影响较大，政治化、格式化的特点较为突出。具体来说，以"文学为取向"的东巴文献翻译、整理主要分为两个时期：第一时期以 20 世纪 50、60 年代为主，第二时期以 80、90 年代为主；前一时期突出了政治化特点，后一时期突出了格式化特点。

东巴文献的文学化改编、创作肇始于 20 世纪 40 年代，高潮是在 50 年代、80 年代两个时期。纳西族女作家赵银棠于 1949 年出版了《玉龙旧话》，其中《"摩梭"创世纪》《卜筮术的故事》《高楼趣》《教主"释理"》《牧儿牧女们，迁徙下来吧！》等译文取材于东巴经典，系统地向世人介绍了东巴文学经典，但在翻译过程中把东巴经典原文的史诗特征变成了散文体，主题则突出了反抗黑暗专制、向往光明自由的思想倾向，作者后来也意识到没能"保持原作的时代特点和本族风格"，所以在 1957 年重新翻译了《董埃术埃》《鲁般鲁饶》两本经书，后者保留了诗体风格，突出了光明战胜黑暗、控诉封建专制、反对礼教的主题倾向。② 1956 年，还在中学读书的牛相奎、木丽春发表了根据《鲁般鲁饶》改编创作的长诗《玉龙第三国》，在国内文坛引起一定

---

① 喻遂生：《纳西东巴古籍整理与研究刍议》，见《纳西东巴文研究丛稿》，成都：巴蜀书社 2003 年版，第 12 页。

② 赵银棠：《东岩术岩——黑白斗争的故事》，见《玉龙旧话新编》，昆明：云南人民出版社 1984 年版。

的反响，后来二人又根据创世史诗《崇搬图》改编创作了《丛蕊刘偶和天上的公主》。整体来说，这一时期东巴经文翻译的文学化、政治化倾向较为突出，这与当时特定的政治环境密切相关。1958 年以来，云南省民族民间文学丽江调查队两度对包括东巴经文在内的纳西族民间文学进行了大规模的搜集、翻译和整理工作，在此基础上于 1959 年 12 月编写出版了《纳西族文学史》（初稿）。客观而论，这两次搜集、翻译、整理工作对于抢救纳西族民间文学有着积极意义，《纳西族文学史》（初稿）的出版使纳西族文学在国内外民族文学之林中的地位获得了相应的提升，在研究纳西族文学史中也具有开创之功。但这一时期的民间文学搜集、翻译、整理工作受到"左"倾思想的严重干扰，这体现在突出政治路线，以强调阶级斗争观点为主线，尤其以"剔除糟粕"为名，对东巴文学实行去宗教化篡改，认为"东巴教篡改、歪曲纳西族文学，宣传封建迷信思想"。"过去有些人过高地估计东巴教和东巴的作用，甚至把所有的东巴也说成是歌手，强调了积极的一面，忽略了消极的甚至是反动的一面。""归根结底，东巴教作为一种宗教，毕竟是一种反动的意识形态，它是统治阶级用来麻醉人民的工具，其实质是反动的。"① 在这种"左"倾思想指导下，臆断《创世纪》《鲁般鲁饶》《普尺五路》等东巴经典是封建社会时期产生的，主题是"歌颂劳动，反对封建迷信"。这不仅严重影响了东巴文学的翻译整理工作，而且使东巴文化研究陷入停滞状态。

　　"文革"结束后，经过拨乱反正，国内政治环境趋于好转，推动了东巴文化的研究及东巴文献的搜集、整理工作的可持续拓展。这一时期东巴文学翻译、改编、创作成果以 20 世纪 80 年代较为突出，个人成果以戈阿干、杨世光、牛相奎、赵净修等人为代表。如戈阿干在 20 世纪 80 年代初期发表了根据《创世纪》改编的《格拉茨姆》《查热丽恩》两部长诗；杨世光先后出版了《黑白之战》《大鹏之歌》《牧歌》《猎歌》《逃到好地方》等系列长诗；赵净修分别与杨世光、牛相奎合作出版了《创世纪》《鲁般鲁饶》等长诗。需要指出的是，这些根据东巴文献翻译、整理的作品存在"格式化"问题，与"以传统为取向"的"格式化"相似，都存在文本制作过程的"二度创作"。但也有不同，前者侧重于东巴经典的译注，以语言学、宗教学、历史学、社会学等学科为研究范式，对东巴经典内容不作大范围的改编、加工；而后者是以"文学创作"为维度，东巴经典只是起到参考作用，不仅对原文语言、情节进行符合文学审美要求的创编，甚至主题也发生较大改变，如戈

---

① 云南省民族民间文学丽江调查队编写：《纳西族文学史》（初稿），昆明：云南人民出版社 1959 年版，第 96 - 97 页。

阿干的《格拉茨姆》，"把部落仇杀这种社会历史现象，升华到民族团结的高度，用以反映民族团结的主题，这是有现实意义的"①。

　　这一时期对东巴文学的整理成果以 1992 年出版的《纳西族文学史》为代表，全书分绪论、口传文学时期、东巴文学兴起和繁荣时期、民间传统大调的产生、作家文学的兴起和繁荣时期等，全面系统地介绍了纳西族各个时期的文学创作。其中东巴文学萌芽时期的口传文学、东巴文学的兴起和繁荣时期、受东巴文学影响生成的传统大调和民间故事传说在整个文学史体例中占了主体地位，篇幅分量及所占内容皆超过半数。本书的开创之功，其一，是把东巴文学置于纳西族的历史发展背景中，与东巴文学的母体——东巴、东巴教、东巴文、东巴经予以有机联系、分析。其二，第一次提出了"东巴文学"的概念，与民间文学、作家文学相并立，使东巴文学从原来民间文学的附庸身份中获得了独立。"东巴文学是唯一用象形文字写的作品群，它以独特性、丰富性、宏伟性，赢得了人民的喜爱，经受了历史的检验，获得了不朽的生命。它和纳西族的民间文学、作家文学一起构成了三种文学潮流，成为古代纳西族文学的中坚。它不仅在纳西族文学史上有深远的影响，占有极重要的地位，而且在祖国的文学遗产中，也是一束独特的艺术花朵。"② 其三，对东巴文学进行了科学合理的分类，把东巴文学分为东巴经神话（起源神话、伏魔神话、祖先神话）、创世史诗、英雄史诗、叙事长诗、祭天歌、东巴经故事、东巴习俗长调、口头传说、民间歌谣等。其四，该书在编写过程中，吸纳了诸多纳西学研究成果，从而虽名为"文学史"，但有着可资其他学科参考的重要学术价值。"这些作品是纳西族人民智慧的结晶，是伴随着社会物质生产而结出的精神硕果，具有美学、宗教学、民俗学、伦理学等多方面的研究价值。"③

二、介乎于"文学"与"历史"之间的东巴文献整理

　　20 世纪 80 年代的东巴文献的翻译、整理有两本译作值得一提：一是由东巴和芳、牛恒读经，和志武翻译、整理的《纳西东巴经典选译》；二是由东巴和开祥、和即贵读经，戈阿干翻译、整理的《祭天古歌》。这两部整理本为汉语意译文本，不作音注、字释，在严格意义上不属于译注文本，且目的更在于普及东巴经知识。与上述"二度创作"的文学作品不同，这两本译作都忠

---

① 和钟华、杨世光主编：《纳西族文学史》，成都：四川民族出版社 1992 年版，第 796 页。
② 和钟华、杨世光主编：《纳西族文学史》，成都：四川民族出版社 1992 年版，第 241 页。
③ 和钟华、杨世光主编：《纳西族文学史》，成都：四川民族出版社 1992 年版，第 241 页。

实于原来的东巴经文，且二人都对东巴经文进行过深入的调查研究，成果颇丰，翻译、整理时皆在东巴指导下逐字逐句进行，最大限度地保留了东巴经典的原貌风格，并对经典中出现的特有名词进行了注释。这两部翻译整理本的性质是介乎于"文学"与"历史"两个取向之间。

　　和志武对东巴经的文学改编创作与严格意义上的学术研究整理做了区分："我们在进行翻译时，力求用科学的态度和方法，切禁任意进行加工、'整理'，防止把东巴经译稿变成似是而非，非鹿非马的东西，至于作为一般的文学读物译文，进行必要的整理，或根据东巴经再创作，则应另当别论，但必须慎重，采取严肃的态度。"① 和志武翻译、整理的《纳西东巴经典选译》先后以内部版、公开版形式分别于 1983 年、1998 年出版，后者在前者 18 篇译作基础上增加了 12 篇，基本上囊括了东巴经典的代表性作品，且这些选译经典集中了丽江、迪庆三坝两地的东巴经典，具有地域全面性。作者的翻译、整理工作建立在深入的调查及严格的科学方法上："我们调查记录的方法，是先请东巴选择好经书或我们自己选好，然后请东巴按书读经，我们则用国际音标忠实记音，读一句，记一句，记完一本后，由我们按所记之音重读一次给东巴听，纠正有无记漏或记错。然后再询问疑难词句，古语古词、人名地名、鬼名神名及有关书本的道场法事，使其直译（对译）准确无误。记音和直译尽量在东巴在场时完成，以求保证质量。意译则一般回到单位以后再进行，可以从容考虑，反复琢磨，尽量做到忠于原作。"② 但在这两部整理本中译者未能进行国际音标注音，从而留下了巨大的遗憾。

　　戈阿干翻译、整理的《祭天古歌》均系祭天祝词，按祭仪的程式，从头至尾全部祭辞共 8 000 行，全面系统地反映了祭天文化的原貌。总体上说，这部《祭天古歌》是纳西古代祭天活动程式化的结果，是祭司东巴在主持祭天活动的过程中，为配合具体而繁缛的仪式、仪节而编写创作的祭天经诗。③

　　《祭天古歌》内容分为《蒙增·崇般绍》（《生献牺牲篇·人类繁衍篇》）、《共许》（《放生篇》）、《考赤绍》（《迎取长生不老药》）、《吉本布》（《祭雷神电神篇》）、《哈时》（《熟献牺牲篇》）、《素库》（《招迎家神篇》）、《鲍麻鲍》（《点抹圣油篇》）、《素章兹》（《为家神招迎富裕亡魂篇》）、《贡生卑初

---

① 和志武：《纳西东巴经典选译》（内部版），昆明：云南省社科院东巴文化研究室 1983 年版，第 156 页。
② 和志武：《纳西东巴经典选译》（内部版），昆明：云南省社科院东巴文化研究室 1983 年版，第 156 页。
③ 巴莫曲布嫫：《纳西族东巴祭祀经诗〈祭天古歌〉》，见张炯等主编：《中国文学通史·元代文学》，南京：江苏文艺出版社 1997 年版。

聘》(《为无后者替祭篇》)、《祭天口诵篇》等十章。前九章按祭天轨程来分类排列,最后一章的口诵篇虽作为补充部分,但其价值极为珍贵,一是说明了祭天作为纳西族传统文化源远流长,二是从中反映出祭天经文源于口诵经,从而成为口头文本与书面文本互证的重要材料。难能可贵的是作者对经文中的口头程式有着深刻的认识:"为了保持作品原貌,我们保留了原文套句的运用,就在作品中出现了大量相同与类同的句子与章节。这不能看成是不必要的重复,这些相同或类同的句、章不断出现在不同的母体篇目中自有它特殊的意义,这是祭坛诵经形式的需要,也是表达内容的需要,它犹如一首歌曲的主旋律一样,对表现作品的主题和神韵都起着深化和增强的作用。"① 整理本中虽然插入了少量东巴经文内容,并进行了注音,但只起到了蜻蜓点水的作用,未成整篇体例,这不能不说是遗憾。瑕不掩瑜,可以说此整理本与《纳西东巴经典选译》堪称汉语翻译东巴文献的上乘之作。

第三节　东巴传统叙事文献整理中存在的问题

纳西东巴文献搜集、释读、刊布以 1999 年出版的《纳西东巴古籍译注全集》为著,这一集二十年之功的皇皇巨著影响深远、意义重大。但因受时代及当时客观条件所限,仍存在以下几个不足之处:

一、《全集》不全

《全集》不全,其一体现在所选东巴文献不全上。粗略估计,世界各地东巴经书数量约为三万册。据喻遂生统计,除去重复类经书,不同种类的东巴经种数有 500 多、643、800 多、1 000 左右②,甚至有多达 1 500 种之说③,而收入《全集》的东巴经典共有 897 种,有近百种经书并未收入其中,而且有些经书属于代表性经典。根据和志武修订的《纳西象形文东巴经目录》,《祖师什罗超荐经》有 51 本,《全集》收录了 46 本,未收录 5 本;《超荐老姆女

---

① 陈烈:《序言》,见《祭天古歌》,北京:中国民间文艺出版社 1988 年版,第 18 - 19 页。
② 以上四种分别见于和即仁、姜竹仪:《纳西语志》,和志武:《纳西东巴文化》,马学良:《汉藏语概论》,和万宝:《〈纳西东巴古籍译注选辑〉序》。参见喻遂生:《纳西东巴古籍整理与研究刍议》,见《纳西东巴文研究丛稿》,成都:巴蜀书社 2003 年版,第 13 页。
③ http://baike.baidu.com/view/31758.htm#refIndex_5_31758.

神经》在修订目录中有 29 本，《全集》中收录 15 本，未收录 14 本。① 其中去除在《全集》中重复的经书，仍有不少重要经书遗漏，如叙述东巴教教祖身世、来历的《祖师什罗身世纪》《祖师什罗历史经》，其在东巴经书中的地位是不言而喻的。《全集》作为东巴文化的"百科全书"，却没有收录作为东巴教教祖的来历经书，这不能不说是很大的遗憾。

其二，所选文献不全的第二个方面是祭祀类以外的文献，如账本、契约、书信、碑刻、歌本、日记、对联、医书等应用性文献没选入。现从丽江宝山、鲁甸、塔城，迪庆州三坝乡搜集到的这类应用性东巴文献已近百件。这些应用性文献与宗教祭祀类文献构成了东巴文献的整体性，这一类文献与宗教祭祀类经书相比，有民间应用性、字词对应性、线性排列等特点，是研究纳西族经济社会、纳西族民俗文化、东巴教与民间文化关系等方面的重要文献资料。

其三，《全集》所选东巴文献的地域局限于原丽江县（现古城区、玉龙县），而忽略了其他纳西族地域的经书。② 因纳西族在历史上并未建立过政教合一的地方政权，各个时期、不同区域所受外来文化影响不同，从而形成了同一民族内部的文化多样性，这从东巴文献在不同区域中体现出来的书写体例、字形、情节、应用操作等多方面的差异中也可得到佐证。对现今纳西族东巴文化生态进行考察，东巴教民间信仰程度较高、民间东巴经书较为集中、东巴仪式仍在延续的村落社区，基本上集中在原丽江县以外的香格里拉三坝纳西族乡、宁蒗县拉伯乡、四川省木里县俄亚纳西族乡和依吉乡等地，据笔者田野考察统计，现今这些纳西族地区收藏的东巴经书仍不少于 2 000 册，仅香格里拉三坝乡文化站、树枝村、油米村经书就有 1 000 多册。三坝在历史上称为"东巴教发祥地"，至今在民间仍流传着东巴教第一代教祖丁巴什罗、第二代教祖阿明什罗的诸多神话和传说，在纳西族民间有"不到白地，不算大东巴"的民谚，这些说明了三坝在纳西族东巴文化中的重要地位。而这些纳西族不同区域的经书未能入选《全集》，这对于研究东巴文化的产生、发展，东巴语言文字的构成、类型，纳西族整体文化是极为不利的。

其四，丽江以外的国内外收藏的经书也没有入选《全集》。从 1867 年法国传教士德斯古丁斯搜集的第一本东巴经书开始，直至 1949 年美国学者洛克离开丽江，在近百年的西方搜集东巴经狂潮中，有 10 000 多册东巴经书收藏

① 这两部经书参见和志武：《纳西象形文东巴经目录》，见《纳西东巴文化》，长春：吉林教育出版社 1989 年版，第 234－235 页。
② 《全集》中有一本选自宁蒗县油米村的东巴舞谱经书《超度什罗、送什罗、开神路·上卷：油米村忍柯人的书》。这本经书是由原丽江县鲁甸乡新竹村东巴东恒在民国时期从油米村抄录而来。

于美国、法国、英国、瑞典、瑞士、意大利、西班牙、荷兰等国。需要指出的是，这些在丽江本地之外的经书除了数量庞大以外，经书质量也较高。据丽江东巴文化研究所和力民对法国远东学院收藏的 49 本东巴经书编目，发现这些经书重本较少，有珍贵的文献价值。① 有些经书在丽江已经失传，"例如东巴经中少有的一种抄本——折叠式的经卷，据说有 39 英尺长，有 103 节，现在纳西族地区已经找不到了"②。这与搜集者的研究水准与眼光密切相关，如被称为"西方纳西学之父"的洛克在丽江及纳西族地区调查、搜集东巴文化 27 年，其搜集的东巴经书不下于 5 000 卷，且这些经书都是他精挑细选的。洛克曾提到一桩搜集轶闻："1931 年的一天，我在玉龙雪山脚下的住宅里，在我后来找的东巴经师的帮助下翻译纳西东巴经书，我的经师既是东巴，又是吕波（巫师）。这时，来了一个身背满筐纳西东巴经想卖的拉宝农民，我和我的东巴经师仔细地审视这些东巴经书，发现这些经书几乎全是稀有的。我把它们全部买下。这些经书中的一本是用标音文字写的，经文由陀罗尼（或称巫术套语）组成，据说把它念上一定次数后，可以表演非凡的绝技。"③ 国外收藏东巴经最多的是美国，美国国会图书馆、哈佛大学图书馆、华盛顿大学图书馆就存有 7 836 册东巴经书。1956 年，已经迁居台湾的东巴文化学者李霖灿应邀到美国国会图书馆对 3 038 册经书进行编目，发现有年代标记的经书有 61 册，其中一本经书的版本是清康熙七年（1668）。④ 国外东巴经藏书有着重要的补正作用，据戈阿干调查，现在国内发现的东巴舞谱仅剩下 6 本，记录东巴舞为 45 种，而现在传承的东巴舞远不止这些，不少老东巴认为他们传承的舞蹈有 100 种之多，并都有谱文记录，但众多的谱本在"文化大革命"期间被迫销毁，在国外东巴经藏书里是否有东巴舞谱，这是各国东巴文化学者应予关注的一个问题。⑤ 另外，由李霖灿带到台湾的 1 200 多册东巴经书有很高的质量。另外，云南省图书馆及博物馆、北京图书馆、中央民族大学图书馆、南京图书馆等馆藏东巴经书并没有得到较好的整理、刊布。

---

① 杨福泉：《东巴教通论》，北京：中华书局 2012 年版，第 456 页。
② 云南省民族民间文学丽江调查队：《纳西族文学史》（初稿），昆明：云南人民出版社 1959 年版，第 40 页。
③ 洛克著，杨福泉译：《纳西族巫师"吕波"和达巴》，见白庚胜、杨福泉编译：《国际东巴文化研究集粹》，昆明：云南人民出版社 1993 年版，第 82 页。
④ 李霖灿：《美国国会图书馆所藏的东巴经典》，见郭大烈、杨世光主编：《东巴文化论》，昆明：云南人民出版社 1991 年版，第 646 页。
⑤ 戈阿干：《东巴神系与东巴舞谱》，《文艺研究》1998 年第 3 期。

二、音系失真

《全集》中国际音标注音的音系以大研镇土语为主。虽然《全集》中经书全选自丽江县境内，但丽江县境内有大研镇、丽江坝、宝山州、鲁甸、塔城等地的土语，大研镇土语只有一套浊辅音，而宝山州、鲁甸、塔城等地的土语则分为纯浊音和鼻冠音两套；宝山州土语少 dz、dʐ、f 等 3 个辅音音位。丽江县境内东巴经书基本上来自于大研镇土语区以外的方言区，而在给东巴经书注音时，又采用了这种原来经书念诵时较少使用的土语，这给经书语言音韵体系的真实性带来了损害。譬如东巴经中的自然神"署"，大研镇方言的读音为"sɿ³¹"，而鲁甸、宝山州土语读为"ʂv"。在方国瑜编撰的《纳西象形文字谱》中（第 1 902 字）注音为"sɿ³¹"①，而李霖灿编撰的《么些象形文字、标音文字字典》（简称"李霖灿字典"）中（第 1 968 字）则标注为"ʂv"②。同样一个字出现不同的读音，原因在于前者是以大研镇土语为参照音系，而后者是以鲁甸土语音系为参照音系。如果在翻译中没有遵照经书出处方言来诵读，对经书原文的理解也会有误。日本学者黑泽直道指出："在以纳西语为母语的该研究所纳西族学者中，没有意识到语言的重要性，从而没能将纳西语各地方言、音韵差别作为重大问题加以把握。正因为这样，各种经典读音中的纳西语各种方言音韵几乎都被抛弃殆尽。"③ 喻遂生也认为："东巴经的记音，似乎多是用大研镇音系。经书收自各方，老东巴来自各地，用比较单一的音系记音，有便于编纂、阅读的一面，但同时抹杀了其方言特点，而各地的东巴经，其假形字和形声字的声符，肯定是以当地的方音为依据的。统一音系可能会使假借、形声的音韵研究因材料的失真而失真。"④

三、字释阙如

东巴文字因其依类象形、突出特征、变易本形、依声托事、一字多义等造字特点，加上其书写方式并未体现出逐词记录、线性排列的语用特点，以及不同时期、不同区域中形成的异文特点，给东巴经文阅读造成了极大的障

---

① 方国瑜编撰，和志武参订：《纳西象形文字谱》，昆明：云南人民出版社 1981 年版，第356 页。

② 李霖灿编著：《么些象形文字、标音文字字典》，台北：文史哲出版社 1972 年版，第 336 页。

③ 黑泽直道：《〈纳西东巴古籍译注全集〉评述》，见白庚胜译：《日本纳西学论集》，北京：民族出版社 2011 年版。

④ 喻遂生：《东巴文化研究断想》，见《纳西东巴文研究丛稿》，成都：巴蜀书社 2003 年版，第4 页。

碍。这就意味着即使掌握了东巴文字典中所有的文字，也无法读通经文。如东巴文 $\mathscr{L}$，似为一个文字符号，其实由三个字符构成，包含十个音节的一个完整句，应读"$p\omega^{33} bv^{31} z\eta^{33} p\omega^{33} bv^{31}, na^{31} p\omega^{33} k\omega^{33} n\omega^{33} dzy^{33}$"，意为"艾蒿长山先于草，纳西历史很悠久"。$p\omega^{33}$ 还派生出"$p\omega^{33} pa^{31} be^{33}$"一词，意为发展变化或生育；$p\omega^{33} l\omega^{33} \mathrm{\mathbf{s}}^{31} mu^{33}$，指传统古规。①《全集》虽然采用了东巴经文、国际音标、汉语直译、汉语意译四对照方式，但因东巴象形文字的这些特点，如果没有逐个对照东巴文字来解释经文，读者无法根据文本提供的东巴经文来准确解读经文。

对此，喻遂生结合李霖灿的翻译心得做了如下评说：李霖灿《么些经典译注六种·序》说："在这里微觉欠缺的一点是'字源'有时没法交代，因为么些经文用字，通假时多，只能于音值下注'义'，字源就不能不从阙。好在我们编有《么些象形文字字典》，那上面对每一个象形文字的字源，都有很详细的记载，读者可以对照检阅。"确实，"四对照"本因为体例的限制，不可能对字源有详细的说明，也不可能指出在此处是字的本音还是变音，是词的本义、引申义还是假借义，把东巴经的字词分析落到实处。《么些经典译注九种》以外的"四对照"本，更难弄清楚经文中的某个字究竟对应于哪个词、哪个音、哪个义。不明字词关系，不明假借，会给阅读带来很大的困难。时时翻检字典也不太现实，而且许多内容如虚词、俗语之类，字典中根本就没有，况且现在也没有纳西语词典可用。如果说，研究历史、文学、文化借助汉语译文"囫囵吞枣"地阅读东巴经还勉强可行的话，研究语言、文字，特别是进行穷尽性的、计量的研究因必须落实到每一个字词，仅凭"四对照"本就不行了。质言之，"四对照"本对于一般的研究者和读者，实际上还是难以使用的，应有更详尽、更完善的译注形式，才能满足读者的需要。②

其实，在《全集》出版前，已有李霖灿的《么些经典译注六种》（1946年）、《么些经典译注九种》（1978年），傅懋勣的《丽江么些象形文〈古事记〉研究》（1948年）、《纳西族图画文字〈白蝙蝠取经记〉研究》（1981年、1984年）等东巴经文译注做出了成功的字释典范。

四、去语境化

东巴经书是根据仪式中的口头演述记录而成的口头记录文本，这从经文

---

① 和志武：《纳西东巴文化》，长春：吉林教育出版社 1989 年版，第 123 页。
② 喻遂生：《纳西东巴经"字释"的价值和意义》，中国经典文献诠释艺术国际学术研讨会论文，2008 年。

中大量的口语、口头程式特征中可以得到确认，也就是说现在整理而成的译注文本源于仪式口头文本。仪式与东巴文本关系互为表里，相辅相成：不同仪式决定不同的演述文本的种类、规模、内容，仪式的进程决定了经文演述的时间、次序、形式；演述文本的内容制约着仪式的行为、时空转换。另外，仪式中的文本演述不只是简单的念诵，与演唱、舞蹈、手工艺相融合，与现场受众互动共融，构筑而成为特定的演述语境。东巴经文中也有关于节奏节拍的提示符号，如 🐛 表示板鼓应摇 3 次；🐛 表示应摇响板铃 2 次；🐛🐛 表示东巴应 2 次抬高双手；🐛 表示笛子应吹奏 4 次，一般多指吹 4 曲、4 遍或指吹 4 声；🐛 表示女子应吹响 5 次木叶，或吹奏 5 遍。①

和志武认为，东巴为人家念经，往往是有声有色的个人和集体的唱诵表演，配上鼓点和小马锣的回音，非常动听。诵经调以不同道场而区分，在同一道场中，又以不同法事和经书的内容而有不同的唱法；并且还有地区上的差别，如丽江、中甸、白地、丽江宝山等，就有明显的差异。总体来说，东巴经诵经腔调有 20 多种，最丰富的是丽江坝区。从音乐本身价值来看，以丽江祭风道场和开丧、超荐道场的诵调为佳。前者除配锣鼓响点外，有时还配直笛，唱诵《鲁般鲁饶》时，一般是中青年的东巴唱诵，声音清脆轻松，节奏明快，所以颇能吸引青年听众。后者往往不用锣鼓，而是采用集体合唱方式，庄重浑厚，雄音缭绕，表现的是一种较为严肃的气氛。②

但我们在现有的译注文本中并未能感受到这些演述语境，甚至对版本的背景也无从得知，如《全集》对所选经书的著述者、出处、搜集者、版本特征没有予以说明。喻遂生认为："每本经书前，应详细记录版本学特征，如纸张、开本、色彩、装订、钞写人（若有的话，下同）、钞写时间、流传地区、入藏时间、现藏地点等，这对于研究东巴经的流传、发展、断代和分域比较是至关重要的。而这些特征有的从《全集》中看不出来，有的靠读者自己去钩稽。"③ 由此也带来了诸多对文本释读的误区和障碍，损害了文本的真实性与完整性。

造成上述问题的原因是复杂多元的，既有时代局限、条件不足的客观因素，也有策划者、编写者的主观因素。提出问题的目的在于解决问题，使民

---

① 李丽芳：《凝固在纳西古老图象形文字里的音乐：云南传统音乐研究》，《文艺研究》1998年第 3 期。

② 和志武：《纳西东巴文化》，长春：吉林教育出版社 1989 年版，第 211 页。

③ 喻遂生：《东巴文化研究断想》，见《纳西东巴文研究丛稿》，成都：巴蜀书社 2003 年版，第4 页。

族珍贵遗产的保护、传承工作日臻完善、科学合理。

在全球化的语境中，文化多样性的价值自不待言，每一个民族的口头传统作为不可替代的一个文化的"种"，都具有重要的"文化坐标"式的参考价值。全球化也意味着处于弱势地位的少数民族文化的边缘化与同质化。在现代性冲击下各民族口头传统急遽消失的今天，我们又该如何应对？如何"把根留住"依然是一个艰巨而长期的时代课题。当下国内开展的"非遗运动"已呈如火如荼之势，文化强国，保护、传承传统文化已成国人共识，传统文化的保护与合理利用也取得了令人瞩目的成就；毋庸讳言，在"保护"话语背景下也存在着"破坏性建设"、遗产碎片化、过度商业化、庸俗化等不良现象。如在东巴文化的故乡——丽江，"世界记忆遗产"——东巴文化渐渐远离了民间的生老病死，以"东巴"命名的旅游商品基本上覆盖了旅游的吃、住、行、游、娱、购等六大环节。① 《亚鲁王》成名后，也被作为"文化搭台、经济唱戏"的工具。②

提出这些问题的目的在于通过对这些问题的探讨，以期从方法论、操作方式上为口头传统的搜集、整理提供一些有益的思考和做法。我们不仅要从学理上、方法论上批判继承前人的成果与不足，从而构建适合中国国情的口头诗学理论体系，且更需要在实践层面结合自身实际，汲取国内外成功的做法，大胆探索，为我国各民族的口头传统整理多提供一些科学合理的具体操作方法，从而尽力避免留下时代遗憾。

第四节　口头传统理论在东巴文献整理中的实践

一、方法论的确立：以口头传统为取向

我国少数民族的古籍文献多源于口头传统，长期以来以"民间文学"为取向的整理模式虽取得了不少成果，但这一模式留下的后遗症受到了国内外学术界的诟病。毕竟口头传统并不等同于"民间文学"，它与民众的生活世界与文化传统血脉相连，水乳交融，是鱼水关系。具体说来，我国少数民族众多史诗能够延续至今，与其深厚的文化传统根基，与他们的社会生产、生活融为一体的民俗活动、传统信仰、宗教仪式密切相关。它既是历史传承的，

---

① 光映炯：《旅游场域与东巴艺术变迁》，北京：中国社会科学出版社 2012 年版，第 152 页。

② 赵崑、李玲亚：《亚鲁王文化旅游节暨紫云格凸攀岩挑战赛开幕》，《贵州日报》，2010 年 10 月 13 日。

也是再造的，而这种传统再造是在"这一次"的"表演中的创编"中达成的。它不只是整理后供人阅读的"文学文本"，而是民众参与、体验传统文化，达成文化认同的"超级故事"。在这个意义上，我们要解读史诗为代表的民族口头传统，必须深入它得以生存、发展的演述语境与文化场域中。民俗学的三大学派——口头程式理论、表演理论、民族志诗学也是基于口头传统这种多样性特征而形成的。

百多年前提出的"中学为体，西学为用"仍有现实意义，西学毕竟是作为他山之石，具体来说，我们如何达成在口头传统研究学理上的国际对话与保护、传承实践层面的中国特色？近二十年来，国内学术界对这些时代课题作出了积极的努力与应对。一方面通过移译和转换西方口头诗学的基本概念，结合本土口头知识的分类体系和民间叙事语汇的传统表述单位，提炼中国史诗研究的术语系统和概念工具，以契合国际学术对话与民族志叙事阐释的双向要求。① 另一方面，在方法论上对史诗传统的田野研究流程、民俗学意义上的"证据提供"和文本制作等问题做出了可供操作的学理归总。②

从"民间文学"到"口头传统"，概念的转换也意味着范式的转换，以口头传统为取向的少数民族文献整理，突出了口头、传统两大特质；"口头"蕴含了口头文本的内在构成——口头程式、叙事行为——演述、演述行为的载体——仪式等特征，"传统"则说明了它的产生、形成、发展的文化生态及历史语境。也就是说，我们在搜集、翻译、整理少数民族口头传统的过程中，尽量避免先入为主的"格式化""去语境化"倾向，注重口头传统的文本特征，"深描"其得以存活的传承生态，尤其是与口头传统血脉相连的民俗活动、宗教仪式、民众生活等传统语境。"活鱼只能在活水中看"，正是这些传统语境构成了口头传统不可或缺的"活水"，也只有在这样的活水中，口头传统的文本内涵、文化价值才能如鱼得水般地得到体现与还原。

二、一次尝试：东巴文献的译注、整理

笔者就影音图文与东巴文献的译注、整理相结合谈点个人之见。按照理

---

① 诸如朝戈金借鉴民俗学三大学派（口头程式理论、表演理论、民族志诗学）共享的概念框架，结合蒙古族史诗传统表述的《史诗术语简释》和史诗文本类型；尹虎彬对西方史诗学术的尝试审视和中国史诗传统实践的多向度思考；巴莫曲布嫫提炼的"格式化"，演述人与演述场域，文本属性与文本界限，叙事型结构和叙事界域，特别是"五个在场"等，大都来自本土知识体系与学术表述在语义学和语用学意义上的接轨，以及在史诗学理论建构上东西方融通的视域。（参见朝戈金：《朝向 21 世纪的中国史诗学》，《国际博物馆》2010 年第 1 期）

② 朝戈金：《朝向 21 世纪的中国史诗学》，《国际博物馆》2010 年第 1 期。

想的模式来说，在原来的东巴文、国际音标、汉字直译、意译四对照基础上，应加入字释、五线谱或简谱，形成"七对照"新形式，另外，与之相关的影像、录音、图片、田野民族志作为附件。笔者对此做过尝试，现试举一例如下：

1. 东巴经原文

2. 经文字释

東巴经卷开头修饰符，无意，也不读音。藏族本教经典、普米族韩规经书中也有类似修饰符。①

　a³³，啊，语气词。表口中说话的象形字。

　la³³，虎。此处作语气助词。有时也写成同音字的"手"　。一般认为东巴经卷开头语中经常用虎来代表远古时期，类似于"很久很久以前"。傅懋勣认为画一虎头，兼有镇压邪鬼之意。②

　mə³³，不，无，未，否定词。"李霖灿字典"第46字写成：　，认为此字"象月缺无光之形"。有个从厚到薄的演变过程：　、　、　、　、　。③

　ʂr⁵⁵，说，象形文字本义为七，与"说"　同音而假借。

　be³³，俄亚经书中读 bi³³，与纳西语义的"林"同音，但字源不能由此推断为"林"，杨亦花认为字形源于东巴法冠上铁制法器，也有东巴读为 piə³³，义为"筷子、竹筷"；"李霖灿字典"第1 631字：　bɛ³¹，认为此字为若喀字，字源不识，义为"置也，放也"。

　tɯ³³，大，形容词，象形为人体肥胖状。与 thɯ³³ 音相通。

　ŋi³³，古音为 bi³³，义为太阳、日，引申为日子、时候。东巴石宝寿吟唱时并未读此字，应为遗漏。完整句应为 "a³³ la³³ mə³³ ʂr⁵⁵ be³³ dɯ³³ ŋi³³"。与

---

① 学术界一般认为普米族韩规教混融了大量本教、藏传佛教内容，文字及经典书写体例沿用藏文经典。

② 傅懋勣：《纳西族图画文字〈白编蝙取经记〉研究》，北京：商务印书馆2012年版，第20页。

③ 李霖灿编著：《么些象形文字、标音文字字典》，台北：文史哲出版社1972年版，第10页。

传统句式"a³³la³³mə³³ʂər⁵⁵be³³tɯ³³dʐɯ³³""a³³la³³mə³³ʂɑ r⁵⁵ȵi³³""a³³ȵi³³la³³ ʂɑ r⁵⁵ȵi³³"皆同义。这一传统句式的含义也有多种解释:"人类'啊'字都不会说的时候""前天与昨天的时候""阿老还没去世的时候"等①,但引申义皆为"远古的时候"。

　　⌐ mɯ³³,天。取"笼盖四野"之象形。

　　▱ dy³¹,地。取河边台地,山间梯田之形状。

　　⊥ thv³³,水桶,与纳西语"出"同音,假借字。在经文中多引申为"出处,来历"。

　　⊕ bi³³,古音,现读为 ȵi³³me³³,义为太阳、日。引申为日子、时候。

　　☾ le³³na³¹,黑月亮。"李霖灿字典"中第 48 字☽,认为此字指"鬼世界中之月亮",有时作不吉月份。② 此经文中只读首音 le³³。

　　--- kɯ³³,星,象形字。也有写成:∙∘∙("李霖灿字典"第 58 字)。

　　⚹ za³³,行星。东巴教中认为此星为不祥之星,故引申为"煞神"。"李霖灿字典"第 55 字中提到还有⚬、⚹两种不同写法。常借此字之音作"下来"解。

　　3. 五线谱/国际音标/直译

a³³ la³³ mə³³ ʂər⁵⁵　be³³ ɖɯ³³ (ȵi³³),　　　mɯ³³ ne³³ dy³¹ la³³
啊　也　不　说 　（助）这（日），　　　天　和　地　也

mə³³ thv³³ sɿ³³, bi³³ ne³³ le³³ la³³　mə³³ thv³³　sɿ³³,　kɯ³³ ne³³ za³³ la³³
不　出　时,　日　和　月　也　　不　出　时,　　星　和　饶　也

_____

① 和即仁持"阿老还没去世的时候"说,他认为"阿老"应为纳西族一个先祖名称。

② 李霖灿编著:《么些象形文字、标音文字字典》,台北:文史哲出版社 1972 年版,第 11 页。

mə³³   thv³³   （sʅ³³）

不   出   （时）

4．意译

很久很久的时候，天和地还没有出现的时候，日和月也还没有出现的时候，星和饶星也还没有出现的时候。

5．版本说明

此页截于由东巴石宝寿提供的《董埃术埃》东巴经文。纸质为东巴纸，竖长 9.8cm，横宽 29.2cm，两面书写，传统线装，东巴竹笔书写。据石宝寿介绍，此书是他父亲石波布 20 岁时抄写的，石波布于 2009 年去世，享年 74 岁，由此推断此经书应写于 1955 年。此经书收藏于石宝寿家，他家现藏有经书近 500 册。从经书中保留的若喀字来分析，应为三江口一带的若喀东巴经书。若喀属于纳西族东部方言区的一个支系，三江口—俄亚一带的若喀人分别划入纳西族、蒙古族、普米族、纳西族摩梭人四个不同族群，他们都信仰传统东巴教，传统东巴仪式与民俗活动得到了较好传承。东巴经典《董埃术埃》是在东巴仪式——堕肯（to⁵⁵kɯ³³）、除秽（tʂε⁵⁵kɯ⁵⁵）中唱诵的代表性经典，主要叙述了董、术两大部落之间的战争状况。战争最后以代表光明的董部落取得大胜，但因战争中死伤惨重，死者灵魂成为鬼怪的来源，所以在驱鬼禳灾仪式中多用此经典。

6．演述语境

演述人石宝寿，1972 年 6 月 27 日生，男，纳西族，小学毕业。家住丽江市宁蒗县拉伯乡树枝村，农民，东巴世家，其父石波布是无量河流域著名的大东巴，三岁开始随父学习东巴，十六岁开始主持东巴仪式，2012 年被评为东巴师。① 现有四个东巴徒弟。录制时间为 2013 年 2 月 18 日 10：25—11：36，地点在石宝寿家中。现场受众为调查人员三人及石宝寿家人三人，环境较为安静。所演述经书分为上下两卷，中间休息了十二分钟。以仪式吟唱方式进行，中低音，中等语速，没有伴奏。演述此经书时他刚刚结束持续五天的东巴丧葬仪式的主持工作，疲态尽显，这也影响了经文演述的情况，声音没有白天吟诵经文时洪亮，语速也明显慢了不少，读音简省、走音、遗漏现

---

① 东巴学位评定工作由丽江市东巴文化传承协会承担主办，学位等级分为东巴大师、东巴师、东巴传承人、东巴学徒四个等级，2012 年开始进行评定工作。

象也较多。

　　7. 影音图文附件（含光碟）

　　这种多种手段相互对照的东巴经文译注、整理方式保留了口头传统、演述语境、民族志文本的特征；同时，东巴文化的口头性与书面性双重特征也得到了完整体现。从中可以对经文的吟唱、内容、音韵进行较为全面的深层解读，同时借助影音图文文件的演述语境还原，达成了静态书面文本与动态影音文本的多重互证功能。影音图文构成了译注、整理经文的底本。五线谱、国际音标注音、直译皆源于影像、录音与现场口头记录文本，从而最大限度地保证了口头传统文献的真实性与完整性。明显看得出来，东巴石宝寿在吟唱经书时的口头程式特点，如开篇句 “a^{33}la^{33}mə^{33} ʂɘr^{55}be^{33}ɖɯ^{33}（ȵi^{33}）” 及后面的 “mə^{33}thv^{33}sɿ^{33}” 与其他东巴经的开篇语惊人相似。这些口头程式在具体演述中也有变异，如石宝寿在演述时并没有读出经文中的有些字（如太阳），有些是经文中没有具体字体，是吟诵时根据口语完整表达的需要而加上去的（如 la^{33}、sɿ^{33}）。东巴经文中存在 “有字无词”“有词无字” 现象，这往往要结合具体演述情况予以分析，如本书中他没有读经文中的太阳 “ȵi^{33}” 的读音，这并不是 “有字无词” 现象，而是无意遗漏造成的；后面让他重读时，他就有意补充了此字的读音。这说明了史诗演唱中 “一次”（a time）与 “这一次”（the time）之间的联系与区别。在整理文本时对演述时出现的简省、走音、遗漏等问题并没有进行润饰，在注释、注音中对简省及遗漏部分进行了补充，从而使演出文本的 “这一次” 得到较好的保留。

　　需要指出的是，本书所提供的纳西族东巴文献整理方式并不具有 “模式” 意义，它只是基于前人成果及不足所做的尝试性探索。整理有法而无定法。对口头传统资料的整理只能依据其赖以生存的文化传统、口头传统自身特点、演述实情进行 “量体裁衣”。

第三章 东巴叙事传统的传承与流布

东巴经籍文献不仅仅是纳西先民古代社会生活的百科全书，也是集纳西古典文学大成的宝库。"东巴文学的出现，是纳西族文学史上的一件盛举。简言之，东巴文学是东巴教祭司——东巴用古老的纳西象形文字书写、编创，并记载于东巴经中的文学作品。这部分文学作品既有别于民间口传文学，也有别于纳西族用汉文创作的作家文学，属于独立的一个范畴。"① 也就是说，东巴叙事传统的传承流布与东巴文的产生，东巴教、东巴经的传承流布密切相关。

东巴叙事传统是纳西族叙事传统的范例，但并不意味着所有纳西族地区都有这一传统，尤其是在泸沽湖周边的纳西族支系——摩梭人的叙事传统中，东巴叙事传统并不占主体，而是以达巴口头叙事传统及受藏传佛教深刻影响的民间叙事传统为主。所以东巴叙事传统的传承和流布与东巴教的形成、东巴经书的分布有着内在的统一性，而这一问题又与东巴象形文字的创制、传承以及与藏族宗教——本教及藏传佛教在纳西族地区的传播与影响关系甚大。

第一节 东巴叙事传统的形成与传承

一、东巴文字的产生

从可考文献及田野考证，纳西族源于甘青地区的河湟流域，秦汉时期分两支南迁，在今四川省木里县境内的无量河流域中游会合，在此又分别向东、南两个方向迁徙。东部这一支从今天的云南省宁蒗县的泸沽湖一直迁徙，分布到四川省的盐源县、盐边县，自称为纳汝或纳，族群文化以口传的达巴文

---

① 和钟华、杨世光主编：《纳西族文学史》，成都：四川民族出版社1992年版，第2页。

化为主，没有形成文字系统。元明时期受藏传佛教影响，泸沽湖区域的纳人普遍信仰藏传佛教，达巴教文化趋于衰微。1931 年秋，洛克到永宁调查时发现："他（达巴）在喇嘛寺外面的草地上为我举行了几个仪式，并解释了别的仪式。这些仪式过去很少举行，因为被喇嘛们反对。达巴主要为土司家庭举行法事。"①

而南向的这一支在无量河流域下游一带创制了东巴象形文字。李霖灿在 20 世纪 40 年代沿着东巴经记载的送魂路线从丽江、白地到无量河流域考察，根据东巴字——水的书写方式，认为此字应根据无量河的流向而创制，由此认为"纳西象形文字发生之地点，当在今日之无量河下游一带"②。李霖灿认为若喀（汝卡）的中心地域就是"在金沙江 N 字大湾上之北端，即丽江奉科对岸一带"③。王元鹿在《由若喀字与鲁甸字看纳西东巴文字流播中的发展——兼论这一研究对文字史与普通文字学研究的意义》一文中指出："东巴文从发生到发展，经历了一条漫长的流播路线。其肇始一段当是或当近若喀（汝卡）地区的若喀字的早期状态。"④ 无量河下游即现在的川滇交会的三江口区域，这一区域的居民以纳西族支系汝卡人为主，至今仍保存着较为完整的东巴文化。钟耀萍博士通过对无量河流域的纳西族支系——汝卡人的文字考察研究，发现了上百个与白地、丽江境内的东巴字不同的字体，认为这一区域的文字产生时间应早于白地与丽江。⑤

综上观点可推，汝卡东巴文应当是最早产生的东巴字，系东巴字的前身。汝卡东巴文应产生于汝卡人居住的区域。但汝卡人居住区域较广，从无量河流域一直到金沙江流域都有汝卡人居住。笔者在田野考察中发现，金沙江岩画的分布区域与汝卡人分布区域是重叠的，应该说这一区域的汝卡人是东巴文的创制者，而金沙江岩画是启迪他们创制东巴文的重要参考文本。这里面有两个问题需要强调说明，一是并不是所有汝卡人都是东巴文字的创制者，应该说是居住于无量河下游的依吉、拉伯、洛吉等地的汝卡人更有可能性。据笔者在这一带调查中发现，他们的祖先并非一直居住于此，而是经历了多次的迁徙易居。树枝村东巴石宝寿家有一本记载东巴世系的宗谱，据传记载

---

① 和志武主编：《中国原始宗教资料丛编·纳西族卷》，上海：上海人民出版社 1992 年版，第 198 页。

② 李霖灿编著：《么些象形文字、标音文字字典》，台北：文史哲出版社 1972 年版，第 41 页。

③ 李霖灿编著：《么些象形文字、标音文字字典》，台北：文史哲出版社 1972 年版，第 282 页

④ 王元鹿：《由若喀字与鲁甸字看纳西东巴文字流播中的发展——兼论这一研究对文字史与普通文字学研究的意义》，《华东师范大学学报》（哲学社会科学版）2001 年第 5 期。

⑤ 钟耀萍：《纳西族汝卡东巴文研究》，北京：民族出版社 2014 年版。

了 20 多代的传承世系，应该有 500 多年历史。当然这并不是说东巴文字创制只有 500 多年，而是这是至今发现的东巴文字记载历史中较早的资料了。据他们家族的口传资料，他们家族在此定居前，先后辗转于宁蒗县的拉伯乡、四川木里县的俄亚乡、香格里拉县的洛吉乡、玉龙县的奉科乡、俄亚乡的四川坪子、宁蒗县拉伯乡的油米村，最后才定居于树枝村。这一迁徙环线刚好是金沙江岩画的密布区域。第二个需要强调说明的是创制东巴文的汝卡人与金沙江岩画绘制者不能混为一谈。金沙江岩画的绘制时间为 8 000 ~ 10 000 年之前的新、旧石器时期。① 而纳西族先民在隋唐时期才定居到金沙江流域。学术界一般认为东巴文的创制是在唐宋时期，与金沙江岩画的创制时间相差了 8 000 ~ 9 000 年。可以肯定的是金沙江岩画绘制时间要远远早于东巴文创制时间，金沙江岩画的绘制者与东巴文创制者不是同一批人，更不可能是同一个种族。但不能排除这种可能性：纳西族的东巴文是从金沙江岩画中获得了启迪而激发了创制文字的灵感。他们从大西北一路辗转迁徙到大西南的金沙江流域，人生地不熟悉，为了躲避野兽、敌人的侵扰，洪水暴雨灾难而选择到洞中求生，或是在狩猎、畜牧、采集活动中发现了这些色彩鲜艳、形态各异、形象生动的岩画，给予了他们强烈的视觉冲击与审美启迪。以自然崇拜为基础的东巴教经典强调的是人与自然和谐相处，飞禽走兽、花草树木等自然物是其使用频率较高的对象，而金沙江岩画的主要内容以野羊、獐子、猴子、野猪、熊、麂子等动物为主，绘制手法以白描勾勒为主，这与东巴字里的动物图画文字有着相似性。和力民通过金沙江岩画与东巴文字的比较研究后认为："东巴文字可能受到金沙江岩画的启迪后发明的。两者有着很多的相似性。因此，可以用东巴文字来解读金沙江岩画的图像符号。"② 有人可能会提出这样的问题，唐宋时期，纳西族周边的汉族、藏族、彝族、白族都已经创制了比较成熟的文字，历史上纳西族与这些民族交往比较密切，为什么没有直接借用或引用这些文字？正如蒙古文、满文是从藏文基础上创制的。从当时的历史背景上来说，纳西族与周边的汉族、藏族、白族关系非同一般，相互之间的经济、文化交流源远流长。但以当时具体历史情境来说，唐宋时期，纳西族未能形成统一的民族国家，没有实力与强大的吐蕃、南诏、大理以及中央王朝分庭抗礼，尤其是越析诏灭亡、神川铁桥大战后，纳西族势力大衰

---

① 李钢：《金沙江岩画综述》，见李钢、和力民主编：《金沙江岩画发现与研究》，昆明：云南科技出版社 2017 年版，第 19 页。

② 和力民：《金沙江岩画〈男女双人骑山驴图〉与东巴文字比较研究》，见李钢、和力民主编：《金沙江岩画发现与研究》，昆明：云南科技出版社 2017 年版，第 188 页。

落，基本上处于"酋寨星列，依江附险，互不统摄"的分裂状态，所以没有强有力的政治势力支持与雄厚的经济基础，不具备创制文字的政治、文化、社会基础。而金沙江岩画分布区及无量河流域为峡谷险峻、江河切割的封闭山区，至今仍是交通不便、信息滞后的半封闭山区，在当时更是处于严重封闭状态，外来文化的影响微乎其微，所以，经常接触到的活灵活现的岩画无疑是创制文字的最大的文化影响力。险恶的生存环境反而强化了先民对精神层面的需求性，从而推动了东巴文字的产生，可以说，宗教发展的需求性也是催生东巴文的重要社会因素之一。

二、东巴教的源与流

东巴象形文字最早在无量河流域产生，但东巴教是在三坝地区得到了充分的发展。首先是白地形成了丰富的东巴经典体系，并产生了教祖崇拜。从东巴经记载来看，丁巴什罗为外来教主，而阿明什罗为第二代教主，系本土人物，至今仍有其传承家谱。[①] 这一教主崇拜集中体现在东巴仪式中的加威灵仪式——东巴在阿明教主修炼的灵洞前念诵东巴经《求阿明威灵经》，向阿明教主祈求加威赐神力。民间认为，只有举行了加威灵仪式后才能算真正的东巴法师，所以至今仍有民谚流传："不到白地，不算大东巴！"白地成为东巴教的弘法圣地，与其处于纳人文化与藏文化交会的地理位置也有关系。东巴教的形成与本教传播关系极大。松赞干布时期藏传佛教取代本教成为吐蕃国教，本教徒只能向藏区周边溃逃，至今在青海、川西、滇西北仍保存着大量的本教文化，而三坝处于纳藏交会地，客观上提供了本教向纳西族地区传播的条件。明代纳西族土司木高在白地留下一首摩崖诗：

> 五百年前一行僧，曾居佛地守弘能；
> 云波雪浪三千垄，玉埂银丘数万塍。
> 曲曲同流尘不染，层层琼涌水常凝；
> 长江永作心田主，羡此当人了上乘。

> ——嘉靖甲寅长江主人题释哩达多禅定处

郭大烈认为，"释哩达多"当指"丁巴什罗"。"五百年"，即嘉靖前的五

---

① 郭大烈、和志武：《纳西族史》，成都：四川民族出版社 1999 年版，第 227 页。

百年是宋仁宗时代，说明在那个时代就有了东巴教。方国瑜认为公元 11 世纪中叶（宋仁宗时）已有用东巴象形文字来书写东巴经书之说可以近信。① "一行僧"当指东巴教与本教合流后的一个称呼，因为在白地历史上没有修建过什么寺庙，也没有其他宗教传入的记载。东巴教形成于白地，但发展在丽江。② 另说认为此人应是南诏时期到大理传播藏传佛教密宗的赞陀崛僧人。③ 不管是哪种说法，都可以证明白地在历史上扮演了纳西族与藏族文化交流融合的重要角色。东巴文化在此异军突起与这一历史事实有着内在的逻辑关联。

东巴教在白地成型后，随着纳西族的不断迁徙，继续向金沙江以南地区传播发展。陶云逵、方国瑜、李霖灿、和志武、日本学者西田龙雄等一致认为："纳西族历史上自北向南迁移与东巴经的分布和传播是一致的。其分布和传播可表述如下：无文字地区（木里、永宁、盐源等地）→有象形文字地区（若喀地区、北地地区）→有象形文字和标音文字地区（丽江坝区及附近山区、玉龙县之鲁甸、塔城以及维西县）。"到了元明清的木氏土司统治时期，丽江较早进入封建领主经济，社会发展形态较为充分，东巴教在丽江得到了新的发展。木氏土司以学习汉文化著称于世，史书上记载"云南诸土司，知诗书，好礼守义，以丽江木氏为著"。但木氏作为纳西族首领，并不排斥东巴文化，他们一直采取多元宗教文化兼收并蓄的政策。《木氏宦谱》中把自己的先祖谱系与《崇搬图》中人类产生过程相联系，把纳西族的英雄祖先崇仁利恩也奉为自己家族的祖先。《木氏宦谱》中把先祖牟保阿琮说成"不学而识文字""旁通百蛮诸书""且制本方文字"等，把东巴字的创制归功于他。民间也有这样的传说，麦琮（即牟保阿琮）自幼就能听懂鸟语，白沙崖脚村附近的梵字崖上的蝌蚪文字也是由他所创制的。有些学者根据此说就臆断东巴文是麦琮所创制。这种观点明显缺乏历史材料的支撑。从白沙梵字崖上的文字来看，与东巴文的书写风格迥异，而与梵文、巴利文更为相近，这也是称为梵字崖的原因。历代木氏土司把"敬天法祖"视为家训，一直到民国时期仍承袭着传统的祭天习俗，并赐予自家的祭天东巴"金铃四方""精明教宗""医明法精"等匾额。需要说明的是，木氏土司作为纳西族的民族领袖，不可能与自己的民族历史进行切割，自断后路，不然无法获得民族内部的拥护与支持，这就势必动摇其统治基础。但因东巴教长期处于原始宗教状态，未能适应木氏土司的政治、经济、军事发展的需要，无法满足其作为中央王朝

① 方国瑜编撰，和志武参订：《纳西象形文字谱》，昆明：云南人民出版社 1981 年版，第 41 页。
② 郭大烈、和志武：《纳西族史》，成都：四川民族出版社 1999 年版，第 227 页。
③ 朱宝田：《纳西族象形文字的分布与传播问题新探》，《云南社会科学》1984 年第 3 期。

"忠臣"的政治诉求，也无法满足推进其统治区域内的多民族、多宗教文化共和的现实需求，从而在纳西族内部维持东巴教文化的同时，转而更加重视能够维护其统治地位的中原文化，而在藏区大力扶持藏传佛教的噶玛噶举派。这也是导致东巴教"先天不足，后天失养"的社会历史背景因素。

三、东巴教及其文化的流布

雍正元年（1723）丽江实行"改土归流"，木氏土司特权被剥夺，降为土通判，流官取代土司，实行"以夏变夷"政策，东巴教被视为"鄙陋之俗"而被残酷打击，东巴教逐渐退缩到边远山区。但即使在高压政策下，丽江境内的东巴教及其文化仍获得了一定的发展。从清末一直到民国时期，其发展主线并未断绝，这一时期的东巴人数达到了632人，从当时的纳西族人口比例来说，东巴人数占了1%。这一时期从白沙到南山、鲁甸、塔城，出现了久知拉、和芳、康巴才、和世俊、和文质等德高望重、学识高超的大东巴，东巴教文化也得到了新的发展：在东巴象形文字基础上创制了更为简化的哥巴字，并开设了丽江境内的加威灵仪式场地——汝南化灵洞、鲁甸新竹灵洞。东巴象形文字的书写趋于简化，经书内容更加恢宏繁杂，甚至出现了雕版印刷东巴经的情况。原来大规模的祭祀杀牲逐渐被面偶所取代。丽江境内东巴文化的发展和变迁也与"改土归流"这一历史有关，东巴文化在受汉文化影响较深的丽江城区及坝区受到压制，由此迫使信仰东巴教的部分纳西族居民向山区迁移。从笔者近年来在丽江调查的田野资料来看，这一迁移路线大致为：白沙、束河—南溪、太安—鲁甸—巨甸—塔城—维西塔城、攀天阁。

据玉龙县塔城乡的和旭辉东巴介绍，他的祖上久知拉是木氏土司从香格里拉市三坝乡白地村聘请过来的大东巴，时间大致在元朝。当时木氏土司的官府设在白沙，所以木氏土司在白沙的新尚村给久知拉大东巴分了田地，建了房屋，让其承担木氏土司家族东巴祭祀职责。相传久知拉曾参加过白沙壁画的绘制。久知拉在丽江白沙定居后，经过上百年的发展，其子孙后代分布到了丽江大研镇、黄山乡文华村和五台村，太安汝南化村、塔城等地，并出现了大研镇的和凤书（其祖上为木氏土司家族的世袭东巴），文华村的桑尼才，五台村的和田贵，太安汝南化村的康巴才、青爸严，塔城乡的和文裕，鲁甸乡的和世俊、和文质，白沙乡的和鸿、和诚等一大批大东巴。根据笔者田野调查资料判断，这些分布于丽江各地的大东巴并非同时代人物，也并非同一时期从白沙迁徙出去的。久知拉家族的迁徙时间与地点大致为：白地（元代）—白沙—大研、文华、五台（明代）—太安、鲁甸、塔城、攀天阁

（清代）。这条迁徙路线也是东巴文化从三坝到丽江的传承、流布路线。东巴的血缘世袭传承特点决定了东巴文化的分布、传承带有浓厚的家族传承、家族迁徙发展的特点。这一特点又保障了东巴文化传承的点线面式的结合、互动。丽江东巴文化源头在白地，而白沙成为丽江东巴文化最早的传承中心，以此为根据地又传播到大研、黄山、太安、鲁甸、塔城等不同乡村传承点，这些"点"通过迁徙路线联结成面，由此形成了东巴文化传承、流布的格局。一直到民国时期，这些分布于不同乡村的东巴之间还保持着密切的交流合作关系。太安汝南化村大东巴康巴才被邀请到鲁甸乡新主村主持执掌求寿仪式、东巴加威灵赐法号仪式；1947 年康巴才在太安与南溪之间的灵洞前举行了大规模的东巴法会，参加的东巴有一百多人，其中著名大东巴和凤书在跳东巴舞时作为领舞者。这一法会能够成功举行，与分布于不同区域的家族东巴们的鼎力支持分不开。

关于东巴教第二代教主阿明于勒在白地开创了东巴教后到丽江传教的传说、故事也不少，至今拉市乡美泉村的不少地名都与他有关。传说是否真实有待考证，但唯一可以证明的是这些传说之所以能够产生、流传是有历史根基的。东巴文化传承与流布的一个历史事实——无量河流域是东巴文创制产生的摇篮，白地是东巴教形成的发祥地，而由此传播到丽江、四川、藏区等地方的东巴文化是流。

综上，东巴象形文字是在唐宋时期的无量河下游区域产生的，但作为更完善的东巴教形态及经籍体系是在白地形成的，主要一个原因是以本教为主的藏族宗教文化吸纳到东巴教中，极大丰富了东巴仪式叙事传统。"改土归流"后，丽江经济社会的发展有力推动了东巴教文化的发展，东巴文字向逐字注音、线性排列过渡，出现了更抽象的哥巴字。东巴经典叙事内容也由神事向人事发展，更具有现实主义色彩，东巴仪式叙事传统发展到了一个新的高峰。但东巴文化盛行的区域大多处于偏僻的山区，生产力水平较低，加上缺乏强有力的政治势力支持，东巴教本身的保守性特征，未能实现自身宗教形态的质变，从而与时代脱节明显，一直在原始宗教与人文宗教的过渡状态中徘徊不前，使东巴仪式叙事传统始终未能从神话叙事中独立出来。

可以说，在"改土归流"前后，丽江境内形成了白沙、鲁甸两个东巴文化发展高峰，但这一历史进程在 20 世纪 50 年代后中断了，东巴教及其文化陷入了传承危机中，至今仍未解除。根据丽江市东巴传承院的统计，1999 年第一届中国丽江国际东巴文化艺术节时，丽江拥有 80 余名老东巴，此后数年里，老东巴的人数剧减。到了 2003 年的第二届中国丽江国际东巴文化艺术

节，仅有 11 名老东巴尚在人世。而现在，健在的老东巴不足 4 人。① 丽江东
巴文化研究院成立 20 多年来，先后请来了 11 位大东巴，现已全部去世。

清末至民国时期纳西族东巴（达巴）空间分布表②

区域		东巴人数
中甸	东坝	52
	白地	51
	金江	26
原丽江县（包括古城区和玉龙县）	鲁甸	78
	鸣音	62
	大东	156
	宝山	23
	奉科	19
	大具	2
	塔城	25
	金庄	9
	太安	33
	金山	8
	红岩	3
	大研	6
	白沙	2
	七河	1
	拉市	1
维西	永春	14
	攀天阁	6
德钦	佛山	6
芒康	盐井	2

---

① 李冬：《丽江出钱培训东巴传承人 80 人》，《生活新报》，2008 年 3 月 23 日。
② 此表系杨林军依据李国文《人神之媒——东巴祭司面面观》及戈阿干、和继全和笔者实地采访所得数据整理。参见杨林军：《吸纳与分异：明到民国时期纳西族文化地理研究》，北京：民族出版社 2015 年版。

（续上表）

区域		东巴人数
木里		28
永胜		9
宁蒗		10
合计		632

四、东巴及东巴叙事传统的传承

东巴叙事传统是以东巴为演述主体，演述内容为口头—书面的东巴叙事文本。所以东巴叙事传统的传承主要指这两个方面的传承：东巴叙事主体的传承——东巴师徒的传承及东巴叙事文本的传承。

（一）东巴师徒的传承

东巴是纳西族东巴教的祭司。早期的东巴称"毕"或"毕波"，意为"诵经"。东巴自称为"格巴"，意即丁巴什罗的弟子。东巴教对纳西族的历史、民俗、政治、经济、思想、文化皆产生过深远的影响。东巴承担着首领、祭司、卜师等职，集歌、舞、诗、画、祭、诵、卜、算、工艺、医疗等功能于一身，在纳西先民社会中享有崇高的地位。东巴可娶妻，不出家，从事生产劳动，为无职业东巴。东巴祭祀活动只为业余兼职行为。东巴转承多师，德行高深，受过"汁再"的加威灵仪式者，可称为大东巴。云南省东巴文化传承协会自 2013 年开始评定东巴学位，分为东巴（达巴）大法师、东巴（达巴）法师、东巴（达巴）传承员三个等级，现共有 173 名东巴获得了学位证书。

东巴传承的传统方式主要有血缘传承、村寨传承、心灵传承，以血缘传承为主，即传男不传女，父传子，子传孙。这种以家庭血缘为纽带的传承方式并不遵循长子传承制，而是作为师傅的父亲从几个儿子中挑选一个悟性较高、肯勤学苦练的人，如果家中没有男性后代，也可从叔伯或近亲的家族内挑选。据和志武调查，父子家传东巴世系最长的是太安的和成章，说得出名的共 19 代，每代以 25 年计算，近 500 年。东巴老先生们对第二代东巴教主阿明看法也不太一致。一般认为，他是中甸三坝人，纳西族，曾到西藏学经，相传为丽江木氏土司所害，至今有十多代，大约是明末人。另外，据三坝乡东巴和牛恒讲，阿明是三坝乡水甲村叶支的人，他前后世系：叶本叶老、叶老邦都、邦都邦精、邦精瓦寿、寿塔所古、所古所塔、阿普肯特金、拉玛金、阿明丁忍次、祖师阿明（在白地灵洞传教）、阿明于勒、阿明肯塔、阿明次塔、阿明畏若、阿明畏呷、阿明东本、布高、畏牛、恩若、阿明东恒、阿明东久、阿若。

阿若，系东久之子，现健在，相传是阿明的后裔。[①] 据笔者在无量河流域调查，当地父子相传的东巴世系也多在十代以上，如石宝寿藏有一本记录家世的东巴经书，相传已传 20 余代。

村寨传承与血缘传承也存在交叉情况。如同一个宗族往往在同一个村中，村寨传承实质上也是宗族内的血缘传承。当然，村寨传承不一定都是血缘传承，一个大东巴往往带着多个徒弟，尤其是名气越大的东巴，投靠拜师学习的徒弟越多。石宝寿父亲石波布在无量河流域久负盛名，来拜师学习的徒弟有十多个，包括周边的宁蒗县、中甸县、木里县。三坝的大东巴习阿牛的徒弟更是数不胜数，原因是既有平时跟随师傅学习的徒弟，也有偶尔过来学习请教的徒弟，更多的是挂名徒弟。这些挂名徒弟与由他主持的加威灵仪式有关，只要参加过这个仪式的皆可称为其徒弟。东巴在招徒授课时，除了晚上空闲时集中在火塘边加以指导，平时以从事生产劳动为主，有些徒弟为了学习真本事，就到东巴师傅家同吃同住同劳动。20 世纪 30 年代丽江县鲁甸乡的杨学才幼时家境贫寒，外出打工度日，在给东巴帮忙或交游中，逐渐读懂和熟悉了经书，通过刻苦钻研，成了多才多艺的东巴。宝山乡和自强为了认几个东巴字，来到百多公里远的丽江大研镇和凤书家，白天帮他收苞谷，晚上边撕苞谷皮边听和凤书讲经。

村寨传承在近代有了长足的发展。民国初年，鲁甸乡新主村在大东巴和世俊主持下创办了东巴文化学校，教师工资由大家平摊。据说当年几乎所有男人都会一些东巴经。20 世纪 20 年代，黄山乡长水村的木保、和泗泉、和学道等人在家中办过一个东巴文化学校，请塔城大东巴和文裕来当老师。20 世纪 30 年代和学道又到太安乡夫旦村教授东丁、东齐等人学习东巴经。20 世纪 40 年代末，和善柱、和国栋、和国选等人请黄山乡五台村大东巴和芳到和志武家，教了半年的东巴经。在东巴文化生态保存较好的村落，村寨传承特点更为突出，如笔者在宁蒗县拉伯乡境内调查中发现，油米、次瓦、树枝、博乐等村落中的中老年男性基本上都掌握了常见的东巴字，也听得懂一些日常念诵的东巴经书，可以说东巴文化普及程度高，1950 年之前可以说全村人都是东巴。东巴传承也有保守性，同一个村寨或区域内，有些东巴为了争夺自

---

① 和志武、郭大烈：《纳西族东巴的现状和过去》，见《云南现代史料丛刊》（第 3 辑），昆明：云南省历史研究所 1984 年版。

己的势力范围，显示自身水平，往往在抄写经书时有意采取简略、漏写、误写的方式让他人看不懂，这种做法在民间称为"放刺"（qi keel）。

心灵传承与神授传承相似，即在梦中或冥冥之中获得相关知识的传承。东巴文化的心灵传承大多为师傅或亲人去世后通过梦授方式来实现传承。据石宝寿回忆，他在10多岁时跟着父亲石波布学习东巴经书，有一次他竟然能够念诵出父亲没有传授过的经句，一问才知道是在梦中由他的爷爷传授的。大具乡的和国耀东巴也是在父亲去世后经常梦见父亲传授东巴经书。鸣音乡的军才东巴自小没有学习东巴文字的书写，也不会念诵东巴经书，但擅长口头经书念诵，这些口传经书大多是他的师傅从梦中传授的。鸣音乡的更布塔东巴也有这种梦授情况，在白天时对某一个问题百思不得其解，往往在梦中得到师傅的指点迎刃而解。他认为这种梦授或心灵传承与自身对东巴文化的执着投入密切相关，应了"日有所思，夜有所梦"的俗语。

表面上看，心灵传承或梦授蒙上了一层浓郁的唯心主义色彩，但细察之，其实属于正常的学习思考过程。首先是这些获得心灵传承的东巴传承人自幼学习东巴文化，或成长于东巴文化生态较好的传统村落，受到东巴文化的熏陶与习得；其次，心灵传承者与师傅或亲属关系较为亲密，很少有不认识的人来进行心灵传承；其三，心灵传承与自身的长期坚持学习、思考相关，随着知识的积累，见闻的增长，原来长期思考的疑难问题也会逐渐得到解决，而这些问题的解决在心理无意识状态下容易与梦中的师傅相联系，由此促成了心灵传承或梦授的传承场域。

东巴教中的加威灵仪式（rherq zail）也具有心灵传承的特征。类似于佛教中的灌顶仪式，通过此仪式把师傅及历代祖师爷的神力、法力附加于徒弟身上，使其法力大增。"rherq"的本义为用来镇妖摄魔的威力、神力。"zail"即嫁接、传授、附加。在此仪式中，主持仪式的师傅要一一念及师承谱系中历代高师大德的东巴法名，还要念及东巴教主丁巴什罗、第二代教主阿明什罗，以及历史上有名的各个地方的大东巴法号，祈求他们的法力降临到徒弟身上，助其法力大增，可以胜任任何一个大规模的仪式，尤其是能够主持那些"凶本"（禳灾驱鬼）仪式。传统的加威灵仪式是要到东巴教圣地——香格里拉县三坝乡白地村的东巴灵洞前举行，而主持仪式者只能是当地有名望的大东巴，接受加威灵的东巴徒弟在举行仪式前几个月，有的是在半年前到白地拜师当地的大东巴，请大东巴对其所学进行全面的考核、检查，然后对所欠缺的知识进行传授，使其东巴文化知识更加完善，直到大东巴认为可以出师了，就通过打卦来决定举行加威灵仪式的日子，仪式圆满举行后意味着徒弟可以出师掌坛了。

加威灵共举行七天七夜，要念《祭家神经》《祭五谷六畜神经》《祭吾（军师）经》《祭十六神将经》《送灶神经》《求儿女经》等许多类经书，最后念《加威灵经》。加威灵那天要在院子南边垒三把方桌，上面再放把椅子，铺上缎子坐垫，主持掌坛大东巴戴高尖法帽，挂法珠端坐上面，面前要放一盘米。所有要借威灵的东巴头戴法帽，身穿法衣，手持板铃、马锣在下面跳。然后，掌坛大东巴高声问道："东方菩萨、五方东巴和大东巴都要下来了，你们这儿有给坐的地方、站的地方？"下面跪着的众东巴回答："只要他们光临，站的坐的地方有的是，衷心欢迎下来。"接着大东巴象征性地赐给众东巴法帽、板铃、法刀、踩鬼黑靴，并把"威灵"米一把把往下撒、酒一杯杯往下洒，众东巴纷纷用板铃、马锣接起来吃。最后要"放天梯"，从山上挖一棵笔直的碗口粗的松树，去皮及枝丫，上砍 118 道，每 10 道砍一"×"号，从屋后放进家中，认为这是从居那若罗神山放下来的天梯，会赐人以福寿。要把这棵树根搞干净，然后置于已装米酒、糖、鸡蛋的大铜锅中，务必使每个东巴分吃到一碗米酒。此时，大门紧闭，大东巴头戴亮铮铮的大冬帽，众东巴跳着"麦达"舞步，走到大门口唱道："放天梯呵放天梯，东方的大东巴骑白翅鸟跨白马，翻山越岭来到藏虎卧龙之地，骑白鸟白马的东方大东巴格称称伯，领着所有的菩萨来了！"[1]

举行仪式时，主持仪式的大东巴师傅这样念诵《加威灵经》：

把东巴什罗送往神地，而把能说吉利话的本领遗留后人；把传承了九代的吟诵本领留给后人；把沿袭了七代的占卜方法留给后人；把摇金黄板铃的能力、打绿松石大鼓的运数、吹白海螺号角的威力、摇金黄铃铛的福分、念九十九捆经书的神力、拿净水壶的威力留给后人。把父亲的威力留给儿子，使儿子继承父亲的德行；把祖父的才智传授孙子，使孙子继承祖父的智慧。祝愿沿袭了九代祭祀传统的祭司口中吐出幸福，祝愿继承了七代占卜方法的卜师口中降临吉祥。

在居那若罗山上，自古有千万种事物可以分开，主事者和首领之间不能有矛盾，主事者和首领像撒种那样种下团结的种子，祝愿首领的后人能辨清是非，战胜灾祸。在恒依窝吉古，经书就像杂草一样繁多，东巴和卜师两者不能分离，东巴像撒种那样种下协作的种子，祝愿东巴的子孙能战胜鬼魔，愿东巴们能够镇压鬼魔。

---

[1] 和志武、郭大烈：《纳西族东巴的现状和过去》，见《云南现代史料丛刊》（第 3 辑），昆明：云南省历史研究所 1984 年版。

请什罗把吟诵时的好声好气留给后人。祝愿三百六十个东巴徒弟吟诵时发出好声好气，祝愿大小孙子里出现好祭司和好卜师，祝愿孙子继承爷爷的能力，祝愿儿子继承父亲的遗愿。祝愿有九代吟诵传统的东巴，吟诵以后出幸福。祝愿有七代占卜传统的东巴，占卜结果显吉祥。祝愿东巴活到白头黄牙，祝愿祭祀以后兴旺发展。①

心灵传承的实质是信仰传承。如果信仰体系的根基遭受破坏，心灵传承也就失去了传承载体，这也是当下东巴文化及心灵传承式微的主因所在。

改革开放以来，东巴传承方式发生了变迁，村寨传承成为主要传承方式，如三坝乡的吴树湾汝卡东巴文化学校、鲁甸乡新主村的东巴文化学校、金山乡贵峰三元村的东巴文化传承协会，宁蒗县拉伯乡境内也有不少以村寨为单位的传承组织。同时，也出现了不定期的由政府组织的东巴传承活动，如2008年丽江市政府主办的东巴文化强化班集中了滇川藏近百名东巴，集中培训东巴经书、仪式轨程、东巴舞蹈等三个多月，由丽江市"非遗"中心主办的东巴画传习班已经举办了三届，培养东巴画学员近百人次。除了政府传承，企业传承也是近年来东巴传承的一大特点，云南省东巴文化保护与传承协会依托玉水寨旅游企业，从小学开始招收东巴学徒，由协会出资聘请东巴老师集中授课，加上之前景区内师徒传承的学员，迄今共培养了东巴43人，有些学徒成为东巴文化传承的中坚力量。

随着九年义务教育制度的普及，尤其是实施集中教育制度以来，传统的家庭传承、村寨传承、血缘传承的传承根基受到严重侵蚀。在这样一个时代背景下，东巴文化的传承逐渐转变为以学校传承模式为主。近年来，古城区依托社区学校，先后在黄山完小、大研兴仁方国瑜小学、白马龙潭小学、金山乡贵峰小学、福慧学校、金安中心小学、大东乡建新小学、大东文明小学、大东中心小学、七河中心小学等学校开设纳西族母语和东巴文化传承课，积极探索纳西族母语和东巴文化保护、传承的新途径，收到了显著效果，已逐步形成"由点到线，由线到面"的网络格局。

2003年1月29日，原丽江纳西族自治县人大常委会通过了《关于在全县小学教育中开设纳西语言传承和普及教育的决议》，并在2003年、2004年、2007年分三批培训了近200多位教师，在古城区、玉龙县的小学一至四年级开设母语课和东巴文化课，六年来近四万多名学生接触、了解了东巴文化，

---

① 东巴文化研究所编译：《纳西东巴古籍译注全集》（第73卷），昆明：云南人民出版社1999年版，第172页。

极大地提高了东巴文化知识的普及面。同时，在丽江旅游迅猛发展的背景下，媒体、政府、学者对东巴文化的大力宣传，在一定程度上提升了东巴文化的知名度，加深了东巴文化及民族文化的认同感。黄山完小自 1999 年 4 月至今，已连续十年进行东巴文化传承，培养了五个班 205 名学生。① 迪庆州三坝乡汝卡东巴学校建校近 20 年，以白地吴树湾村为传承基地，辐射三坝乡、洛吉乡、金江乡，共培养了 40 多名东巴学员，其中 10 个高徒已出师，能单独做东巴法事。②

　　笔者在调查中发现，一些纳西族社区的东巴文化生态得到了有效的保护，具体表现在以下方面：传统的东巴祭祀活动得到了一定程度的恢复、传承，如丽江市玉龙县塔城乡暑明村、鲁甸乡新主村、太安乡天红村、宝山乡梧母村，古城区的金山乡贵峰村、大东乡热水台村，迪庆州香格里拉县的三坝乡白地村、东坝村等地自 20 世纪 90 年代末以来恢复了传统的祭天、祭署（自然神）等仪式，并且一直坚持到现在。在这些纳西族社区，呈现出东巴文化与传统民俗相结合的发展趋势，如"素注"东巴婚礼、东巴葬礼、东巴祭祖仪式等已成为较为固定的传统民俗；同时"勒巴"舞、东巴舞、"阿卡巴拉"、"阿丽丽"、"畏默达"、"谷泣"等传统歌舞也得到了传承与弘扬；在政府主导下，传统的三朵节（二月八）成为纳西族法定节日，且规模越来越大，群众参与度也越来越高。

　　在东巴文化传承教材编写方面也取得了突破性成果：1998 年 11 月出版了郭大烈、郑卫东主编的《纳西族谚语》；2002 年出版了和力民编著的《纳西象形文字字帖》；2006 年 10 月出版了木琛编写的《纳西象形字东巴文》，和虹编写的《纳西象形字东巴文应用》，和继全、和宝林编写的《纳西族东巴古籍选读》；2006 年 9 月出版了郭大烈、杨一红主编的《纳西文化诵读本》；2007 年出版了和力民编著的《通俗东巴文》。③ 2008 年，白沙乡完小、拉市乡完小也出版了乡土教材。

　　东巴文化在丽江旅游的发展过程中扮演了举足轻重的角色，一是因其独

---

　　① 和力民：《黄山完小十年东巴文化传承考察研究》，见《腾飞的翅膀：2009 年丽江文化旅游研讨会论文集》，昆明：云南人民出版社 2010 年版。

　　② 和树荣：《三坝汝卡东巴学校十年传承的总结报告》，见《腾飞的翅膀：2009 年丽江文化旅游研讨会论文集》，昆明：云南人民出版社 2010 年版。

　　③ 以上东巴文化传承教材只是作为教学参考书，并无统一的指定教学教材，在具体教学中由教师灵活机动运用，不同参考书在不同地区、不同传承对象而有所区别。在调查中发现《纳西象形文字字帖》《纳西象形字东巴文》《纳西象形字东巴文应用》《纳西族东巴古籍选读》等出版物主要在丽江市古城区中小学的传统文化课中作为教学参考书；《通俗东巴文》一书则主要在鲁甸、塔城、金山等山区的成人东巴学校中广泛使用。

特的民族特色具有"人无我有"的文化魅力，构成了丽江文化最具地方民族文化特色的品牌要素；二是以东巴文化为内容的旅游产品构成了丽江旅游市场的主打产品。东巴宫、东巴谷、东巴王国、东巴万神园及展示东巴文化为主的玉水寨、丽水金沙等旅游文化企业有效地利用东巴文化获得了丰厚的市场回报，从而促进了丽江旅游经济的发展，同时，当企业认识到东巴文化作为一种商品资源要素时，反过来也促进了对东巴文化资源的保护与传承，上述企业在东巴文化的保护与传承中起到了重要的推动作用。

　　毋庸讳言，东巴文化传承虽然取得了不俗的成绩，但由于体制、行政区划、认识程度等多种原因，保护、传承过程中也存在诸多不足，东巴文化传承前景远远达不到乐观的程度。在当下的传承中也存在着诸多不容回避的严重问题。不少在企业、民间进行东巴文化传承的学员经过一段时间学习后，往往投身到旅游市场中以打工为生，很少回到自己的村子。对东巴文化深有研究的杨福泉先生无不忧虑地说："在多年的田野调查中，我深刻地认识到，活着的民俗活动是民间文化传承的根本，保护和传承民族优秀传统文化，首先要保证这些文化艺术形式有赖以生存的土壤和环境，即'文化生境'。有了良好的文化生境，各种乡土艺术、民间信仰等，就会融入到民众的日常生活中，成为日常生活的一部分。不断促成良好文化生境的形成和巩固，是我们义不容辞的责任。"① 东巴文化源于民间，传承于民间，理应还于民间！东巴文化传承的重点、难点也在民间！重在东巴文化传承的主体是民众，难在东巴文化生态的恢复、创新，东巴文化作为纳西族的传统文化，它一直与纳西族民众的生活世界、心灵世界紧密相连，是你中有我、我中有你的鱼水关系。现在的问题是如何将东巴文化中的合理性文化内核有机地研究、整合到民众的民俗、日常生活中，这既是东巴文化传承的重点，也是学者、东巴、政府官员、教育者等共同面对的课题。

　　东巴文化在旅游市场的传承过程中存在着神秘化、表演化、庸俗化、商品化，甚至出现了借东巴之名欺骗游客、收敛钱财等恶劣现象，这些现象和行为严重败坏了东巴文化的品牌声誉，也恶化了东巴文化的传承生态。在丽江古城及景区中，以"东巴"命名的商品层出不穷，据初步统计有二百多个。有些是哗众取宠，如"东巴香烟""东巴按摩""东巴发廊"等。有些旅游商品充斥着胡编乱造、牵强附会的不规范东巴文字，严重破坏了东巴文化的声誉及传承生态。

　　① 牛锐：《让理想之光照进现实——云南省社科院副院长杨福泉谈扶贫试点项目》，《中国民族报》，2009年7月3日。

这种乱象丛生的主要根源在于监管文化市场不力，有法难依，可操作性强的实施细则缺位，政策、制度落实难；东巴文化传承过程中，在经费落实、师资培养、课程地位、制度建设等方面处于疲软无力状态。东巴资格的评审鉴定，东巴传承人的认定，传承点、培训结构的建立，教材编写、师资培养、经费落实，东巴文字的规范使用，东巴商品的检查验收等等，都需要相关制度、法律条例上的建立健全。很多时候，真正的东巴在偏僻山区艰难传承，惨淡经营，而假东巴却违规作乱，但因"规"未能真正建立，无规可依，造成无可奈何之局面，反过来也助长了不法行为。

原丽江县人民政府于1998年公布过塔城等6个乡为东巴文化保护区，但因未建立起相应的政策措施、制度保障，尤其是经费短缺，导致聘请东巴、建设传承设施、编写教材、制作教具、举行仪式等方面难以开展，东巴文化传承在十多年来未见明显成效。现在仍有东巴文化活动的塔城乡曙明、鲁甸乡新主、太安乡天红、宝山乡梧母、金山乡贵峰等村，政府文化部门大都授予过东巴文化传承点的牌子，有的也接受过临时性的资助，但缺经费一直是这几个传承基地开展传承工作的制约因素。民间不少传承人的时间就浪费在找领导、找资金的事情上，更多时候是靠自身的人缘关系、人格声望东借西挪和个人垫支来维持局面；不少传承点处于有钱则传、无钱则闲的状态，东巴文化传承在整体上来说，仍处于起步阶段，离真正的做大、做强仍有较大差距。①

（二）东巴叙事文本的传承

1. 东巴叙事口头—书面文本的传承与习得

东巴叙事文本是指东巴叙事活动中演述的文本，包括作为书面文本的东巴经书，以及作为口头文本的口诵经。东巴叙事文本包含口头与书面两种文本形态，二者在具体的演述活动中是辩证统一的：作为书面文本的东巴经书在仪式演述中是通过口头吟诵来实现的。有些大东巴由于对经书内容耳熟能详，不需要对着经书照本宣科，而是根据仪式情境脱离经书进行吟诵；有些经书在民间较为普及，口头程式化程度高，普通民众都能熟练念诵，如《烧天香》《吉日经》；有些口诵文本经过东巴的整理而成为经书文本，至今仍保留的祭天口诵经与祭天经书存在着对应关系，可以证明后者是由前者转化而来。这说明东巴叙事文本中的口头与书面文本虽各有特征，但二者之间并没有无法跨越的鸿沟。东巴叙事文本的传承中这种相互融合、转化的辩证统一

---

① 杨杰宏、张玉琴：《东巴文化在学校传承现状调查与研究》，《民族艺术研究》2009年第6期。

关系也是很明显的。一个初学东巴文化的徒弟，一生下来先得学会母语，其次才开始学习东巴字，掌握了语言和文字后，师傅才会教授东巴经书。传统的教授东巴经书的方法是先由东巴师傅讲述东巴经书的主要内容、用途，然后对着书本一字一句地予以解释，徒弟照着跟读，记忆，背诵经书，记熟后用东巴文字抄写下来。有的东巴师傅在教授经书时采用仪式上的唱腔，有的只是念诵，唱腔念诵是在仪式中习得。掌握东巴经书是学习东巴文化的基础，也是决定一个东巴水平的关键因素。这是因为东巴经书是仪式中必不可少的"硬件"，一个东巴必须拥有相当数量的东巴经书，一个仪式缺少必要的东巴经书，尤其是重要的经书，就无法举行仪式；"软件"是对东巴经的掌握程度及演述水平，只会照本宣科地念诵而不会根据仪式情境进行灵活机动的运用只能算是东巴呆子，民间称为"半截东巴"（Dobaq qertiu）。

当然，东巴经书多达上千册，穷尽一生也很难全部掌握，一般是通过先易后难，尤其要先掌握仪式中使用频率比较高、重要仪式中不可缺少的东巴经典，其他经书则在掌坛主持仪式后边实践边学习，所以学习东巴经书是一个持续的过程。学习东巴经书的过程中，也要学习东巴占卜、观测天象、东巴舞蹈、器乐使用、东巴绘画、制作泥偶和面偶、编扎工艺等相关知识技能。《白蝙蝠取经记》是一本在不同仪式中使用频繁的经书。因为仪式日程的确定、根据对患者病情的诊断来确定仪式的种类、仪式顺利与否、民间命名礼、成人礼、结婚、起房等民俗活动都需要占卜，所以会背诵这本经书并不意味着就掌握了经书，念诵这本经书只是起到迎请掌管占卜打卦知识的女神——盘孜萨美的作用，而具体如何占卜，如何看卦象，如何判断，然后确定具体的日子、仪式类别、注意事项，也有相关的经书，有的是通过师傅的口传心授来进行传承。

2. 东巴叙事文本中的道德传承

东巴师傅认为徒弟已经基本掌握了东巴知识技能，就会带着徒弟参加东巴仪式，并作为助手参与仪式的整个过程，从中强化东巴经书、东巴仪式轨程、东巴舞蹈、东巴绘画、东巴工艺等知识技能在仪式中的实践应用。这样观摩、实习一段时间后，东巴师傅认为徒弟的水平可以出师了，就会让他主持一些小仪式，师傅在旁边予以指导，通过这样的传帮带，一个合格的东巴逐渐成长成材。

当然，要成长为一个优秀的东巴，除了要掌握基本知识技能外，更重要的是不断加强自身的道德修养。这种道德修养也决定着东巴综合素质的发展。东巴古籍被称为"纳西族古代社会的百科全书"，其中的核心内容除了宣扬东巴教义外，也有强调伦理道德修养、维护社会秩序的内容，东巴经书也可称为"纳西族的道德经"。所以学习东巴文化知识的过程，也是学习伦理道德、加强个人思想修养的过程。

此外，东巴师傅对东巴学徒道德水平的印象及评价也决定着传授知识的质量和效果。如果师傅发现徒弟品行不端或态度不端正就会进行批评教育，如果徒弟依然如故，师傅就不再传授，甚至断绝师徒关系。"一日为师，终身为父"，东巴文化传承中也是如此，双方一旦建立了师徒关系，这种关系就是终身的，即使出师后成为有名望的东巴，在师傅面前仍是徒弟身份。如果师傅一旦发现徒弟行为不符合社会伦理道德或东巴教宗旨，他就会予以制止、批评教育，甚至对外宣告断绝师徒关系。笔者在调查中曾听到这样一个真实个案：一个东巴徒弟出师后已经开始主持仪式，在村落中小有名气，但在主持仪式过程中出现了不符合仪轨、经书不全、在吟诵重要经典过程中偷工减料等现象，师傅多次予以劝诫，但收效不大，依然我行我素，最后师傅带着其他徒弟到他家中把所有经书没收回来，当场宣布断绝师徒关系，并警告不能再使用从师傅那儿抄写的经书。

东巴师傅一般会选择天赋比较高、品行端正、道德高尚的徒弟作为自己的衣钵传人，对其倾囊相授，寄予厚望。而对一些仍在考察中、道德品质尚未知晓的徒弟采取边教授边考察的方法，如果出现了品行不端、屡教不改的情况，师傅对其所传授的内容也会有所保留。另一方面，民间对一个东巴学徒的评价也是决定其东巴文化水平的重要因素。一个道德品行高尚、全心全意为民众服务的东巴，人们都乐于与他交往，帮助他，尤其是外面的一些东巴也乐于向他传授东巴知识，从而有利于其东巴文化水平的提升。

3. 东巴叙事文本的创编性传承

东巴叙事文本的传承并不是靠机械的死记硬背来传承的，背诵经书只是属于习得东巴文化的一个必经阶段。"书读百遍，其义自现"，学习、背诵、使用的东巴叙事文本多了，自然对文本内容也就耳熟能详，心中有数。祭祀类的东巴经书是为仪式中的吟诵服务的，属于口头记录文本，所以口头文本结构、句法程式、典型场景、主题、故事类型都非常突出，这不仅有利于主持仪式者的仪式演述，也有利于学习者记忆。不同经书中重复性的段落、主题、结构比比皆是。如作为创世史诗的《崇搬图》，在丧葬仪式中吟诵时内容相对比较全面，而在其他仪式中可以灵活运用，所以出现了故事情节梗概大同小异，而内容篇幅、句子长短不一的不同异文本。这说明东巴叙事文本是为仪式服务的，是仪式规定了叙事文本的内容、形式。以崇仁利恩作为主人公的叙事文本在不同的仪式里名称、内容、功能都会相应地发生变化：

祭天仪式：《远祖回归记》（《人类迁徙记》）；

退口舌是非鬼仪式：《创世纪》《崇仁利恩与衬恒褒白传略》《崇仁利恩与丹美久保的故事》《崇仁利恩与楞启斯普的故事》；

禳栋鬼仪式：《崇仁利恩的故事》《崇仁利恩与楞启斯普的故事》《开天辟地的经书》《人类起源和迁徙的来历》《崇仁利恩与丹美久保的故事》；

祭署仪式：《崇仁利恩的故事》《崇仁利恩·红眼仄若的故事》；

除秽仪式：《为崇仁利恩除秽》《崇仁利恩、衬恒褒白、岛宙超饶、沙劳萨趣的故事》；

关死门仪式：《都沙敫口、崇仁利恩、高勒趣三个的传说》《给美利董主、崇仁利恩解生死冤结》；

延寿仪式：《崇仁利恩的故事》；

超度死者：《美利董主、崇仁利恩和高勒趣之传略》；

祭畜神仪式：《追述远祖回归的故事》。

通过这样归纳，我们可以发现，同样以崇仁利恩作为故事主人公，在不同仪式中出现了不同的故事分布状况：有的出现了故事群，有的只有一个故事，而有些仪式中一个也没有出现。为什么会出现这样的情况？原因可能是多种的，但从仪式类型、性质入手分析，其间的内在关系就迎刃而解。如在"禳栋鬼仪式"中有关崇仁利恩的故事出现了五本之多，这与此仪式的性质密切相关，禳栋鬼仪式是东巴仪式中规模较大的一个仪式，栋鬼是鬼怪类中较为凶险的一种鬼类，只有大东巴主持的大仪式才能进行禳灾驱邪，且这一类鬼与人类的疾病、灾祸关系密切，民间经常举行此仪式。而崇仁利恩作为纳西族英雄祖先，兼具人格、神格，威力无比，由此也决定了他在仪式中频繁出现。

2009年7月笔者跟随一个老东巴到山区村落参加东巴禳栋鬼仪式，因为英雄史诗《黑白战争》会在此仪式中演述，所以把这一文本的演述作为此次考察的重点。此次禳栋鬼仪式规模较小，总共举行了两天，第一天准备，第二天开始仪式。在仪式开始前笔者就咨询了主祭东巴，知道什么时候会演述此部史诗。当仪式举行到祭鬼阶段时，此部史诗的演述正式开始，然而整个演述过程不到五分钟就戛然而止！原来预想中的至少一个小时的长篇演述并没有出现。主祭东巴在五分钟里主要讲述了白部落与黑部落为争夺日月而发生战争，最后白部落派人到天上迎请了360位优麻战神助战，最后一举战胜了黑部落，光明战胜了黑暗。而对东巴经书文本中常见从天地万物的起源叙述开始，一直到两个部落的出现，以及两个部落发生战争前两个王子之间的交往，白部落王子与黑部落公主之间的爱情恩怨，战争的激烈反复、战争结束后的情景等都一概简略了。事后我就问东巴何以如此简略，东巴说念诵这部经书的目的就是交代鬼怪的出处与来历，交代完就行了，一个小仪式不可能每一句都念，没有必要。这种因仪式需要而对叙事文本内容进行摘要式叙述的行为称为"zherl lal"，意思为抓故事梗概，跟着仪式程序走。这种叙述方式属于创编式演述或创编式传承。

另外一种创编式传承是东巴在抄写经书时进行有意识的加工、增减，使文本内容更加丰富，语言更加凝练生动，文本主题更加鲜明。宝山乡梧母村东巴和继先曾到俄亚、拉伯等东巴文化生态保存较为完好的村落学习东巴文化，他回到家乡后，把那一带的东巴经书、民歌中的名句和经典段落融合到原来的老经书中，在不改变原来文本结构、章节内容的前提下使老文本得到了经典化的改造、提升，《祭谷神》是其中具有代表性的一本。在历史上也是如此，越是水平高超的东巴，对经书的经典化、艺术化改造成就越高。东巴成人礼仪式在丽江已经消失，和力民从四川省木里县的俄亚乡调查中获得了关于成人礼的东巴经书，他根据丽江纳西语及经书演述特点进行了创造性改编，并在仪式中予以应用，从而使消失多年的仪式得以再现。更布塔东巴也是一位善于创编性传承的民间东巴传承人，他补充完善的传统经典《祭天·认错·忏悔》（Mee biu mee dder shul）、《祭三多·加威灵》（sai do sul. zherq zail）在仪式的检验中得到肯定。另外，他又创作了很多以前没有的东巴文本，如《家庭篇》（Ye goq so）、《饮食经》（Ha zzee soq）、《语言学习经》（Gee zheeq soq）、《学习劝善经》（Tei ee soq），这些东巴文本是他在当地小学义务传授东巴文化时根据教学需要而创编的；有的东巴文本是为了在社会中得到应用而创编的，如《酒釉》（jji cherl）、《纳西东巴药方集》（Na xi do ba cher ee suq liuq tei ee）等。

"文革"十年，许多纳西村落的东巴经书毁于一旦，改革开放后逐渐恢复了东巴文化生态，但有的东巴仪式因缺乏相应经书而中断，所以有些东巴翻山越岭四处寻求东巴经书，找到所缺的经书后抄写下来再进行传承。无量河边树枝村大东巴石波布就在20世纪70年代末到80年代初期，不辞劳苦地到四川木里的俄亚、依吉、伍增等地转抄东巴经书，从而使原来残缺不齐的东巴经书一下子增加到600多册，成为周边藏经较多者之一。2000年《纳西东巴古籍译注全集》百卷本出版后，也为各个不同区域东巴经书的丰富、完善提供了抄写参考文本。当然，这种转抄也属于创编性的经书传承，譬如《纳西东巴古籍译注全集》是丽江（县）境内的经书，以丽江城区方言记录，有些东巴文字与其他纳西族区域存在差异，尤其与无量河流域的阮可东巴经书差异相对大些。所以这些特点决定了转抄过程中要对这些经书进行本地化的创编改写。"礼失求野",如果"野"也失礼了,那只能从尚存的经典文献中寻找,重新构拟。如果古籍文献、口头传统也荡然无存,那才是真正的一无所有。我们从中也可察东巴叙事文本传承的历史价值与现实意义。

第二节　东巴叙事传统的流布与流派

东巴叙事传统作为东巴教及其文化的构成部分,与东巴教的传承与流布存在同一性,即东巴教流传的地区,东巴叙事传统也在传承;东巴教形态存在差异的地区,其东巴叙事传统同样存在差异;东巴教在不同历史时期发生了变迁与变异,同样从东巴叙事传统方面也体现出来。但二者也有差异性,一方面,东巴教对东巴叙事传统的影响是统摄性的,东巴教的教义、仪轨、功能、传承等因素制约东巴叙事传统的发展,东巴叙事传统是为东巴教的传承、宣扬服务的;另一方面,东巴叙事传统不断吸纳新时代的合理因素,尤其是民间文化内容,推动了东巴教经典的丰富,如关于三多神、达勒阿萨命等民间故事经东巴提炼、整理后形成了后期的东巴经典。

一、东巴叙事传统的历时性流布

从历时性来说,东巴叙事传统经历了早期、中期、晚期三个发展阶段。

早期的东巴叙事传统更多与氏羌族群文化息息相关,反映了纳西族远古时期的生产生活。创世史诗《崇搬图》就是这一时期最突出的代表,堪称"纳西族远古文化的活化石"。在诸多民族的洪水神话中,"兄妹成婚"的母题发生在洪水暴发之后,而纳西族的洪水神话情节明显不同,首先交代的是因为崇仁利恩兄妹之间的血缘婚污染了天地,从而触怒天神以发洪水来进行惩罚,洪水暴发后天地间只有崇仁利恩一人,被迫到天上求婚。这说明了当时的婚姻关系从氏族内血缘婚发展到了氏族外婚制,但这一婚姻制度并不巩固,史诗后面的情节中出现了崇仁利恩与鲁美猛恩魔女、天女衬恒褒白与长臂猿同居的经历,经历了诸多婚姻波折后,最后崇仁利恩与衬恒褒白二人相守至终。《窝依都奴杀猛恩》中的主人公窝依都奴一生经历了三次婚配,最终老无所依,"我像一只到处飞翔的乌鸦,飞到三个地方,三次与人结成伴侣。但是在这三个地方,我连一块裙尾都没有留下",反映了氏族社会中的对偶婚形态。天神给崇仁利恩出的难题中,不过是让他砍伐树林,撒种、捡种、打鱼、狩猎等,从侧面反映了那个时期刀耕火种及渔猎生产状况。《杀猛妖》讲述的是俄高勒九兄弟上山打猎，被猛妖吃掉八个兄弟，只剩下俄高勒一人。复仇的任务落到俄高勒的姐姐身上。她设计把猛妖诱到山上，利用野兽把猛妖咬死。这一神话反映了纳西先民经历过的游猎时代。《崇仁潘迪找药记》讲的是崇仁潘迪为了使已经死去的父母回生，历尽艰险困难，找到了回生草和回生水，但并不能使父母复活。他就把回生水洒在山上，从此，地上长满青草，山上长满树林，人间开遍鲜花。这反映了古代纳西人民与疾病的斗争。早期的东巴叙事传统中神话色彩最为突出，受宗教文化影响较小，神话主题以讴歌人类自强不息的探索精神为主，这与当时人类生产力水平较低密切相关，面对他们无法理解的自然现象，只能借助神话予以理解，从而增强自身的生存自信。崇仁利恩对天神孜劳阿普气壮山河的回答就突出表现了强烈的民族自信。

中期的东巴叙事传统受宗教文化影响较大，主要受藏族宗教文化影响。这种影响渗透到了早期的作品中，譬如《崇搬图》中认为天地是自然变化形成的，天地是由纳西族祖先开辟的，但也出现了"天由盘神来开，地由禅神来开""藏族是盘神的后裔，白族是禅神的后裔"的语言，与前面叙述自相矛盾。这种自相矛盾的叙述其实曲折反映了后期纳西族受到南诏、吐蕃、大理国统治的历史。关于东巴叙事传统受到藏族宗教叙事传统的影响在前面已经做了论述，在此不赘。

晚期的东巴叙事传统反映了进入阶级社会后的矛盾斗争、纳西族地区纳入国家统一版图后的文化变迁、人与社会之间复杂的关系等，整体来说，与前面两个时代的叙事传统相比，这一时期更多突出了人的主体性和现实生活风貌。

自元朝以来，丽江纳入中央王朝的统一版图中，加快了经济社会与内地接轨的进程，木氏土司成为这一区域的地方统治者，积极主动吸纳汉文化为主体的外来文化，客观上推动了东巴教及其文化的发展变化。譬如在祭天仪式中，原来祭坛上处于中间位置的天舅被皇帝取代，仪式结束时还要高呼"考汝时，考浩英"，意为"皇帝万寿无疆"！这种时代变化也影响到了东巴叙事传统的发展。具体来说，这一时期的东巴叙事传统的变化体现在以下几个方面：

（1）大量吸纳了民间传说故事，并将其中的主人公纳入神灵体系中。三多传说大致产生在吐蕃统治丽江的唐朝时期。三多源于一个民间传说——纳西族猎人阿布高底打猎时发现獐子变成了一块白石，就把它背回家，到了玉龙村时背不动了，就放在地上，成了一块巨石，于是就在此地建庙祭祀。这是三多最早的原型——白石，白石即雪石，这也是白沙地名的来历。后来在此基础上根据时代的需要不断建构，三多的文化形象不断丰富、演变：白石—玉龙雪山的化身—纳西族保护神。在三多的文化形象不断升级换代中，东巴起了重要的推手作用，首先把这一传说用东巴象形文字写成东巴经典，纳入东巴教神灵体系中；其次创制了相应的祭三多仪式，把称颂三多的东巴经在仪式上进行演述，成为新的东巴祭仪。祭三多仪式只是在奉玉龙雪山为神山的纳西族区域流传，而在三坝、泸沽湖、盐源、盐边等其他纳西族地区并无流传，说明这一仪式产生于较晚时期。《达勒阿萨命的故事》也是如此，东巴把这一流传在丽江纳西族地区的民间传说写成东巴经典，并把主人公封为东巴教的风神。

（2）这一时期的叙事作品明显带有现实主义色彩。《耳子命》讲述了粮食及农具的生产来历，从播种、耕作、栽培、收割、打粮、贮藏一直到酿酒的整个过程。还有《富偷穷家牛》《买卖年龄》等叙事作品更具有现实主义色彩。

（3）《鲁般鲁饶》所反映的殉情现象，实质上与纳西族早期传统的婚姻自由观念、汉文化中的"贞操""媒妁"观念密切相关。

（4）东巴教在上层社会中受到冷落的境遇，如《普尺阿路》：普尺阿路请了丁巴什罗和三个工匠到家里来做事，开始时把丁巴什罗奉为上宾，引起三个工匠的不满，他们说："我们为你铸造犁铧，为你缝制衣服，你家所有财富都是我们替你创造的，为什么把那个不劳而获的丁巴什罗当作上宾？"普尺阿路听了后觉得工匠的话有理，于是就把工匠们奉为上宾。丁巴什罗一气之下，就指使鬼族摄去了普尺阿路的魂魄。普尺阿路只好向丁巴什罗请罪，并祈求替他做法还魂。这个故事虽然在宣扬东巴教，但从中也反映了东巴教在民间受到冷落的事实，这无疑与汉文化在丽江地区的传播、渗透这一历史事实相关。①

二、东巴叙事传统的共时性流布

从共时性来说，体现为文化共性与地域差异性。纳西族所居住的地区多为高山峡谷纵横交错的高原山区，加上历史上不同时期行政区划的不同，以及经济发展状况的差异，造成了东巴文化传承及流布的非均衡性。下表从丽江坝区、丽江五区、三坝白地、无量河流域、丽江六区五个区域做比较。

---

① 参见和宝林：《东巴文化中的神祇及其所反映的历史层次》，见赵世红主编：《东巴文化研究所论文选集》，昆明：云南民族出版社2003年版，第74页。

东巴叙事传统差异性比较一览表

区域	文字	经腔	仪式	经书
丽江坝区（纳西）	东巴字、哥巴字，字体较简化，且有彩绘字；动物字体只突出关键特征部分；假借字多	与丽江纳西民歌调相似	以祈福类为主，无祭胜利神仪式	经书种类较多，内容较为详细，基本上以逐字逐音为主
丽江五区（鲁甸、塔城、巨甸，纳西）	东巴字、哥巴字，字体较简化，一字一音或二、三个音节；书写较密；假借字较多	受藏传佛教诵经影响	以祈福类为主，无祭胜利神仪式	经书种类较多，经书内容较为详细，基本上以逐字逐音为主
三坝白地（纳亥、汝卡）	东巴字；字体较复杂，动物字体以全貌为主；多音节字较多；假借字少	与三坝民歌调相似	禳灾类较多，有祭天仪式与祭胜利神仪式	经书种类比无量河流域多，但不及丽江境内。有字无词、有词无字现象较多
无量河（汝卡）流域	东巴字（其中有不同于其他地方的汝卡字一百多字），字体较小；假借字较少	受藏传佛教诵经影响	以禳灾类为主，无祭天仪式	经书种类不及丽江、白地丰富
丽江六区（宝山、奉科、鸣音、大东），纳西与汝卡混居	东巴字，标音文字多，假借字少	经腔种类较多，声调比较高	以祈福类为主，汝卡人有祭胜利神仪式	经书内容不及丽江五区丰富，经书字句较简化

以上的比较只能是大体来说，毕竟即使是同一区域，因不同支系之间存在经济、文化交流，或者族群迁移，也存在着同中有异、大同小异等多种复杂情况。如位于泸沽湖区域的达祖村，村民都是在明清时期从丽江坝区迁移至此，这个村的东巴文化明显受到了达巴文化及藏传佛教的影响，但也顽强

保留了东巴传统文化，从而与其他地方的东巴叙事传统呈现出不同的文化特征。

笔者在访谈安普娜姆东巴时，他对东巴文化及其叙事传统的差异性做了比较。他认为丽江六区的禳栋鬼仪式与四区、五区的有所不同，经书念诵基本上以简化为主（zherl lal byq），即每个重点程序环节都点一下就过，不讲究每一个细节。如果不是主人家特别请求，主要跟着程序重点走，抓经书核心内容，以达到压鬼驱邪（ceeq toul ceeq zerq）的目的。《黑白战争》名气很大，列入国家级非物质文化遗产名录，被誉为"英雄史诗"，但在有些仪式中并不是很重要的经典，相比之下，压鬼驱鬼经书更重要。《黑白战争》在禳灾驱鬼仪式做凶事（xu be）时用及，就点一下走过场。六区的丧葬仪式上跳"热美蹉"时，通宵达旦唱这一经典，有名歌手根据临场进行相应的创编。在禳栋鬼仪式中，念诵完开坛经之后念诵《黑白战争》，交代仪式的起因，所以称为"栋克术埃"，主要交代鬼的来历。《休曲术埃》是祭署时用的经书，讲述大鹏神鸟与署之间争斗的故事。"术埃"系列还有小的几种，如《纽生苏罗与都萨阿吐术埃》。这些经书都有个共同点：所有的鬼都是美利术主放出来的，而作为人类的美利董主与他是对立面，最后请天上的优麻大神才取得了胜利。丽江境内较少举行禳栋鬼仪式，而在三江口一带保存完整，在这个仪式上还念诵另一本英雄史诗《哈埃术埃》，内容上比《黑白战争》要简略些。经书丰富程度以丽江坝区、五区为显著，六区经书相对简略些，念诵经文时，六区多借鉴民歌调，唱腔里借用了大量的增缀，重仪式程序环节，顺口流畅，唱腔多种多样，《耳子命》一个经典就有九种唱腔。

五区与丽江坝区的东巴文化类型相似，与相互之间的家族联系有关，从白沙、束河到太安、南溪、塔城、鲁甸，一直存在着家族迁徙路线。六区与三坝白地相似，三江口区域处于永宁、六区、三坝、俄亚、依吉之间，独成一个体系风格。另外一个是书写风格，一区、五区朝一字一音方向发展，更为详细些，东巴舞也是丽江更舒展、优美些。丽江坝区、五区受汉文化影响大，动物只画一个头，而六区则画整个身体，用一个唱腔为主。三坝是源头，舞谱与来历出处都是一样的，但具体的跳法有差异，丽江坝区、五区更美化些，底子没有丢，正如和民达老师改编的《热美蹉》，虽说是舞台化艺术，但也是一种与时俱进的文化发展与创新，不能否定其进步性。

不只是不同地域之间存在差异性，同一区域同样存在差异。六区有两条送魂路线：一条是从宝山、奉科到拉伯、木里上去，抵达 ceq ni ssee perq zzeeq（十二栏杆坡）；另一条是大具、白麦、鸣音那边的，与丽江坝区的送魂路线相同，从大具到三坝一直往上走。宝山、梧母一带多汝卡人，仪式与轨程更古老些，有些祭祖的送魂路线与丽江坝区的纳西村落相同，送到伍托地（wu toq dee），有些与泸沽湖摩梭人相同，送到斯布阿纳坞。梧母为纳西与汝卡相融合的村落，江边一带多汝卡支系。

　　这种差异性的形成与东巴教的传播流布也有关系。东巴经里没有任何开创于哪一年的记载，弟子传承谱系也没有。只有一本《加威灵》经书可供破译其一些蛛丝马迹。阿明于勒相传为二世教主，与阿明次塔为一个师傅。阿明于勒一开始不属正式弟子，只有阿明次塔是正式徒弟。所以东巴教祖对阿明次塔倾囊相授，言传身教，阿明于勒躲在一旁偷偷地观摩学习，因其悟性高，触类旁通，所以后来居上，东巴水平超过了阿明次塔，成为第二代教主。阿明次塔虽然对经书内容不是很熟谙，但对于仪式轨程很精通，唱腔较为全面，后来在六区（goq zhul）一带传教，影响了这一带东巴教风格。阿明于勒这一脉则从三坝传到丽江一带。阿明于勒更擅长创新，东巴教在白地一时兴盛发展起来，阿明次塔更保守些。

　　六区的经书较为简略，父子相传，外人看不懂。好多东巴都说，"我只会读我父亲的经书"。汝可的文字程度更古老些。相传丁巴什罗有五个弟子，最厉害的有更布依短（gel bee yi der）和卢史麻达（liu shee maq daf）。更布依短以吟诵经书而名；卢史麻达为汝卡祖先，相传他首先创制了东巴象形文字。三江口的唱腔受藏传佛教经腔影响很大。丽江的东巴仪式多祈福类（nee xu oq xu bei）——祭祖、祭署①、祭谷神、祭祖、成人礼，三江口、洛吉、依吉、俄亚、三坝多禳灾仪式（kul xu bei）——丧葬仪式、祭风、禳栋鬼、退口舌是非鬼等。②

三、东巴叙事传统的流派

　　东巴叙事传统的流派与东巴文化的流布区域密切相关。相对说来，丽江坝及周边的太安、鲁甸、塔城发展形态更丰富些，而无量河区域的汝卡人的东巴文化生态保存得更完整些，三坝到大具、鸣音、奉科、宝山六区一带则处于二者之间。东巴文化学者和志武把东巴文化流布区域分为三大流派。

（一）白地派
　　白地自古为东巴教圣地，是东巴教形成的中心，以阿明灵洞、白水台、

---

① 祭署有些不同，有取悦于署神的成分，也有警告的成分，亦神亦魔。
② 根据 2017 年 7 月 5 日笔者对和志豪东巴的访谈资料整理。

大东巴辈出而著称，与丽江东巴文化相比，没有哥巴字、没有祭风经书，东巴舞中没有刀舞。

（二）丽江派

丽江派以白沙为中心，传承流布路线由北传至南，再由南转西北方向：白沙—束河—大研镇—金山—五台—文笔—南溪—后山—太安—鲁甸—塔城—维西—德钦。这一派融合了中原文化的儒释道及藏文化因子，从而将东巴文化的发展推向了一个新的高峰，表现在东巴教仪式、道场、经书类别更加丰富，东巴绘画、东巴舞蹈形态更加丰富完善，创制了哥巴文字，出现了久知老、和诚、和泗泉、桑尼才、和文灿、和士贵、和芳、和凤书、和世俊、和文裕、和文质等名望卓著的大东巴，还出现了东巴雕版印刷、东巴学校等新生事物，同时，民国时期和泗泉开始研究象形字和标音字，和宗道、和士贵、和芳等帮助学者翻译和研究东巴经。

（三）东山拉伯派

这一派以宝山为中心，其传承范围为原宝山州所管辖的乡镇，主要包括原丽江县境内的六区，即宝山、奉科、鸣音、大具等乡镇，这一区域是纳日、纳喜、阮可、鲁鲁等支系杂居的地区，傈僳族本身也学东巴，各民族相互有影响。同时该地属于经济文化比较落后的山区，佛教、道教势力达不到，近代外国传教士在大具也建过教堂，但由于各种原因也传不开。因而该地东巴势力比较大，仅宝山村在新中国成立前就有40个东巴，这一派东巴中占卜盛行。另外，因土语关系，当地缺少声母zz、rh、f，所以读经腔调不同。该派也没有标音字。

需要说明的是，和志武划分的三大流派以纳西族西部方言区为主，而没涉及东部方言区。纳西族东巴方言区以口头经书为主的达巴文化为代表，自称为纳或纳日、纳汝，主要居住在泸沽湖周边及盐源、盐边一带。而在纳西族东、西部方言区之间还存在着一个纳西族支系——汝卡人（另写为"阮可"或"若喀"），这一支系历史悠久，分布于金沙江及无量河流域，是创制东巴文的主体。这一自称为汝卡的族群现在的民族身份较为复杂，原丽江县、迪庆州、四川木里县俄亚乡境内的汝卡人划入纳西族，而木里县依吉乡、层脚乡、项脚乡的汝卡人划入蒙古族，宁蒗县拉伯乡境内的汝卡人则划入纳西族摩梭人，也有少部分划到普米族。无量河区域的汝卡人现虽划到摩梭人，但其文化传统以东巴文化为主，其语言处于纳西族东、西部方言之间，与丽江六区的汝卡方言为过渡性语言，从六区、拉伯乡一直到俄亚乡的俄日村，都分布着汝卡人的语言及文化。汝卡人不祭天，以祭战神为大，俗称高补（ga bbiuq）。祭祖、开丧、超荐三种仪式只能由汝卡东巴主祭。用于开丧、超荐的汝卡经叫"汝卡祭"，用松明做神主木偶，而西部方言区用松枝。汝卡经约有 30 种，有少量汝卡字。

大东汝卡祭荐时，在松明木偶上缀两颗苦楝子和一枚海贝，围一块小红布，拴一束牦牛尾，再裹上布，放在竹筛子里，送到祖先放牦牛的地方。第二天，立黄栗树几棵，竹刺一枝，东巴口中念道："认不得路，你要在前面领路；没有路的地方，你要在前面开路，杀掉拦路的鬼怪和水妖。"①

第三节 东巴叙事传统传承与流布的特点

东巴叙事传统形成、传承与流布的内因是东巴教的"聚散"之变迁。金泽认为，民间信仰在历史发展过程中存在"聚""散"两个特点，通过"聚"，一方面原生宗教向民族—国家宗教形态发展，另一方面原生宗教"散"的形式不断向多神信仰、俗化形态发展。民间信仰及民间宗教的"聚"与"变"与其"宗教取向""政治取向""整合取向"三个因素密切相关。②

一、东巴叙事传统的两次聚变

东巴教的发展经历了两次"聚变"过程。第一次发生在位于藏文化圈与纳西文化圈交会区的白地，时间大致在北宋时期。这一时期，吐蕃政权已经土崩瓦解，大理国内部争权夺利，政变迭起，无暇他顾，由此促成了纳西族聚居区相对平衡的发展时期，出现了"摩挲酋长国"地方民族政权。原来源于古羌文化的自然崇拜为主体的原始宗教在吸纳本教、藏传佛教基础上开始出现了人文宗教的萌芽，集中体现在东巴文书写的经书大量出现，其宗教教义、观念形态趋于体系化，并出现了统一教祖丁巴什罗，宗教中心——白地，东巴身份准认制度——"加威灵"，以及三界六道、生死轮回观念体系等，从而与原来的原生宗教形态有了较大的文化差异。

第二次"聚变"是在元明时期。这一时期纳西族地区纳入国家统一版图中，汉文化成为主流文化，汉传佛教、道教也逐渐渗透到东巴教文化中，加

---

① 参见和志武、郭大烈：《纳西族东巴的现状和过去》，见《云南现代史料丛刊》（第 3 辑），昆明：云南省历史研究所 1984 年版。

② 金泽：《民间信仰的聚散现象初探》，《西北民族研究》2002 年第 2 期。

上木氏土司成为大部分纳西族地区的统治者，从而使东巴教在其统治区域得以广泛传播，也影响了周边民族的宗教文化形态。东巴文、东巴经典、教义体系更加趋于完善，东巴教传播中心也从白地转移到丽江，东巴文字体进一步简化，出现了哥巴字，东巴经书也向逐词书写、字词对应形态发展，经书数量也有了大量的增长。

　　但这两次聚变并没有实现向民族—国家宗教的质变，在原生宗教向人文宗教过渡状态中就停滞不前了。原因是多方面的：政治方面是没有形成强而有力的支持势力，前期出现的"摩挲酋长国"受到周边民族政权的挤压，一直处于不稳定状态；经济上仍处于畜牧经济状态，民族内部也处于"依江附险，互不统摄"的割据状态。后期出现的木氏土司政权实现了政治统一，经济也进入封建领主制，但政权性质属于中央王朝下的地方行政机构，国家主流文化的施化成为地方执政者的施政方针，东巴教的发展状况也未能适应封建领主经济形态，使其一直处于民间信仰及民间宗教形态中，"散"仍是其主要发展形态。

二、东巴叙事传统的扩散性与松散性特征

　　东巴叙事传统的"散"呈现出两个特点，一是其神灵体系不断趋于扩大。东巴教在原有神灵体系上，收编了大量源于本教、藏传佛教、汉传佛教、道教的神灵，极大丰富了原本土宗教的神灵体系。此外，历史上的地方人物也被神化为崇拜对象，纳入神灵体系中，如风神阿萨命、玉龙山神三多、土地神靴底老爷，加上不同地方的山神、水神、树神、土地神，使东巴教神灵数量得到了空前的膨胀。但必须看到，东巴教的神灵体系在不断扩大的过程中，并没有形成一神统领整个神灵体系的"聚合"效益。二是东巴教的宗教性呈现出逐渐俗化、地方化特征。东巴教没有高居庙堂，一直是为民间服务的松散民间宗教组织，与纳西族的民俗生活紧密联系，诸多宗教活动演变为民俗活动及岁时节日，如从出生礼仪、成年礼仪、结婚礼仪到丧葬礼俗都成为东巴教施展文化的舞台，原来的祭山神仪式演变为转山节、祭畜神仪式演变成三多节、祭天仪式演变为春节祭祖习俗等。不同地方的宗教俗化也呈现出地方性特征，如泸沽湖区域的达巴教受制于藏传佛教而趋于式微，一直未有体系化的教义、经典。

　　东巴叙事传统的"聚散"之变也折射到东巴叙事传统的形态上。两次"聚变"的结果，先后形成了白地、丽江两个发展中心，不同程度地推进了东巴叙事传统的发展演变。白地时期，东巴文字得以创制，东巴经书趋于丰富，

教义及宗教意识形态进一步体系化，从而使原来的口头叙事逐渐向口头与书面互文为特征的叙事形态过渡，大量东巴经书的出现丰富了东巴叙事内容，同时促成了东巴仪式叙事内容及形态的多元化，大量的外来神灵、宗教观念成为仪式表现内容，表现形式也出现了绘画、音乐、舞蹈、工艺美术、游戏、服饰等多种手段。但两次"聚变"都不彻底，东巴教发展形态仍以"分散"发展为主，从而使东巴叙事传统也带上了同源异流的发展特点。仪式叙事、民间叙事、神话叙事、地方叙事仍是东巴叙事传统的主要叙事特征，且不同地方的东巴叙事传统也呈现出大同小异、小同大异的差异形态，表现为东巴文字体例、东巴经典数量不同，宗教宗旨表现形式、内容各有千秋；同时原来东巴一统民间信仰的格局也演变为和尚、喇嘛、道士、民间巫师各行其道，共存共生的多元宗教文化格局。反过来，这些多元宗教形态也影响、制约了东巴叙事传统的发展，如泸沽湖区域的东巴叙事传统逐渐让位于以藏传佛教为主体的宗教叙事传统，丽江城镇中心区域逐渐形成了以汉传佛教、道教为主体的宗教叙事传统，东巴叙事传统且战且退，逐渐退守到偏远山区的纳西族区域。

综上，东巴象形文字在无量河流域最早产生，但东巴教是在白地得到了充分的发展，使原来的口头叙事逐渐向口头与书面互文为特征的叙事形态过渡，这一时期大量的藏族宗教神灵及故事被吸纳到东巴教经典中，极大地丰富了东巴叙事传统的体系和内容。"改土归流"后，社会经济的发展推动了东巴叙事传统在丽江的发展，东巴文字向逐字记音演变，其叙事内容更多反映了复杂的社会关系。但由于纳西族地区整体社会经济发展水平较低，历史上也未得到国家及地方统治者强有力的扶持，加上东巴教自身浓郁的地域保守性，未能实现自身宗教观念形态的质变，或者说由于吸纳了外来宗教一些合理性因素，东巴教一只脚已经向人文宗教迈进，但另一只脚仍陷于原生宗教泥淖中不能自拔。可以说东巴教的两次"聚变"并未促成东巴教向人文宗教转变，也并未使东巴叙事传统摆脱以自然崇拜、神灵崇拜为核心的神话叙事特征。

第四章　东巴叙事传统的叙事视角

　　古今时空相隔，古人是如何创作、叙述他们的世界观的？他们的生活世界与精神世界又是怎样的？每一个文化持有者特有的价值观、世界观、宇宙观等意识形态规定制约了他的视角。不同的文化传统型塑了不同的叙事视角。在一定程度上，叙事者的视角决定了口头传统的构成方式与感受方式。可以说，从叙事视角切入口头文本，对于理解口头文本的整体形态以及主体间性有着独到的洞察效果。口头诗学与叙事学相结合的"内在性"研究是当下史诗研究的利器。叙述视角也称"叙述聚集"，是叙述语言中对故事内容进行观察和讲述的特定角度。兹韦坦·托多洛夫把叙述视角分为三种形态：①全知视角——古典主义的叙述往往使用这种视角。在这种情况下，叙述者比他的人物知道得更多，属于全知全能型。②内视角——叙述者和人物知道得同样多。对事件的解释，在人物还没有找到之前，叙述者不能向我们提供，属于限制型。③外视角——叙述者比任何一个人都知道得少，他仅仅可以向我们描述人物所看到、听到的东西等，他像是一个对内情毫无所知的人，与"全知全能"视角刚好相反。[①]这一分类法有其科学合理性，但如果应用到具体的文本分析中，必须根据文本生成的传统背景及演述场域来进行。本章拟以纳西族活态口头传统——东巴史诗为个案，对上述问题予以探讨。

　　纳西族口头传统十分丰富，其中以被称为"纳西族古代社会的百科全书"的东巴文化最具代表性。东巴文化是指以象形文字书写的东巴古籍为载体，以自然崇拜、神灵崇拜、祖先崇拜为主要内容，以阐述人与自然和谐共处的价值观为主旨的纳西族传统文化。东巴文化虽具有书面文化的特征，但从整体上来看，仍属于口头传统的范畴：其一，从东巴象形文（以下简称"东巴

　　① 兹韦坦·托多洛夫：《叙事作为话语》，见《美学文艺学方法论》，北京：文化艺术出版社1985年版，第566–567页。

文")性质来看,"是处于原始图画文字与表意文字中间的一种象形文字"①,与具有一字一词相对应、线性排列的成熟文字不同,东巴古籍中的东巴文更多是作为仪式中吟诵的记忆符号。不同区域的东巴文字体、读音、书写方式也有区别,即使是同一区域,如果没有专门拜师学习,也无法完全翻译经文。其二,东巴古籍的实质是东巴在祭祀仪式中的口头吟诵记录文本,突出特征是口头程式、口头语言在其中大量存在。其三,东巴古籍内容以史诗、神话、传说、故事、大调长歌、谚语等口头传统文类为主。纳西族创世史诗《创世纪》、英雄史诗《黑白战争》都保存在东巴古籍中,由东巴在祭天、"垛肯"仪式中进行演述,所以又称为"东巴史诗"。

从东巴仪式中演述的史诗文本来看,其叙事视角和表现方式绝非以视角限制与非视角限制的二元论可以简单概括,更多是体现出多元视角的转换、互动、交融的特征,且这一特征与预言式语句的设置、情感的导向、文本情节的展开、文本叙事风格相辅相成,辩证统一。

第一节 以情节为导向的叙事视角

情节是叙事中最重要的动力核心之一。叙事视角往往与情节联系在一起。帕维(Pavel)认为在情节的研究中,既突出了事件和转化的重要性,又勾勒了情节中的动力、张力和阻抗因素。② 就东巴叙事传统来说,较为普遍的叙事视角是以情感为导向的限制型视角。

一、《创世纪》中情节为导向的叙事视角

以《创世纪》为例,可以说每一个情节的发展都有限制型视角在里面。一开始,天地一片混沌,经过一系列变化才出现了人类,似乎人类的出现是顺理成章的。但由此开始,人类经历了重重艰难险阻:人类才刚刚把天撑好,把地辟好,突然又出现了一头破坏天地的大怪物;把怪物征服了,又面临着生计问题:不会狩猎,不会放牧,不会种地;学会了生存方式,又因兄妹婚触犯了天条,天神怒发洪水进行惩罚;崇仁利恩因受太阳神启示得以幸存,

---

① 和志武:《试论纳西象形文字的特点》,见郭大烈、杨世光编:《东巴文化论集》,昆明:云南人民出版社 1985 年版,第 153 页。

② PAVEL T G. The poetics of plot: the case of English renaissance drama. Manchester: Manchester University Press, 1985.

但人类只剩下他一人，危机并未解除；到天上求婚，遭受天神的百般刁难；最后在天女的帮助下攻克一系列难关，娶得天女回到人间。经历了这么多的艰难险阻，叙事情节似乎应该一帆风顺了，但困难还是接踵而来：头三年生育不出子女；后来生出了子女，但又不会说话……可以说这种叙事模式基本上是限制型视角，困难不出来之前往往无从得知，而受众以为困难得以解决时，又接二连三地出现了诸多意想不到的困难。如崇仁利恩夫妇无法生育时，受众心理预设了这个问题解决后就是大团圆的文本结局。但孩子出生后，结局并未圆满：生出来的孩子不会说话。为了解决这个难题，崇仁利恩又派了天狗与蝙蝠返回天上向天神请教；在天神的指示下取得祭天经书并学会了祭天仪式规程；举行完祭天仪式后，三个儿子终于会说话了……然而情节仍在延续：三个儿子说出来的话却是藏语、纳西语、白族语。这些都是受众无法预料到的。

二、《黑白战争》中情节为导向的叙事视角

英雄史诗《黑白战争》（《董埃术埃》）也属于以情节为导向的叙事视角。与《创世纪》中主人公个人的曲折命运遭遇相比，《黑白战争》的叙事内容更为庞博，呈现出多元叙事线索特征。从内容上看，不仅涉及董、术两部落集团的统治者，也涉及其家庭成员以及普通民众，如狱卒、工匠、祭司、士兵；其叙事线索既有两个部落之间的生死存亡之战，也叙述了缱绻缠绵、荡气回肠的爱情悲剧，其间还杂糅了深沉的恩爱亲情，形成了战争、爱情、亲情等多条叙事线索相互交叉、融合的叙事特点。故事一开始就把读者带入远古的宇宙洪荒时代，在一片混沌黑暗的世界中，慢慢浮现出声音、气体、光明，随着自然万物的不断相互作用发生变化，一个神奇、美妙、和谐、安宁的神话世界逐渐形成：居那若罗神山直插云霄，上方为众神居住之所，山下是美丽清澈的美利达吉神海，神海里生长着一棵会开金花、银花的神树，日月星辰环绕神山运行，鸟儿在蓝天快乐飞翔，鱼儿在海里自由游弋。它描述了一个祥和安宁的世界，由此隐喻了和平世界的美丽与可贵，表明了对破坏这一和平世界的行为的谴责与鞭挞。

开天辟地的创世过程结束后出现了人类，形成了董（白）与术（黑）两大部落集团。居那若罗神山下的神海里，有一对黄鱼衔着一对黄蛋，从而有了争斗。神海里生长出一棵奇异的神树，为了得到这棵神树，董神和术鬼之间有了争斗。

术主的儿子阿生米吾与董主的儿子董若阿路在玩掷骰子时，阿路输了，

因还不起赌债，他答应到术地开天辟地和建造白色的日月，但董若阿路没有开好天地和造好日月，把天地日月打造得歪歪斜斜、暗淡无光，逃跑时还偷走了术部落的金银松石和宝石。阿生米吾追赶董若阿路到黑白交界地，落在铜签之上，死于非命。董部落的吸风鹰和狗獾把阿生米吾被杀的消息告诉了美利术主，术主与术母都悲痛不已，决定兴兵复仇。当术部落大军进入董部落境内时却找不到一个人，原来董部落早有耳闻而提前做了准备，把部落人马隐藏到山洞里和湖里。术主面对高山和大湖，无计可施。术主的女儿牟道庚饶纳姆施计到湖边梳洗，用美丽的姿色和歌声引诱了董若阿路。两个年轻人在相互较量中产生了情感，并私订终生，后来还生下了一男一女。但美利术主为了一解失子之恨，还是残杀了董若阿路。董若阿路的儿子董若号在母亲的安排下，偷偷跑回董部落，把董若阿路被害的实情告诉了美利董主。美利董主悲痛欲绝，但他深知自己实力有限，在与部下商量后决定向天神求助，最后借助三百六十个优麻天神的神力打败了术部落，人间又恢复了和平景象。

与《创世纪》的单线式情节导向相比，《黑白战争》以情节为导向的叙事视角呈现出多线交叉的特征，除了前面提及的战争、爱情、亲情三个主要情节线索外，不同场景转换中生成的情节推进方式也是一个重要的情节线索。从一开始的宇宙一片混沌黑暗到创世后瑰丽神奇的世界；从董、术两部落集团之间的相安无事，两大部落王子的亲密无间最后发展到反目成仇、相互设计陷害，乃至大动干戈，血流成河；术部落王子惨遭杀害后，整个部落磨刀霍霍，同仇敌忾，准备血洗董部落，大战一触即发，气氛压抑紧张，受众已经做好了接下来是昏天暗地的厮杀战争场景描写的心理准备，而故事场景却意外地转换到青山绿水间的男女谈情说爱中，董若阿路与术女牟道庚饶纳姆两个有情人在清风白云间嬉戏、打闹，画风变得轻盈明快、柔情蜜意；好景不长，毕竟董若阿路是陷害术王子的凶手，最后还是把他投入到阴森森的大牢中。此时术女已经与阿路产生了深厚的爱情，而且怀上了他的孩子，她苦苦向狱卒祈求：

> 董若阿路他是个能干的好男子，
> 他的脸像日月般明亮，
> 别让污血染了他白净的脸庞！
> 我的心儿恋着阿路的头，
> 杀阿路的时候，
> 请不要用镐头刨阿路的头颅。

我的心儿恋着阿路的心，

杀阿路的时候，

请不要用矛戳阿路的心。

术的黑湖里，

湖水黑黝黝，

众鬼用矛戳阿路的心脏，

拿旨左补用镐头刨阿路的头颅，

肯毒丹尤用利矛戳阿路的肋间。[①]

董若阿路惨死的消息传到董部落后，整个部落陷入巨大的悲痛中，部落上下摩拳擦掌，准备以血还血，大战一番，故事情节却意外地从人间转换到天上的神灵世界中，叙事文本讲述起了战神优麻与多格的出处和来历，并交代了请这些战神下凡的原因。天兵天将一下凡，双方之间的战争胜负立判。

这种不断转换的场景不仅推动着叙事情节的逻辑展开，同时使受众的预知心理形成一个接一个的悬念，从而促成了故事叙事的张力与吸引力，达成了叙事审美效果。从剑拔弩张、刀光剑影的战争画面突然转入桃红柳绿、卿卿我我的恋爱场景中，不仅使受众的审美视角获得了极大的满足，而且使故事情节在这样的大起大合中获得了有效推动。这种转换同时也是不同叙事主题、叙事线索转换的生成空间，如上面的场景转换，也是战争主题转向爱情主题的转捩点，从中也完成了跌宕起伏的情节叙事与人物性格塑造。这与我们阅读小说或观赏电影是一致的，如果其中的场景一直耽于某个单一的场景，或者总是重复单调的叙述风格与审美情境，难免使人产生审美疲劳。

这种场景转换中的情节导向式的叙事视角在我国的古典名著中也多为常见，如《三国演义》中有关赤壁之战前的蒋干中计、草船借箭、孙刘联姻、瑜亮斗智就是这种叙事手法的成功典范。当然，这并不是说东巴史诗的这种叙事手法取例于中国古典小说，只不过是双方殊途同归而已。东巴史诗叙事手法的形成，是历代东巴在上千年的不断锤炼中沉淀生成的，这种高超的艺术表现手法，具有突出的普遍性价值。

三、演述者在情节性叙事视角中的作用

对于受众来说，难题重重是预料之中的，他们更关注的是这些难题是在

---

① 东巴文化研究所编译：《纳西东巴古籍译注全集》（第 25 卷），昆明：云南人民出版社 1999 年版，第 208 页。

什么样的情节中展开的，又是通过什么方式得以解决的，这是引起受众兴趣的魅力所在。以情节为导向的视角限制对于叙事者也是考验，因为与照本宣科式的书面文本诵读不同，它更多是融合在具体的仪式情境中，这就要求叙事者在演述时必须根据文本风格、主人公身份、现场观众、仪式程序予以恰如其分、身临其境的表演与创编，这样才能顺利完成从大脑文本到口头文本、语境文本的转换。

譬如讲到董部落的大军出征场景时，经文中有这样的描述：

千千万万董族兵马出征了，三百六十个天将出征了……复仇的董族兵马队伍呀，长矛扛上肩，弓箭背在身，盾牌手中拿，长戟亮锃锃，大刀光闪闪，胜利的旌旗迎风飘，复仇队伍浩浩荡荡杀过来。①

东巴在演述这一出征场景时，语气要充满自信，豪情满怀，用铿锵有力的语言把我方高涨的士气淋漓尽致地表达出来，从而把受众带入文本语境中，如身临其境。

听闻董部落王子阿路的噩耗时，董主悲愤地说：

我虽有九个能干的儿子，没有一个像阿路那样能干；我有九个聪明的女儿，没有一个像阿路那样聪明。他的脸庞像日月光辉，他的眼睛像星辰那样明亮啊！我呀，即使一天能见到上千人，但再也见不到我最爱的儿子了，一夜能遇到上百人，再也不能遇见我最爱的儿子了！②

这一段撕心裂肺的哭诉，深切表达了董主的失子之痛。这也考验着东巴本人的演述能力，如果他只是平铺直叙，对于受众的影响也就微乎其微。而一个水平高超的东巴能够潜入到文本语境中，恰到好处地运用语言艺术，把文本情境惟妙惟肖地烘托出来，从而强化史诗的艺术感染力。从这个意义上来说，情境也是情节。成功的文本演述是从一个情境过渡到另一个情境中，这个过渡过程其实就是情节的顺理成章的发展过程，能否恰如其分地营造出演述情境直接决定了情节发展的成败，同样决定着仪式演述的成败。

---

① 和志武：《东巴经典选译》，昆明：云南人民出版社1994年版，第20页。
② 和志武：《东巴经典选译》，昆明：云南人民出版社1994年版，第13页。

第二节 预言式的叙事视角

值得注意的是，纳西族口头传统中的这种限制型视角并非属于完全限制，而是与预言式视角相伴而行。这种限制型视角和预言式视角的综合应用，使文本在"已知"与"未知"中产生了一种张力，"已知"给予了受众心理准备，"未知"则预设了受众深入探究结局的心理动力。二者又相辅相成，层层递进，互为因果，原来的"未知"成为"已知"后，又有众多"未知"预设在后面的情节叙述中，由此形成的文本叙述张力推动着整个文本叙事情节的展开，这个推动过程也是文本情境的深化过程，最后达成一个全知的整体视角。

一、开场白中的预言式叙事视角

在纳西族口头传统中，预言式的视角限制往往出现在文本开头的大时空之中，如在东巴爱情长诗——《鲁般鲁饶》① 中："很古很古的时候，所有的人类从居那若罗神山上迁徙下来了，所有的鸟类从纠克坡上飞了出来，所有的河流从高山上飞流下来。在人类生存的大地上，所有的牲畜已经下来了，所有的粮食和财物已经迁徙下来了，所有的牧奴主们已经迁徙和繁衍起来了，只是看不到的青年男女们迁徙下来……"这样一开始就给整部长诗奠定了悲剧基调，同时也暗示了青年男女的爱情悲剧。

在东巴神话里，署类（自然神灵）是一个很庞大的神灵体系，处于天地之间，与人类同处，半神半魔，人类取悦于它则显神性，能够给人类带来风调雨顺，如果人类侵犯了其利益或领地，则带来天灾大难。东巴经中关于署类的神话故事很多，其主题是人类与署类发生矛盾冲突，后来经过天神或东巴协调获得调解，从而人类与自然万物学会了和谐共处。关于署类故事中，最有代表性的经典是《休曲术埃》，一开头就说：

人与署两个，勒周阿父是一个，补勒阿母是两个。署与人，像家畜与野

---

① 在当下的史诗分类中，主要有英雄史诗、迁徙史诗、创世史诗、原始性史诗、神话史诗、复合型史诗等不同概念。"爱情史诗"并未成为史诗类别，但笔者以为，爱情作为人类文学传统中的永恒主题，也是史诗的重要主题。因为有些以爱情为主题的长篇叙事诗涉及民族的重大历史题材，并对本民族的历史产生了深远的影响，在文化传承及社会影响上具有"社会宪章"的功能，由此成为"范例的宏大叙事"，《鲁般鲁饶》就是典型的爱情史诗。

兽不兴聚在一丛青草旁。崩人与吴人,不兴同过一座桥。说是来分天分地,说是来分村分寨,说是把天取下来分,把大地丈量来分,分山丘,分山岭,分肥田,分山地。长的切掉分,宽的划开分,这一切都分了,只有阿父的宝帽没有分,黄色的金子没有分,说好了把这两件宝物作为分剩的财物放好。人与署,阿父这两件剩下没分的宝物,被署美纳布拿去,藏到美利达吉海中了。署不让人类开天辟地、建村建寨,不让人类到山上找柴,不让人类在沟壑中舀水,不让人类到高原中牧羊,不让人类牵狗打猎。一印马蹄下,由署建了九个寨,辟了九片天。一盖帽子底下,由署辟了九块地,山上所生的树木,沟壑所流的水,所有的土石,都被署占去了。不让人类建一个寨,署却建了九座寨,不让人类辟一地,署却辟了九块地,不让人类建住房。一日清晨,去建造房子,(署家的)白头黑鹰抓了人的头,不让人建房。署有九条路,人却一条也没有。人类已没有办法。①

这是采取了开头预言式叙事视角手法。故事一开始就交代了署与人类是同父异母的关系,二者之间存在着矛盾统一关系,但由于署类过于贪婪导致了相互的冲突矛盾,为故事的情节发展埋下了伏笔。

二、插叙中的预言式叙事视角

在纳西族口头传统中这种预言式的叙述视角还有其他方式,有的是通过开头的暗示,有的是通过插叙的手段来完成的。如在东巴英雄史诗——《黑白战争》中,董部族和术部族形成以后,形成了壁垒森严的黑白两个世界,这两个世界"黑白交界处,董和术之间,黑白不交往,飞鸟不往来"。但不久这种状态就被打破了,"术部族那只黑鼠呀,偷偷地在山上打洞,董部族晶亮的太阳,就从鼠洞照耀到术部族黑暗的地方"。这种均衡的打破,预示着战争的必然性。后来董部族王子阿路受术部族王子的诱惑,准备到术部族那里去找金银财宝,同时也去寻找自己的心上人。出发前,他的母亲有一段话:"阿路啊,在你出生的时候,左臂上有三道死于非命的纹路,在你的小腿上有三道死于污秽的纹路。"这种预言性叙事视角,一方面对人物的最终命运做了预言,另一方面又限制了叙事视角。受众从阿路母亲的话语中隐隐预感到了主人公的悲剧式命运,同时对这种悲剧是如何展开的产生了强烈的好奇心。可以说这种限制型视角是与非限制型视角交叉在一起的,不能说二者是截然分开的。

---

① 东巴文化研究所编译:《纳西东巴古籍译注全集》(第 6 卷),昆明:云南人民出版社 1999 年版,第 303－306 页。

三、名词称谓中的预言式叙事视角

东巴古籍中还有一种比较常见的预言性叙事视角形式——通过人物的名字来预示其命运或代表性事件。如《黑白战争》中，术部族王子"安生命危"，其名字的含义为"夭折而死的人"，预示了其最终命运。董部族王子"阿路"，意为"被扣的人"，暗示着他被术部族扣为人质的这一段经历。术部族公主"牟道格饶纳姆"，意为"没有嫁出的女儿"。这与她的命运是相符的：一是指她的少女时代，这一时期也是她在本文中出现的主要时期；二是她的情人阿路被父亲杀死以后，预示了她守寡的命运。东巴神话中一旦主人家出现不祥之兆，或者出现重大难题，都会出现一个人物——任金崩余，其意为腿脚灵便的小伙子。他常常在神灵、署类、东巴及主人家之间扮演传递信息的使者角色。他一出现就预示着出现了难题，需要迎请神灵或大东巴做法事来禳解消灾。当然，预言式视角的感知往往与受众对文本背后的传统熟谙程度息息相关，即史诗的传统指涉性。从这个意义上来看，"史诗成为其认同表达的一个来源"①。

第三节　以情感为导向的叙事视角

一、《鲁般鲁饶》中的情感叙事视角

情节是故事最重要的动力核心之一。但我们在东巴爱情长诗——《鲁般鲁饶》中发现情节在其叙事策略中变得无足轻重了，整个文本一半内容以男女主人公的内心独白为主，剩下的内容中排除掉咏叹男女青年迁徙过程的艰辛，以及对严酷的现实进行控诉，涉及叙事情节的篇幅不会超过五分之一。这一史诗的情节很简单：男女青年牧奴们在高山牧场上自由谈情说爱，其中朱古羽勒盘与康美久咪姬深深相爱，下山后二人恋情被双方父母拆散，最后二人先后殉情而死。问题在于——这样一个简单的情节何以能够支撑起一部长篇叙事诗的容量？客观地讲，我们并不能据此下断语说这是一部枯燥乏味的叙事诗。反过来，一旦我们进入这一史诗的叙事语境中，就自然而然地感受到一股强烈的叙事张力弥漫于整个文本之中，无不为其间深情坚贞、悲壮苍凉的情感力量所震慑和感染。就是说，《鲁般鲁饶》的艺术魅力并不是以传

---

① HONKO L. Textualising of the siri epic. Helsinki：Academia Scientiarum Fennica，1998：28.

奇、情节来取胜的，而是以强烈的情感冲击与感染来达成的。

一般说来，情感可分为喜怒哀乐，也有平淡宁静、忧郁惆怅等多种表现形式。从艺术表现形式来看，悲剧或喜剧有着明显的情感形式选择取向，即喜剧偏向于让观众从欣赏体验有价值的东西中获得喜悦与鼓舞，悲剧是从有价值的东西毁坏后产生的悲伤情感中获得思考与感悟。但高明的艺术家并非一味地追求单一的情感取向，如一部高水准的悲剧电影，一味地渲染悲情不见得能收到预期效果，反过来，通过先扬后抑、悲喜交加，五味杂陈的多种情感交叉互融更具有艺术表现力。《红楼梦》中前半部分描述了一个钟鸣鼎食的大家族的荣华富贵生活，里面的才男俊女个个清纯脱俗、楚楚可爱，他们切磋琴棋书画，竞相题诗写赋，大观园里充满了欢声笑语，而后半部分画风突变，笔锋凌厉，一时"风刀霜剑严相逼"，最后"一朝春尽红颜老，花落人亡两不知"。正是这种先扬后抑，悲喜交织的艺术手法把悲剧推向了高潮，使读者对摧残人性的封建专制制度有了更深刻的认识，从而使这部小说有了永恒的艺术魅力。苏联电影《这里的黎明静悄悄》也是运用了这种艺术表现手法，影片一开始表现的是一群年轻女兵初入兵营时的情景，她们美丽善良，天真烂漫，洋溢着青春朝气，她们爱美，爱打扮，对爱情与未来充满憧憬，她们的欢歌笑语、美丽活泼与蓝天碧云、青山绿水融为一体，整个影片的基调充满了快乐与祥和。但影片后半部分气氛逐渐变得阴沉冷峻，这些美丽的少女为保家卫国，都先后倒在战争中的血泊里，由此谱写了一曲可歌可泣的的英雄主义赞歌。这种鲜明的对比手法强烈揭示了战争的残酷，也控诉了法西斯的残暴，从而给人以深沉的艺术感染与动人心魄的艺术震撼。

《鲁般鲁饶》也是多种情感交融的艺术手法成功应用的典范。这部长诗的前半部分描述了一群青年男女在开满鲜花的高山牧场上无忧无虑、自由相恋的美好景象：

　　高山放白烟，
　　情人又见面；
　　砍松作记号，
　　伴侣又相逢；
　　夜宿亲人又相逢，
　　同步夫妻又团圆。
　　所有青年们，
　　又说又欢笑，
　　合歌又合舞，

乐声冲云霄。①

欢乐中也有忧郁惆怅，看到自己身边的同伴都找到了所爱，开美久命金（另写为"康美久咪姬"）心生孤独与愁苦，她在织布时看到飞过来的一只黑乌鸦，便向它倾诉衷肠：

善飞的黑鸦呀，
背起的驮子太沉重，
带个口信挺轻便……
高高的天空里，
没被彗星侵扰过，
有三颗明星，
我是最明亮的那颗星！
辽阔大地上，
没被羊吃过的，
有三丛鲜草，
我就是最鲜嫩的那丛……
善飞的黑鸦呀，
请你如此把话传给他们家。②

但她的这番倾诉衷肠遭受了男方家庭的误解，甚至发出了恶毒的诅咒：

大地村庄里，
没人被破贞，
有三个好女，
她却不是良女呀！
正像男得麻风，
女得烂疮，
她身中有小蛇蠕动，
她肚中有小蛙爬行，
她不是良女而是一个坏女人！

---

① 和志武：《东巴经典选译》，昆明：云南人民出版社 1994 年版，第 84 页。
② 和志武：《东巴经典选译》，昆明：云南人民出版社 1994 年版，第 86 页。

宁可寻找失群的马，

也不要寻找她！①

　　还在憧憬当新娘子的开美久命金听到如此恶毒的回话，犹如晴天霹雳，一时天昏地暗，坠入冰窖之中。情人父母不理解还可以理解，更受打击的是曾经海誓山盟的情人也是音信全无，由此促使女主人公下了殉情的决心。整部长诗由此转向悲剧基调。对于受众的情感体验而言，既有对女主人公遭受不白之冤的同情，也有对恶人恶语的愤慨，同时对男主人公的怯懦充满了鄙夷。当然，开美久命金做出殉情的决定并不是轻率的，一开始她对自己的情人还是寄予了厚望，三番五次送去口信，但每次都只等来了失望与冷漠，开美久命金不禁悲从中来：

白鹿喝过山泉水，

泉水甜味会在心，

羊儿嚼过青青草，

青草香味会在心，

你和我的事，

难道不在心？

　　情人的绝情是促使她走上殉情这条路的主因。女主人公在殉情之前有一长段的心灵独白，包含了对人世间依依不舍又无可奈何的凄婉悲凉之情。

水花绿漾漾，

波光明亮亮，

久命的眼睛呀，

也是明亮亮；

阿哥羽勒盘，

爱过久命的这双眼，

阿哥没叫久命死，

久命怎能投水死！

---

① 和志武：《东巴经典选译》，昆明：云南人民出版社1994年版，第86页。

> 太阳照高岩，
> 岩壁白生生，
> 久命脸庞呀，
> 也是白生生，
> 阿哥羽勒盘，
> 爱过久命这张脸，
> 阿哥没叫久命死，
> 久命怎能跳岩死！①

女主人公走上殉情之途也有宗教信仰的因素，在东巴教兴盛的村落，人们普遍相信有个世外桃源般的自由王国——玉龙第三国，那里是爱情的天堂，幸福的天堂。当人们对人间的爱情绝望时，可以到玉龙第三国追求永恒的爱情。当开美久命金对人间爱情伤心失望时，爱神的殷殷开导坚定了她殉情的决心：

> 你痛苦的眼睛，
> 来这里看一看草场上的鲜花！
> 你疲倦的双脚，
> 来这里踩一踩如茵的绿草吧！
> 你痛苦的双手来这里挤一挤牦牛的乳汁吧！
> 你来这里可以品尝树上的野蜂蜜，
> 你来这里可以畅饮高山的清泉水！
> 你来这里可以插满头上的鲜花！
> 你来这里可以把老虎当坐骑，
> 你来这里可以自由地编织白云和清风！

最后她在桑树上上吊自尽，死后通过魂魄把自己的心声传给了祖古羽勒盘（另写为"朱古羽勒排"）。祖古羽勒盘找到她的遗体抚尸失声痛哭：

> 亲爱的开美久命金啊！
> 你的金花银花真的谢了吗？
> 你的玉花珍珠真的凋谢了吗？

---

① 和钟华、杨世光主编：《纳西族文学史》，成都：四川民族出版社1992年版，第182-183页。

放进山羊绵羊气，
嘴儿也许还能说话的，
换上玉眼珍珠眼，
眼睛也许还能看见哟！①

之后两人有一长段的灵魂对白。开美久命金通过对白消除了祖古羽勒盘的误解，并表达了对他的坚贞之情。祖古羽勒盘把情人的遗体火化后，倍感孤独凄凉：

金花银花已经凋谢，
高岩孤蜂还活着呀！
箐谷溪泉已干涸，
山涧独鱼还游呀！②

祖古羽勒盘以此表达失去心灵伴侣后对现世不再留恋的心情。说完这番话，他拔刀自尽，倒在情人的火化场。"雷声隆隆暴雨倾盆下，北风呼呼黄叶满天飞；风号鹤唳也来哭逝者，月落乌啼送走了男情人。"③ 这段描述由原来的第一人称视角转变为第三者视角，渲染了天地动容、山河悲恸的情景，整部长诗在此达到了悲剧的高潮。

按常规逻辑，悲剧到此应该结束了。但在《鲁般鲁饶》中并未如此作结，故事的情节依然往情感深处发展。从刚才阴风习习、悲天苦地的场景中一下子转换到明亮温馨、鸟语花香、幸福美满的天上仙境中，两个有情人在此获得新生，爱情也得到了升华。

金笛传意互知音，
口弦缭绕相透情……
松枝鹁鸪对对跳，
石旁彩蝶双双飞。
青松树下重相逢，

---

① 和志武：《东巴经典选译》，昆明：云南人民出版社1994年版，第86页。
② 和志武：《东巴经典选译》，昆明：云南人民出版社1994年版，第90页。
③ 和志武：《东巴经典选译》，昆明：云南人民出版社1994年版，第93页。

白磐石边又团圆。①

这情景与《梁山伯与祝英台》中的"化蝶"有惊人的相似，当然这并不是谁模仿谁的问题，只能说是殊途同归，二者有异曲同工之妙。这种主题升华式结尾不同于粉饰太平的"大团圆"式结尾，它并没有改变悲剧的基调，但使悲剧更具有浪漫主义色彩，给绝望的现实以精神的出口，给我们孤独的人类以希望。这难道不是人文的意义所在？而这恰好是这部长诗的永恒价值所在、艺术魅力所在。

二、以情感为导向的叙事视角功能

这种以情感为导向的视角限制手法也是基于创作者的叙事策略，毕竟作为一部爱情悲剧，过多的坎坷遭遇、层出不穷的情节纠缠在某种意义上减淡了主题。这一史诗的高明之处也在于此——把史诗的叙事焦点从情节转移到心理上，把线性时间分解为空间的细节，把故事叙事衍变为以抒情为基调的意识流风格，从而极大地拓展了史诗的叙事功能及语域。普罗普给"功能"的定义（功能是人物的一种行为，由它对行动进程所具有的意义来界定）中，就预设了作者赋予叙事的意义，其结果是，对形式进行预先阐释后再对形式进行描述。整合研究模式也研究叙事的形式，但将其放在读者的阅读语境中，叙事形式的意义只有在读者的阐释框架中才能体现出意义，从而将叙事意义的确定权交给了读者。②《鲁般鲁饶》并不是只用来阅读的文学作品，它是在东巴祭风仪式上演述的口头传统，是东巴超度殉情者灵魂的经书，在举行仪式时年轻人是禁止入内的，但这部经典爱情悲剧的故事情节早已深入人心，男女主人公成为纳西族男女心目中的爱神。每次演述这部经典时，附近村寨的青年男女纷纷前往偷听，一次次为他们的凄婉悲剧潸然泪下，无语凝噎，由此深化了对美好爱情的向往与执着之情。东巴们担忧年轻人走上殉情之路，所以在演述此部经典时一般选择在深夜，还有意用鼓声、铃声来掩盖吟唱的声音。但这些做法无法阻止青年男女们的倾听热情，有的隐藏在房屋背后，有的躲藏在树木丛中，听完后再把故事情节、经典语句复述给同伴们，还有的年轻人忍无可忍，强行从东巴手中夺下鼓槌，以免干扰经典的吟诵。由此也反映了这部经典所具有的艺术魅力。作为一部超越时空的爱情长诗，它的

---

① 和志武：《东巴经典选译》，昆明：云南人民出版社 1994 年版，第 93 页。
② 戴卫·赫尔曼：《引言》，见戴卫·赫尔曼主编，马海良译：《新叙事学》，北京：北京大学出版社 2002 年版，第 12 – 13 页。

影响力已经浸透到民族的灵魂深处，沉淀生成纳西族的特质文化。从长诗主题来说，是自由婚姻与包办婚姻之间矛盾冲突造成的爱情悲剧，但其深层因素是社会变革时期的文化冲突。美国学者赵省华认为："自从在一个古代民间故事中提到一对情人为逃避父母包办婚姻和逃往殉情精灵居住的神秘之地而殉情之后，殉情成为一种仿效式的行为。关于开美久命金殉情的神话悲剧性地成为殉情行为的'剧本'，使后世的男女青年在相类似的情境中仿效故事主人公而殉情。在某种意义上，这一殉情悲剧可以理解为纳西本土文化对文化融合和性别角色转变的一种反抗。"①

　　清雍正年间丽江实行"改土归流"后，地方统治者实行了"以夏变夷"的文化霸权政策，以一个强势民族的文化价值衡量另一个弱势民族的文化价值，由此导致了两种不同文化价值观的冲突，表现在婚姻形态上，就上演了一幕幕殉情悲剧，由此俄裔美国学者顾彼德称丽江为"殉情之都"。在汉文化没有渗透进来之前，纳西族的传统文化受东巴教文化影响甚深，型塑了他们对生死的豁达理解。"可以没有吃的，可以没有穿的，但不能没有心灵的自由，不能没有爱情。""一个宁可以死亡换取心灵自由的民族，是不可战胜的。"因此他企望通过歌唱"情死"，倡扬一种对爱情忠贞不渝，对自由、理想执着而至死不渝的顽强追求。② 西方有些学者断言中国的神话故事缺少类似希腊神话的自由精神、悲剧意识，这是有失偏颇的。

第四节　仪式语境中的角色融合与视角转换

　　作为经过上千年千锤百炼而生成的民族经典，纳西族史诗叙事视角的形成与其特定的文化传统密切相关，而传统体系内部的复杂多样性也决定了叙事视角的多元性。譬如上述的预言式限制型视角更多是从受众初次接收文本角度来说的，对于叙事主体——东巴祭司来说，则是属于全知型的，对于从小受到这种传统濡染的受众来说也是如此，因为对他们来说，这些都是耳熟能详的"老故事"。但为什么这样的"老调重弹"能延续上千年？关键还在于传统所蕴含的宗教信仰与特定的文化场域。在这样的传统场域中，叙事者与受众的角色处于互动、融合的状态中，由此也达成了多元叙事视角的融合与转换。

---

　　① 赵省华：《殉情、仪式和两性角色转变》，见白庚胜、杨福泉编译：《国际东巴文化研究集粹》，昆明：云南人民出版社1993年版，第214页。

　　② 蔡毅：《情死——人性光辉的闪烁》，《当代作家评论》1996年第2期。

一、叙事者与受众的角色融合及视角转换

正如困扰了西方学界上千年的"荷马问题",纳西族史诗也不可能是一个人创作的,它是在不同的历史时期由集体大众不断地补充、完善、丰富而成的。从纳西族三大东巴神话版本的多样化就可以看出这一点。同一部同名神话文本,在不同时期、不同区域存在不同的版本。这些版本的叙事视角也存在"大同小异""小同大异"的复杂情况。譬如《鲁般鲁饶》有四类不同的异文版本:

一是男女主人公皆殉情而死后在玉龙第三国获得了永生;

二是男主人公将女主人公火化时跳入火中而死,最后两人都化作天空中的两团白云;

三是男主人公因贪心于女主人公的私房钱而没有殉情,最后女主人公变成厉鬼将他抓去;

四是男主人公贪财而被女鬼缠身,最后请东巴念经禳灾,不义之财也全部焚毁才得以消灾。①

显然,这些不同的版本是根据不同整理者的文本视角进行创编的,前两种故事情节是站在同情男女主人公立场上,对结尾进行了艺术化的处理,尤其是第一个版本更富有浪漫主义色彩,更蕴含文学价值与思想价值,"玉龙第三国"成为东巴文化中的"理想国"。而后面的两个版本看似谴责男主人公的贪婪与负心,其实主旨是在宣扬东巴教,即只有请东巴举行祭风仪式才能禳解灾难,把一个爱情悲剧降格为一场宗教仪式的背景交代文本。这种不同的文本处理视角与所处文化生态环境密切相关,在丽江古城周边地区,因受封建礼教影响,民众视殉情为伤风败俗,甚至殉情者尸体都不能进入祖坟;而受汉文化影响较小的地区,对男女主人公更多予以同情与理解,甚至讴歌,这与纳西族历史上以母为大、崇尚恋爱自由的传统价值观念密切相关,至今三坝、俄亚、无量河流域、永宁泸沽湖周边等这些传统文化保持较好的地区很少发生殉情现象。这就是说,文本叙事视角有时是由文化价值观来统摄的,对同样一个事物,不同的文化价值观会有不同的文化视角,然后就产生不同的叙事视角及叙事文本。

即使是同一个版本,也融合了众多的叙事视角,尤其在具体的东巴仪式中演述时,叙事视角不只限于叙事者与受众之间,叙事文本中的主人公、祭

---

① 参见和钟华、杨世光主编:《纳西族文学史》,成都:四川民族出版社1992年版,第182 – 183 页。

祀对象也参与其中。《创世纪》在演述之前必须举行"除秽""迎请诸神""献祭牲"等仪式，此时的叙事者是以祭司的身份与神灵对话，语气是谦恭的；而叙及主人公崇仁利恩的事迹时，他成了神灵的化身，乃至民族的化身。譬如文本中有一段天神孜劳阿普与崇仁利恩之间的对话，当孜劳阿普问崇仁利恩是哪个种族时，崇仁利恩庄严地回答：

> 我是九位开天男神的后代，
> 我是七位辟地女神的后代，
> 我是白螺狮子的后代，
> 我是黄金大象的后代，
> 我是英雄久高纳布的后代，
> 我是连翻九十九座大山力气更大的种族，
> 我是连过七十七个深谷精神更旺盛的种族，
> 我把居那若罗神山吞下去也不会饱的
> 我把金沙江灌下去也不能解渴，
> 三根脊骨一口吞也不会哽，
> 三升炒面一口咽也不会呛，
> 是所有刽子手来杀也杀不死的种族！
> 是所有会敲的人来敲也敲不死的种族！①

此时，场内的民众也高呼相应，这种气壮山河的宣言成为民族文化认同的集体表白，而不仅仅是叙事者的独白。

二、仪式表演中叙事视角的转换与融合

史诗演述中的多元视角融合与其所蕴含的"戏剧因素"也有内在关系。"神话通常采用叙事体文体进行'叙述'，当这种叙述在仪式中以故事中的人物角色进行'表演'时，叙事体就变成了代言体，而代言体的表演正是戏剧的典型特征，所以代言体的仪式表演可以称作'仪式戏剧'。"② 在演述《创世纪》的祭天仪式中有个场景：当东巴高呼"果洛人来了"，旁边的人们四处逃散躲藏，而东巴一喊"快来射杀果洛鬼"，人们又从四周团聚过来，纷纷持

---

① 参见和钟华、杨世光主编：《纳西族文学史》，成都：四川民族出版社 1992 年版，第 140 - 141 页。

② 薛艺兵：《对仪式现象的人类学解释（上）》，《广西民族研究》2003 年第 2 期。

弓射箭，射中后都高呼相庆。

每个东巴的丧葬仪式上都要举行吟诵《丁巴什罗传略》，这本经书叙述了东巴教教主丁巴什罗非凡的一生。他出生时是从母亲的左腋下自己爬出来的，其外观形象是："穿着父亲给的镇鬼铁冠，穿着母亲给的压鬼统靴，左手摇动着金板铃，右手翻动玉皮鼓……独鬼巧手巴劳利端一座黑山来堵，丁巴什罗手点神珠串，把一卒黑山掀翻揉碎，压住千百个独鬼。"① 丁巴什罗刚出生时，不慎踩着地上的刺，所以走路一瘸一拐。妖魔鬼怪看到丁巴什罗是个镇压他们的克星，就想方设法把他骗去，在铜锅里煮了三天三夜，揭开锅盖一看，丁巴什罗却乘着热气飞到天上去了。由此开始了镇妖杀魔的非凡战斗历程，丁巴什罗总共杀死了 360 个妖魔鬼怪，包括不可一世的女魔王固松玛。丁巴什罗最后被女魔阴魂拖入毒海深处而死，他的尸体由此变成了深蓝色，他的弟子们用相连接的法杖套上鹰爪将他的尸体钩了上来，再举行超度仪式。整个故事情节紧凑、生动有趣、悲壮感人。但重点并不是东巴吟诵这一经典，而是东巴们集体表演这一故事文本。在举行出殡大典前，众东巴弟子们要在师傅灵前演绎这一经典：表现丁巴什罗出生的情景时，东巴们抬起左臂，然后在地上翻滚，以示其从母亲左腋下爬出来掉在地上；表现其出生时的形象时，分别抬头伸脚以示父母给了他铁帽与统靴，然后左手摇动着金板铃，右手翻动玉皮鼓；表现其脚底被刺后的情景时，众东巴们一瘸一拐地学走路……从中我们看到此时的东巴已经转变成演员，他们不是通过吟诵经书而是通过身体的戏剧性表演来表现故事情节。东巴们既是叙事体，也是代言体。他们在表演中有时扮演丁巴什罗父母的角色，有时扮演妖魔鬼怪的角色，后面扮演了丁巴什罗弟子的角色，更多是扮演丁巴什罗本人的角色来表现其非凡的英雄壮举。在现场中进行表演的东巴们均为死者——东巴师傅的弟子，他们通过进行戏剧性表演来表达对师傅的敬意，同时也包含了对东巴教主的崇敬与缅怀之情。这里面既融合了文本叙事中的多元主体视角，也融合了神话与现实中叙事视角。除了东巴们在仪式现场的戏剧性表演外，仪式过程中还有隐藏着的仪式叙事表演——仪式规程。整个仪式规程也是按照丁巴什罗的一生经历展开的，整个规程中既要执行相关的仪式内容，还要吟诵各种与此相关的经书。在超度什罗仪式上有如下的规程及吟诵的经书：

铺设神座、为卢神沈神除秽、烧天香、迎请盘神禅神、点灯火、杀三百六十个鬼卒、杀固松玛、在居那若罗山四面招魂、招死者的灵魂、遗福泽赐

---

① 和钟华、杨世光主编：《纳西族文学史》，成都：四川民族出版社 1992 年版，第 102 页。

威力、还毒鬼之债、送固松玛、在黑毒海旁用黑猪还毒鬼之债、竖督树的来历、施水施食给冷凑鬼、开罗梭门从海中招魂、刀子的出处来历、寻找什罗灵魂弟子协力攻破毒鬼黑海、灵魂从血海里接上来、把本神送回去、送走斯姆朗登、驱除是非过失引起的冷凑鬼、在生牛皮上点灯火、解除过失、开辟神路洒沥血水、接祖除秽、粮食之来历、寻仇迎接本丹神、格巴弟子点神灯、求威力赐福泽、驱赶冷凑鬼、用岩羊角解结、开神路越过九道黑坡、打开柜子之门、倾倒督树把什罗从十八层地狱接上来、开神路卷、指引死者灵魂之路、施鬼食射五方之鬼王、火化后送什罗灵魂、烧灵塔、赐徒弟以威力、什罗改名十二次……

这些规程与经书同上述的仪式表演是内在统一的，是关于丁巴什罗生平在仪式程序的再现。也就是说，仪式规程、戏剧性表演（舞蹈、音乐、绘画）、仪式经书都是运用不同的手段再现东巴教主非凡的一生，讴歌其敢于斗争、为民除害的英雄壮举。这里面融合了多元叙事角色，也存在着不同叙事视角的转换生成。

而在《黑白战争》史诗演述中也有类似的场景：东巴为了给病人招魂，让主人与鬼王史支金补下赌注，以掷骰子定输赢，自己当裁判。史支金补以鬼形面偶为代表，东巴成了它的代言人，与主人掷六次骰子，六次皆输后，鬼王把偷走的魂还回来。在做放替身仪式时，东巴助手手持柳枝编织的替身——儒欣阿巴、儒欣阿尤与东巴、主人进行对话，主人答应把自己舍不得吃穿的衣物施舍给它们，东巴也在一边进行劝说，东巴助手也作相应对答。从上述的场景中，我们看到东巴不仅代言着"神灵""鬼怪"，也代表着指挥仪式现场的"总导演"，有时也发生角色互串，如替主人代言与鬼神对话，或成为鬼神与主人的调解者或旁观者。由此可见，东巴具有"导演""主演""观众"等多元角色，"主演"也有祭司、神灵、鬼怪、主人公等多元角色的转化，他的视角与演述方式也随着角色的转换发生相应的变化。同样，在场的受众也并非一味地扮演"沉默的旁观者"角色，他们有时也参与到场景中扮演相应的角色，成为仪式表演中不可或缺的有机构成，这种角色互融互动也促成了叙事视角的多元融合。也就是说，全知型、限制型的叙事视角的融合与转换是在叙事者、受众、神灵、主人公等多元主体间的互动、交融场域中达成的。

第五章　东巴叙事传统与民间叙事传统的比较研究

　　从宏观层面上来说，东巴叙事传统应在纳西族民间叙事传统范畴内，毕竟东巴叙事传统的主体——东巴作为民间祭司而存在，东巴叙事的载体——东巴仪式、民俗活动的目的也是为民间服务的，东巴叙事的受众也是以民众为主体。二者有着深厚的渊源关系。据汉文献记载，早在汉代，纳西族先民便"言语多譬类"①。永平年间，白狼王唐蕞慕义归化，作诗三章，为后人留下了千古绝唱《白狼歌》。《华阳国志·南中志》还称与纳西族有渊源关系的叟人、昆人在当时就有"桀黠善议、屈服种人者，谓之耆老，便为主。论议好譬喻物，谓之夷经，今南人言论虽学者亦半引'夷经'"。这里的"耆老"相当于现今的东巴，而所谓"夷经"指东巴经。可见，东巴叙事传统与纳西族民间叙事传统源远流长。但二者也存在较大的区别，东巴叙事传统所具有的宗教性、仪式性、书面性、保守性等特征与民间叙事传统形成了较大的差异。但从整体上来说，东巴叙事传统与纳西族民间叙事传统存在着互为文本性特征，二者是辩证统一的关系。

第一节　叙事内容的比较研究

一、二者在叙事内容上的互为文本性特点

　　民间叙事传统往往与民间口头叙事相联系，在很长历史时期与民间文学等同，但在概念所指上，民间叙事范畴更为广泛，与口头传统相类似，最突

---

① 参见《文献通考》卷三十九，引《后汉书》。

出的一个特点是口头形式演述、传承。纳西族民间叙事传统是伴随纳西族民众的生产、生活而产生的，同时渗透到纳西族民众的各种民俗活动中，成为传承生产、生活技能和知识，传播民俗文化，凝聚民心、寓教于乐的重要载体和工具，成为滋养东巴叙事传统及纳西族作家文学的文化土壤。东巴叙事传统及纳西族作家文学从中汲取题材、主题、风格，从而体现出浓郁的民族风格、特色。如纳西族早期的民间叙事文本——洪水神话、开天辟地神话、创世神话、迁徙故事、万物起源神话等成为东巴叙事文本的主要内容，这方面最为突出的是纳西族创世史诗《创世纪》。其间所叙述的开天辟地、兄妹结婚、洪水灾难、造船避险、上天求婚、难题考验、娶回天女、迁徙故事等叙事情节与周边民族的创世神话大同小异，说明其源于早期的底层传统文化。同时，后期的民间故事也大量进入东巴叙事文本，成为东巴叙事传统内容的主要源泉，如《达勒阿萨命的故事》《富家偷穷家牛》《普尺伍路的故事》《买卖岁寿》《三女卖马》等。另外，大量的民间习俗歌谣、大调也进入东巴经典内容，最有代表性的是《古谱歌》、《吟老歌》、《挽歌》（东巴经中称为《孟咨》）。此外，在东巴教的产生、发展过程中，汲取了大量外来宗教文化因素，其间包含大量的神话、史诗、传说、故事，这些叙事内容又传播到民间，成为民间叙事文本。这方面比较突出的是《丁巴什罗的故事》《蝙蝠取经的故事》《鲁般鲁饶》《鹏龙争斗》《黑白战争》《优麻的故事》《精如镇鬼》等。

二、二者在传播过程中的互为文本性特点

东巴叙事传统与纳西族民间叙事传统的互为文本性还体现在影响、传播上的互融、互动。从东巴长篇叙事诗《鲁般鲁饶》、东巴经典《初布由布》、民间殉情大调《尤悲》三者之间的关系可以清晰地看到这一特征。三个文本的故事情节、主人公、主题都存在着惊人的相似性，不同点在于《鲁般鲁饶》突出了牧男牧女们集体恋爱、集体群婚、集体殉情的爱情悲剧，把男女主人公的爱情悲剧置于集体悲剧之中，而后两个文本则明显弱化了集体殉情描述内容，以两个男女主人公的爱情悲剧为主。和时杰认为："《鲁般鲁饶》和《初布由布》虽然都以男女殉情为内容，但也有很大的差别。《初布由布》是反映现代生活的，是与口头流传的《尤悲》完全一致的，是写进东巴经的《尤悲》，只是结尾处加了一些颂扬道场场面及东巴法力、祝福主人吉祥如意的内容而已。而《鲁般鲁饶》则不同了，它所反映的时代、矛盾冲突，与《尤悲》《初布由布》相比，则相去甚远……撇开这些宗教色彩不谈，我们就

明显地看到《尤悲》《初布由布》是《鲁般鲁饶》的继承和发展。"① 很明显，三个文本虽然都是以"殉情"为主题，但"殉情"的历史根源截然不同，东巴经典《鲁般鲁饶》的殉情缘由是对偶婚向一夫一妻制过渡时的婚姻形态变迁冲突：99 个小伙子与 77 个姑娘不听父母的劝诫，"做了丢人的事""去做嬉游绝后的事"，不愿"传宗接代"。而《尤悲》《初布由布》描述的是旧社会包办婚姻造成的殉情悲剧，其中还控诉了苛捐杂税、抓壮丁等社会丑恶现实。这样，我们就可以看到一条清晰的历史发展线索：东巴经《鲁般鲁饶》反映的是早期人类婚姻制度变迁的历史，其叙事情节、手法深刻影响了后期产生的民间叙事长诗《尤悲》，不同在于《尤悲》是反映封建包办婚姻历史，东巴经典《初布由布》是由东巴在《尤悲》内容的基础上整理而成的，是写进东巴经的《尤悲》。三者之间这种相互影响、互动制约的关系既反映了东巴叙事传统与纳西族民间叙事传统之间互为文本、转换生成的文化事实，也深刻反映了纳西族婚姻制度变迁的历史脉络。从这个意义上说，任何一个民族的叙事传统折射出来的文化意蕴不只是文学的，更多的是历史的、社会的。

第二节　叙事形式的比较研究

东巴叙事传统与纳西族民间叙事传统互为文本的第二个特征体现在其表现形式上，或者说是艺术手法方面。

一、口头程式在文本中的普遍应用

口头性是二者的共同特征之一。东巴经书有书面性特征，但主要用于仪式的念诵、吟唱，东巴经文并不是照本宣科的读本，更多的是东巴作为举行仪式时念诵的提示记忆的文本。同时，东巴经书内容中充斥着大量程式句子，以五言、七言句式为主，韵文占了绝大部分。东巴叙事传统中的叙事结构也呈现出程式化特征：开头部分叙述天地万物的来历，且多以反诘句式作为开头语。如叙及丧葬仪式时，往往先用"不知道丧葬礼仪的古谱，就不要做葬礼的祭司"；讲到火的来历时，先说"不知道火的来历和出处，就不要讲火的故事"，等等。中间部分为叙事主体，故事情节、矛盾在此展开，主题由此体

① 和时杰：《"尤悲"初探》，见李之典主编：《纳西族民间抒情长诗：相会调》，昆明：云南民族出版社 2010 年版，第 162、175 页。

现。结尾则叙述东巴法事活动的效果，包括送神、禳灾、求福、祝颂等。东巴叙事传统的口头性还表现在传承方面，所有东巴开始学习东巴仪式时，必须跟着师傅熟悉仪式规程，再听熟经书内容，不懂内容则由东巴师傅口头讲解。真正的大东巴并不以读多少经书为荣，而是更关注仪式中所表现出来的灵活自如的口头演述能力、仪式规程调控能力、仪式圆满程度等方面。如果一个主持仪式的东巴只会一念到底，往往为同行所讥。至今民间流传的大东巴的逸闻趣事，多以他能够不看经书，几天几夜口头唱诵、演唱作为重要评价标准。

　　纳西族民间叙事传统本身是在劳动中产生的，在漫长历史长河中，人们很少有机会学习文字经典，他们的生产生活经验、科学知识大多从祖上口传而来。并且，传承也是靠口头形式来完成的。人们在田间地头谈天说地、尽兴而唱，在婚礼、丧葬礼仪上各执其手，团旋歌舞，以歌抒情都离不开口头演述。民间叙事传统的口头性特征与社会生产、生活密切相关。青年男女谈情说爱，如果不会"时授"（指"相会调"），就很难找到心仪的伴侣；一个家庭主妇在其家人去世后不会哭丧，就会为邻里亲戚所不齿；一个村民在村中听不懂"谷气""默达"就倍感孤单。纳西族民间叙事传统的口头传承植根于深厚的民间土壤中。

二、说诵吟唱相结合的演述方式

　　东巴大师在宣讲经义或主持仪式诵经时，其语调并非一成不变、单调乏味，而是结合史诗中具体的情节、人物个性，时而娓娓叙来，时而慷慨激昂，时而沉吟低咏，这种似唱似吟、讲唱结合的形式称为东巴唱腔。《鲁般鲁饶》是一部爱情悲剧长诗，东巴诵唱此书时，一般安排在夜深人静之时，以防止青年男女听到后相互效仿。这部长诗的艺术魅力不只表现在内容情节上，也与东巴声情并茂、哀婉动人的诵唱有着密切的关系。好多青年男女不顾禁令及更深露重，偷偷倾听，为男女主人公的忠贞不渝而感动，为宁为玉碎、不为瓦全的爱情境界而悲叹，为身临其境、细致入微、声情并茂的说唱打动心扉，潸然泪下。另外，起房调、赶马调、犁牛调、栽秧调等劳动歌，更是民间叙事传统表现形式的代表，其唱式、唱腔、唱声、器乐形式多样，不一而足。唱式既有独唱、对唱、合唱，也有轮流盘唱、对唱、合唱、独唱相结合；唱腔上既有东巴腔、达巴唱腔、桑尼唱腔，也有丧调哭腔、结婚喜腔；唱声中大部分为单声部民歌，也有多声部民歌，如《窝仁仁》《栽秧调》《拔秧调》及《丧调》等。

三、衬字、衬词、装饰音的应用

衬字、衬词、装饰音在两个叙事传统中使用较为频繁。古老的纳西民歌《谷气》《喂默达》《尤悲》《挽歌》《阿丽丽》都糅合了相当比例的衬字、衬词、装饰音。《阿丽丽》中"阿丽丽，阿丽丽，丽丽尤个华华色，华华色"作为起调句，在整个歌曲中循环往复；《谷气》中一开始的拖腔长调"哦——"，是每一句歌词唱完以后必须开始的过门；《喂默达》《尤悲》《挽歌》《起房调》等皆如此。东巴叙事传统中往往以这些衬字、衬词、装饰音作为诗行押韵、句式规整的重要工具。如《东巴舞谱》的记录语言：

$he^{31}du^{31}ua^{33}pher^{31}tso^{33}bu^{33}me^{33}$，	要跳恒迪窝盘大神舞时，
$s\eta^{55}thv^{33}kæ^{33}dʑi^{33}me^{55}$，	向前迈三步后，
$uæ^{33}khu^{33}ʂr^{33}lv^{31}ne^{31}$，	左脚吸七次腿，
$i^{31}khu^{333}ʂr^{33}lv^{31}me^{55}$，	右脚吸七次腿，
$s\eta^{55}thv^{33}kæ^{33}dʑi^{33}du^{33}y^{55}y^{33}ne^{31}$，	旁腰托掌闪身地向前迈三步，
$i^{31}tɕy^{31}s\eta^{55}z\eta^{31}u^{55}ne^{31}$，	向右原地自转一圈，
$le^{33}tɕy^{31}du^{33}tse^{55}tse^{31}$，	回身做一次顿步跳后。①

以上诗行的尾韵为 [e]，以 [ne] [me] 韵为主，在诗句中作为语气助词来运用，起到了押韵、诗行规整的作用，类似的还有 "$ʂə^{55}mə^{33}$" "$tʂh\eta^{33}$" "$ts\eta^{55}$" 等衬字、衬词、装饰音。这些衬字、衬词、装饰音在叙事传统中频繁使用，一则保持了口头演述内容的稳定，易学易唱；二则给歌手充分的酝酿、思考的时间，如《谷气》自始至终皆由一人完成，难度大，从而给了从容应对、思考的时间；三则使唱词增添了咏叹调的况味，徐唱低吟，意境深沉，言犹尽而意未尽。

四、"作罗""若罗扣"的润腔方式

东巴叙事传统及纳西族叙事传统中还有一种独特的润腔方式及演唱方式——"作罗""若罗扣"。"作罗"（zzo lo）意为慢而长的波音，是纳西族民

---

① 《舞蹈的来历》，见东巴文化研究所编译：《纳西东巴古籍译注全集》（第100卷），昆明：云南人民出版社1999年版，第89—90页。

间音乐中唱奏长音的特殊技法，其唱奏方法是从本音低小二度或大二度的音开始，快速滑至本音来回波动。"若罗扣"（sso lo kel）纳西语意为"流畅而滚动地放开嗓门唱"，是民歌中特殊的润腔方式，起调时声音细小入微，并由此慢慢放开，尽量把音调拖得悠长，以此把歌喉、状态调整到最理想的状态之中。

五、"增缀"比兴手法的应用

"增缀"（$tse^{33}dzy^{33}$）表现句法在东巴叙事传统及纳西族民间叙事传统中得到了有机结合。"增缀"指的是民间叙事中的比兴手法，主要特征为"借字谐音"，即上下句必须内容连贯，上句是下句的起兴或比喻，下句是上句的承接、深化。而且下句中的一字必须借用上句中的一字音，此字可同音同意同字，亦可同音异义异字。如"花园牡丹艳，全靠党培育"中以"丹"韵"党"；"大理三塔雄，三中全会好"中以"三"道"三"；"煮豆腐水涨，越涨越开锅"中用以形容人们"热情高涨"中的"涨"则是形神兼备、生动形象；"白米掺谷粒，万恶四人帮"中的"谷粒"用纳西话"席四"的"四"取而代之，加上白米中的谷粒本属被淘汰之物，纳汉皆通，恰到好处。民间常以借字谐音技巧的高低来评价歌手的优劣。"增缀"句法应源于东巴经典文本，后传播、影响到民间叙事传统中。例如，在《鲁般鲁饶》中这样的典型句式经常出现：

> 河水清莹莹，久命眼睛呀，
> 也是清莹莹，河水不让久命死，
> 不死又转来。
> 岩壁白森森，久命脸庞呀，
> 也是白森森，岩壁不让久命死，
> 久命转回来。
> 青松青幽幽，久命黑发呀，
> 也是青幽幽，青松不让久命死，
> 久命转回来。

这三句诗分别用"河水""岩壁""青松"的颜色起兴，作为"眼睛""脸庞""黑发"的喻体，用"清""白""青""死"谐音协调，形成一个排比句，突出了女主人公三次等不到男主人公想死不得死而"转回来"的矛盾纠结心理。

又如，《尤悲》诗句中没有了宗教经典及仪式规程的束缚，诗句数量激增，诗句组合更为自由随兴，这一句法也比比皆是：

十五月亮圆，哥妹得团圆；
团圆结伴侣，寻路上雪山。

大雁翔高空，只只紧相随；
哥妹一路走，双双紧相随。

锅底冥黑了，今晚走的路，
比锅底还黑，我们错了路？①

六、五言体句式的应用

民间叙事传统与东巴叙事传统在表现形式上的互为文本性还体现在五言体句式，以及拟人、排比、重复、借代等修辞手法的应用上，在此不赘述。可以说，东巴神话中大量程式句式的形成，以及类型化、模式化人物形象的大量出现，为纳西族民间叙事传统的发展、传承提供了必要条件。二者共同构成了纳西族传统叙事的文化多样性与独特性，成为纳西族文化传统的范例。

第三节　叙事功能的比较研究

东巴叙事传统与纳西族民间叙事传统的功能也是互为文本的，二者都是为纳西族民众的社会生产、生活服务，从而达到规范个体行为、稳定社会秩序、协调人与自然关系、深化族群认同等多重社会功能。二者的叙事功能都属于民俗学的社会功能。钟敬文认为："民俗主要有四种社会功能，即教化功能、规范功能、维系功能、调节功能。"② 总的来说，纳西族的这两种叙事传统的功能主要表现在教育、娱乐、操作三个方面。

---

① 和时杰：《"尤悲"初探》，见李之典主编：《纳西族民间抒情长诗：相会调》，昆明：云南民族出版社 2010 年版，第 177 页。

② 钟敬文主编：《民俗学概论》，上海：上海文艺出版社 1998 年版，第 14 页。

一、教育功能

东巴叙事的主要文本载体——东巴经是纳西族古代社会的百科全书，它深刻影响了纳西族文化心理的形成。东巴经渗透了整个纳西族民俗事项，从祭天、祭祖、祭山等重大民俗活动到饮食起居、婚姻丧葬等日常生活，自始至终都贯穿着东巴文化的浸染。东巴的祭台从一定意义上说就是民俗场，也是进行教育的讲台，它的教材便是东巴经。

在庄严而隆重的祭天活动中，面对祭坛，东巴吟唱着各种祭天的经书，这里有对民族历史的追述，有对天地万物起源的解释，有对各种人生礼仪、生产生活、制度规约的宣讲，从中表达对上天的崇敬，对祖先的追慕，对人生观的看法，对劳动生产的礼赞，对伦理道德的规约。在这样一个特定的"纯自然"的情境中，诵经者引经据典、娓娓诵读，受众虔诚恭听，接受东巴的洗礼。在二者的互动中，民俗的教育功能得到了实施、强化。

二、娱乐功能

邓迪斯认为民俗具有"在宣泄和排遣不良情绪和情感方面"的功能。这种"宣泄和排遣"是通过娱乐达到的。东巴叙事传统与纳西族叙事传统的一个共同特征是诗歌舞三位一体的共融性。尤其是在民俗活动中，这两种叙事传统往往互融互动，难分彼此，如丧葬仪式中的民间歌舞《窝仁仁》《买卖岁寿》《挽歌》，既是东巴调也是民间调。东巴主持仪式，民众集体歌舞，既通过歌舞形式表达对死者的缅怀之情，安慰死者亲属，也有通过歌舞娱乐形式度过漫长夜晚、威慑鬼怪的社会功能。这里也有历史发展继承的根源，如《窝仁仁》起初是纳西先民以狩猎为主的民族社会前期或更早的巫教舞蹈，只是随着社会的发展，才渐渐退却了浓郁的原始宗教气息，成为一种纯粹的娱乐性舞蹈。但迄今为止，这个舞蹈里仍然保留了原始巫教舞蹈的遗迹，如"咩咩咩"的羊叫声、"嘘嘘嘘"的围猎声，还有模仿羊的动作等。

重大的东巴祭祀活动往往是族人的大聚会，这些定期的聚会演变为民族的节日。在重要的祭祀活动完成以后，人们或执手跳舞，或讲述民间传说、歌谣，或对情歌谈恋爱。元人李京的《云南志略》里有这样的记载："么些人正月十五登山祭天，极严洁，男女动白数，各执其手，团旋歌舞以为乐。"描述的就是祭天以后的民间娱乐。随着人类社会发展进程的加快，民俗的娱乐功能也愈发突出。人们通过讲故事、玩游戏、猜谜语、绕口令、开展民间竞技、对歌、跳舞等活动，来达到愉悦身心、宣泄生存压力、调节社会生活、补偿精神世界的多重娱乐目的。

三、操作功能

叙事传统是与宗教仪式、民俗活动与生俱来、共融共生的。东巴叙事传统与民间叙事传统具有仪式操作功能，这两种不同叙事传统的功利性是通过一系列具有操作性的民俗事项来完成的。如举行祭天仪式时，有着一整套完备的操作系统。

（1）预祭：①除秽仪式；②舂神米；③量神米；④浴身；⑤洗祭米。

（2）初四这一天的正祭：①告祭；②入坛；③布置祭坛；④祭拜；⑤诵《分开天地经》；⑥尝祭天酒；⑦射杀仇敌；⑧换猪头肉；⑨接福接旺，诵《创世纪》。

纳西族东巴经里记载的史诗、神话、故事、传说基本上是宗教仪式、民俗活动中的操作性工具。前面提到的祭天仪式上要诵《创世纪》《分开天地经》就是这种操作功能的具体表现。纳西族民间叙事传统中也无不贯穿着自身的操作功能，栽秧时唱《栽秧调》，赶马时唱《赶马调》，男女恋爱时唱《时授》，丧葬上唱《挽歌》《古占》，开荒种地时吟唱《粮食的来历》等。从某种意义上说，一个民族的叙事传统是依靠民俗而存在的。以人生礼仪中的诞生礼为例，从一出生时的接生礼、迎头客礼、认舅礼到取名礼、满月礼、百日礼、拜干爹干妈礼、请保亲礼，都有一整套严整有序的具体操作程序，其间东巴叙事传统与民间叙事传统相互穿插，相互融合。

可以说叙事传统的操作功能渗透到了纳西族的物质生活、精神生活以及社会组织制度之中。有些操作程序在外人看来未免烦琐复杂，但对本民族的成员来说，这些操作程序已经约定俗成、习以为常，成为社会生活中密不可分的一部分，成为民族个性的标志。同时这些民俗事项的操作功能是通过特定的仪式活动来进行的。在这种特定的民俗场中，每个民族成员加深了对自己的民族文化的认同和理解，强化了自己的民族意识，使个体融入民族全体的文化中，成为社会人、文化人、民族人。这样不但保存了自己的民族文化，而且使民族传统文化得到传承和弘扬。从这个意义上来说，东巴叙事传统及民间叙事传统的操作功能同时包括了传承功能，或者说两个不同的叙事传统的传承功能是在操作功能的基础上延伸出来的。

叙事传统的功能也是民俗的功能，互为文本，共融共生。上述叙事传统的三种功能，只是纳西族民俗在社会生活中具有普遍意义的功能而已。从全面的、发展的观点来看，民俗及叙事传统的功能是多重的，有些是重叠的。如教育功能中的维系功能、规范功能、稳定功能、认识功能，操作功能中的传承功能，娱乐功能中的调节、宣泄、补偿功能等，要把这些民俗功能严格地分割开来是不现实的，也是不可能的，我们只能把它们作为有机体的组成部分来研究。从这个意义来说，东巴叙事传统不只是文本的、宗教的，也是口头的、心理的、仪式的、历史的、社会的。

第四节　东巴叙事传统与民间叙事传统的非对等性

一、叙事宗旨的非对等性

东巴叙事传统与纳西族民间叙事传统的互为文本也有非对等性。

前者的叙事宗旨是宣扬宗教思想，突出神灵无所不在、无所不能的神圣性、权威性，而东巴作为神灵的代言人，通过这些宗教叙事，也突出了自身的社会地位。这种宗教性特征需要通过一系列庄严神圣的宗教仪式以及严格规整的仪式程序、仪式表演来实现，仪式性、规整性、神圣性与宗教性互为前提，表里如一。而后者突出的是民间性、娱乐性、自主性、世俗性，如果说东巴叙事中的娱乐功能、教育功能、操作功能是附加于宗教之上的，那么民间叙事则直接为民众的生产劳动、日常生活服务。

二、文本内容及形式的非对等性

二者互为文本的不对等性也表现在文本内容及形式上。相对来说，东巴叙事文本的最初形式源于民间叙事，但在进入东巴叙事文本的过程中，经过东巴的整理，已经由口头文本转化为书面文本，对故事情节内容做了适应东巴教观念的改造。如前文提到的三段式结构就是充分的明证，尤其是结尾段落中对东巴及东巴法事的渲染、颂扬，无疑是宗教叙事的结果。同样，在东巴叙事文本转变为民间叙事文本的过程中，三段式特征往往只保留中间叙事部分，开头的万物来源叙事及结尾的宗教宣扬内容成为累赘而被摒弃，内容相对简洁。如东巴经中的《丁巴什罗传略》与民间故事《丁巴什罗的故事》相比，前者内容更为庞杂，而后者把前者叙述什罗家世、什罗生平以及神灵系列渲染铺陈的宏大叙事有意简略，只选择几个情节曲折、人物矛盾集中、趣味性较突出的故事。如下面这则《丁巴什罗的故事》就是一个典型个案：

很久很久以前，丁巴什罗到西藏拉萨学法术，与喇嘛、经师念经拜佛。但那些喇嘛因丁巴什罗为初学者，又是从远地赶来的异乡人，都有些看不起他，甚至到吃饭时也不喊他。丁巴什罗受到侮辱后，决定露点法术惩罚一下他们。于是趁他们出去吃饭时，让桌上的经书全部被风吹散，散落到院里院外。喇嘛们回到经堂，发现他们的经书散落一地，根本无法整理，大家一筹莫展。丁巴什罗施展法术，把散落的经书全部一一归回原位，所有经书完好如初。喇嘛们对丁巴什罗刮目相看，尊敬有加。为了表达歉意之情，大家自剪下一边的袖子赠给丁巴什罗。这也是为什么喇嘛只穿一只袖子，而丁巴什罗的白袖子加长了一截。①

这则民间故事虽名为"丁巴什罗的故事"，但与东巴经的《丁巴什罗传略》相比，只能说是其中一段情节，原文中的神灵叙事、宗教叙事已经脱落，只保留了最为典型的故事情节基干。

东巴叙事文本中的民间故事也存在格式化痕迹，如民间叙事长诗《尤悲》中的男女主人公最后都以殉情而终，而在东巴经《鲁般鲁饶》的异文本中出现了男主人公最后违背诺言，偷走女主人公私房钱而招致殉情鬼缠身，一病不起，后来经过东巴举行祭风仪式而得以解除病痛的情节。《鲁般鲁饶》的结局显然经过了东巴们的精心加工编纂，主旨不是宣扬对自由爱情的追求，而是东巴的神力无边。东巴经中的《达勒阿萨命的故事》也是如此，把民间故事中有情有义、面对恶势力压迫不肯屈服的坚贞少女形象改造成为七个风神之一。《富家偷穷家牛》中的富人招致报应也归功于东巴所做的法事。

三、文体的非对等性

二者互为文本的非对等性表现在文体的差异上。相对来说，东巴经典中的神话故事经过东巴的整理后，大多成为韵文体文本，更具有诗体文学的特征。和志武认为东巴经典的语言艺术集中体现在六个方面：第一，东巴经属于诗体文学，以五言、七言、九言奇数句为主，抑扬顿挫，韵味十足；第二，成套对偶句成为经典中的固定模式；第三，运用四字格修辞，使语言更富于诗句的音乐跳跃性；第四，连环串珠式的比兴，使比喻贴切而深刻；第五，大胆奇特的夸张，更富有浪漫色彩；第六，善于运用对话和论战。如《达勒阿萨命的故事》被东巴改造后，成为东巴经《祭风·开坛经》中的一则典故：

达勒村的阿萨命姑娘/别名叫阿妞阿沃/原来许给了石鼓拉都村/母亲送女

---

① 杨杰宏：《纳西族民俗通论》，昆明：云南美术出版社 2007 年版，第 249 页。

儿出嫁/嫁妆给了九十九件新衣服/一件又一件/缝衣不结线疙瘩/母亲嘱咐女儿说/出家离家时不兴回头看啊/母亲的心留在女儿上/女儿的苦楚印在母亲的心坎里/不回头看望一下实在不行啊/当她走到石鼓拉升坡时/又回过头来看了一下/狂风和乌云突然起变化/把她卷到达勒肯赤岩间去了。①

其语言句式、韵式、字格、情景描述明显染上了诗体语言特色。

　　文体的非对等性还体现在东巴叙事文本中的神话、史诗在民间叙事中往往成为传说、故事。如东巴经典中的创世史诗《创世纪》、迁徙史诗《人类迁徙记》、英雄史诗《董埃术埃》在民间故事中成为《崇仁利恩与衬恒褒白命的故事》《崇仁利恩夫妇返回人间的故事》《美利董主与美利术主的故事》。导致这种文体的不对等性的原因是多方面的，首先是东巴作为纳西族传统文化的集大成者，他们对民间叙事传统及东巴叙事传统耳熟能详，对民间叙事文本的运用、整理水准比一般民间叙事传承者要高出许多，俗谚中的"讲古讲不过东巴，唱歌唱不过东巴"就说明了这一道理。事实上，民间的说唱、歌舞活动中，如果没有东巴起调开头，没有人敢挑这个头。东巴其实扮演了东巴叙事传统与民间叙事传统的集大成者，历史上的大东巴往往也是一个区域的代表性民间歌手、故事家。他们能把东巴经典中的典故与民间故事予以合理利用，甚至把民间故事提升为韵文体叙事文本。"民国时期的和泗泉不仅发明了东巴刻板印刷，而且还创作过一部融《鲁般鲁饶》与民间口头长诗《尤悲》于一体的东巴神话作品《初布由布》。"② 这也说明了两种不同叙事传统的主体也存在着重合交叉的情况。东巴经典中的神话、史诗不是一个东巴改编之功，而是经过数代甚至几十代东巴们的千锤百炼、精心加工改造而成，这也是书面文本所特有的一种天然优势。东巴经典往往在仪式中被反复使用，仪式的重要性、神圣性决定了经书文本的质量，如被称为"东巴文学三颗明珠"的《创世纪》《黑白战争》《鲁般鲁饶》三部经典是祭天仪式、垛肯仪式、祭风仪式中最主要的代表性经典，这三大仪式在东巴仪式中的地位也是非同一般。东巴在习得东巴文化时，或者在举行仪式的过程中，对这些代表性经典的重视程度往往要高于其他经典，也就是说，仪式及其经典的重要性决定着这些经典文本的质量。

---

① 方国瑜编撰，和志武参订：《纳西象形文字谱》，昆明：云南人民出版社1981年版，第584页。
② 白庚胜：《东巴神话研究》，北京：社会科学文献出版社1999年版，第417页。

第六章　东巴叙事传统的口头程式句法研究

　　东巴文的产生及经籍文献系统的形成，无疑使东巴叙事传统具有了书面性特征。东巴经籍中保留了大量的古纳西语、外来词汇、专有名词，形成了与口头语不同的书面语体系。书写传统所具有的可以超越时空、不断锤炼修改、易保存等功能，催生了大批语言精练、内容丰富、情节曲折、形象鲜明的东巴叙事作品，保留下来许多东巴叙事精品，使处于衰落期的东巴叙事传统获得了"第二生命"。与纳西族东部方言区的口诵经籍相比，西部方言区的经籍文献数量、质量，以及影响力方面远在前者之上，从中可以看出东巴文及书面经籍文本的重要文化贡献。

　　需要指出的是，在东巴叙事传统文本中口头性与书面性是互为文本的。从源流来说，口头经籍是书面经籍的源头。和志武指出："毫无疑问，东巴经的这种书面形式，是在民间口头文学的基础上发展起来的，口头文学是源，书面文学是流。先有口头的历史传说、神话故事和民间谣谚，然后由东巴们根据需要改编为较系统的口诵经；在此基础上再由某些杰出的人物，由象形文字把口诵经记录、整理、编辑下来，以便帮助记忆和音读，亦可传久传远，这也是东巴们保存纳西族文化遗产的一大历史功绩。"[①] 东巴经籍中的口头性特征与东巴象形文字的特征也密切相关。由于东巴文字是不成熟的文字符号体系，没有线性排列、逐词记录、字词对应的特点，形成了"看图说话"的文本性质。东巴经籍中的东巴文更多是作为仪式中吟诵的记忆符号，不同念诵者可以根据自己的演述习惯组织不同的口头表达形式。

　　接下来的问题是，东巴叙事传统文本中的口头传统保留状况如何？或者说其口头性表现在哪些方面？其表现形态又是如何？它与书面文本是如何达成统一完整的文本？在研究口头传统方面，帕里、洛德提出的"口头程式理

[①]　和志武：《纳西东巴文化》，长春：吉林教育出版社1989年版，第91－92页。

论"无疑是解决这些问题的利器。洛德认为程式是一种强调节奏和步格功能的诗歌语言，是一种能动的、多样式的、可以替换的词语模式。"在口头传统中，程式无处不在：程式的主题、程式的故事形式、程式的动作和场景、程式的语法和句法、程式的故事范型等。在口头诗歌里一切都是程式化的；程式是口头史诗所具有的最突出的本质。口头诗人在表演中的创编这一过程中，程式用于构筑诗行，主题用于引导歌手迅捷有效地建构更大的叙事结构。"① 约翰·迈尔斯·弗里认为，程式片语、典型场景或主题、故事范型构成了故事歌手口头创编中时常运用的不同尺度的"大词"，"运用着程式、话题和故事型式这三个'词'，口头理论解答了行吟诗人何以具有流畅的现场创作能力的问题。这一理论将歌手们的诗歌语言理解为一种特殊的语言变体，它在功能上与日常语不同，与歌手们在平常交际和非正式的语言环境中所使用的语言不同。由于在每一个层次上都借助传统的结构，从简单的片语到大规模的情节设计，所以说口头诗人在讲述故事时，遵循的是简单然而威力无比的原则，即在限度之内变化的原则"②。作为源于口诵经的东巴经属于典型的"半口传文本"，东巴叙事传统文本的程式化特征在口头程式句式、名词性修饰语及程式频密度、典型场景或主题、故事范型等方面得到充分体现。

第一节　东巴叙事传统文本中的诗行程式句

东巴叙事传统文本中存在着大量诗行程式句，具有重复率高，语气词作尾韵，诗行以五言、七言为主等几个特征。在东巴创世史诗《崇搬图》（又译为《创世纪》）中，此类口头程式的句式同样大量存在，如经文的第一段：③

① 尹虎彬：《古代经典与口头传统》，北京：中国社会科学出版社2002年版，第112-119页。
② 约翰·迈尔斯·弗里著，朝戈金译：《口头程式理论——口头传统研究概述》，《民族文学研究》1997年第1期。
③ 《退口舌是非灾祸经：创世纪》，见东巴文化研究所编译：《纳西东巴古籍译注全集》（第35卷），昆明：云南人民出版社1999年版，第329-330页。

a²¹ n̠i³³la²¹ ʂʅ¹³³n̠i³³,	在很古很古的时候,
mə³³lɯt⁵⁵tʂv¹³³ku²¹dzʅ²¹,	在天地混浊的时代,
du²¹se²¹xo²¹ku²¹dzʅ²¹,	阴神和阳神相合的时代,
sʅ¹³³dzʅ²¹ndʐi³³ku³³dzʅ²¹,	树木会走路的时代,
ri¹³³ŋgɯ³³ta⁵⁵ku³³dzʅ²¹,	裂石会说话的时代,
tʂʅ³³lv³³³³n̠io⁵⁵n̠io³³dzʅ²¹,	土石会颤动的时代,
lɯt⁵⁵n̠io²¹n̠io⁵⁵n̠io³³dzʅ²¹,	大地晃动的时代,
mv³³ne²¹dy²¹la³³mə³³thv³³sʅ³³thɯ³³dzʅ³¹,	天和地也还没有开辟的时候,
mv³³o²¹dy²¹o²¹sʅ⁵⁵sy³³thv³³,	就先出现了三样天和地的影子。
bi²¹ne³³le²¹la³³mə³³thv 33sʅ³³thɯ³³dzʅ³¹,	日和月也还没有出现的时候,
bi²¹o²¹le²¹o²¹sʅ⁵⁵sy³³thv³³,	就先出现了三样日和月的影子。
kɯ²¹ne³³za²¹la³³mə³³thv³³sʅ³³thɯ³³dzʅ³¹,	星宿也还没有出现的时候,
kɯ²¹o²¹za²¹o²¹sʅ³³sy³³thv³³,	就先出现了三样星和宿的影子。
dʐy²¹ne³³lo²¹la³³mə³³thv³³sʅ³³thɯ³³dzʅ³¹,	山和川也还没有出现的时候,
dʐy²¹o²¹lo²¹o²¹sʅ⁵⁵sy³³thv³³,	就先出现了三样山和川的影子。
Dʐi³¹ne³¹khæ³³la³³mə³³thv³³sʅ³³thɯ³³dzʅ³¹,	水和渠也还没有出现的时候,
Dʐi³¹o²¹khæ³³o²¹sʅ⁵⁵sy³³thv³³,	就先出现了三样水和渠的影子。
Sər³³ne³³lv³³la³³mə³³thv³³sʅ³³thɯ³³dzʅ³¹,	木和石也还没有出现的时候,
Sər³³o²¹lv³³o³³sʅ⁵⁵sy³³thv³³,	就先出现了三样木和石的影子。
Tɕy⁵⁵tʂu³¹³sʅ⁵⁵sy³³ɯ³³me³³gv³³kv⁵⁵thv³³,	最初，由三样好的得出九样,
gv³³kv⁵⁵ɯ³³me³³e³³me³³dɯ³³gv⁵⁵thv³³,	由九样好的产生出一个母体。
gɯ³³ne³³mə³³gɯ³³³¹thv³³。	由此出现了真与假。

　　这是典型的东巴叙事传统中"三段式"的开头程式，明显带有程式句法特征。第一句"a²¹n̠i³³la²¹ʂʅ¹³³n̠i³³"（在很古很古的时候）是东巴经典开篇句的普遍模式，由此意喻着开始叙述天地万物来历的主题或场景。这一开篇段

落叙事结构分为两个大段。从"在很古很古的时候"到"大地晃动的时代"讲述天地未开辟时的场景，其后一大段讲述开辟天地后的情景。这些天地万物的产生在顺序上都严格遵循了固定模式：天地—日月—星宿—山川—水渠—木石—真假。这一模式在其他东巴经典中也有同样的程式句法出现，属于东巴经中"天地万物产生"的母题。而在程式句式结构上遵循了递进平行式句法。整个段落诗行以五言、七言为主，这也是东巴经典的传统诗行特征：基本上以五、七、九、十一、十三等奇数诗言为主，很少出现偶数句。

据笔者对《创世纪》的统计，全篇诗行字数为 14 712 字，诗行共有 2 668 行，而五言诗行达 1 652 行，占 62%，其次为七言句，达 845 行，占 32%，这两类诗行共占了整个诗行的 94%。在韵式方法上普遍采用句尾押韵模式，如本篇中的句尾韵以 thv^{33}、dzʅ^{31} 为主，前一大段中统一用 dzʅ^{21} 韵，后一大段中以 thv^{33} 与 dzʅ^{31} 隔行押韵为主，而 dzʅ^{31} 韵往往与"la^{33} mə^{33} thv^{33} sʅ^{33} thɯ^{33} dzʅ^{31}"的固定句式相结合，这也是东巴经中描述"A 和 B 还没有出现的时候"时普遍使用的程式句。在东巴叙事的韵式程式中最为突出的是以语气助词"me^{33}""ne^{33}""tsʅ^{55}"作为尾韵，这些语气助词除了起到押韵功能外，对于诗行的补充、完善起到了显著的调整作用。另外，语气词在文本中的大量出现，既是东巴叙事文本口头性的真实反映，也是东巴在演述文本时有意地进行口头程式化处理的结果，由此极大方便了仪式中的口头叙述及表演。

第二节　名词性修饰语的程式化特征

东巴叙事传统文本中的名词性修饰语往往以四字格为主，修饰语置于名词之前，如东巴经籍中经常提到的动物名称：金黄大蛙、白胸黑熊、大黑飞骦、巨川大鱼、四眼猎犬、独角巨犀、花白公獭、金丝黄猴、炭黑豹子、蛇纹白鹿、花斑公鹿、红脚白鹇、巨掌赤虎、黑嘴豺狗、白脸野猫、展角野牛等。这些修饰语的固定格式与这些特定名词的属性特征密切相关，且与突出这些动物特征的东巴象形文字相统一，成为固定程式储存到东巴的演述备用"语库"中。

东巴叙事中名词性修饰语的另一种构词法以名词的类别来划分，如神类命名中的名词性修饰语一般以下述程式为主。

mɯ^{33} lɯ^{55} da^{33} dzi^{33}　　　　美利达吉（神海）

mɯ^{33} lɯ^{55} dv^{31} lu^{33}　　　　美利董卢（天神）

$$muu^{33}luu^{55}he^{33}dz\eta^{33}$$ 美利恒主（天神）

$$muu^{33}luu^{55}dv^{31}dz\eta^{33}$$ 美利董主（祖先神）

$$muu^{33}luu^{55}sv^{31}dz\eta^{33}$$ 美利术主（鬼主神）

前面的"$muu^{33}luu^{55}$"（美利）是用来修饰后面的核心名词，其义为"天地之间的"，意喻这些神类具有通晓天地的神力。可以说"$muu^{33}luu^{55}$"（美利）这一修饰词成为"神性"的代称。

有些名词性修饰语在叙事情节中具有"指南"功能，如一提到"$khuu^{33}y^{31}z_e^{55}dzi^{33}$"（快脚小东巴），就千篇一律地预示着故事主人公遇上难题，需要去请大东巴做相关仪式来免除困难灾祸，其后就是描述举行仪式的过程、场景以及仪式获得圆满后的说明。

这种名词性修饰语往往与特定的故事范型、仪式类型相联系，如"快脚小东巴"这一传统性程式片语往往与驱鬼禳灾类、祭署类故事及仪式密切相关。巨掌赤虎与金黄大蛙在一起出现时，往往与除秽仪式联系在一起，这些动物都有具体的方位。如：

东方巨掌赤虎嘴里流出的水洗去污秽，用南方绿松石色天龙嘴里流出的水洗去污秽，用西方金黄色孔雀嘴里流出的水洗去污秽，用北方金黄大蛙嘴里流出的水洗去污秽，用中央花墨玉色大鹏嘴里流出的水洗去污秽。①

这些名词性修饰语在东巴叙事传统文本中的使用与东巴仪式的程序也有内在关系。东巴仪式中的程序以请神—安神—求神—送神作为固定结构，每一个相关程序内部又分为程式化步骤。如除秽仪式放在东巴仪式的"请神"程序中，巨掌赤虎与金黄大蛙也是在仪式的这一环节中固定出现；在请神仪式中要念诵"神灵详表"，这些神灵名词出现的顺序以神灵威力大小来排，这些次序在每一个请神程序中都要重复。请神仪式程序中包括请神敬酒—请神受香—请神受饭—请神受神药四个步骤，其中"敬酒"步骤包括请天、地、天舅三神饮酒，请五方天神喝酒，请属五行诸神饮酒，请五方山神饮酒，请境内诸山神饮酒……这些程式化的名词与程式化的语句联系在一起，构成了程式化的语篇，并与仪式程序及步骤高度统一，成为东巴进行经书演述、主持仪式的重要法宝。也就是说，这些程式化了的专有名词既是东巴们在长期

---

① 东巴文化研究所编译：《纳西东巴古籍译注全集》（第42卷），昆明：云南人民出版社1999年版，第46页。

的口头演述中沉淀生成的口头传统，同时也是其能够流畅地念诵长篇经书、顺利主持程序繁杂的仪式的秘密所在。

第三节 东巴书面经典的口头程式频密度

一、程式频密度的有效性探讨

程式频密度也是检测文本口头特性的一种方法，这一方法最早在西方民俗学界中得到运用，通常以此作为检测叙事文本是否具有口头文本特征的重要依据，认为文本内容中的程式频密度超过20%就可证明为源于口头创作。[①]程式频密度作为检测口头文本的手段应该说是有效的，毕竟程式是口头文本的重要特征，也是与书写文本最为突出的区别。问题的关键可能在于这个"20%"的比例依据何在？譬如在一个有1 000字的书面创作的故事文本中，其中引入一段200字的口头创作内容，而其余800字皆为书面创作内容，显然这无法证明这一作品属于口头创作或源于口头创作。笔者认为程式频密度的有效性检测应考虑三个因素：一是看程式在全文或同时代口头创作文本中的分布情况，而非仅集中于某一段落或章节或孤立的个案中；二是看程式的不同类型，如传统性片语、主题或典型场景、故事范型，而非仅限于其中一个类别；三是看与口头传统指涉性的关联程度，这与口头创作的历时性相关，因为有些今天我们看来是书面创作的故事可能在早期历史中是口头记录文本。下面以这三个标准为参照来分析《创世纪》的程式频密度情况。

二、东巴叙事结构程式的频密度

《创世纪》的文本结构与东巴叙事传统中的"三段式"结构程式是一致的，尤其是开篇段落中的"万物来历"主题及结尾的"法事灵验"主题都具有高度的程式化特征。开头段落的程式化特征在上面已做分析，而结尾句式普遍采用两种大同小异的句式。

"主人家得福泽，变富强，心安神宁，流水满塘。愿主人家长寿日永，愿

---

① 朝戈金：《口传史诗诗学：冉皮勒〈江格尔〉程式句法研究》，南宁：广西人民出版社2000年版，第210页。

娶女增人！"①

"愿主人家不病不痛，不得冷病悸病，愿主人家得富强，心安神宁，流水满塘。"②

与检测程式频密度的程式鉴定与母题相似，不同故事类型中的共性比较研究是必要手段。笔者把这一结构程式句式放到同类文本中做了相应比较。在《纳西东巴古籍译注全集》的第一至第十卷的 103 部经籍中，没有故事类型特征的经籍有 12 部，这 12 部经籍是有关仪式规程、请神详表方面的内容，不具备可比性，而剩余的 91 部故事类型的经籍中，有"三段式"结构程式的经籍达 67 部，说明"万物来历"的开篇程式及"法事灵验"的结尾程式同时具有母题与口头程式特征。

三、《创世纪》中的韵式程式频密度

从韵式应用情况来看，在东巴书面文本《创世纪》中，以三个连续或跨行的诗行同韵作为同韵诗行的判断条件，其韵式程式频密度情况如下：

《创世纪》中的韵式程式频密度情况分析表

音韵	韵式	诗行数	比例（%）
$tsŋ^{55}$	尾韵	783	29
me^{33}	尾韵	536	20
$dzʐ^{31}$	尾韵	469	17
be^{33}	尾韵	241	9
$tshŋ^{33}$	尾韵	89	3
总计	尾韵	2 118	78

表中情况并不说明《创世纪》中的韵式诗行在全部诗行中占了 78%，如果把比例较小的韵式诗行加上，这一比例会有所提升。值得注意的是，这些韵式诗行中所占比例最高的 $tsŋ^{55}$、me^{33} 两个音韵同为语气助词，这两个韵式诗行占了全文诗行的 49%，几乎有一半。在不同故事类经籍中，这一比例同样

---

① 《祭署·纽莎套姆和纽莎三兄弟到人类家中》，见东巴文化研究所编译：《纳西东巴古籍译注全集》（第 7 卷），昆明：云南人民出版社 1999 年版，第 235 页。

② 《祭署·祭署的六个故事》，见东巴文化研究所编译：《纳西东巴古籍译注全集》（第 7 卷），昆明：云南人民出版社 1999 年版，第 120 页。

居高不下，如在《黑白战争》中达到52%。这与这两个音韵的口语特征有内在联系，语气助词在口头演述中往往起到加强语气、调整气息、补充诗行完整度等作用，从而极大地便利了口头表演。另外，与这两个音韵强大的构词功能也密切相关。tsɿ⁵⁵本义为"说"，但这里并不具有"说话"之原意，而是纳西口语中的肯定语气助词，相当于"要……呀"。云南方言中也有类似句式，如"他要过来说""他已经说了说""他不听你的说"等。tsɿ⁵⁵的韵式句法以在其之前加动词作为固定程式，如：

a³³ phvv³³ gv³¹ lu³³ tsɿ⁵⁵！	要拿给阿普呀！
ŋə⁵⁵ me⁵⁵ iə⁵⁵ lu³³ tsɿ⁵⁵！	要嫁给我呀！
ŋə³¹ ga³³ le³³ tɕi³³ lu³³ iə⁵⁵ fæ³³ tsɿ⁵⁵！	要过来帮我呀！

me³³也是语气助词，通常以"le³³ ʂɿ⁵⁵ me³³"固定程式句形式出现，相当于"某某说"。东巴叙事文本中是以第三人称叙事方式为主，所以在引用故事中主人公或主格的原话时，往往以此作为引述语，相当于文言文中"曰""道"，但这里是口语化的程式句法。dzɿ³¹作为表述时间的程式句，相当于"时候""时代"。be³³意为"做"，为东巴经中常用的动词置后的语法。这一音韵出现频率最高的程式句是"buɯ³³ pa³³ be³³"，意为"做变化"，这一句式往往出现在开头的"万物来历"主题中。东巴文写为𗆼，分别以蒿草、龟头、斧头的音作为合成形声词。这一句式在《创世纪》中共出现了38次，而在开头段落中就出现了19次，如下面这一段中以跨行押韵形式出现了7次：

gɯ²¹ me³³ tse²¹ me³³ buɯ³³ pa³³ be³³，	九样真与实做变化，
mu³³ gɯ²¹ mu³³ tse³³ thv³³。	出现了一颗亮光闪耀的松石。
gɯ²¹ me³³ tse²¹ me³³ buɯ³³ pa³³ be³³，	光亮的黑松石做变化，
i³³ kv³³ a²¹ gə³³ thv³³。	出现了依谷阿格善神。
a²¹ gə³³ buɯ³³ pa³³ be³³，	依谷阿格做变化，
kv³³ phər²¹ diʷ³³ ly³³ thv³³。	出现了一个白蛋。
mu³³ gɯ²¹ mu³³ tse³³ buɯ³³ pa³³ be³³，	光亮的黑松石做变化，
i³³ kv³³ ndʐɿ¹³³ na²¹ thv³³。	出现了依古丁纳恶神。
ndʐɿ¹³³ na²¹ buɯ³³ pa³³ be³³，	依古丁纳做变化，
kv³³ na²¹ diʷ³³ ly³³ thv³³。	出现了一个黑蛋。
a²¹ gə³³ buɯ³³ pa³³ be³³，	依谷阿格做变化，

kv³³ phər²¹ di^w³³ ly³³ thv³³。　　　　　出现了一个白蛋。

kv³³ phər²¹ bɯ³³ pa³³ be³³，　　　　　白蛋做变化，

æ²¹ phər²¹ di^w³³ ly³³ thv³³。　　　　　出现了一只白鸡。①

四、专有名词的程式频密度与传统指涉性

程式频密度的另一种表现形式是专有名词的出现频率。专有名词是表示人、地方、事物等特有的名词，相对于普通名词，在英语中专有名词的第一个字母要大写。专有名词与不同国家、族群的历史传统、语言文化密切相关，有传统指涉性。如《荷马史诗》中的专有名词与古希腊神话中庞大的神灵体系、人名、地名、城邦等紧密联系在一起，这些专有名词往往成为构造母题、程式、主题或典型场景的重要工具。在东巴经典文本中也存在着这样的专有名词，笔者选取了有代表性的"数字""神灵""动物""颜色""天象"五个类型作为分析对象，下表为这五个类型的专有名词在《创世纪》中出现频率的统计情况。

《创世纪》中五个类型专有名词出现频率统计情况

数字	频率（次）	神灵	频率（次）	动物	频率（次）	颜色	频率（次）	天象	频率（次）
一	175	董神	26	虎	36	白	80	天	114
二	19	沈神	17	狮	3	黑	72	地	103
三	113	孜劳阿普	35	象	1	黄	22	日	10
四	2	崇仁利恩	108	獐	17	红	3	月	10
五	20	衬恒褒白	19	麂	17	蓝（绿）	7	星	21
六	6	神	85	牛	35	青	4	云	6
七	15	鬼	54	马	24			雨	5
八	1			羊	17			雷	4
九	54			猪	15			电	6
十	1			猫	7			风	6
九十九	30			狗	8				

① 《退口舌是非灾祸经：创世纪》，见东巴文化研究所编译：《纳西东巴古籍译注全集》（第35卷），昆明：云南人民出版社1999年版，第330页。

在这五类专有名词中，以数字类型中的"一"出现频率最高，达到了175 次，但这并不说明"一"所构成的程式句式也是最多的。从《创世纪》文本内容分析，"一"所构成的传统性片语、主题或典型场景等程式句式远逊于"三"。"一"出现频率高的原因与其构词功能丰富的特性有关。如在纳西语中，"一"除了表示数字外，还有表示"全部"（dɯ³³xə³³bə³³）、"相同"（dɯ³³çy³³）、"初次"（dɯ³³z̩ɯ³³）、"短暂的时间"（dɯ³³ka³¹）等引申义，由此出现频率高的情况。在数字类型中居第二位的是"三"，在五个类型中仅次于"一""天"两个专有名词。相较于"一"的多义项特征，"三"在《创世纪》中皆以数字义项出现，并且在整个诗篇的不同段落中往往以成组形式出现，明显具有程式化特点。如开篇段落中：

在很古很古的时候，在天地混浊的时代，阴神和阳神在相互追逐的时代，树木会走路，裂石会说话，土石会颤动的时代，天和地也还没有开辟的时候，就先出现了三样天和地的影子。日和月也还没有出现的时候，就先出现了三样日和月的影子。星宿也还没有出现的时候，就先出现了三样星和宿的影子。山和川也还没有出现的时候，就先出现了三样山和川的影子。水和渠也还没有出现的时候，就先出现了三样水和渠的影子。木和石也还没有出现的时候，就先出现了三样木和石的影子。最初，由三样好的得出九样，由九样好的产生出一个母体。由此出现了真与假。[①]

在建造居那若罗山的段落中：

由天上的三滴白露，支撑着地上的三堆冰块。由地上的三堆冰块支撑着三股大水。用三股大水支撑着三把黑土。由三把黑土支撑着三棵青草。由三棵青草支撑着三棵蒿草。由三棵蒿草支撑着三棵红粟树。由三棵红粟树顶住三棵松树。由三棵松树顶着三棵黑冷杉。由三棵黑冷杉顶着三棵柏树。由三棵柏树顶住三座崖山。由三座崖山顶住三座大山。由三座大山顶住居那若罗山。[②]

---

① 《退口舌是非灾祸经：创世纪》，见东巴文化研究所编译：《纳西东巴古籍译注全集》（第35卷），昆明：云南人民出版社1999年版，第329页。

② 《退口舌是非灾祸经：创世纪》，见东巴文化研究所编译：《纳西东巴古籍译注全集》（第35卷），昆明：云南人民出版社1999年版，第340页。

在受到天神孜劳阿普的难题考验的段落中：

“母虎回来的时候，母虎跳三下，你也跳三下。母虎舞三下，你也舞三下。母虎嘴里‘吒啦，吒啦’叫三声，你也学叫三声，这样就可以挤到三滴虎奶了。”崇仁利恩照着衬恒褒白说的办。的确，幼虎在阴坡上，母虎在阳坡上。崇仁利恩在林间拣来一块坚硬的大黑石，砸死了阴坡上的幼虎。剥来幼虎皮，穿在自己身上。母虎回来时，母虎跳三下，他也跳三下。母虎舞三下，他也舞三下。母虎嘴里“吒啦”“吒啦”叫三声，他也学着“吒啦”“吒啦”叫三声。①

“三”在《创世纪》中出现频率较高的原因在于它所具有的传统指涉性。“三”在东巴叙事传统中有着深厚的文化意蕴。它在东巴经中除了有实数的义项外，多数以虚数形式出现，并具有多种文化象征功能。如上文中的“建造居那若罗神山”段落中：三滴白露——表示白露；三堆冰块——表示冰块；三股大水——表示江流；三把黑土——表示土地。三棵青草——表示地上青草。

“三”引申出“一个整体”“大部分”或“大多数”等义项。这一引申义也体现在东巴象形文的造字结构中，如，一个“天”字下面盖三颗星星，表示“满天星斗”；，“天”下“三片雪花”表示冬天；，“天”下“三滴雨水”表示夏天。“三”还象征了整体力量，如“三个天神”“三个东巴”“三个兄弟”象征了一个群体所具有的强大力量。“三”所特有的文化象征意蕴与宗教观念密切相关。“三”象征了宇宙时空的结构、社会秩序结构。如天—人—地，与天堂—人间—地狱的神话观念相一致。东巴仪式中，神坛居高处，人们的活动场所在中间，下方为鬼寨；《神路图》也从上到下分为天堂—人间—地狱三界。这一观念也渗透到地理方位观念中，如北方为天上、南方为地狱、中间为人间等。习煜华认为，纳西族是由北方迁徙而来，北方为祖居地，是心灵的依靠，于是把北方神圣化为保佑自己的神灵居住的地方。而纳西先民由北向南的迁徙过程中，迎面遭到敌对势力的重重挑战，虽然最后定居于金沙江上游，但对未曾深入的南方仍视为潜伏危险和隐患的不祥之

① 《退口舌是非灾祸经：创世纪》，见东巴文化研究所编译：《纳西东巴古籍译注全集》（第35卷），昆明：云南人民出版社1999年版，第380页。

地，由此也被认为栖居着令人恐惧的魔鬼。① 在数字类专有名词的出现频率中，奇数专有名词比偶数类要多，其程式句特征也较为突出。这与纳西族宗教观念"以单数为吉"的文化心理有内在关系。尤其是"三"的倍数"九""九十九"的数字概念中往往包含"阳性""天神""神力""自然力"等宗教观念。

在神灵类的专有名词中，"崇仁利恩"出现的频率最高，这与他作为故事中的主人公身份相关，其次是"神""鬼"，频率分别为 85 次、54 次。如果把故事中的配角——孜劳阿普、董神、沈神等神灵名词不计入内，基本上与"鬼"的专有名词比例一致。神、鬼对应的叙事法则也构成了这一类型句式中的程式。如《创世纪》中"万物来历"主题中的段落：

在白云青草的巢窝里，孵着九对白色的鸡蛋。一对蛋孵出了盘神和禅神。一对蛋孵出了嘎神和吾神。一对蛋孵出了沃神和恒神。一对蛋孵出了卢神和沈神。一对蛋孵出了万能神和智慧神。一对蛋孵出了丈量神和计量神。一对蛋孵出了酋长和小头目。一对蛋孵出了祭司和巫师。一对蛋孵出了精人和崇人。一对蛋孵出了崩人和伍人。一对蛋孵出了盘人和纳人。在这以后的一代，依古丁纳恶神出现了，依古丁纳恶神做变化，出现了一个黑蛋。黑蛋做变化，出现了一只黑鸡。这一只黑鸡，没有人给它取名字。只好自己给自己取名，取名为术鬼的付金安拿，付金安拿孵着几对黑蛋。一对蛋孵出了此鬼和纽鬼。一对蛋孵出了毒鬼和厌鬼。一对蛋孵出了猛鬼和恩鬼。一对蛋孵出了季鬼和其鬼。一对蛋孵出了呆鬼和佬鬼。②

在神灵类的专有名词中还有一个共性特征，即男性名称出现频率比女性要高。神灵出现时，往往夫妻二人同时出现，但随后妻子隐身其后，很少再叙及。这从崇仁利恩（108 次）与衬恒褒白（19 次）、董神（26 次）与沈神（17 次）出现的频率可以说明问题，从中反映了《创世纪》形成的时代已经不再是母权制社会。但在纳西族另一支系——摩梭人的口传神话《创世纪》中，情况刚好相反，虽然同样以崇仁利恩（锉治路一）为主人公，但出现了衬恒褒白（彩红吉增美）喧宾夺主的变异情况，整个故事中女主人公贯穿始

---

① 习煜华：《"三"在纳西文化里的含义》，见《习煜华纳西学论集》，北京：民族出版社 2009 年版，第 192 页。

② 《退口舌是非灾祸经·创世纪》，见东巴文化研究所编译：《纳西东巴古籍译注全集》（第 35 卷），昆明：云南人民出版社 1999 年版，第 331 页。

终，从开始由她带着崇仁利恩到天上求婚，到难题考验时出谋献策，最后返回人间，也是她教会子孙取火种、种植谷物，驯养家畜，甚至对她死后的葬礼形式也进行了详述。还有一个有意味的异文情况是，难题考验中的天神孜劳阿普在此成了他的妻子。显然，这种同源异流的文本变异情况与泸沽湖周边的摩梭人至今仍保留着母系家庭、走婚习俗的文化传统密切相关。

动物类型中，虎的频率最高，其次为牛，分别为 36 次、35 次。牛主要指牦牛，二者也有对应性，在东巴经典中这两种动物属于神灵动物，至今民间仍有"虎牦守大门"之说，古俗中以虎、牦牛的纸牌画或石像作为门神。东巴神话中也有虎与牦牛死后化生万物的故事，如《创世纪》中的化生万物的怪物原型就是牦牛。动物分为野生与家养，家养动物出现频率较多，这与东巴仪式中家养动物作为祭牲的情况有关。狮子、象在纳西族地区并不存在，是外来词汇，在东巴神话中作为神灵坐骑出现，所以出现频率较低。历史上，纳西族经历了较长的狩猎时期，所以对本地野生动物的习性较熟悉，如獐子与麂子同时出现了 17 次，二者在文本中也是对应出现的，属于程式片语。

颜色类型中，白色最多，出现了 80 次；其次为黑色，出现了 72 次。把白色作为特性形容词的频率（如"白海螺般的白狮子"）去除，基本上与黑色成对应关系，也有程式句特征，这在上面的开篇段落中就有具体陈述。

天象类型中，"天"的次数达 114 次，其次为"地"，有 103 次。《创世纪》是祭天经籍，"天"隐喻着神灵、神圣空间，"敬天法祖"是东巴教的信仰核心，对纳西族的族群认同、族群心理影响深远，如自称为"祭天人""天人之后"。纳西先民对"天"的认识也有一个发展过程，早期具有浓郁的原始思维特征，如《崇般绍》（《人类迁徙记》）中，把"天"描述成人一样有头有脸、有身体的形象，而到后期"天"被引申为阳性、天神、天理、皇权等不同文化象征，如明清时期，祭坛中间的柏树象征体由天舅改成皇帝。"天"与"地"也是相对应出现的，此处的"地"与前述中的地狱并不是同一概念，它更多地蕴含了文化象征义——阴性、女性、孕育、慈祥、温柔等。"日"与"月"各出现了 10 次，而后面的"风""雨""雷""电""云"的出现次数也较为接近，但频率较低，都在 4~6 次之内，说明在文本中并不占主体。而"星"出现了 21 次，仅次于"天""地"，这与东巴占卜中对星象的重视有关，如本书中的星类就出现了饶星、参星、行星、蕊星等四种，所以"星"应属于天象下的一个子类，它在文本中并未形成程式。

另外，在《创世纪》中，以尾韵为主的诗行占了 78%，且这些诗行以程式句形式出现。如果把《创世纪》中诗行、固定词组、专有名词、主题或典型场景与其他东巴经籍文本相比较，则可以发现其程式频密度比单一文本分析要高得多。

综上可察，口头程式句法在东巴经籍文本中广为分布，口头程式密度较高，且呈现出诗行、名词性修饰语、专有名词等不同程式类型，这些程式句法与东巴叙事传统存在着极为密切的指涉性关系。口头程式是东巴口头及书写传统的主要表达单元，书面文本源于口头文本，为口头叙事提供提词本。可以肯定的是，以书面文本形式保留下来的东巴经籍基本上保留了口头传统特征，属于典型的口头记录文本。

第四节　东巴叙事传统的主题与故事类型

一、东巴叙事传统的主题

"主题或典型场景"（theme or typical scene）是洛德提出的一个概念，指"成组的观念群，往往被用来以传统诗歌的程式风格讲述一个故事"。在口头叙事文本中，弗里把其视为介乎于修辞学层面与故事范型层面的"大词"。主题或典型场景中包含了程式特点，也是构成某一故事范型的灵活部件。主题或场景与母题概念较为相近，两个概念皆源于文本重复律的分析归纳。但也有区别，前者是从口头演述者立场来说，是演述者演述文本时的备用词库，是基于口头传统来说；后者是从研究者角度来说，重在对故事情节的共性研究，属于故事形态学研究。母题中包含了主题或典型场景。

东巴叙事传统作为纳西族口头传统，其口头—书面文本中具有主题或典型场景的程式特征。以东巴创世史诗《崇搬图》为例，《崇搬图》属于东巴叙事传统中的代表性经典，但它作为文本，不是指单独的某一个静止文本，而是在不同仪式、不同东巴、不同区域中存在着不同的《崇搬图》文本，即使是同一个东巴，他在不同仪式中也会根据仪式的性质、规模、时间、心情来灵活机动地选择文本，对文本进行相应的增删，当然这是从"这一次"来说的，"这一次"又是与"每一次"相依而生的。文本的异化与创编都是基于一个构成史诗故事的最大公约数——主题或场景。不管不同仪式、不同时空下的东巴创世史诗存在着多大的差异，但其基本主题是惊人的一致。不同学者因各自的学术背景、旨趣，包括所秉承的划分标准不同，他们对东巴创世史诗的母题（主题或典型场景）的理解是不同的。

日本学者斋藤达次郎通过参照梅西希对蒙古族叙事诗母题构成因素分类，

总结出东巴神话的十四个母题，可以说这十四个母题对于演述者——东巴来说，就是属于他们创编史诗的主题或典型场景。

    1. 时间：远古、大地混沌

    2. 三个英雄的来历：人类之父—洪水后之祖先—高来趣（哥来秋），父名不详，英雄与龙为异母兄弟

    3. 英雄的故乡……荒废，乱婚

    4. 英雄的形象

    5. 马起源神话

    6. 婚约

    7. 援助与友人

    8. 对崇仁利恩的警告

    9. 敌人：人类的敌人；那迦（龙）；其他敌人

    10. 与敌人的接触，发生在黑白分界处

    11. 崇仁利恩的策略

    12. 与衬恒褒白结婚

    13. 结婚仪式

    14. 返回大地，举行祭天典礼

    斋藤达次郎的上述母题构成因素归纳是以《创世纪》作为分析对象，他认为这些母题构成因素也适用于氏族祖先高来趣（三大英雄之一）神话。他认为纳西族创世神话与蒙古族叙事诗的母题存在着相似性，是与纳西族源于北方游牧民族的历史有内在关系。[①]

    需要指出的是，斋藤达次郎对东巴神话母题的构成因素分析存在着明显套用蒙古族叙事诗之嫌。母题划分的原则除了重复律以外，还有一个是情节因素，情节单元的切分尤为关键。而斋藤达次郎对东巴神话母题归纳中存在着对情节因素的增减乃至忽略撇弃的情况。东巴神话是由天地万物的起源叙述（创世母题）、故事主体叙述、东巴圆满举行祭祀仪式及祷颂"三段式"作为叙事框架结构，斋藤达次郎的分析忽略了最后的结尾部分，而这恰好是构成完整叙事逻辑的重要组成部分。《创世纪》作为宗教类经典，叙事的目的是宣扬其宗教主旨，而东巴神话的叙事结尾往往具有"灵验故事"的特征，

---

    ① 斋藤达次郎著，白庚胜译：《纳西族东巴教神话与蒙古叙事诗》，《民族文学研究》1995 年第 3 期。

起到了"卒章显志"、深化主旨的叙事功能，并非可有可无的"赘疣"。如果说故事主体重在说明祭天的来历，而结尾明显带有"模仿巫术"的痕迹，强调了人类模仿、承袭创始于崇仁利恩的祭天仪式后获得的灵验。可以说，这种"灵验故事"构成了东巴叙事传统的重要母题，也是东巴口头叙事中的"主题或典型场景"。几乎每一个仪式叙事文本中都以此作为结尾。以"灵验"为主题或题旨（theme）的结尾往往与典型场景相联系，这一典型场景内部也有"三段式"特征：主人这家派快脚年轻人请东巴做仪式—东巴举行祭祀仪式—仪式圆满，全家吉祥如意。但因具体的仪式类型、性质不同，典型场景也会发生相应的变化，如不同仪式中所请的神祇、驱鬼的对象、祭坛设置、念诵经文等都会发生相应的变化，但主题与结构是不变的。这也是"主题或典型场景"作为"大词"的典型特征——"他表达一个独一无二的情景，却用了一种传统的结构"①。

斋藤达次郎的东巴神话母题因素分析中，人为地增加了一个"马起源神话"的母题因素，而《纳西东巴古籍译注全集》及笔者所搜集的有关《创世纪》的文本材料中却找不到这一母题因素，是为了与蒙古叙事传统"相一致"而强行加入，还是另有文本根据？遗憾的是他也没有提供具体的文本出处。另外一个明显缺陷是人为地删减情节单元。《创世纪》中并无具体的三个英雄的来历，只有人类九代祖先的谱系：海史海古—海古美古—美古初初—初初慈禹—慈禹初居—初居具仁—具仁迹仁—迹仁崇仁—崇仁利恩。② 这一祖先谱系与创世母题、卵生母题是一致的：声气变化结合生成黄海，黄海生出海蛋，海蛋生出人类。第一代人类祖先"海史海古"的本义就是"黄海之蛋"，第二代"海古美古"本义为"海蛋天蛋"，且这一祖先谱系与藏缅语族的父子联名制特征相一致。另外，纳西族的洪水神话、难题考验、竖眼女、横眼女、天上求婚等母题也与藏缅语族，尤其是彝语支内民族的神话存在着相近性，说明了《创世纪》是纳西族东巴神话中出现较早的文化底本，与古羌文化有着千丝万缕的文化渊源，具有"文化原型"特点。

《创世纪》中的人类祖先名称历历可查，而不是"父名不详"。另外在"英雄来历"中，斋藤达次郎把"英雄"视为"与龙为异母兄弟"也不知从何得出。因为文本中的"英雄"——崇仁利恩在上天求婚前与竖眼署女结合生下动物、植物怪胎。这样才有了人类与署类是同父异母关系的说法。而斋

① 约翰·迈尔斯·弗里著，朝戈金译：《口头程式理论：口头传统研究概述》，《民族文学研究》1997 年第 1 期。

② 和志武：《东巴经典选译》，昆明：云南人民出版社 1994 年版，第 3 页。

藤达次郎把作为父亲的"英雄"人为地降低为"兄弟",属于明显的篡改。这样的篡改还出现在"英雄的故乡""英雄的形象""敌人""与敌人的接触,发生在黑白分界处"等母题因素中。明显看得出来,他把开头的创世母题分解为"远古""大地混沌""三个英雄的来历"三个部分,把上天求婚母题分解为"婚约""援助与友人""对崇仁利恩的警告""敌人""与敌人的接触,发生在黑白分界处""崇仁利恩的策略""与衬恒褒白结婚""结婚仪式""返回大地,举行祭天典礼"等九个部分。这并不是说不能这样划分,关键是这样划分的标准、根据是什么?母题作为叙事情节单元,一个母题可以划分诸多小母题,但前提是这些母题是否在其他故事中存在重复?是否可作为独立叙事单位穿插在其他叙事文本中?从东巴叙事文本来说,上述的东巴神话母题因素划分是不符合东巴神话叙事传统的。其实,反过来,作者所忽略的母题因素往往构成了东巴神话的关键母题。以《创世纪》为例,笔者认为可以划分出以下 14 个母题因素:

1. 创世
   1.1 宇宙创生(天地日月星辰)
   1.2 万物创生(山川河谷)
   1.3 卵生创生(善神、恶神、董族、术族、人类)
   1.4 开天辟地(五方天柱)
   1.5 怪物化生(草木石土)
2. 建造神山(居那若罗神山)
   2.1 诸神出现
   2.2 建造神山
   2.3 支撑神山
   2.4 守护神山
3. 主人公的出现(人类祖先谱系)
   3.1 神山出现禽类、昆虫
   3.2 出现黄海
   3.3 祖先谱系
4. 兄妹相奸
   4.1 兄妹群婚
   4.2 秽气污染
   4.3 触怒天神

5．洪水

　　5.1　天神相助

　　5.2　制造避难工具

　　5.3　洪水暴发

　　5.4　洪水脱险

6．繁衍难题

　　6.1　荒无人烟

　　6.2　娶竖眼女

　　6.3　生出怪胎

　　6.4　遭遇仇敌

7．上天求婚

　　7.1　仙女下凡

　　7.2　羽衣飞天

　　7.3　求婚

8．求婚难题

　　8.1　刀耕火种（烧山、播种）

　　8.2　收割难题（收种子）

　　8.3　狩猎难题（捉岩羊、挤虎奶）

9．人仙结婚

　　9.1　婚庆

　　9.2　嫁妆

　　　9.2.1　嫁妆缺失（猫、蔓菁、占卜术）

　　　9.2.2　告别

10．返回人间（迁徙）

　　10.1　天梯

　　10.2　居那若罗神山

　　10.3　迁徙路站（37站）

　　10.4　英古地（丽江）

11．生育难题

　　11.1　结婚无子

　　11.2　蝙蝠取经

　　11.3　祭天生子

12．兄弟族源（藏族、纳西族、白族）

　　12.1　哑巴

这14个母题因素的划分遵循了《创世纪》的情节发展逻辑与具有相对独立的情节单元两个条件，每个母题就是一个具有承上启下功能的哲作，14个母题构成了叙事文本的基干情节，而每一个母题又由不同具有"最小的情节单位"的子母题构成。这些大小不等的母题也就是东巴口头演述中的"主题或典型场景"。一个真正的大东巴，可以不看经文，在仪式上滔滔不绝进行演述，真正的秘密也在于此：他们根据仪式规模、程序、具体时间、场所，可以对这些主题或典型场景进行灵活机动的征调、增减，有时把一个主题或典型场景浓缩成几个片语，有时又予以大规模扩充，甚至把一个主题或典型场景扩充成为一篇独立的叙事文本，如《崇仁利恩传略》《崇仁利恩与衬恒褒白的故事》《蝙蝠取经记》等。这也是东巴叙事文本中大量出现"大同小异""小同大异"的原因所在。

《创世纪》作为东巴叙事文本的鼻祖，其母题、主题或典型场景往往具有"文化原型"特点，是讲述"出处、来历"的参考模本。如涉及宇宙天地、世间万物的来历，人类婚姻、生育的来历，祭天、祭署、祭祖的来历，神灵、鬼怪的来历等，皆从这些母题、主题中找到最初的"原型"。民间的一些习俗也与这些母题、主题密切相关。如上述母题构成因素中最小的母题单位——"嫁妆缺失"就包含三个民间故事：崇仁利恩与衬恒褒白从天上返回人间时，天神所给的嫁妆中并没有猫，是崇仁利恩偷偷地藏在衣服里带回人间，天神发现后发咒语让它作祟人间，猫在民间看作通神灵，可作祟施蛊的灵物；嫁妆中没有蔓菁种，是衬恒褒白将其藏在指甲缝中带回人间，天神发咒语让蔓菁变成"一背比石重、一煮变成水"的累赘；五谷中没有稻谷，是狗把稻种藏在尾巴下带回人间，人们为了纪念狗的功劳，形成了不吃狗肉、除夕夜吃饭前先喂狗的习俗。"嫁妆缺失"主题在其他仪式叙事文本中存在诸多异文，主要体现在嫁妆的种类及缺失物之间的差异上，如在禳栋鬼仪式吟诵的《日仲格孟土迪空》中，缺失嫁妆中还有野紫苏，同时增加了母亲送的珠宝、衣服等嫁妆。

这些主题都有几个典型场景作为支撑，如上述 14 个主母题下面的子母题，往往具有典型场景的特点。如洪水母题是由"天神相助""制造避难工具""洪水暴发""洪水脱险"等四个子母题构成四个相对独立又相互联系的典型场景。这四个典型场景在不同仪式叙事文本中形成了不同的异文。如《日仲格孟土迪空》中，在叙及黄海中生出九个人类祖先后，直接把洪水主题插入文中，并且把洪水暴发的原因归于崇仁利恩的两个弟弟殴打了天神，而不是兄妹相奸；洪水暴发后也没有出现崇仁利恩在海上飘荡的叙述，而加入了崇仁利恩抱住柏树和杉树躲避了洪水的情节。这一删减情节的处理方式与仪式性质相关，它的叙事主干是禳除栋鬼带来的灾祸，崇仁利恩故事只是作为迎请天神的一个组成部分，而不是《创世纪》中的主人公故事。"繁衍难题"也是如此，在大祭风仪式中的《崇般崇笮》里，在"荒无人烟""娶竖眼女"两个主题中穿插了另一个主题"鬼怪的来历"：洪水过后，大地荒无人烟，天神用木偶制作人类，制人失败后，这些木偶变成了山崖、森林、河水中的妖魔鬼怪。这为"大祭风"仪式中的禳鬼缘由提供了证据。这也说明了一个典型场景与一长串叙事模式相联系，可以引出一个长篇叙事章节。

另一部史诗——《董埃术埃》也有类似"文化原型"的特征。在《纳西东巴古籍译注全集》中就出现了六个不同的异文，这也与仪式性质密切相关。如在除秽仪式中，只叙及董部族杀死术部族首领儿子后，术主把一块秽石丢进董地，此秽气污染了董地，董主请东巴进行除秽仪式，从而避免了灾祸；而并未叙述两个部族交战的情况，叙事情节、内容只及禳栋鬼仪式中《董埃术埃》的三分之一。从中可见，这些史诗或东巴故事是受到东巴教仪式的整体统摄，它们只有在举行仪式时才是活形态的，从属于仪式的主旨，仪式对叙事文本的内容、主题、典型场景、故事范型都产生了决定性影响。东巴故事文本受东巴宗教价值观的深层影响，东巴教吸纳了本教、藏传佛教、道教等外来文化后，内容及形态获得了巨大扩充，从而也丰富了叙事文本的内容。但另一方面，作为东巴教及其仪式的附属，这些神话叙事一直未能以独立形态走入民间，成为民众口头传统的主体文本，从而限制了自身的创编、流布；东巴教的保守性特征也制约了东巴神话的民间化进程，这也是东巴神话及史诗形制偏于短小的内因。

日本学者斋藤达次郎正因为没有顾及东巴神话的这些文化传统，而简单地进行文本母题比较，由此导致了生搬硬套、削足适履的形式主义错误。可以看出，他所忽略的动物化生、洪水、迁徙、族源、人类繁衍等母题因素恰好是东巴神话的关键主题——祖先崇拜、自然崇拜、神灵崇拜。《创世纪》的东巴文名称为：tso³¹bər³³thv³³（崇搬图），"崇"指崇仁利恩为代表的人类始祖，"搬"有两义：迁徙、繁衍，"图"义为出处、来历。它叙事内容包含创世、祖先来历、人类繁衍、祭天缘起等多重文化主旨，所以这一东巴经典出现了《创世纪》《人类繁衍篇》《人类迁徙记》《人类的来历》等多种译名，这也反映了这一经典的"复合性史诗"特点，而这些主题包含在更大的"文化主题"——"血缘脉传"及"与自然互惠交换"中。① 可以说这两大文化主题涵盖了整个东巴经典、东巴教，对纳西族的历史、传统、民族精神的沉淀生成产生了深层影响。这与蒙古族叙事长诗的两大主题——"征战"与"婚姻"是有明显区别的。

二、东巴叙事传统的故事类型

最大尺度的"词"被口头理论定义为"故事型式"（story – pattern）或"故事类型"（tale – type）。这是依照既存的可预知的一系列动作的顺序，从始至终支撑着全部叙事的结构形式。正如其较小规模的同族程式和话题，故事型式提供的是一个普泛化的基础，它对于诗人在演唱时的创作十分有用。同样地，此基础亦允许一定限度之内的变异，也就是说，在统一的大构架中允许特殊的细部变化和差异。②

需要指出的是，故事类型是由仪式类型决定的，仪式类型又与传统密切相关。如祭天、祭署、祭祖、祭三多神、祭山神等岁时传统祭祀有严格的时空限定，这些仪式多为祈福类仪式；而一些由天灾人祸、病痛引起的仪式则与个人或家庭的具体情况相关，东巴根据灾祸、病痛根源选择针对性仪式进行消灾，属于禳灾类仪式；也有交叉复合的仪式，如祭署类仪式具有祈福、消灾合二为一的仪式性质，这与署类所具有的神性、人性、鬼性合一特征相关联，且署类众多，分布于天上、地上、人间诸界。如天上有九十九个署，地上有七十七个署，山上有五十五个署，峡谷间有三十三个署，村寨有十一个署。另外，有神海之署、岩间之署，以及云之署、风之署、虹之署、河之署、泉之署、坡之署、草滩之署、石之署、树之署、宅基之署。署的神灵体

---

① 文化主题（Cultural theme）是美国学者 M. E. Opler 提出的一个概念，指的是在族群文化内公开或隐藏的一种控制社会行为的基本假定、要求或价值态度。这一概念被看作对以前的"文化模式"理论的修正，力图阐明文化模式形成、联想、态度以及合理化的内因。

② 约翰·迈尔斯·弗里著，朝戈金译：《口头程式理论：口头传统研究概述》，《民族文学研究》1997 年第 1 期。

系分为署王、署后、署臣、署吏、署官、署民、署鬼等不同等级。① 祈福类的祭署仪式与祈求风调雨顺、五谷丰登的内容相关，祭署对象也是与天界署类为主；而消灾类的祭署仪式则与驱鬼禳灾、祛除病痛的内容相关，祭署对象以地上、人间的署鬼为主。祭署仪式中念诵的经书构成了有关署的"故事类型"。这一故事类型的叙事结构也是以传统的"难题出现—举行仪式—难题解决"三段式为主，但因为署类具有复杂的神、人、鬼等属性，与人类关系时好时坏，善恶难断，所以其故事情节叙事模式与一般的驱恶鬼故事类型出现了差异，最为突出的是"两个回合"情节模式：

第一回合：主人公与署遭遇—人类触犯了署类而发生冲突—人类取得胜利；

第二回合：署类报复人类，降灾于人类—请东巴举行祭署仪式—双方相安无事。

署类故事结构中存在着大量程式化的典型场景。每一个署类故事毫无例外地以"开天辟地"场景作为开篇：

很古的时候，开天辟地的时候，日、月、星、饶星出现的时候，山壑出现的时候，树、石、水、渠出现的时候，盘神、禅神、嘎神、吾神、沃神、恒神产生的时候，能者、智者、丈量者、测量者产生的时候，酋长、老者、祭司、卜师产生的时候，精人、崇人产生的时候。

主人遭到署类报复，身体得病的情景往往使用这样的语句：

白天筋骨痛，夜晚肌肉疼，又病又发烧，生了烂疮，得了瘟病。②
白天筋骨痛，夜晚肌肉疼，病得眼冒金星。③

而请东巴举行祭署仪式的场景描述也是高度程式化：

请来能干的东巴作仪：用白羊毛毡子铺设神坛，用青稞与白米作祭粮。做七百块白木牌，五百块高木牌。九丛竹子、九片白杨林、九片开贝林。做

---

① 白庚胜：《东巴神话研究》，北京：社会科学文献出版社1999年版，第89、90页。
② 《崇仁利恩·红眼仄若的故事》，见东巴文化研究所编译：《纳西东巴古籍译注全集》（第7卷），昆明：云南人民出版社1999年版。
③ 《祭署的六个故事》，见东巴文化研究所编译：《纳西东巴古籍译注全集》（第7卷），昆明：云南人民出版社1999年版。

白牦牛一千，黑牦牛一万。做枣红马一千，灰黄马一万。①

故事最后往往以祝福语作为收尾句：

主人家得福泽，变富强，心安神宁，流水满塘。愿主人家长寿日永，愿娶女增人！

愿主人家不病不痛，不得冷病悸病，愿主人家得富强，心安神宁，流水满塘。

这些传统指涉性片语、典型场景为这类具有同构同类的故事提供了阅读提示，同时也奠定了这一故事类型的基调。当然，程式化片语及典型场景的应用也有个度的把握，因为故事结构、情节的同质化不同程度地减弱了故事叙事张力及对受众的吸引力。东巴谙熟此道，他们往往在具体的故事叙事中会采取灵活机动的策略来弥补"呆板""单调"的叙事缺陷。如在《祭署的六个故事》中，如果按照传统的每个故事都使用"三段式"则意味着过高重复率，会带来"审美疲劳"，东巴采取了六个故事共用一个开头、结尾，而六个故事情节分别叙述的分合叙事策略，且六个故事的主人公、情节、场景也有着"小同大异"的变化。如六人与署结怨遭受报复的情节结构是一致的，但具体情节存在较大的差异：第一个故事中，雄补三兄弟牵狗打猎，闯到董神的地里耕地，结果得罪了署，遭署报复；第二个故事讲述了三个兄弟经常在山上猎捕动物，结果被里母署抓去遭了灾难；第三个故事讲述崇仁利恩去黑杉林中放牧牦牛，他的牦牛踩死了绿颈小蛇，结果遭到署的报复；第四个故事讲述依古格空去山上打猎，猎获一头野牛，结果遭到署的报复，得了病灾。这些故事都说明人类有错在先，没有遵守人类与署签订的互惠互利、舍取有度的契约。也有署类有错在先的故事，如《高勒趣招父魂》《崇仁潘迪的故事》《休曲术埃》《都沙敖土的故事》《杀猛鬼、恩鬼的故事》中的署神成了负面形象的典型，如《休曲术埃》中有一段人类对署神龙王的控诉："龙主左那里赤呀，不让人类开辟新的天，他自己却开了九重天；不让人类建造新的地，他自己却建了七层地。恶霸龙族呀，不让人类到高原放牧，不让人类开荒种地，不让人类去挖沟引水，不让人类下活扣来捕禽兽，不让人类牵起

---

① 《祭署的六个故事》，见东巴文化研究所编译：《纳西东巴古籍译注全集》（第7卷），昆明：云南人民出版社1999年版。

猎狗去打猎，不让人类平安地生息在大地上。"① 人类也并非一味屈从于署神的作威作福，这些故事的主人公通过与署斗智斗勇取得了和平协商的地位，重新达成了互惠契约关系。这说明了署类故事作为同构的故事类型，在大结构框架内，具体的细节、情节、场景还是存在着不同程度的差异，而这"限度之内变化的原则"恰好构成了口头传统中的叙事张力，也有力地证明了东巴何以通过片语、主题、场景、情节等"大词"的有机组合有效地达成传统的创编。

---

① 和志武：《东巴经典选译》，昆明：云南人民出版社 1994 年版，第 112 页。

第七章　东巴叙事传统的文本研究

　　东巴叙事文本是书面的还是口头的？东巴有卷帙浩繁的东巴经书，无疑具有书面文本特点，这与以口诵为主的泸沽湖区域的达巴叙事传统形成鲜明对比。但东巴经书与汉文献性质的书面文本是同一种类型吗？东巴象形文字又称图画文字，本身属于不成熟文字，存在有字无词、有词无字、非线性排列等特征。对东巴来说，东巴经书并非照本宣科的教科书，它在仪式吟诵中起到"提词本"的功能，类似于主持人的串联词，从而使东巴经书与口头语言有着内在的关联，毕竟东巴经书的形成是与记录仪式中的口头语言密切相关的。当然，把东巴经书类同于口头文本是错误的，毕竟与口头语言存在不同程度的差异，至今东巴经书里仍有东巴只会读而不知其意的藏语咒语，包括大量古纳西语言，这无疑具有书面语特征，而且在漫长的历史发展过程中，不同时代的东巴对书面文本进行了千锤百炼，由此催生了大批东巴经典。东巴叙事文本中的书面与口头是互文互构、共融共生的辩证统一关系，而非对立的、孤立的关系。

　　就广义的文本而言，文本（text）有两种情况，一为语言的成分，二为超语言的成分。前者指一个句子、一本书和一个观察现象的内容所构成的认识对象，后者指话语的语义和内容所组成的记号复合体，它反映语言外的情境。[①] 从东巴叙事传统文本来说，语言层面的文本涵盖了上述的东巴口头与书面两种文本；超语言层面的文本包涵东巴画、东巴音乐及仪式表演等内容。因为并不只是口头语言与书面语言可以叙述故事，图画叙事、音乐叙事、仪式表演叙事同样可以达成叙事文本。东巴丧葬仪式中的东巴神路图，深蓝色的丁巴什罗神像（丁巴什罗因杀恶魔而身陷毒海致死，最后身体变蓝色）无不带有浓郁的叙事特征，禳栋鬼仪式中的东巴与鬼主之间赌博、交易等表演，

---

① 冯契主编：《哲学大辞典》（修订本），上海：上海辞书出版社 2001 年版，第 1533 页。

超度仪式中东巴们通过东巴舞的形体语言再现丁巴什罗波澜壮阔的一生的舞蹈表演同样具有叙事功能。这说明东巴叙事传统文本具有多元形态特征。本章就东巴叙事传统的文本类型及特点展开探讨与阐释。

第一节　东巴叙事传统的口头文本类型

东巴的象形字写为： py^{31}，头饰神冠，口出气，诵经也。用经书者为py^{31}。[1] 这里透露出极为重要的历史信息：东巴即"诵者"，证明了用东巴象形文字书写的经文源于口头经文，"口诵"是东巴经文演述的核心特征。口头性是东巴叙事传统的核心特征。依据口头传统理论，口头文本类型可以分为三大类[2]——口传文本、半口传文本、以传统为导向的口头文本。东巴叙事文本也有这三个不同文本类型。有些学者注意到东巴叙事传统的重要叙事载体——东巴经籍，具有书面性与口头性的复合性特征，就把东巴叙事文本类型归于口头文本类型中。但从东巴叙事传统整体来说，这一划分并不涵盖东巴叙事文本的整体类型。从东巴文本类型的书写、应用情况分析，其实涵盖了上述三种不同文本类型。笔者在下表中做了相应的归类：

东巴文本类型

文本类型	创作	表演	接受	东巴叙事文本范型
口头文本或口传文本	口头	口头	听觉	口诵经《祭天古歌》《除秽经》
源于口头的文本	口头与书写	口头与书写	听觉与视觉	东巴经书《创世纪》《鲁般鲁饶》
以仪式表演为取向的文本	书写	口头、书写与形体	听觉或视觉	东巴经书《蹉模》（东巴舞谱）、《冬模》（东巴画谱）、《笃模》（东巴仪式规程）

---

① 方国瑜编撰，和志武参订：《纳西象形文字谱》，昆明：云南人民出版社1981年版。
② 约翰·麦尔斯·弗里、劳里·航柯等学者借鉴了洛德的"表演中的创编"及鲍曼的"表演理论"，把史诗研究对象的文本划分为三个主要层面，一是口头文本（或口传文本），二是源于口头传统的文本（或半口传文本），三是"以传统为导向的口头文本"。参见巴莫曲布嫫：《"民间叙事传统格式化"之批评——以彝族史诗研究中的"文本迻录"为例》（下），《民族艺术》2004年第4期。

（续上表）

文本类型	创作	表演	接受	东巴叙事文本范型
以传统为导向的文本	书写	书写	视觉	《纳西东巴古籍译注全集》《纳西族东巴文学集成》

从上表中可看出，严格意义上的东巴经应为前三类，后面的"以传统为取向的文本"并不在仪式中应用。在整理过程中，东巴作为协助人员参与整理，但主体以研究人员为主，阅读者也多为研究者及相关兴趣爱好者，这一类经书因整理者对东巴文化知识的掌握程度及主观价值评判不同，存在"再度格式化"问题。① 东巴经在东巴仪式应用中分为口诵东巴经与东巴经书两类，称为"kho³³by³¹tçy³¹"（口诵经）、"the³³ɣɯ³³by³¹tçy³¹"（书本诵经）。前者没有具体的经书，都是由东巴口头吟诵为主，如戈阿干搜集整理的《祭天古歌》中的"祭天口诵篇"就完整记录了祭天仪式上口头吟诵的口诵经内容，其内容涉及祭天仪式的主要程序过程。另外，在一些东巴经书缺失、东巴文化传统剧烈变迁的地区存在着大量的东巴口诵经，如西藏昌都地区的盐井纳西族乡的东巴仪式以口诵经形式进行，在泸沽湖区域摩梭人的达巴也只有口诵经。口诵经在祭天仪式中得到保留，说明了祭天仪式的叙事传统最初是以口诵经为主，经书文本是后期才产生的，二者同时并存于祭天仪式中，也说明了祭天对纳西族传统文化的深远影响。但绝大部分的东巴经是以书面文本存在，这些经书源于初期的口诵经，经过历代东巴的整理书写而成，用于仪式中的演述，所以明显带有"半口传文本"的特点。

表格中有一项——"以仪式表演为取向的文本"，这是基于这些经书与前两种文本类型的不同特点而设立的。这些经书大多以韵文体书写而成，但并不在仪式中吟诵，而是东巴学徒学习东巴画、东巴舞、东巴程序规程时的"教科书"，由东巴师傅边念诵边进行具体的画法、舞步、程序设置的指导。这类文本的用途不是念诵，而是通过具体的形体语言，如绘画、雕塑、跳舞来进行仪式表演。这些"以仪式表演为取向的文本"同样具有叙事文本的特征，因为它们与仪式中的叙事内容是内在统一的，譬如东巴舞谱《丁巴什罗舞》，通过东巴象形文字完整记录了超度仪式上需要跳的 13 个不同舞种，这13 个舞种按东巴经书《丁巴什罗传略》叙事逻辑分别记录了"丁巴什罗出

---

① 这一"再度格式化"概念是基于 20 世纪 50 年代和 80 年代的两次民间文化知识"生产运动"中产生的"格式化"问题来说，与后者存在联系与区别，对这一问题的探讨在本书第二章中有详述。

生"丁巴什罗学走路""丁巴什罗学艺""丁巴什罗杀魔""丁巴什罗受难"
"招魂""接魂""送魂"等程序舞。如果说《丁巴什罗传略》是通过东巴口
头演述达成仪式叙事，《丁巴什罗舞》则是通过舞蹈语言完成有关丁巴什罗生
平的仪式叙事。东巴画同样也是通过绘画语言来达成仪式叙事的，《神路图》
中的地狱、人间、天堂三界内容是超度仪式中必然经历的三个历程。举行仪
式时，东巴手持油灯，从《神路图》的最下方——地狱开始，依次向人间、
天堂的画面慢慢移动，口中念诵不同界域的内容，象征把死者的灵魂从地狱
超度到天堂。从这个意义上，东巴画、东巴舞以及仪式程序中的行为表演，
与口头演述一同构成了完整的仪式叙事。

　　关于东巴叙事传统的口头文本类型分析在前一章及后面的纳西族与壮族
的史诗比较研究中也有具体的阐述，在此不赘述。

第二节　东巴叙事传统的书面文本特点

　　东巴叙事文本中的东巴经书是由象形文字记录而成的书写文本，文字一
经产生，就具有了书面语形成的可能性。东巴叙事传统的书面性特征与东巴
文和东巴经关系密切，关于东巴文的造字结构类型及东巴经书特征在前面已
有论述，在此重点探讨东巴书面文本中的书面语及其功能特征。

　　相对来说，口头语是用声音来实现的，与说话者、听者及相应的交流语
境紧密相连，突出了即兴发挥、流动快、易消失、语句结构较为松散、可以
随时补正、简单易学、自然习得等特点；而书面语用文字记录，具有超越时
空性，便于保存，书写过程中可推敲和提炼，需要专门学习，书写规则、句
法都有严格规范性，与口头语言的方言差异相比识别率更高等特点。文字使
用者通过经典在宗教、政治、经济中的使用获得社会权势。应该说，这种由
于交际方式的不同造成的词汇差异是一切语言普遍共有的。东巴叙事传统中
的书面性也具有上述功能特征。具体来说，东巴象形文字的产生，使原来的
口头文本转化为书面文本，形成了数量众多的东巴经书，促进了仪式程序化
繁为简，深化了东巴教的教义思想体系。同时，文字所特有的超越时空性，
使这些书面经典保留了大量的古纳西语、宗教词汇及外来词汇，起到了保存、
传承传统文化的作用。另外，文字的简约性、提炼性特征促使东巴叙事文本
的精练化、诗体化、经典化，由此形成了独树一帜的东巴文学、东巴神话、
东巴史诗。

一、东巴书面文本保存了大量古语词汇

书面语源于口头语，尤其是早期书面记录文本更带有口头语言记录文本的特征。口头语与书面语并没有泾渭分明的划分标准，二者存在重合交叉、相互通用的特征，如那些最常用的基本词汇（天地日月、一二三、上中下、来去回、红黄白、你我他）不但并行于书面语和口头语，在不同方言区也相互通用。二者也有个演变过程，有些口头语逐渐演变为书面语，而有些书面语也演变为口头语。另外，口语因其庞杂性、差异大和缺乏规范而成为研究者难以驾驭的材料。所以语言学界对书面语与口头语的划分一直处于两难境地。国内学术界普遍采用赵元任的比较划分法，他以汉语为例，认为口头语的"主要研究对象是日常说话"，"用非正式发言的那种风格说出来的"。① 东巴经书所具有的"半口传文本"特征也给书面语与口头语的分类带来了极大的障碍。笔者根据东巴经书的语言体例采用了三个划分标准：一是东巴教专有词汇，二是古纳西语，三是外来词汇及经文。这三种词语与日常用语差别较大，尤其随着东巴在纳西族地区的衰落，这些词语仅存留在经书中，在日常用语中很少使用，从而成为东巴使用的专有词语。正如汉文献中上古时期的诗经、楚辞原是可唱可吟的诗歌，比较接近口语，但现在无疑成为难解的书面语；《史记》中陈胜的老乡看到王府时的感叹语"夥颐，涉之为王沉沉者"，据考证也是当时的口语，但对现在的读者来说，成了需要注解的书面语。下面对此予以简要概述。

（一）东巴教专有词汇

宗教专有词汇分为神灵词汇体系与仪式词汇。白庚胜在《东巴神话研究》一书中把东巴神话中的神灵体系分为旧有神灵体系、新生神灵体系、最新神灵体系。如旧有神灵体系有：

天神：孜劳阿普、孜劳阿祖、衬恒褒白、可洛可兴。

水神：沙衬吉补、本衬吉姆、那泽泽冉、堆萨萨。

星神：阿余米余补、贡米余拉巴。

风神：游注阿祖、构土西夸、达勒阿萨命、天女阿史命、丽江阿史命、阿昌白丁命、达文达孜命、固启化拓命。

始祖神：崇仁利恩、衬恒褒白、先利恩若恒、高勒趣、里翅古叶、精古

① 赵元任：《汉语口语语法》，北京：商务印书馆 1979 年版，第 48 页。

梅生、肯毒穆素、穆仁兴和。

生产神：尼、诺、利、俄美亨、华。

生活神：美利董祖、朵拉沙劳古补、次早吉姆、早、卓、素、祖吾、董、塞。

新生神灵体系有：

善神：英格阿格、盘、禅、高、吾、俄、恒、董、塞、固、斯、腊、彻、祖、迪、毕、扒、精、崇。

恶神：此、纽、毒、仄、猛、恩、骤、直、单、拉、术、短。

最新神灵体系有：

天神：萨依威德、依古阿格、恒迪窝盘、盘孜萨美、丁巴什罗、趣英吉姆、敦所翅补、愚鲁胜敬、吕诗麻道。

战神（护法神）：色森克久、骂米巴拉、卡冉明究（四头）、庚空都支、麦布精如、考如、肯忍米当、巴温、本当、三多、多格、优麻、神鹏、笃普西庚。

署神：署哥叽布、那吉、署木都公盘、署美那布、署哥斯配、丁居丁资、丁巴、古鲁古究、牛生许卢、牛格堆畏、斯汝、汝捏座。

鬼怪：尤、毒、仄、猛、恩、骤、直、单、拉、术、米麻塞登、格饶纳姆、受构负吉安那、英古底纳、恒丁窝纳、沙刷拿子姜、勒启斯普、史支金补、奴主金补、奴主金姆。[①]

东巴仪式词汇主要包括仪式名称及仪式经书名称，仪式主要分为祈福类、求"署"（自然神）类、禳鬼类、丧葬类、占卜类等五大类。每一仪式类型包含了相应的具体的仪式名称，如祈福类仪式包括祭天、祭祖、求子、祭畜神、祭谷神、祭猎神、祭村寨神、祭星、祭署、祭素神、延寿，其他如祭嘎神（胜利神）、祭畜神等。这些仪式都要念诵不同的经书。

---

① 白庚胜：《东巴神话研究》，北京：社会科学文献出版社1999年版，第52-94页。

（二）东巴经中的古纳西语①

东巴经中的古纳西语保留了纳西语的底层语言文化，如一部分与纳西东部方言区较为接近，而与东巴经流布的西部方言区发生了较大变异，如：太阳［pi³³］、月亮［le³¹］、眼睛［nie³¹］、乌鸦［la³³ ye³¹］、好（人）［dʑiə³¹］、飞［zi³³］、绳［bər³¹］、跑［bæ³¹］等。

一部分古纳西语与凉山地区诺苏支系彝语较为接近，如：人［co³¹］、牛［lei⁵⁵］、马［ngu³³］、猫［e⁵⁵ni³¹］、饭［ʐe³³］、赶［ho³¹］、怕［tɕi⁵⁵］等。

古纳西语的构词法与现代纳西语有较大差异，如：

古语	现代语
白 ［phər³¹ ɕe⁵⁵ ɕe³³］	白 ［phbər³¹ sa⁵⁵ phər³¹ sa⁵⁵］
黑 ［na³¹ bv⁵⁵ bv³³］	黑 ［na³¹ lv⁵⁵ na³¹ lv⁵⁵］
绿 ［xər³¹ tɕhər⁵⁵ tɕhər³³］	绿 ［xər³¹ ʐər³¹ xər³¹ ʐər⁵⁵］

古语与现代语读音一致，但词汇位置发生变异，如：

古语	现代语
大山 ［na³¹ dʑy³¹］	大山 ［dʑy³¹ na³¹］
白水 ［pər³¹ dʑi］	白水 ［dʑi³¹ pər³¹］
小偷 ［kv³³ ɕi³³］	小偷 ［ɕi³³ kv³³］

（三）外来词汇与经文

这部分内容主要以藏语词汇及藏族宗教经文为主，在此列举部分内容。

1. 东巴经中的藏文借词

汉义	藏文	纳西语
修行	gus	gu³¹
拔除	sgu	gv³¹
喇嘛	lamas	la³³ ma³³
面偶	gtor ma	to³³ ma³³

---

① 此部分内容参考了和志武归类的"东巴经语言"。参见和志武：《纳西东巴文化》，长春：吉林教育出版社 1989 年版，第 155 – 157 页。

施主	idas	$i^{33}da^{55}$
祭龙食子	ldom	$li^{33}do^{33}$
地祇	sadams	$sa^{31}da^{55}$
罪恶	sdi pa	$di^{33}pa^{33}$
金刚杵	dugdi	$dv^{31}d7i^{33}$
导师（东巴）	stonpa	$to^{33}ba^{3}$

2. 咒语抄本①

咒语抄本大多与本教咒语相似，在东巴经中只做藏文注音，并不翻译原义。据戈阿干、和力民、习煜华等学者研究，这些咒语与梵文较为相近，应是早期从印度传入本教，再由本教传入东巴教。这些咒语抄本与传统经书的梗概记录方法不同，以严格的一字一音方式作为记录语言。下图为东巴经中治疗"萝卜花"的咒语及观想法。

纳西语翻译：$o^{33}mə^{33}l\mu^{33}l\mu^{33}khv^{21}khv^{21}tçy^{21}tçy^{21}sy^{21}so^{5}ha^{21}$。

3. 东巴文藏音经文

有些东巴字在特定的语境里不读纳西语本音，而是用周边藏、汉等民族语言读音，用藏语音读的东巴文字，我们称为东巴文藏音字，由这一文字记录的东巴经文相应地称为东巴文藏音经文。下为藏传佛教《皈依文》的东巴文记录本：

① 此部分口语翻译由和继全博士完成，在此谨致谢忱。

东巴文：（图形文字）

音　标：ndʐ̩ə²¹　o²¹　o²¹　dʑiə³³　pe³³　ma³³　la²¹　tɕiə³³　so³³　tʂho³³

藏　文：（藏文字符）

藏文读音：ndzo²¹　u³³　o³³　dʑiə³³　pe³³ma³³　la²¹　tɕiə⁵⁴　su³³　tʂho³³

直　译：　　佛　　　莲花生　　　　（助词）　皈依

汉　译：皈依莲花生大师

东巴经中还有相当部分东巴文记录、藏语念诵的经书。下面列出由和继全博士整理的东巴经中用藏文念诵的 29 部东巴经书。

藏语音读东巴经典统计表

意译名	音标	音译名	异名	用途	收藏人或收藏地点
	dy²¹mba³³	堆巴			李霖灿
什罗忏悔经	Se³³ngɯ³³to³³ ʂæ³³	色肯多禅	星根统昌、心格多昌	丧葬超度、延寿	李霖灿、北京图书馆
燃灯迎神经	o³³m³³da⁵⁵gɯ³³	窝姆达根	阿猛达根燃灯咒、俄米达根神咒、祭龙燃灯经	丧葬超度、延寿、祭自然神仪式	东巴文化研究院、丽江市博物院、北京图书馆
什罗咒语		什罗张此			
建木幡经	tɕi²¹tʂu⁵⁵tshɳ⁵⁵	金中初	竖经幡	竖经幡	中央民族大学

（续上表）

意译名	音标	音译名	异名	用途	收藏人或收藏地点
念喇嘛经	ta^{33} sʅ^{33} zu^{33}	当使都	达史衷	丧葬超度	三坝、油米民间
送喇嘛鬼经	la^{33} ma^{31} cee^{31} bu^{55}	喇嘛此布			
阿明请神经	a^{33} mi^{21} yi^{55} nda^{21} ʂu^{55}	阿明依飒		丧葬超度	
迎五方东巴夫人·跳花舞	xy^{55} zər^{33} la^{33} mu^{55} sa^{55} mba^{33} mba^{33} tsho^{33}	冉老姆飒·报巴舞		延寿	
祭龙燃灯经	v^{33} gv^{21} bã^{33} mi^{33} tsɯ^{33}	班米置			北京图书馆
	na^{21} sa^{33} tçi^{55} kv^{33} bv^{21}	纳萨敬古补咒			北京图书馆
避火避水神咒	mi^{33} hua^{55} dzi^{21} hua^{55}	米化吉化	避火咒、避水咒	丧葬超度	北京图书馆
超度一对夫妇死者之咒	ni^{33} dzv^{21} to^{55} gʌ^{55}	尼组栋格		丧葬超度	北京图书馆
	tshe^{55} bu^{21} hæ^{21} gu^{33} to^{55}	衬褒寒公堕咒		丧葬超度	北京图书馆
烧天香	so^{33} do^{33}	松东	烧柏叶香经	祭自然神	东巴文化研究院、中央民族大学、北京图书馆
净水咒	dʑi^{21} phər^{21} dʑi^{21} na^{21} hua^{55}	吉盘吉化	白水黑水经咒、净水并念咒、请水咒	丧葬超度、延寿、祭自然神等	中央民族大学、东巴文化研究院、北京图书馆、民间
灯照神阙经	la^{21} sæ^{33} dʑi^{55} dʑi^{33}	劳禅进金	劳桑吉景	丧葬超度	中央民族大学
	thi^{55} lo^{33} tshæ^{33}	厅罗昌咒		丧葬超度	中央民族大学

（续上表）

意译名	音标	音译名	异名	用途	收藏人或收藏地点
咒语	Hua^{55}ly^{33}	化吕	千百种咒语之经、二十种咒语等	治病、驱邪	中央民族大学、北京图书馆、民间
祭灶神、祭哈真神、景壬景饶祭、牟哈嘎拉祭	tso^{33} ʂuha^{55} tsei^{21}、ʂu^{55} dzi^{33} tsei^{21} dzi^{3}、za^{21} ʂu^{55} ma^{21}、ha^{55} ka^{33} la^{33} ʂu	宗硕、哈真神硕、景壬景饶硕、牟哈嘎拉硕			中央民族大学
咒语及看土黄日的书	tʂə^{55} y^{33} hua^{55} ly^{33} thv^{33} dʐɿ^{33} ly^{21}			治病	中央民族大学
二十二地燃油灯	ni^{33} tsi^{21} ni^{33} dy^{21}、mbæ^{33} mi^{33} tʂɿ^{55}	尼兹尼堆班米置		丧葬超度	哈佛大学
向高劳燃灯经	nga^{33} la^{21} mbæ^{33} mi^{33} tʂɿ^{55}	高劳班米置		丧葬超度	哈佛大学
请署之祖	sa^{21} da^{55} y^{21} tsŋ^{33}	萨达余主			哈佛大学
加阿明威灵经	a^{33} mi^{21} dʐər^{21} tʂæ^{55}	阿明汁占		丧葬超度	哈佛大学
燃灯经	Py^{21} mi^{21} lu^{33} du^{33}	本尼鲁东		丧葬超度	马尔堡、民间
	tshe^{55} ʐu^{55} to^{33} tsÆ^{33} ʂər^{55} lər^{33} dʑy^{33} to^{3}	册仲多禅	什罗泽居多咒语	丧葬超度	东巴文化研究院、中央民族大学
占卜请神经	phv^{33} la^{21} sa^{55}	普劳萨		占卜	丽江市博物院
破瓦法	pho^{21} wa^{33} thv^{33}	颇瓦土		丧葬超度	东坝等民间

　　有些东巴经书中夹杂了部分藏文符号，可能是一些掌握藏文的东巴所写。如下面是至今仍未能被识读的一则经文内容：

二、东巴书面经典的形成推动了东巴教的体系化

首先，东巴文字的产生有力推动了东巴教的体系化进程。可以说，如果没有东巴文的产生，就不可能形成这么庞杂博大的经书种类、神灵体系。它以 2 334 个东巴文字记录下了 2 万余册东巴经典，其中互不重复的经书达 1 300 多种，① 可考神灵达 2 400 多个。② 口头语言通过运用程式化的传统片语、主题或典型场景、故事范型所构成的"大词"，可以创编出成千上万行的惊人篇章巨作。但对于具有严格书写规范、体例的宗教文本来说，其间严密庞大的神灵体系名称、宗教经书、教义思想体系绝非仅靠口头语言能够完整、准确地进行记录的。书面语言特有的优势在此得到了充分的发挥及体现，极大地推动了东巴教的体系化建构过程。

其次，东巴文字的产生，为东巴教从原生宗教向人文宗教的过渡提供了坚实的文化基础。从词汇分析中可以看出，这种影响已经涉及宗教的深层文化。"宗教是文化精神，因此文化对话的关键在于宗教对话。就宗教的对话来说，这种各方都能接受的语言、术语、概念，只能是哲学的语言、术语和概念。理性的哲学语言可以不带有信仰和情感的色彩，因此较易为虽有自己的信仰但又有共通的人类理性思维的宗教徒所接受。"③ 这些理性的哲学语言在东巴经中占有相当的分量，如《神路图》中的"三界六道""生死轮回""因果报应""超脱"等，《金龟八卦图》中的"精威五行"（金、木、水、火、土）、"五方三维"、"宇宙"、"时空"、"阴阳"、"相克"等。在引进这些哲学词语的同时，东巴教的教义、体系、仪式等宗教体系也随之得到了扩张。

---

① 和力民：《东巴文化在古代纳西族社会历史中的作用》，见赵世红主编：《东巴文化研究所论文选集》，昆明：云南民族出版社 2003 年版，第 15 页。

② 白庚胜：《东巴神话研究》，北京：社会科学文献出版社 1999 年版，第 52 页。

③ 何光沪：《月映万川：宗教、社会与人生》，北京：社会科学出版社 2003 年版，第 465 页。

从这个意义来说，历经千百年发展而来的东巴教并非早期的"原始巫术"、萨满教，即使它仍残留着大量的原始宗教的内容，但它已经迈进了人文宗教的门槛。

三、东巴书面经典催生了大批东巴经典名篇

书面语的可不断修正、超越时空特征，使东巴书面文本在上千年的发展过程中不断得到锤炼、精致化。另外，东巴文的书写认记繁难，需要专门学习，而东巴学徒学习和使用这些文字、经典的过程也是一个不断继承、发展的过程。还有一个重要因素就是书写材料的特殊性，正如古代汉文献记载文字的简约性特征与鼎器、竹简、绵帛、纸张的有限性存在内在关系一样，东巴纸、木牌、纸牌等书写材料的有限性也决定了东巴经典书面语言的精练化、简洁化特点。正是这些不同于口头语言的特征，使东巴书面经典不断得到提炼、深化，由此催生了一大批东巴经典名篇，形成了蔚为壮观的以东巴神话、东巴史诗为主体的东巴文学图景，极大地丰富、推动了纳西族文学的整体发展。

在前面关于东巴叙事传统与民间叙事传统互为文本的论述中提及，民间叙事文本为东巴叙事传统提供了丰富的叙事题材，这些民间叙事文本一进入东巴经典，经过历代东巴的精心提炼，由原来的散文体向韵文体转化，叙事语言、叙事结构、修辞、风格都发生了显著的变化。相对来说，东巴书面文本中的叙事作品质量要高于口头叙事作品。这从二者同名的叙事文本比较中可一目了然，如东巴经典中最有代表性的《创世纪》《鲁般鲁饶》《董埃术埃》《白蝙蝠取经记》《崇仁潘迪找药》《丁巴什罗传略》《署鹏争斗》《普尺阿路》《多格飒》《窝英都奴杀猛妖》等名篇，在民间叙事文本中都有类似的作品，但从语言的润饰、修辞的精练、情节的设置、人物的塑造、影响的深广等方面来看，后者要远逊于前者。在纳西族东部方言区也存在类似情况，其间流传的民间口传的叙事作品的内容梗概、故事情节大多与东巴叙事作品大同小异，但不管是数量还是质量，都逊于东巴叙事作品。

第三节　东巴叙事传统的口头—书面文本

东巴叙事传统中的书面性与口头性是以互为文本的形式而存在、发展的。从历时性来看，东巴叙事书面文本的形成无疑源于口头文本，这从前面关于

东巴叙事传统与民间叙事传统关系的分析及东巴史诗《创世纪》的文本分析中可以得到论证。从共时性来看，东巴书面文本是用于仪式上的口头演述，而非仅作为阅读文本。

一、东巴经书写特点中的口头—书面互文性

东巴叙事传统中的书面性与口头性的互为文本特征与东巴书面文本的书写特点也有密切关系。东巴文"是处于原始图画文字与表意文字中间的一种象形文字"[①]。与具有一字一词相对应、逐词记录、线性排列的成熟文字不同，大部分东巴经书的书写方式体现出字词不对应、没有逐词记录、非线性排列的早期文字特点。[②] 如东巴经中出现频率较高的一个句式：，看似为一个文字符号，其实由三个字符构成—— 蒿草（pm^{33}）， 山坡（bv^{31}），● 黑（na^{31}）。"黑"在此借代"纳西族"。整句读为："$pm^{33} bv^{31} z_e^{33} pm^{33} bv^{31}$，$na^{31} pm^{33} kæ^{33} nm^{33} dzy^{33}$"，意为"艾蒿长山先于草，纳西历史很悠久"。$pm^{33}$ 还派生出"$pm^{33} pa^{31} be^{33}$"一词，意为发展变化或生育；$pm^{33} lm^{33} sv^{31} mv^{33}$，指传统古规，[③] 就是说由三个字符组成了一个有十个音字的句子。其中三个字符中并没有包含"z_e^{33}""$kæ^{33}$""dzy^{33}"三个音字，这属于有词无字现象，也没有逐词记录、线性排列，由此给阅读造成了极大的困难。即使知道三个字符的读音及义项，但不一定能够完整地识读出来。

如《创世纪》中的崇仁利恩射斑鸠的那一段内容也属于这一情况：

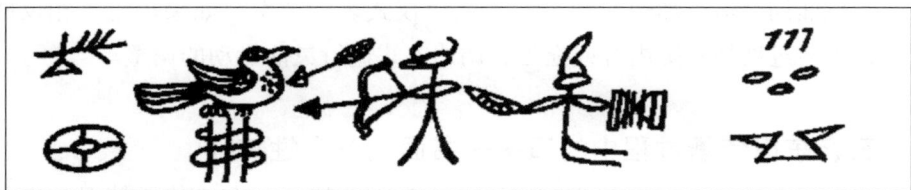

整幅用了 10 个字代表 13 句话，79 个音节。语句顺序排列并没有从左到右或从右到左地线性排列，而是形成了 ———— 的非线

---

①　和志武：《试论纳西象形文字的特点》，见郭大烈、杨世光编：《东巴文化论集》，昆明：云南人民出版社 1985 年版，第 165 页。

②　也有少部分晚期产生的东巴经书中存在字词对应、逐词记录、线性排列的文本，尤其以丽江鲁甸、太安、塔城一带的经书最有代表性，但这部分经书总体所占比例不高。

③　和志武：《纳西东巴文化》，长春：吉林教育出版社 1989 年版，第 123 页。

性排列次序。

东巴经书中的"有字无词"情况指经书中有东巴文字，但不作为读音，仅作为提示性符号。李霖灿认为东巴文正在处于由图画变向文字的过程中，故其文字中时有图画出现，比如"规程"类经书中"忽然加进一个板铃 🐟 一个法螺 🐚，意思是到此当打一下板铃，吹一下法螺，在这里都是图画而不是文字，因为它与画的关系多，而与音的关系少"①，这有些类似于发言稿、演讲稿中的提示符号。

二、东巴仪式表演中的口头—书面互文性

正如上文中提及的经书中的音乐符号、唱腔符号不作为读音，原因在于经书演述是为东巴仪式服务的，与仪式中的音乐、舞蹈、绘画、程序步骤等仪式表演行为相辅相成。口头叙事与仪式表演诸要素是紧密结合在一起的。东巴念诵或吟唱经书与仪式程序同步进行。有些东巴经书中的字体间距较为疏散也是出于这种原因。李静生当年曾问过在丽江东巴文化研究所工作的老东巴和云彩，他说，这种写得"疏散"的书，作仪时便于调整吟诵的拖音时间，以应仪式中的鼓点和节奏，书写得"太紧"，就不好诵读了。② 如果与经书内容相对应的仪式程序还没有结束，而经书已经念完，或程序结束后经书仍没有念完，都被视为仪式大忌，东巴的声望也会因此受到影响，甚至会出现仪式重做的情况。东巴经书的"看图说话"特征能够较好地适应口头表演与仪式表演同步进行的要求，如果念经速度跟不上仪式节奏了，东巴就会采取节约口诵词、适当加快念诵节奏来适应仪式表演节奏。如果出现了相反的情况，则通过增加铺陈内容或拖延腔调的方式进行灵活机动的调整。

三、东巴传承过程中的口头—书面的互文性特征

东巴叙事传统中的口头性与书面性的互文性特征与东巴传承情况也有关联。东巴经的传承并非先识字再读经文，而是先跟随师傅熟悉句式，然后背诵经书内容，再学习东巴文，最后随师傅进行跟读训练。跟读训练往往在具体的仪式中进行，以便掌握仪式口头演述能力。这种从口耳相传再到经书识读的传承、学习过程，既与东巴经书的书写特点相关，也与东巴经书的仪式演述特征有内在关系，因为在他学会读东巴文字时已经较为全面掌握了经书

① 李霖灿编著：《么些象形文字、标音文字字典》，台北：文史哲出版社1972年版。
② 李静生：《纳西东巴文字概论》，昆明：云南民族出版社2009年版，139页。

内容，经书中的文字只起到提示关键词、主要情节的作用，并不需要逐词记录。同时，他在学习、传承过程中也积累了如何在仪式演述中灵活机动处理经书与仪式关系的方法及心得。

另外，这一互文性特征也与东巴书写经书的过程有关系。有些水平高深的大东巴对经文内容较为谙熟，在书写过程中相应采取简略形式，只是对神灵详表，仪式程序详表，咒语、藏音经书采取详记方式。对经书内容掌握程度不深的东巴则往往采取详记方式。还有一种情况，就是过去的东巴经师在书写过程中，为防止别人偷学经书，在保证自己能识读的前提下，往往有意采取省略一些字等方法，让经书难以看懂，这样，没有受过专门拜师学习的外来东巴就无法识读这些经书。这说明东巴经书的传承离不开口头传统，口头传统的传承需要东巴经书作为媒介，二者在传承中达成了互为文本的传承模式。

四、"魔力崇拜"与口头—书面文本的互文性

东巴叙事具有宗教叙事的特点，这一特点也影响东巴叙事文本形态的互动转换。具体来说，这种互动转换情况与东巴教的"魔力崇拜"有内在关系。"魔力崇拜"与巫术存在联系。一般的魔力指神秘的超自然能力，但作为一种崇拜对象的"魔力"则主要指那些无具体形象或固定附体的，无独立人格或专门名称的各种超自然力。这种魔力是巫术仪式所要控制、利用、驱使的主要对象，也可称为"巫力"①。东巴教信仰观念中具有浓厚的"魔力崇拜"内容，东巴在做仪式前在家中先祭家神，祈求家神降威力于其身上，在仪式开始时的请神仪式中也是请求天神降威灵，使他的法力得到增强，有利于驱鬼杀魔。对于妖魔鬼怪也是毕恭毕敬先进行招待、安慰，然后才驱赶到它们居住的地方。东巴的法力与其身上的"威力"有内在关系，只有"大威力"的大东巴才能主持一些大规模的仪式。民间普遍认为，如果"威力"不够，会招致魔力反克，轻则伤身，重则有性命之虞。一个东巴出师前必须举行"加威灵"仪式，纳西语称为"汁再"（$tʂər^{31}tsæ^{55}$），意为把"汁"附于其体内。"汁"一般翻译为"威力"或"威灵"，其概念内涵包含了"巫力"因素。举行过"加威力"仪式的东巴意味着自身具有了神力，这种神力也会赋加到他使用的经书、法器、服饰等相关祭祀物品中，所以在他死后，这些东西也要与其一起火化，不能留存。这就意味着一个东巴的去世，他所有的经书也会

---

① 金泽：《宗教人类学导论》，北京：宗教文化出版社2001年版，第113页。

消失。他的徒弟在他去世前可以抄写一些重要经书，以防失传，但一些与"威力"相关的经书则不能传抄，而且他在书写过程中会故意掺加一些只有自己看得懂的文字符号，这种有意设置识别障碍的书写方式称为"放刺"（tɕhi³³khɯ⁵⁵）。这样即使有人得了这些经书，因其中内容难解，无法识读而无法传承。另外，东巴普遍认为，死者生前使用过的经书仍留有其"威力"，通过不正当手段获得这些经书，往往会给本人及家庭带来诸多灾难。这些宗教观念带来的文化禁忌对东巴传承及文本转换产生了相应影响。东巴去世后出现的空白经书，只能由徒弟根据对师傅口诵内容的记忆而进行书写记录，由此形成了口头到书写的文本互动情况。从东巴书写的文本类型来说，已经涵盖抄写本（tript）、提词本（prompt）、摹写本（script）等多种功能的文本。这些不同文本都是合一的，并非独自成立，这是由东巴书面文本与口头文本的互动关系所决定的。

口头文本与书面文本的互动转换有多种情况，如有些东巴对经书内容滚瓜烂熟，不需要经书提示就能完全演变为口头演述方式，在他去世后徒弟根据其口诵内容再记录成为书面文本。也有一开始只学口诵经，不学文字及经书，终生以口诵经形式主持仪式的东巴，他的这些口诵经再由徒弟整理为书面经书，如仍在世的83岁的和承德东巴，因3岁时眼睛受伤致盲，7岁时学习东巴文化，18岁出师时已经熟练掌握大部分仪式经书内容，一部分未掌握的经书通过向其他东巴学习而得以完善。现在他的这些口诵经内容大部分由徒弟整理成文。口头与书写文本转换过程中出现了大量异文本，这与不同徒弟的记忆情况、书写能力相关。同时，口头演述所特有的一般性（"一次"）与特殊性（"这一次"）之间存在差异，也是导致文本变异的重要原因。

第四节　东巴叙事传统中的表演文本

一、东巴叙事传统中的仪式表演

表演与仪式密不可分，仪式中的表演是戏剧产生的源头。仪式表演与历史记忆、文化象征、族群认同、社会结构有着复杂深刻的关系，人类学、社会学以及神话—仪式学派对此有过深入的研究。本书旨归并不在于表演与仪式的深层关系研究，而在于对以下问题进行探讨：仪式中的表演是如何达成的？它与口头传统的关系是如何的？仪式主持者是如何把口头演述、仪式演唱、舞蹈、绘画、手工艺、游戏等多元表演单元应用到仪式中？这些不同的表演单元之间与仪式的程序、主题、典型场景、类型是否存在对应关系？可以说，将"程式"引入仪式表演中，可以对"程式"的概念内涵及功能有更为深入与确切的把握与认识。

帕里对"程式"（formula）的定义为："程式是在相同的步格条件下为表达某一特定意义而经常使用的一组词。"这一定义把口头传统中的词语表达与口头创作有机连接起来，揭示了口头诗歌创作的内在运作规律。后来，帕里扩大了这一概念的使用范围，它不局限于名词属性形容词程式，还包括了以成组的、可替换的模式出现的程式系统。"洛德则从歌手立场出发，从传统内部研究程式。他认为程式是一种强调节奏和步格功能的诗歌语言，是一种能动的、多样式的可以替换的词语模式。在口头传统中，程式无处不在，如程式的主题、程式的故事形式、程式的动作和场景、程式的语法和句法等。在口头诗歌里一切都是程式化的；程式是口头史诗所具有的最突出的本质。口头诗人在表演中的创编这一过程中，程式用于构筑诗行，主题用于引导歌手迅捷有效地建构更大的叙事结构。程式之于形式，是主题之于内容的关系，属于同一事物的两个方面。对于歌手来说，程式属于口头创作，而不是记忆手段。"①

可见，对口头诗学视域中的"程式"概念的理解处于动态的丰富、深化过程中，整体趋势来说，它不局限于词组和句子上，也体现在更大的结构单元中，且扩展到与口头传统联系紧密的古典诗歌、戏曲、民歌研究领域中。近年来，程式的理论概念应用到《诗经》、敦煌变文、京剧、评弹等诸多不同种类的研究领域中。帕里提出的"formula"所指主要限于口头诗歌中的"程式"，而汉语中的"程式"概念所指则趋向多义化，包含了语言、思维、行为等多个层面，如京剧的程式研究不仅包含了口头演唱的程式化语言，还涵盖了服饰、动作、场景、绘画、音乐等多个方面。本书中的"程式"既涉及仪式叙事程式，又涵盖仪式叙事行为所涉及的仪式程序、音乐表演、舞蹈表演等相关内容。

东巴叙事传统的演述是基于深厚的叙事传统而展开的，东巴叙事传统指纳西族东巴在东巴仪式及民俗生活中进行叙事活动的文化传统。东巴叙事传统与神话内容紧密相关，类似于有些学者提出的"神话史诗"②。主要是借助神灵故事来宣扬东巴教的主旨，其讲述方式又往往与仪式表演融合在一起，通过文本口头叙事、东巴舞蹈、东巴绘画、东巴音乐、东巴游戏等多元艺术

---

① 尹虎彬：《古代经典与口头传统》，北京：中国社会科学出版社 2002 年版，第 119 页。
② 段宝林：《中国民间文艺学》，北京：文化艺术出版社 1987 年版，第 265－266 页。

表演形式的融合，给受众以多种艺术审美感受、体验，从而达到"神话是真实的"的叙事目的。可以说，东巴叙事传统中的史诗演述同仪式叙事相辅相成，并行不悖。整个仪式场面带有浓郁的"仪式戏剧"的色彩，或者说东巴叙事传统演述通过仪式表演达成了如临其境般的演述场域。和志武认为："东巴为人家念经，往往是有声有色的个人和集体的唱诵表演，配上鼓点和小马锣的回音，非常动听。诵经调以不同道场而区分，在同一道场中，又以不同法事和经书的内容而有不同的唱法；并且还有地区上的差别，如丽江坝区、中甸、白地、丽江宝山等，就有明显的差异。总的来说，东巴经诵经腔调有20多种，最丰富的是丽江坝区。从音乐本身价值来看，以丽江祭风道场和开丧、超荐道场的诵调为佳。前者除配锣鼓响点外，有时还配直笛，唱诵《鲁般鲁饶》时，一般是中青年的东巴唱诵，声音清脆轻松，节奏明快，所以颇能吸引青年听众。后者往往不用锣鼓，而是采用集体合唱方式，庄重浑厚，雄音缭绕，表现的是一种较为严肃的气氛。"①

前面提到，李霖灿认为东巴文正处于由图画变向文字的过程中，故其文字中时有图画出现，比如"规程"类经书中"忽然加进一个板铃🦌一个法螺🐚，意思是到此当打一下板铃，吹一下法螺，在这里都是图画而不是文字，因为它与画的关系多，而与音的关系少"②，从中也说明了东巴经或史诗的演述与音乐伴奏相辅相成，互为表里。程式化特征是构成史诗的重要参照标准，这不仅体现在口头演述活动中，还体现在具体的仪式表演行为中。东巴叙事传统的表演程式是指东巴在演述史诗时，往往借助东巴唱腔的演述，以及鼓、锣、铃等乐器伴奏来达成的，而构成东巴叙事传统的音乐、舞蹈、绘画等表演单元中就蕴含着突出的程式化特征，这一特征既是东巴叙事传统的本体内容所在，也是东巴叙事传统作为多元形态文本的属性所在。

二、东巴音乐文本

东巴叙事传统中的音乐文本可以分为唱腔与乐器伴奏两大类，这两类往往在仪式中与东巴的口头—书面文本演述结合在一起进行。可以说东巴叙事文本不只是用来"读"的，也是在仪式上"唱"的，东巴唱腔与其身体语言一同构成了东巴演述的主要手段。

---

① 和志武：《纳西东巴文化》，长春：吉林教育出版社1989年版，第211页。
② 李霖灿编著：《么些象形文字、标音文字字典》，台北：文史哲出版社1972年版，第139页。

（一）东巴经文中的唱腔分类

在东巴经文里的象形文字中，保留了很多与东巴经文演述相关的词汇，从这些词汇中可以了解东巴唱腔的多种类型，同时也可以从中认识这些不同唱腔的程式化特征。因为这些象形字在经文中不仅起到表达词意的功能，也具有指示表演行为的功能，如指示以下内容为口诵经内容，指示讲述者模拟故事主人公口气进行演述。

在东巴经文中，也有专门用于东巴唱腔的记忆提示符号，即到什么经文应采取哪一种演述唱腔。现将其分类择要如下：

（1）法仪诵唱：两个东巴分别执法器叉和板鼓、板铃席地主持法仪，唱诵经文。

（2）东巴坐歌：有四种写法——。

（3）请神歌：左为神，右为东巴唱诵请神降临之歌。

（4）东巴边舞边歌：双手摇奏着板鼓、板铃。

（5）武神贝当边舞边歌：双手摇奏着板鼓、板铃。

（6）丁巴什罗歌：两种写法——左为举叉摇铃歌舞，右为坐唱。两个人形右边的符号是"什罗"二字。

（7）铃鼓乐齐奏：三人共奏鼓铃器乐。居中者右手挥刀，是大东巴（亦等于乐队指挥）。

（8）祭神歌：右一为坐在神台上的神。右二、三为唱诵祭神经的东巴。右三右手所执是一盏神灯——祭神的象征。

（9）求爱歌：男女相爱互唱，即情歌。

（10）恋歌：男女坐唱恋情之歌。

（11）祝婚歌：两位东巴，一位坐唱，另一位手捧酥油念诵祝词为一对新人主持婚礼。

（12）驱邪逐鬼之乐：一人吹角号，一人击大鼓（人未画出），在乐声中杀尽毒鬼（横着两个长发人形是鬼，一把刀表示斩杀）。

（13）送鬼歌：东巴坐在法仪正上方，唱诵经文。一侧放竹篮，内置两个纸做的鬼偶，右为戳鬼的竹刺，以示把侵扰人畜的鬼送走。

（14）祭祖歌：〔符号〕右一树木上托猴脸表示祖先（包括已超度的亡人）；中为跪拜，祭祀；左为东巴唱诵，歌声悠远。

（15）压鬼歌：〔符号〕即赶鬼歌。男女齐唱，把鬼压死在石堆之下。

（16）女子歌：〔符号〕女声独唱。

（二）东巴仪式中的唱腔分类

东巴仪式唱腔的分类是传统规定的，不是人为划分的，也就是说，一本经书在具体的仪式演述时的唱腔是固定的，不能随意变动。当然，因仪式类别不同，所唱诵经书不同，唱腔的种数也有所不同。如《祭天》唱腔有三种，《祭什罗》唱腔有两种，《大祭风》有五种，《超度》有六种，《禳夺鬼》有五种，《除秽》《祭署》《祭风》《求寿》《燃灯经》《送猛厄鬼》《退口舌是非》《送难产不孕鬼》《送无头鬼》皆只有一种。据统计，东巴经唱腔有三十多种。① 东巴唱腔按大仪式类别可划分为三类：

1. 祈神类唱腔

一般在请神、迎神、祈神、祭神时演述的唱腔，如《请神经》《祭署》《迎请卢神、沈神》《迎请优麻神》等。态度恭敬虔诚，节奏舒缓平和，旋律流畅中速，风格庄严肃穆。

祭　神

稍慢

```
6 3 i 6 | 5/5 3 — ·6 | 1 3 2 2 1 6 | 6 6 3 2 ·3 | 2 3 1 6 6 — | i 6 3 6 |
3 6 i 3 — | 1 3 2 1 | 2 2 3 6 — | 3 6 2 3 | 1 3 6 — ↗ |
```

2. 禳鬼消灾类唱腔

这类唱腔专门在驱鬼除秽、招魂消灾等仪式上使用，与祈神类的"文乐"相比，属于"武乐"类型，声音高亢，节奏急促，铿锵有力，以此气势来震慑、威吓所驱鬼怪。如祭天仪式中举行的顶灾仪式，东巴一边以烧鸡毛来引诱恶神可洛可兴，一边怒气冲冲地唱诵经书："把可洛可兴降下来的灾祸全抵

① 杨曾烈：《东巴音乐》，见《丽江文史资料全集》（第三集），昆明：云南民族出版社2012年版，第101页。

回去，如果把劣马放下来践踏庄稼，把瘟疫传播到人间，把麦锈病和稻瘟放到田间，把钻心虫、蝗虫遣到地里；如果放出猛虎伤害耕牛，放出恶狼吞食山羊，放出野猫咬小鸡；如果放下冰雹、飓风、洪水、疾病，用鸡毛的臭味把一切灾难全抵回去……"

东　巴　调

丽江大东和玉才唱

3．叙事类唱腔

这一类介乎于前述两者之间，也是东巴经演述中最普遍使用的唱腔，这与叙事类经书所占比例有内在关系。叙事类经书内容多，情节曲折，如果采用前两种方法一唱到底，显然不合情理，所以东巴往往采用了吟诵式唱腔，音调相对较低，节奏匀速，语气平和，娓娓而叙。

挽　歌

自由、慢

丽江下东河和文真唱

（三）东巴乐器的综合伴奏及程式

东巴经文中有具体的乐器伴奏提示字符，如 表示应摇板鼓 3 次； 表示应摇响板铃 2 次； 表示应抬高双手 2 次，摇响板鼓 10 次； 表示笛子应吹奏 4 次，一般多指吹 4 曲、4 遍或指吹 4 声； 表示女子应吹响木叶 5 次，或吹奏 5 遍。① 由此可见，这些东巴乐器在仪式表演中的应用有着具体严格的规定，东巴经文对乐器伴奏表演起到了规约的作用，这也说明了念

① 杨德鋆：《凝结在纳西古老图画象形文字里的音乐：云南民族传统音乐研究》，《文艺研究》1998 年第 3 期。

诵经文东巴的主祭者身份，他在仪式中扮演的是"导演"的角色，不仅掌控着仪式每一个程序的进展，而且对仪式表演的每一个类别起到指示作用。

在东巴音乐中最常见的伴奏乐器是板铃与板鼓，东巴认为这两者分别象征了日、月，由此引申为阳神、阴神的化身。这两种乐器在仪式表演中往往同时使用，意喻着"日月同辉""天地交泰"。如下面这段《开坛经》的开头唱腔中，前两个节拍由板鼓伴奏，后两个节拍由板铃伴奏，反复三次，形成递进平行式结构，烘托出庄严、神圣的宗教氛围。

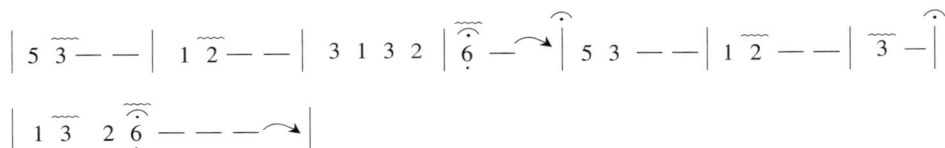

$$ | 5\ \widetilde{3}\ —\ — | \widetilde{1}\ 2\ —\ — | 3\ 1\ 3\ 2\ | \widetilde{6}\ —\ \nearrow\ | 5\ 3\ —\ — | \widetilde{1}\ 2\ —\ — | \widetilde{3}\ — | $$

$$ | \widetilde{1}\ \widetilde{3}\ 2\ \widetilde{6}\ —\ —\ —\ \nearrow\ | $$

东巴音乐伴奏往往与东巴舞合二为一，跳舞者两手各持板鼓与板铃，边跳边摇动鼓铃。海螺、牦牛号角往往用于请神仪式中，主要是由于这两种乐器共鸣声强，东巴认为借此可以把请神声音传到遥远的天庭，这样才能请神仙下来。东巴音乐伴奏的节奏以四分之二拍为主。当然，这一固定节奏在不同的仪式程序中也相应地发生变化，如在请神仪式中，节奏明显变缓，突出了庄严肃穆的神圣气氛；而在驱鬼仪式中，这一节奏变得急促粗犷，音乐音响也处于最强音，加上东巴及民众一同在旁边吼叫，营造了同仇敌忾的驱鬼气氛。

三、东巴舞蹈表演文本

东巴舞即东巴仪式中的跳神舞蹈。东巴既是巫师，也是舞者，所跳舞蹈主要模仿神灵、动物的动作形态，以达娱神禳灾之效。因涉及鬼神，东巴舞的学习训练、跳法、场地、人员皆有严格规定。东巴舞的跳法在东巴经的舞谱中有详细具体的记载，现存东巴舞谱主要有《跳神舞蹈规程》《祭什罗法仪跳的规程》《舞蹈的来历》《舞蹈的出处和来历》等经书，共记载了近百种舞蹈跳法。

（一）东巴舞的类别

东巴经文《舞蹈的出处和来历》载："舞蹈是人类受到金色神蛙跳跃的启发而产生的。"东巴舞最为突出的一个特征是模仿动物的动作，而动物以大鹏鸟、狮子、老虎、青蛙、青龙、牦牛、犏牛、山羊、孔雀等为主，这无疑是纳西先民动物图腾崇拜的遗留。居其次的是神灵舞，主要以东巴教教祖——丁巴什罗舞、护法神舞为主，这些神灵舞又往往与动物舞相对应，每个神灵都有相对应的坐骑，这些坐骑以上述动物为主，说明二者有着内在联系。东巴教后期融入了本教、藏传佛教内容，这些外来宗教的神灵也大量融入东巴教神灵体系中，在东巴舞中得到了充分的体现，应该说动物舞是东巴舞的底层文化，神灵舞是后来居上的。如丁巴什罗舞、萨依威德舞、恒迪窝盘舞、卡冉明究四头战神舞、五方大神舞等都与藏族本教、藏传佛教的神灵有着直接的渊源关系。法器舞在东巴舞中并不占主体，只是在驱鬼禳灾仪式中才跳此舞，是动物舞、神灵舞的补充内容。

1. 神灵舞类

神灵舞类有：丁巴什罗舞、东方大神格泽楚布舞、南方大神色日米贡舞、西方大神纳森崇陆舞、北方大神古塞克巴舞、中央大神索羽季古舞、沙利伍登大神舞、亨迪俄盘大神舞、亨衣格孔大神舞、朗究敬究战神舞、蒙布汝绒战神舞、达拉米布战神舞、色塞克久大神舞、玛米巴罗大神舞、罗巴托格战将舞、塔尤丁巴战将舞、羽培爪索十三战将舞、羽吕爪索十三战将舞、卡冉明究四头战神舞、拉姆神女舞、神女舞、丹英拉姆神女舞、茨里拉姆神女舞、多格天将舞、巴乌尤玛护法神舞、图赤尤玛护法神舞、左梯尤玛护法神舞、镇魔女固斯麻舞、罗崇达亨（祭司）舞。

2. 动物舞类

动物舞类有：金色神蛙舞、赤虎舞、绿松石青龙舞、走龙舞、飞龙舞、白海螺狮子舞、大鹏神鸟舞、白牦牛舞、黑犏牛舞、白山羊（神羊）舞、金孔雀舞。

3. 法器舞类

法器舞类有：尤玛磨剑舞、降魔杵舞、弓箭舞。

（二）东巴舞蹈的叙事文本特征

其一，从叙事层面来说，东巴舞属于舞蹈叙事文本，如丁巴什罗舞包括丁巴什罗诞辰舞、丁巴什罗学步舞、丁巴什罗脚底带刺舞、丁巴什罗杀魔舞、丁巴什罗陷身毒海舞、求什罗舞等。在东巴丧葬仪式中，东巴们要跳丁巴什罗舞，通过东巴舞来讲述丁巴什罗非凡的一生，即通过舞蹈特有的肢体语言来叙述丁巴什罗的故事。

其二，东巴舞的叙事文本是与其他表演文本相结合的。跳丁巴什罗舞时，东巴们一边要念诵《丁巴什罗传略》，叙述其非凡的经历，一边要在仪式上悬挂丁巴什罗的卷轴画，并在跳丁巴什罗舞前进行相应的请神祭祀仪式。跳丁巴什罗舞时还要伴随板铃、大鼓的伴奏，以及法杖、刀剑的挥舞，从中可见，东巴舞叙事是与口头叙事、书面文本叙事、图画叙事、音乐叙事一起发生作用的。这种歌、诗、舞、画相融的综合艺术形式既是表演艺术产生的雏形，也是人类艺术发展的归宿，现代戏剧、戏曲、电影、话剧就明显带有综合性表演艺术的特点。

其三，东巴舞的叙事文本有着严格的规范性与宗教禁忌。每一个东巴舞蹈的动作都是历史形成的，都有其出处与来历，传承至今的东巴舞谱（《蹉模》）对舞蹈动作、技能都做了详细的规定。东巴经书《舞蹈的来历》中就有关于跳丁巴什罗舞的舞谱。下面为其中一页：

上面的东巴文翻译如下：

要跳丁巴什罗起床舞姿时，左脚吸一次腿，然后左、右脚各吸两次腿，各摇两次板铃，然后左、右脚各吸三次腿，各摇三次手摇鼓。以上为三种不同的什罗舞姿。要跳什罗的脚后跟被刺戳着的舞姿时，踮着脚后跟在毒鬼黑海的左边做三次旁腰托掌闪身，又在黑海的右边做三次旁腰托掌闪身，然后左脚吸三次腿，摇三次板铃；右脚吸三次腿，又摇三次板铃。要跳朗究敬究大神舞时，右腿向左脚靠拢后向前走五步，左脚单立，向右做山膀跨腿动作，并做一次深吸腿。右脚单立，向左做山膀跨腿动作后，又做一次深吸腿。①

关于东巴舞的宗教禁忌与其他东巴表演类别是一致的，东巴舞的表演时间、占地、次数都有严格的规定。譬如丁巴什罗舞只能在超度东巴仪式中才能表演，迎请神灵时也要根据迎请对象而跳相应的舞蹈，不能混淆。这些宗

① 《舞蹈的来历》，见东巴文化研究所编译：《纳西东巴古籍译注全集》（第100卷），昆明：云南人民出版社1999年版，第30、31页。

教禁忌使东巴舞一直保留着娱神的宗教性质，而非娱人的世俗舞蹈；但客观上也束缚了东巴舞蹈的发展。东巴舞蹈一直没能发展为东巴戏曲就有其制约性因素。

四、东巴画的叙事文本

东巴画是东巴文化的有机组成部分，是纳西族先民创制的一种古老的绘画艺术，依附于东巴教，并直接为其仪式服务，具有浓郁的宗教性、仪式性、实用性等特点。和志武认为："东巴画用色彩等手段构成艺术形象，来反映纳西族的古代社会生活；但由于他们是东巴祭司们所创作绘制的，并且专门用在东巴教的宗教活动场所，所以，东巴画的内容多以宗教题材为主，是表达东巴艺术家们的思想感悟和审美情趣的一种社会意识形态。"①

（一）东巴画的类别

东巴画与东巴仪式、经书、唱腔、舞蹈相似，其内部有着明显的程式化特点。东巴画的程式化特征首先表现在类别方面，也就是按不同的类别规定了东巴画的材质、内容、画法、风格。东巴画的分类有多种划分法，如按其内容可划分为神灵画、鬼怪画、动物画、植物画、吉祥符号画等；按技法可划分为勾勒画、淡彩画、重彩画等。东巴画的普遍分类法以材料为主，主要划分为以下几类：

1. 经卷画

经卷画主要指东巴经卷中的图画，包括东巴图画文字、封面装帧画、经书扉页和题图等。

（1）东巴图画文字。

纳西族学者兰伟说："象形文字从它的造字以及整个发展的情况来看，它是从图画逐步发展演变成现在的东巴文字，所以现在的东巴文本身就具有很高的艺术价值，每一个东巴文字都是很美的一幅画。"② 纳西族先民在漫长的历史进程中，在茫茫大草原中先经历了游牧生活；后迁徙到江河纵横、雪峰森森的金沙江高原地带，由游牧生活转型为畜牧、农耕生活，这些历史在东巴画中也得到了充分体现。如东巴字的"天"，呈现出类似蒙古包的帐篷形状；"地"字为长满青草的平地；《马的来历》这本经书中有百余匹马，动态

---

① 和志武：《纳西东巴文化》，长春：吉林教育出版社 1989 年版，第 200 页。
② 兰伟：《东巴画与东巴文的关系》，见郭大烈、杨世光编：《东巴文化论集》，昆明：云南人民出版社 1985 年版，第 426 页。

各异，生气灵动，从中也折射出纳西先民早期经历的游牧文化的社会图景。

（2）封面装帧画。

东巴经书封面装帧工整，构图讲究。书名的正上方用美丽的"八宝"图案装饰，有神花、海螺、宝壶、法轮、宝伞、如意结、双重、宝珠等。在宝物的下方绘上流水，两侧画上行云，使宝物如同漂浮于行云流水之上，增强了立体动感。各类经书封面画造型独异，各具千秋，有的绘有东巴诵经形象，有的绘有迎神压鬼舞姿，画法丰富而精美，多数还敷以明丽谐和的色彩，构成一幅幅清晰古朴、各呈异彩的装饰画。

（3）经书扉页画。

经书扉页画内容与该书的内容相吻合，提示性地画出该书中出现的主神或主人公的形象，如《人类迁徙记》画主人公崇仁利恩，《迎请卡冉神》画卡冉明究四头神神像，也有的只画一个具有特色的东巴像。经书扉页画和题图画一般都着色，起到启迪主题和渲染内容的艺术效果。

2. 木牌画

木牌画是在简制的木牌面上绘制出的图像，东巴符号和图像所作的画，纳西语叫"课标"，是一种最古老的原始绘画艺术。它主要用于纳西族的插地祭祀活动，与两汉时期中国西北部古羌人"人面形木牌"有渊源关系。木牌画为举行一定的祭祀仪式，刻在木质材料上的符号和图像。木牌画起源最早，与口诵经书时代并行，远早于东巴文字形成，应为"森究鲁究"（木石上的痕迹）之说中的"森究"（木头上的痕迹）。木牌画一般长约60厘米，宽约10厘米，厚度约1厘米，分尖头形和平头形两种。尖头形一般画神的形象，插于上方神坛前；平头形画鬼的形象，插于下方鬼寨中。但也有只用一种尖形牌绘神灵鬼怪的。近代木牌画普遍用红、黄、蓝等矿物质颜料添敷色彩，画面鲜艳，引人入胜。

3. 纸牌画

纸牌画以自制的土纸为载体，按其形式、大小和内容可分为四种：

（1）五方战神纸牌画。

五方战神纸牌画共五张，其尺寸大小与东巴经相似，上方分别画有伸着利爪飞翔的"休曲"神鸟（或称神鹏），下方画着手持武器骑各种动物的战神，其所骑动物分别是巨掌红虎、白色狮子、玉绿青龙、金色大象和"休曲"神鸟，他们分别为东、南、西、北、中五方之战神。

（2）署神、动物纸牌画。

这类纸牌画比五方战神纸牌画略小，既有着色的，也有素描的，所画形象大体为神鸟"休曲"斗恶"署"、金色巨蛙、孔雀、优麻战神等。

（3）占卜类纸牌画。

占卜类纸牌画又分别与各种卜卦方法相对应，如看人的生辰八字的"左拉卡"，共有 30 块长方形的卜图，每一张图支配两年的运道，30 张图即合六十花甲子之数。占卜类纸牌画将着色的画面内容诸如人神鬼或动物与单色象形文字融为一体。

（4）五幅冠纸牌画。

东巴头上戴的五幅冠纸牌画，用多层厚纸裱拓而成，仍属纸牌画一类。五幅冠各套内容不尽相同，中幅一般画一尊大神或丁巴罗什，两旁四幅画为四尊护法神。有的五幅冠则画上五尊神明东巴的像。五幅冠画装饰浓烈，色彩富丽。东巴用红布带把它扎系在头上，更增添了东巴主持仪式时的威严和艺术风采。除了以上纸牌画，丽江塔城地区还有一种特别的头冠，在各种喜庆场合或者跳勒巴舞时佩戴，男女都可以戴在头上，头冠上的绘画内容多为东巴教的吉祥物和法器、花卉等，造型上比较随意，采用了对称的构图形式，色彩鲜艳，突出喜庆的气氛。

4. 卷轴画

卷轴画多绘于麻布或土布上，四周用蓝布装裱，上有天杆，下设地轴，绘画内容多为纳西族信奉的神祇。卷轴画数量众多，构图紧凑、层次分明、笔法工整、造型准确，色彩艳丽而多变，格调庄严，画面讲究对称、均衡。从卷轴画中可以看到东巴画发展的艺术轨迹，东巴传统的古拙画风与后起的细腻工笔画风有机地融汇一起，形成粗细有致、疏密相间的风格，是东巴绘画艺术中成就较高的艺术作品。卷轴画按其内容可分为大神画、神事画。

（二）东巴画的叙事性特征

1. 东巴画内容中的叙事性特征

任何以宗教内容为题材的绘画作品都具有叙事性特征，譬如我们熟悉的意大利著名画家达·芬奇的名作《最后的晚餐》就是典型代表，这在西方早期乃至文艺复兴时期的绘画作品中都是较为普遍的。东巴画也不例外，每一幅东巴绘画作品都在无声地讲述着一段东巴故事，这些东巴故事又与口头文本、书面文本、表演文本有着高度的一致性，譬如前面述及的为什么丁巴什罗的画像要把他的身体绘成蓝色，这与他勇斗魔鬼最后陷入毒海全身染成蓝色的故事密切相关。

东巴画的代表作《神路图》也具有典型的叙事性特征。《神路图》的纳西语原名叫"亨日皮"；"亨"意为"神"，"日"意为"路"，"皮"为"评断""裁决""判定"之意。"亨日皮"意为东巴为死者评断、指点通往神地之路，即为亡灵排难解忧，把他们从鬼地（地狱）的煎熬中解脱超度出来，转生为人，或送至神灵之地。《神路图》作为布面卷轴画，一般长达 10 米，最长的可达 20 米，宽 16 厘米左右。分为地狱、人类世界、自然天国、天国四个部分，画面色彩鲜明、艳丽，人物造型生动、个性鲜明，既受藏传绘画艺术影响，又具有纳西族传统风格和特色，是东巴绘画艺术中的珍品。《神路图》主要用于丧葬时超度死者亡灵仪式中，描述了死者亡灵要经过的地狱、人间、自然界、天堂等各阶段的具体场面。在纳西族的丧葬和超度亡灵仪式上，根据《神路图》导引死者灵魂进入新的生命场是一件极为重要的大事。在仪式演述中，主祭东巴一手持灯，另一手要把《神路图》徐徐展开，在无量河流域还要跳东巴舞，其他东巴站于《神路图》旁依次咏诵 8 册《神路图经》，为死者评断路径，导引亡灵穿越鬼地，摆脱恶鬼的种种折磨。纳西族在举行传统安葬习俗时，要在安葬场铺开《神路图》，把图上的鬼地部分朝着死者头部，向西北方向铺开。往西北方向铺开的意思是死者灵魂将回归西北方向的纳西远祖之地。把死者灵魂送到"祖先之地"是纳西族的古代民俗，"祖先之地"是纳西族信仰意识中的死后生命的再生空间。各地纳西族都有十分详细的送魂路线，灵魂返祖地必经的每一个地名都在东巴经的送魂路线中标出。这说明，《神路图》作为绘画作品，既是静态的东巴叙事作品，又是动态的叙事文本，而其动态文本是通过东巴的舞蹈、口头—书面文本演述达成的。

2. 木牌画的绘制技法中的叙事性特征

在绘制木牌画过程中，描绘天上的神灵时，一般在顶部绘制日月星辰、风雨雷电及"东巴八宝"等祥瑞图案。在木牌中心绘制主神的形象，在他周围画上与之相对应的辅神、道具、坐骑等形象。木牌下部写上仪式中对该神祈祷的文字。绘制鬼牌时一般在顶部画上木栅栏，寓意将鬼怪阻拦在地下，不得闯入人间。在下方画所要祭祀的鬼的形象，最后写上祭祀的内容。

从中我们可以看出，东巴木牌画的制作也要遵循统一的叙事原则，正如每一卷东巴经书先从天地日月星辰开始讲述，东巴木牌画的制作也是将天地日月星辰画在最上面，再画中间的神灵及坐骑。每幅卷轴画主要绘制一尊大神，主神周围绘着与其相关的神界和其他神祇、祭司、灵禽异兽以及各种宗教吉祥符号。上下左右均配上与主神有关的大神和战神及与主神有关的社会关系、文化背景等，以烘托出主神像，从构图上形成大小、疏密的对比。

3. 东巴画在仪式应用中的叙事性特征

东巴画在仪式中的应用程式主要分成仪式场景、仪式程序两个方面，而这两个方面与仪式叙事特征是内在相统一的。在仪式场景中，大神卷轴画只能挂于神坛上方，鬼类木牌画只能插在门外的鬼寨中，署类木牌画须插在水塘或树木中,《神路图》只能出现在丧葬仪式中。在具体的仪式应用过程中又有着详细的规定,而这些规定与东巴经书中的内容密切相关,譬如迎请神灵时,必须先提及威灵最大的神灵,然后依次提及威灵不同的神灵名称,类似于《水浒传》中 108 将的座次排位。

在东巴仪式中挂大神画时,必须先进行除秽、迎请诸神仪式;仪式完毕后先挂主神像,然后挂护法神像,最后挂诸神坐骑及吉祥图。其顺序为:主神——萨依威德、依古阿格、恒迪窝盘和丁巴什罗;护法神——恒依格空(九头)、卡冉明究(四头)、朗究敬究、麦布精如;战神——优麻战神、"休曲"战神;其他神——五谷神、药神;神灵坐骑——鹏、龙、狮、白牦牛、红虎及各种东巴教的吉祥符号。挂图布局以主神居中,护法神、战神、坐骑、吉祥图分别挂于两侧。仪式主要程序结束后举行送神仪式,然后按挂神像顺序一一取下收藏。

有些东巴画的叙事性是通过表演来实现的。如木牌画有时钉在墙柱上,有时插在祭坛上,有时还要固定在树枝上,东巴用弓箭射它,以示战胜凶魔。在丁巴什罗超度仪式中,搭建女魔王司命麻佐固斯麻祭坛时,画有女魔王形象的木牌要插在象征毒海的右边,然后在其两边分别插上两块骑马的仄鬼木牌,最后插上九块画有丁巴什罗灵魂的木牌,以此象征教祖丁巴什罗灵魂在毒海中受女魔王所困。在主祭东巴念诵完《祭司命麻佐固斯麻》时,众人一齐上前奋力用刀砍断鬼牌,象征攻破毒海,拯救出丁巴什罗的灵魂。

东巴画谱中强调"不要出差错。差错会引起许多是非",说明了这些画法及在仪式中的具体应用有着严格的规定,同时也说明了东巴画的程式化也与宗教禁忌有着内在关系,正是这种特定的宗教禁忌使一代代的东巴不敢擅自做出创新性的举动,从而使其程式化特征得到强化与巩固。

第五节　东巴叙事传统的文本特征

基于上述对东巴叙事传统的口头文本、书面文本、口头—书面文本,包括音乐、舞蹈、绘画在内的表演文本的分类分析,从特殊到一般,从具体到抽象,在此,我们对东巴叙事传统的文本特征可以有个整体的概括与总结。

一、东巴仪式叙事文本的序列要素

洛德提到的"序列要素"指构成故事范型的叙事要素,这些要素按情节、事件的顺序归纳而得，如他把《归来歌》的故事范型归纳为五个序列要素：缺席、劫难、重归、复仇和婚礼。仪式叙事同样存在类似的序列要素。如东巴超度仪式类型中，其仪式表演类型可归纳为六个序列要素：出生、失魂、招魂、接魂、送魂、永生。这六个序列要素既是构成整个仪式结构的核心程序，也是东巴叙事文本中的情节基干、核心母题，在表演层面上达成了平行叙事结构。也就是说，东巴在经文中念诵这些故事情节时，其他东巴们通过东巴舞、东巴画、东巴工艺、东巴音乐等多种表演形式表述同样的主题内容。或者说，这些序列要素是在东巴的说、跳、画、乐等多元表演内容的综合作用下达成的。如东巴超度仪式中的"丁巴什罗出生"这一序列要素就包括了下面这些表演内容：

（1）程序名称：丁巴什罗出世。

（2）程序主题：出世。

（3）东巴经演述：《什罗出世经》。

（4）东巴画：挂《什罗神像》。

（5）东巴舞：跳丁巴什罗出世舞，黄金蛙舞。

（6）东巴音乐：板铃、板鼓伴奏。

（7）场景描述：东巴们在草席上打滚，抬左手，意喻丁巴什罗从母亲左腋下出生，学蛙走路。

东巴超度仪式与其他丧葬仪式最大的一个区别在于送魂地是在天上，而不是"祖先之地"，这与东巴教的教祖丁巴什罗的生平有关。丁巴什罗受天神指派下界除魔镇妖，先投胎到人间，出世后屡现神异之象，修炼成神功后到魔窟、鬼域中杀魔除鬼，为人类除患。丁巴什罗是智勇双全的神人形象，妖魔硬碰硬打不过丁巴什罗，就施出美人计、苦情计、毒海计，都被丁巴什罗一一破除，但在最后一战中，因轻敌不慎掉入毒海，最后与魔王同归于尽，为人类安居乐业做出了牺牲。人们为了感激丁巴什罗，到毒海旁举行招魂仪式，通过仪式将其灵魂从毒海中接到人间，再由东巴超度到天上，从而得以永生。从中可见，东巴仪式表演类型的序列要素与故事范型中的序列要素是一致的，都是以丁巴什罗的生平内容展开叙事的：出生、失魂、招魂、接魂、送魂、永生。

与之相类似，祭天仪式叙事文本要素可分为这样五个序列要素：求生、求婚、考验、结婚、回归。这与祭天仪式中的主人公——崇仁利恩的生平密切相关：因兄妹婚遭到天神的洪水惩罚，求生成为首要解决的问题，在天神帮助下制造革囊船而得以幸存；人间只剩下他一人，在天神帮助下到天上求婚，并与天女衬恒褒白相爱；孜劳阿普神并不同意崇仁利恩的求婚，设下种种难题故意刁难他，崇仁利恩一一破解，从而获得了首肯；因人间荒无人烟，结婚时获得了天父、天母丰厚的嫁妆，为人类的繁衍生息创造了条件；最后他们双双从天上返回人间，学会了祭天来答谢上天的恩赐。由此来说，仪式或仪式表演也是讲各种东巴神话中的神灵、英雄祖先、万物起源的故事，相比来说，以讲前两种故事为主。如东巴超度仪式讲丁巴什罗的故事，祭天仪式是讲崇仁利恩的故事，祭风仪式讲祖古羽勒盘（朱古羽勒排）与开美久命金（康美久咪姬）的殉情故事，垛肯仪式讲黑白两部落战争的故事。

　　故事必须有情节支撑才能讲得下去，仪式表演同样是在讲故事，与单纯的口头演述不同，更多的是借助绘画、音乐、舞蹈、工艺等综合手段来达到"讲故事"的目的。多元表演手段得以有机融合，关键在于受到仪式程序规程的统摄，而程序规程是按照故事情节设置的，本身包含了上述的序列要素。这些序列要素是构成不同类型的故事或表演的"基因"，这些"基因"为东巴们举行仪式、故事演述、表演提供了稳定的、可靠的程式保障，同时也为区别不同故事类型、不同表演类型提供了切实有效的检验工具。

二、东巴表演文本类型的特征

　　综上可察，仪式表演文本类型与仪式类型及仪式规模密切相关，从中可以归纳出以下几个共同特征：

　　第一，仪式类型、规模决定表演文本类型。祈神类、禳灾类、丧葬类、卦卜类等不同的东巴仪式类型中的表演文本类型存在着较大的差异性。祭天仪式的表演内容不同于丧葬仪式的表演内容。祭天仪式中的东巴画、东巴音乐、东巴舞多与祈神主题相关联，其表演风格呈现出祥和、神圣、庄严的文化氛围；而丧葬仪式中的表演多与缅怀死者、驱鬼赶魔的仪式主题相关，其表演风格以悲伤、沉郁的特点为主。另外，同一仪式类型内部，由于规模大小不同，也会产生相应的变化。如大祭天仪式与小祭天仪式相比，表演的种类、内容要繁复得多，表演时间也相对较长，参与人数也较多。丧葬仪式中的东巴超度仪式与民间一般的丧葬仪式相比同样存在类似情况。

　　第二，同一类型仪式中的表演差异程度较小。在同一仪式类型下，不同规模的仪式表演内容存在大同小异的情况，但比起不同类别的仪式，其差异程度相对要小得多。如大小不等的东巴丧葬仪式中都包含了东巴经文演述、跳东巴舞、张贴东巴画、安插木牌画、摆放木偶及面偶、乐器伴奏等多项表演内容。同一类型仪式中存在的差异是基于表演内容的规模、数量方面来说，不同类的表演仪式之间的差异是基于表演的种类、形式来说。

第三，在核心程序不变前提下仪式表演内容可以灵活调整。仪式表演内容的压缩与扩张受到仪式程序的制约，在核心程序不受改变情况下，主祭东巴可根据实际情况对仪式表演内容进行增减调整。

从中我们发现，仪式表演文本类型既可根据仪式类型进行宏观层面的划分，也可根据同一仪式类型的规模进行更为详细的划分，说明仪式表演文本类型的确定必须基于仪式的外部与内部因素，二者皆与传统密切相关，也就是说，仪式类型与表演文本类型都是传统的产物。东巴仪式中的表演内容包含了戏剧因素，但没有脱离仪式而单独发展成为民族戏剧，这与东巴教的相对保守性、封闭性密切相关。

三、多模态文本：东巴叙事传统的文本特征

本章从口头文本与书面文本，以及表演文本的视角来探讨东巴叙事传统文本的类型及特征。综上可察，仪式表演与口头、书面文本演述一样具有仪式叙事功能，与口头、书面文本演述通过"说"或"唱"达成叙事文本相似；仪式表演除了口头表演，还综合了音乐、舞蹈、绘画、工艺、游戏等多类别的表演内容，这些不同的表演类别及内容都为仪式叙事服务，共同构建了统一、完整的仪式叙事文本。而作为仪式主持者，在这过程中扮演了仪式表演的"导演""主角"的双重角色，他的这一双重角色既是传统所赋予的，也是仪式表演属性本身所要求的。作为东巴文化的传承者，东巴兼任了经师、舞者、画师、工艺师、乐师、组织者、传道者等多重身份，这多重身份功能又在仪式规程下的多种表演类别中得以体现。我们分析发现，东巴们能够有条不紊、张弛有度地完成这样一个规模宏大、程序复杂、内容繁复的综合仪式，关键内因在于他们能够熟练、合理地应用着"仪式程式"。"仪式程式"不仅包括了仪式中口诵经文的内在构成、仪式程序及步骤、仪式类型，也涵盖了仪式中多种表演类别，它们都具有与口头传统中的核心特征相一致的共性因素——程式、主题、典型场景、类型。这些核心特征形成大小尺度不等的"仪式程式"，通过仪式程序步骤、语言文字、音乐舞蹈、绘画工艺等多元手段共同完成了这一具有复合型文本特点的仪式叙事文本。这个复合型文本既是口头与书面的复合型文本，也是诗、歌、舞、画等多元表演艺术形态的复合型文本，而且这一口头与书面互文的复合型文本又与仪式叙事中的东巴音乐、东巴绘画、东巴舞蹈、东巴工艺等多模态的文本交织融汇于一体，从而体现出多元模态的文本形态。应该说，这种多元模态的文本形态与大脑信息解码的选择性有内在的逻辑关系。

　　"多模态隐喻"的理论构建者阿帕里斯认为，对于同一个语言串，文字模块的逻辑表达形式可能有几种。同样，尽管非文字符号认知模块与指称一一匹配，但非文字符号信息的加工过程仍具有选择性。具体地讲，当读者理解一则视觉隐喻时，通过视觉输入能够认知图像，这是大脑对该物体已有的存储信息与所描述事物之间潜意识的比较。当图像信息带有目的性地传送给读者时，已不仅仅是简单的认知理解过程，信息加工过程逐渐推进到有意识地推理理解阶段。① 由此，东巴叙事文本性质定位为"多模态叙事文本"。

　　口头传统中有"程式"，仪式表演中也有"程式"，因为二者皆为传统的产物，受到传统的统摄、制约。仪式中有口头传统，口头传统在仪式的表演中得以体现，与仪式中的舞蹈、音乐、绘画、工艺、游戏等表演项目一同构成仪式行为，"程式"成为这些不同表演内容的共同"串词"，连串编织成为仪式叙事文本。阿帕里斯认为："经典的认知隐喻研究一直只关注语言体现，这隐含某种偏见：意义只存在于语言符号中。事实上，其他符号或一切艺术形式对体验意义的构建过程与语言并无二致。"② 这些非文字符号包括静态或动态影像、音乐、非言语声音以及形体表演等。这些文字、非文字、各种媒介和多模态隐喻共同组成了一个超语言文本。多模态隐喻正是通过文字与非文字符号之间的多元互动达成交流的目的。东巴仪式叙事文本属于多模态超语言文本，如东巴仪式中的口头演述文本中的"程式"使用的是东巴文字与纳西语，东巴舞表演中的"程式"使用的是传统仪式舞蹈中的肢体动作语言，东巴绘画及工艺表演中的"程式"使用的是色彩、造型语言，但这些不同的"语言"中，都存在着程式化单元、主题、典型场景以及类型，从而为仪式主持者的仪式表演提供了充足的表演"道具"。

---

　　① 王凤：《多模态隐喻：文字与非文字符号的视觉重构》，《中国社会科学报》，2013 年 5 月 27 日。
　　② FORCEILLE C & E URIOS – APARISI. Multimodal metaphor. Berlin & New York：Mouton degruyter，2009.

第八章 多民族视野下的东巴叙事传统比较研究

东巴叙事传统并非故步自封、独善其身的产物，而是在不断地与外来文化对话交流、借鉴吸纳中得以生成、发展的，它本身是一个开放的话语体系。直言之，如果没有藏族本教、藏传佛教及汉文化的影响，便无以解释东巴教的诸多教义、名称、经典以及仪式内涵，甚至连东巴及教主丁巴什罗都只能从藏文化背景中才得以解释清楚。如果不理解这些，更无从谈起其叙事传统；如果没有知悉彝语支民族的文化背景，便无以理解东巴文化及叙事传统的来龙去脉，因为东巴文化的原生文化、底层文化就在那里。东巴叙事传统中的宇宙空间、变化生成万物、洪水神话、父子连名制、送魂路线、火化、笃（董）阿普等诸多方面都与其他民族存在着惊人的相似，这绝非以人类文化共性能够阐释的。当然，作为南方山地民族，并非所有文化都是近邻传播或血缘传承的，有些是共同地域、共同经济生活方式所共享的，这在南方民族的神话与史诗的存在形态中就可以得到证明。以神话为范例，祖先崇拜为动力，仪式中的叙事为表现形态就是南方民族神话及史诗的最集中的特点。本章就东巴叙事传统与藏族、彝族、壮族的叙事传统做个比较研究，以期对东巴叙事传统有个全面、客观的认识。

第一节 藏族宗教文化对东巴叙事传统的影响

藏族和纳西族是两个有着丰厚文化遗产和突出文化个性的民族，历史上这两个民族都分别在中国西南的政治舞台上扮演过相当重要的角色。这两个民族之间的历史文化关系成为西南民族文化关系的重要内容，成为推动当地经济和文化交流的关键动力之一。其中，宗教是藏族和纳西族文化交流史上突出而有特点的内容。藏族的本教、藏传佛教与纳西族的东巴教有着千丝万缕的联系，这种宗教的交流互动渗透到各自的文化领域中，形成了各具特色的民族文学。藏族宗教文化对纳西族东巴教带来了深层影响，甚至在某种程度上说是改造了东巴文化，但这种改造并非意味着藏族化，而是相互交融调适后形成的本土化。毋庸置疑，随着藏族宗教文化大量渗透到东巴文化中，对纳西族东巴叙事传统也带来了深刻的影响。

一、丰富及拓展了东巴神话的神灵与神物体系

藏族宗教对东巴叙事传统的影响首先表现在神灵与神物体系的丰富及拓展。随着本教及藏传佛教与东巴教相融合，大量神灵也传播到东巴教，东巴教的神灵体系得到了丰富。白庚胜把东巴教中受藏族宗教文化影响而形成的神灵定位为"最新神灵体系"，并分为天界神灵、署神、鬼怪三大类。[1] 每一大类神灵都有庞大的神灵队伍，如天界神灵下面分为至尊神、战神、神灵乘骑三类，每一类都有根据不同神力排位的神灵子体系。藏族宗教文化，尤其是本教对东巴神灵体系是统摄性的，从教主丁巴什罗到东巴教中至尊神——萨依威德、依古阿格、恒迪窝盘在本教中都有相对应的原型。

有什么样的神就有与之相对应的鬼怪，正如丁巴什罗故事中所提及的：丁巴什罗在追杀最后一只小鬼时，小鬼哀求道："你把我杀死了，你和你的弟子们就失业了！"这包含了鬼与神是辩证统一存在的道理。东巴经里的鬼怪体系也极为庞大，一起构成了众多神灵故事。

1. 对东巴叙事传统中的动物形象的影响

在纳西族与藏族的宗教经典文学中，都有着庞杂的神灵体系，其中动物神灵都占了很大比例。以纳西族为例，东巴经书中有名字可考的神灵就多达2 400多个。[2] 其中动物神灵占了绝大部分。东巴经《十二动物起源经》中具体讲到了牦牛、犏牛、马、绵羊、山羊、猪、鸡、猴、鸭、虎、熊、豹、狗、蛇、蛙、蜥蜴、鱼、野驴、乌鸦、白鹇、鹰、杜鹃、布谷鸟、斑鸠、蝙蝠、休曲（大鹏鸟）等动物的起源。有些大象、狮子、孔雀、署（龙）虽常常出现于经书中，但并没有专门的经书讲述它们的来历，可能是与来源于外来文化有关。藏族的动物神灵体系也庞大繁杂，单从山神中的主位神来看，就有一百多个；如果把这个山神体系再分成地方神系，那更是一个天文数字。"藏族每一个地区都有各自崇拜的山神，如每一个部落，每一个村庄皆有各自重

① 白庚胜：《东巴神话研究》，北京：社会科学文献出版社1999年版，第75页。
② 和志武：《纳西东巴文化》，长春：吉林教育出版社1989年版，第28页。

视的一尊或数尊山神，这些山神名气较小，无人知晓。"①　在这些山神中，也是多以动物神灵化身为主，如有灵魂崇拜观念的鹰形战神演变为融合山神的念青唐古拉。②　藏族《格萨尔王》史诗中经常提到的十三战神也是以动物神灵为主，这些战神的动物化身为：大鹏、玉龙、白狮、猛虎、白嘴野马、青狼、岩雕、白胸黄熊、鹞鹰、鹿、白肚人熊、黄色金蛇、双鱼。③

两个民族文学中的动物神灵，以其特有的神秘、朴拙、诡谲的审美形象，亦神亦兽，亦善亦凶，具有融神性、兽性、人性于一体的多元性格，或乖张古怪、暴戾恣睢，或正义凛然，或憨态可掬，从而极大地丰富、拓展了两个民族的文学空间。下面以两个民族民间文学中较为常见的动物为例，进行简要的阐述。

（1）马——纳西语：rua；藏语：rta。

东巴经《献冥马》专门讲述了马的起源、马与野马的区别、马与人类的关系，认为马、野驴、牦牛与人类是同父异母的关系，但只有马投靠了人类而得以善存，而后两者下场悲惨。其中折射出人类养马、驯马的历史，同时也说明了马与纳西族历史的关系不寻常。《献冥马》是专门在送葬仪式上念的经书，主旨是死者只有骑上冥马才能回到祖居地。20世纪初，敦煌藏经洞被发现，引起世界学术界的广泛关注。其中有大量藏文写本，不少关于藏族本教的内容。法国学者石泰安对此有过研究，并著有《敦煌吐蕃文书中有关苯教仪轨的故事》一书，其中一篇为《马匹仪轨作用的起源》，文中涉及的故事与东巴经《献冥马》有着惊人的相似——马的来历，马与死者的关系，以及马与牦牛、野马与驯马发生的冲突，马的驯化过程。石泰安认为："由此产生了两种对立。第一种冲突是马与牦牛的冲突。由此又导致了第二次冲突，即野马与驯马的冲突。野马拒绝报仇并处于野生状态。驯马承担了报仇的任务，由此而变成驯养牲畜。"④　杨福泉也对此做了深入的比较研究，认为："《马匹仪轨作用的起源》一篇明显地与纳西丧葬仪式上用的东巴经《献冥马》有很多相同部分，可以断定是同源异流的原始本教仪式古籍。"⑤

①　才让：《藏传佛教信仰与民俗》，北京：民族出版社1999年版，第87页。
②　内贝斯基·沃杰科维茨著，谢继胜译：《西藏的神灵和鬼怪》（上），拉萨：西藏人民出版社1993年版，第123页。
③　《藏族英雄史诗中的神灵鬼怪》，引自中国佛教图书网，http：//ts，zgfj，cn/Book/2006/3/2/414_1，html.
④　石泰安著，岳岩译：《敦煌吐蕃文书中有关苯教仪轨的故事》，见《国外藏学研究译文集》（第四辑），拉萨：西藏人民出版社1988年版，第207页。
⑤　杨福泉：《纳西族与藏族历史关系研究》，北京：民族出版社2005年版。

（2）羊——纳西语：yuq；藏语：lug。

羊在东巴经中有三层含义：一指羊本身；二指代家中牲畜，读音为 nee，引申为财产；三是葬礼中的祭品。东巴经中认为只有马和羊才能把死者引回到祖居地，因此被视为死者的"亲属"。

藏族本教中也有类似的记载，如"箭的来历"故事中，羊扮演了极为重要的角色：世界万物的本原——金木水火土变成一股气体，气体再变幻出一明一暗两个卵，由这两个卵变化出了神箭，而神箭被神羊取得，也是它首先发现了神树，预见了战争的发生。战争中白羊成为善神一方的得力助手，黑羊成为恶神的帮凶。最后善神借助神羊的帮助打败了恶神部落。[1] 本教的丧葬仪式中也是以羊作祭品，作为死者的引路者。[2] 在对纳藏宗教关系中的羊做比较时，很有趣地发现藏族的神山梅里雪山和纳西族的神山玉龙雪山皆属羊。每年羊月（农历二月）进行小祭，每隔六十年要举行大祭。羊与雪山的联系有其内在的逻辑关系：首先二者通体皆白，含有圣洁之意；其次二者在语言上有相通之处：纳西语中的羊可以借代为财富、富有，且纳西语"jiuq"（山）与"jiu"（富有）相近。藏语也是如此。这是交感巫术在语言中的反映。但从整体来看，纳西族东巴经中玉龙雪山属羊的描述受到藏族宗教的影响。

（3）狗——纳西语：kee；藏语：khji。

狗无论是在纳西族的东巴经中，还是在民间，都是受尊崇的。《崇搬图》（《创世纪》）中就提到狗是与崇仁利恩一起从天上来到人间，并带回了五谷种子。天神孜劳阿普并没有给他们种子，但狗把种子放在肚子里带回了人间。崇仁利恩夫妇回到人间后，结婚三年一直没有子女，于是派狗和蝙蝠到天上去探听生儿育女的秘密。狗和蝙蝠偷听到了秘密。崇仁利恩夫妇生下了三个儿子，但三个都不会说话。最后还是由狗和蝙蝠上天学得了祭天仪式，并传授给了崇仁利恩。三个儿子终于会说话了，分别说出了藏语、白语、纳西语。纳西族民间禁吃狗肉，吃狗肉被视为忘本的劣行。每年大年三十晚上，在全家吃饭之前，首先要给狗喂上好酒好饭，并且要有传统的猪头肉。藏族也有崇狗习俗。白马藏人每年大年初一一早要先给狗喂上好饭。每年磨出的新青稞面要先给狗喂一碗。藏人也严禁吃狗肉。[3] 在藏区式布地区至今仍沿袭着

---

① 魏强，嘉雍群培，周润年：《藏族宗教与文化》，北京：中央民族大学出版社 2002 年版，第 23 页。

② 杨福泉：《纳西族与藏族历史关系研究》，北京：民族出版社 2005 年版。

③ 林继富：《藏族犬图腾浅谈》，《西藏研究》1998 年第 2 期。

"狗赴宴"习俗，藏民在藏历九月卅日那天要给狗备上盛宴，分别有饼、糌粑、酥油、奶烙、青稞酒、牛羊肉。如果狗吃了饼或糌粑就预示着丰收；如果吃了酥油与奶烙就意味着六畜兴旺；如果碰倒了青稞酒，就预示着来年不顺，须事事小心；如果吃了牛羊肉，就预示着家里将发生瘟疫或死人，需要请活佛念经消灾避祸。

（4）狮子——纳西语：shiq；藏语：sege。

纳西族所居地域并无狮子，称狮为"shiq"，与汉语"狮"（shi）相近。东巴经中则称为"si geeq"，与藏语"sege"相近。永宁泸沽湖畔的狮子山，当地摩梭语为"格姆"，意为女神。杨学政做过调查："'格姆'一词是藏语名称，全称为'探览斯格格姆'，'探览'在藏文经典中的含义是'涅槃之地'，'斯格'义为'狮子'，'格姆'义为'高大的女子'。汉文献是根据藏文经典的词义而译为'狮子山'，而摩梭人则取'高大的女子'词义而取名'格姆山'（女神山），并沿用到现在。"①

藏语的狮子一词，与古汉语有渊源。我国不产狮子，狮子的原产地在非洲。《后汉书·西域传》中记有：84年，安息国遣使献狮于汉朝。85年，月氏王也曾贡献过狮子。埃及金字塔旁边塑有斯芬克斯狮身人面像。东巴神话中的狮子长有双翅，称为"都盘西给"（ddv peiq si ggeeq），意为"长白翅的狮子"。在藏传佛教中的经典及唐卡画中也有类似的记载和图画。

狮子在藏族先民心中是神灵，藏传佛教经典中有这样的记载，相传古时藏区家畜总受到虎、豹等动物的残害，佛祖圆寂后化身为"百兽之王"——狮子，以护佑藏民家畜，后以狮舞来纪念他。"百兽之王"狮子被用来比喻佛陀的无畏和伟大。狮子形象被应用于藏族社会生活的各个方面，它是佛寺壁画和唐卡画不可缺少的题材。藏戏演员戴的面具中有狮子面具。西藏地区人们用以沟通山神的经幡上绘有气盛血涌的雪狮，象征着命运和力量。在西藏有些农村流行土木砖石寨子房，据说是参照卧狮形状设计和营造的。藏族人以"狮子"命名的很多，藏族诗人伊丹才让就被人们称为"高原雪狮"②。

（5）大鹏鸟——纳西语：xiu qu；藏语：xiu qu。

藏语"休曲"意为"雄鸡"。大鹏鸟在东巴神话里的神灵动物中处于显赫位置。它的作用有个发展的过程，起初它栖于恒依巴达神树上，承担着保护神树的职责；后来，它的职责范围扩大到与人、神界的命运息息相关的大自然。《鹏龙争斗》写道：署美纳布（自然神）侵扰人类，使人类无法开垦

---

① 杨学政：《藏族、纳西族、普米族的藏传佛教》，昆明：云南人民出版社1994年版，第222页。
② 杨学政：《藏族、纳西族、普米族的藏传佛教》，昆明：云南人民出版社1994年版，第223页。

土地和打鱼、狩猎、放牧，人间一片悲凉。丁巴什罗就派了"休曲"下凡惩罚署美纳布，最终制服了署，恢复了人间的太平。这与藏传佛教经典中的金翅大鹏不论在形状上还是在神话情节上，皆有惊人相似之处。

（6）猴——纳西语：yuq；藏语：srefiu。

猴子在不同纳西族地区有不同的传说，而且性质各异。如在西部方言区的东巴经《崇仁利恩解秽经》中，猴子的形象与恶魔类同：崇仁利恩与天女衬恒褒白回到人间后。一次，崇仁利恩一人上山打猎，受到魔女鲁美猛恩的引诱，在山洞中待了九个月十三天，期间生下三个猛鬼。衬恒褒白上山寻夫，不幸在黑白交界处遭到一只恶猴的奸污，并生下一只叫"都噜"的小猴。后来，崇仁利恩破了魔障，回到妻子身边，杀死了恶猴及小猴；衬恒褒白也杀死了魔女及三个小猛鬼。崇仁利恩夫妇重归于好。①

东部方言区的永宁摩梭人的达巴口诵经《创世古歌》中的猴子却是人类的远祖：人类先祖查志卢依若与天女柴红吉吉美从天上来到人间。查志卢依若上山打猎时与魔女吉命相遇，吃下了魔果而中毒昏迷过去。柴红吉吉美以为丈夫已死，与魔女派来的一只公猴成婚，并生下一对"一半像人一半像猴"的男女。后来，查志卢依若苏醒过来，回到家中，看到了已经长大的两个孩子，发现他们身上长满了猴毛，就用烧开的水把猴毛洗没了，变成了人类。后来，两兄妹成婚，成为人类的祖先。②

为什么会有这两种迥异的神话？有两个决定性因素：一是社会发展程度使然。丽江的社会发展程度相对较高。西部方言区的东巴们开始使用象形文字来记录东巴经书，并开始大量吸收藏文化和汉文化，使东巴经呈现出繁富博大，婚姻形态上以一夫一妻制为主；而永宁为代表的东部方言区因环境的封闭，经济水平低下，东巴（达巴）们仍以口诵经为主，婚姻形态上以走婚制为主。这也是二者对人猴结合态度迥异的根本原因。二是两个方言区在早期都受到藏族先民猴祖传说的影响。这在东巴经中的语言中可以看出一些痕迹：①"yuq"意为"祖先"，其象形字为上表一个猴头与祭木，以猴表音；②"yuq fu"指婴儿生下来时的毛或人身上的毫毛；③"yuq pei"指岳父，"yuq mei"指岳母。另在白地纳西族葬礼中的棺材上绘有猴像，作为回到祖源地的标记。这说明纳西族先民在早期均有过猴祖崇拜。但到了后期，由于社会发展程度不同导致婚姻形态的不同，猴祖崇拜也发生不同的变化。

---

① 和芳讲述，周耀华翻译：《崇仁利恩解秽经》，丽江：丽江县文化馆 1964 年版。

② 陈烈主编：《云南摩梭人民间文学集成》，昆明：云南人民出版社 1990 年版。

在藏族的《红史》①、《藏族史略》②、《西藏王统记》③ 等史书中皆有猴祖崇拜的记载，情节大致类似：罗刹女（或魔女）与猕猴结合后生下人类的祖先。刚生下来时，还带有猴类的特征，后慢慢褪掉了猴类特征，变成了人的模样，并学会了说话。东巴经中还有一只神通广大的神猴——金头白猴：它有法术，可以刮风下雨，可以翻江倒海，打败杀死过三百六十种鬼，它所做的一切均受天神的指派，属于为人类除恶扬善的善神。更使人惊讶的是，它的形象与《西游记》中的孙悟空有惊人的相似：火眼金睛，手持长柄武器，驾云驭风，变幻莫测。白庚胜认为纳西族的金头白猴与孙悟空的原型是印度神话史诗《罗摩衍那》中的神猴哈努曼。④

（7）牦牛——纳西语：berq；藏语：gjag。

纳西族十分崇拜牦牛，在《创世纪》中就有牦牛死后化生万物的神话记载；东巴教视老虎和牦牛为守卫神门、祭场和家庭的神兽，类似汉族的门神，黄色的老虎和白色的牦牛都被视为可以赋予神、祭司和人镇压鬼怪的力量。这种对牦牛的崇拜之情，与纳西先民曾经是牦牛羌应有密切的关系。

牦牛崇拜至今在纳西族一些地区留有痕迹，如在永宁摩梭人家中，若有孕妇分娩或患病，就会把牦牛角悬挂于门上，认为可以避邪消灾。在他们的丧葬仪式中，走在前面的引路人手执牦牛尾，边跳边舞，认为这样可以引导死者灵魂返回祖先居住地。牦牛尾在仪式中成为隐喻性的宗教实物，摩梭人认为只有祖先灵魂见到死者的牦牛尾，才会确认死者的亲属身份，从中隐射出祖先与牦牛的内在关系。摩梭妇女还有把牦牛尾发编成发辫缠绕于头顶的习俗。

古代藏人也将野牦牛加以神化，把牦牛作为神灵或者是神灵的伴属、坐骑等。古代藏族神话里常把野牦牛叫作"星辰"，说它以前住在天上。西藏一些土著神灵，如雅拉香波山神、冈底斯山山神等都曾化身为白牦牛；另外一些土著神灵的坐骑也都是牦牛，例如十二丹玛女神之一的勉尔玛的坐骑就是一头白牦牛，而且化身牦牛或与牦牛有联系的神灵往往是最原始的土著神灵。至今在藏区，很多房屋门槛上都摆置着牦牛角，甚至将敌人的物品装入牦牛左角内施行一种叫作"牦牛伏魔法"的巫术，也有崇拜牦牛的某些器官，将它作为神器。这是因为牦牛被神化以后，人们希望借助牦牛图腾的神力，达

---

① 蔡巴·贡噶多吉著，陈庆英等译：《红史》，拉萨：西藏人民出版社 1988 年版，第 29 页。

② 黄奋生：《藏族史略》，北京：民族出版社 1985 年版，第 3 页。

③ 索南坚赞：《西藏王统记》，北京：民族出版社 1981 年版，第 49 页。

④ 白庚胜：《东巴神话研究》，北京：社会科学文献出版社 1999 年版，第 326 – 329 页。

到禳除灾魔的作用。藏族的牦牛崇拜习俗与其祖先与牦牛羌的渊源关系必然有关。[1]

李绍明在康东南的康定、雅江、理塘等县进行调查时，发现这里的藏民对牦牛十分崇拜，在这些地方民居的房檐或墙壁转角处，往往有牦牛头的图案活饰，当地藏民视此为保护神和避邪之物。这些地方是纳西族和藏族的先民牦牛羌居住和活动的领域，因此，至今仍然保留了这种崇拜牦牛的古风。[2]

（8）"署"——纳西语：suq；藏语：brug。

署是东巴经中的自然神。它的性质居于人类、神灵、鬼魔之间。它有神性，可以上天入地，属于水神，掌管大自然；它有人性，与人类为同父异母的关系，与人类有友好相处的一面，也有争斗的一面；它有魔性，与恶神美汝可兴可洛狼狈为奸，兴风作浪，与人类为敌。最后署为大鹏鸟所制服，与人类订立了友好相处的契约。署为人身蛇尾之象。署的种类繁多，东巴经《开坛经》中的署就有五大类，其中天上的署为九十九个，地上为七十七个，山上为五十五个，河谷为三十三个，村寨为十一个。署善做变化，常变成女子形象出现于人间。东巴举行的祭署仪式在众多祭祀仪式中占有相当重要的地位。

古印度也有类似的神话：那迦水神形状为有五或七个蛇头，中间为人体，下为蛇尾。它刚出现时经常以洪水、暴雨、飓风危害人类，后受佛陀点化成为人类的保护神，至今在印度南部仍广泛受人信仰。当地有个习俗，每家在屋檐或树底下辟出一块空地专供那迦神，祈求风调雨顺，人畜平安。这个场所称为"那迦罗卡"（Nagalkoka）[3]。

洛克对此也有过深入研究，认为东巴经中的署源于印度的那迦（上半身为人形，下半身为蛇形），后经藏族的本教传入纳西族地区。"关于纳西人称那迦的名词'署'（藏人称那迦为'卢'klu），我们发现，纳西人实际上有两个指称那迦的词，除了'署'之外，另外一个叫'里母'（lu mun），它用于口语，但也见于经书中，只是在经书中使用得很少。我对'署'一词感到很大的困惑，没有一个纳西东巴能够解释出它的含义……直到我读了杜齐（Tucci）教授的大作《西藏画卷》之后，我才弄清了'署'这个词的意思。我在该书第二卷附录 2 中看到，有一类或阶层的鬼叫'se'或'bse'。萨特拉·钱德拉·达斯在其《藏语—英语辞典》第 1237 页中提到，有个sa - bdag 部的鬼，名叫 se - bdud，几乎所有的 sa - bdag 都是那迦，纳西人称这样的

---

① 谢继胜：《牦牛图腾藏族族源神话探索》，《西藏研究》1986 年第 4 期。

② 李绍明：《康南石板墓族属初探——兼论纳西族的族源》，《思想战线》1981 年第 6 期。

③ 转引自白庚胜：《东巴神话研究》，北京：社会科学文献出版社 1999 年版，第 349 页。

sa – bdag 为'世日'（shi zhi），现在我们可以看到，藏语中的 se 和纳西语中的 ssu（署）是相同的。因此我认为 se 和 ssu（署）是比 klu 一词要早的指那迦的名词，可以追溯到古代的黑本时代，而 klu 一词只是从近代佛教中产生出来的，甚至有可能是从汉语的'龙'（lung）一词中衍生而来的。这一点也可类推于纳西口语中指那迦的'里母'（lu mun）一词，它与藏语 klu – mo（那吉，nagi，指那迦女王）相同。"① 洛克还提到了藏族本教记载那迦的卷本：希夫纳尔（Schiefner）所译的《十万百那迦》和劳夫尔（Laufer）所译的《本波的一首赎罪歌》。

白庚胜做了进一步的探讨："东巴神话中的署无疑是印度神话中的那迦在纳西族社会中的变体。由于以藏族本教作为媒介，署与那迦之间已经有许多差异，但我们仍可看出它们之间的种种联系。譬如他们都是自然力的拟人化，并主要是水神信仰的产物；他们都以蛇体为神体的基本特征；它们都是人类与神灵的主要征服对象并最终为神灵所感化。"②

有些学者把"署"翻译为"龙"，这是欠考虑的。第一，发展演化程度不同：汉民族的"龙"已从自然崇拜、神灵崇拜上升到祖先崇拜、文化崇拜，"龙"已成为汉民族的一个文化符号。如在历史上以"真龙天子"代表皇帝，到后期又成为民族的象征——"龙的传人"。而纳西族的"署"仍保留着浓厚的自然崇拜和神灵崇拜的色彩，并没有上升到祖先崇拜、文化崇拜的高度上。第二，文化背景不同：汉文化经历了漫长的农业社会，在封建社会时期实行高度集权的政治制度，龙成为帝王天子的象征也是这种历史发展的体现。谢选骏认为："希腊文化具有最为系统化的特征，中国文化具有最为实用化（神话的历史化是它必然的表现）的特征……历史化的体系神话（古史、帝系传说）也充满伦理精神，因而显见缺乏宗教和经典，故中国上古未经历史化的'神话'，在古代各民族神话中相对缺乏系统。"③ 纳西东巴文化产生于纳西族由游牧社会向农耕社会转型期间，受到本教和藏传佛教较大的影响。它有着体系完备的东巴经书、庞大完整的神灵体系、繁多清晰的宗教仪式。第三，从二者的形态来看，汉民族的"龙"已经看不出人兽合体的雏形，它已经完成了由次生图腾到再次生图腾的转变，而纳西族的"署"仍保留着次生图腾的状态。第四，从二者的功能来看，虽然二者皆有水神的原本意义，但

---

① 洛克：《论纳西人的"那迦"崇拜仪式——兼谈纳西宗教的历史背景和文字》，见白庚胜、杨福泉编译：《国际东巴文化研究集粹》，昆明：云南人民出版社 1993 年版，第 62 – 63 页。

② 白庚胜：《东巴神话研究》，北京：社会科学文献出版社 1999 年版，第 349 页。

③ 谢选骏：《神话与民族精神——几个文化圈的比较》，济南：山东文艺出版社 1986 年版，第 212 页。

"龙"的神性远远超过了人性、魔性，它的主要功能是降雨降福。而"署"仍保留着介乎于人、神、魔之间的复杂性，它的功能是主宰整个大自然，远远超出了龙的管辖范围。所以二者不能等同。

2. 对东巴叙事传统中的神山、神树、神箭的影响

（1）居那若罗山——纳西语：jju nal sso loq；藏语：suerw。

居那若罗神山在东巴教中犹如古希腊神话中的奥林匹斯山、印度神话中的须弥山、汉族神话中的昆仑山，在纳西族东巴神话具有同等意义的位置。它的意义是多重的：一是天柱，"居那若罗山顶撑住天，天不再叫唤；山脚镇住地，地不再动荡"①。二是天梯：崇仁利恩到天上求婚，娶回天神之女衬恒褒白后，从居那若罗山回到人间；《白蝙蝠取经记》中白蝙蝠上天界取经，《迎请精如神》中的拉吾拉刹那到十八层天陷害请精如神，都是由此经过。《鲁般鲁饶》中居那若罗山成为神鬼的交界。三是祖居地：纳西族送魂路线的终点站是居那若罗山。那里是一个理想国。可见，居那若罗山在东巴神话中意义非凡。现在的问题是这座神山的原型是什么？现在有不同说法：李霖灿认为此山的原型是在稻城的贡嘎岭；洛克则认为是在康定的贡嘎大雪山；夫巴认为是在雅砻江大湾处的锦屏山；和戡认为是在丽江的老君山；和士华认为是在内蒙古凉城的老虎山。

"居那若罗"是什么意思呢？"居那"为"大山"之意，为"山"，为"黑"，引申义为"大"，与纳西语语义一样。对中间的"若罗"二字，不同学者有不同的看法。和力民认为是藏语借词，"第三音和第四音，为四面的意思，之音与藏语的相近，是藏语借词，都是四的意思"。和士华认为："'若'字也是附加成分，意思是'能干的''厉害的'。'罗'的意思是'老虎'，同属彝语支的纳西族、彝族、拉祜族都称老虎为'罗'。罗居即'老虎山'。"②白庚胜提出了不同看法："'什罗'一词在纳西语中并不可解，似是一个外来词。"印度古代神话中的须弥山，是梵文 Sumerw 的音译，有"修迷庐""苏迷卢""妙高""妙光"等不同译音。Sumerw 在梵文中的意思就是"高大"。这一词汇是随着印度文化，尤其是印度佛教文化在汉、藏、蒙古、纳西等民族中的传播而同神山信仰一道传入这些民族中的。不过要推究梵文 Sumerw 一词之源，似乎与古亚速语有关，Sumerw 实际上也就是亚速坛之名 E - Kur - Ru - Ki - Sha - Rar 之 Sha - Ra 的变音。这两个词不仅音近，而且在意义上（同为高大的宇宙山、神山）是一致的。无论在昆仑山神话，还是在须弥山神

---

① 和志武：《纳西东巴经选译》，昆明：云南人民出版社1994年版，第2页。

② 和士华：《东巴经中的星球、历法、黑白大战》，北京：民族出版社2002年版，第256页。

话中，都没有出现神山遭到破坏的内容。而居那若罗神山在初次建成后曾遭到鬼怪的破坏，与巴比仑神塔被上帝所毁坏的情节所对应。①

（2）恒依巴达树——纳西语：hai yi ba daq zzerq；藏语：dbag bsam ljong shing。

"恒"意为"神"，与藏语借词，"依"意为"之或的"。中间的"巴达"一词词义不详，方国瑜的《纳西东巴文字谱》："神树也，相传达树为众树之母。字以树，从神座。"李霖灿的《么些象形文字、标音文字字典》注为："么些经典中神树之名，为一切树木之王，画一木于神山座上之形。"这棵神树在不同的东巴经中有不同的称呼及象形字。如在《鲁般鲁饶》中说，这棵神树首先被盘人发现，故名为"盘贝椤麻树"；后又被纳人发现，又名为"纳玖寿树"；禾人也发现了此树，名为"禾贝鲁利树"。和士华认为："《鲁般鲁饶》除尤施告端树一名为纳西先民自创，除青年牧民殉情专用树外，其余几名皆只是略带纳西口音的中华日圭表木的旧名而已。所谓'椤麻'，若木是也；'玖寿'，穷桑是也。禾贝鲁利树的'鲁'，乃'卤'字也。所以说纳西东巴神树与中华日圭表木同名。所谓建木，若木、穷桑、榑木，乃古人用来观测日影的工具，纳西东巴神树亦是历法树，其功能一致。《董埃术埃》中说'（恒依巴达树）神树的树枝上长着十二片叶子，天地十二年，十二年为一轮。其年份的出处和来历就在这里。鬼神之间，一年十二月，一月三十日，其出处和来历就在这里'。""巴达"即梵语"菩提"。② "菩提"出自印度佛教的典故：乔达摩·悉达多在比哈尔邦伽耶城的一棵毕钵罗树下苦思世间诸苦及其解脱之法，七天七夜后，当天空升起金星之时，终于豁然大悟，证得菩提（觉悟），并由此立地成佛。毕钵罗树被佛教徒称为菩提树，伽耶城被称为菩提伽耶城。恒依巴达树的象形字画成莲花，主要是受了印度和藏文化的影响。在东巴画卷中，与莲有关的还有盘孜萨美、突赤优麻、纳妥森、丁巴什罗等神灵，以及《神路图》《巴格图》等书。至尊神盘坐于莲花之上。在《巴格图》中，莲花常常取代金龟。对莲花的崇拜最早起源于印度。在印度神话中，太阳神布拉玛诞生于莲花之中，她每年有六个月睡于莲花中，另六个月出莲花之外守护人间。在印度佛教之中，佛陀、宝冠降魔佛、千释迦等均居于莲花之上，释迦牟尼还常常以莲花喻性。"释氏以莲花喻性，以其植根于泥而不能染，发生清净，殊妙香色，非他草木之华可比，故以为喻。"③ 其实，对莲

① 参见白庚胜：《东巴神话研究》，北京：社会科学文献出版社1999年版，第349－352页。
② 和士华：《东巴神话中的神树恒依巴达树》，《丽江日报》，2004年10月21日。
③ 陈元龙：《历代赋汇》，南京：江苏古籍出版社；上海：上海书店1992年版，第153页。

花的崇拜还与对水的崇拜和生殖崇拜联系在一起，如古印度的"莲中宝石"之喻，即是以莲花象征女阴，以宝石象征男根，以二者结合比喻男女阴阳交合，繁衍万物之道，以体现生命的创造过程。古印度人也认为，莲花之创造者为水之神那迦（龙神）。可以肯定地指出，东巴经中视恒依巴达树为莲花，完全是由于东巴教以藏传佛教，甚至以本教为媒介，接受了传自印度的莲花崇拜而形成的。

在佛教文化传入纳西族地区后，东巴神话中的神树信仰明显地受到了印度神树信仰的影响。在14—16世纪的印度文献中，绘有以树干为中心，左右各有七根树相对称的梭罗树，各枝有叶，枝尖开花，花旁有果，果上各栖一鸟。另外，此树的树根下有一对神兽，在树腰两侧亦守有神灵。而在第三级左右树枝相交处则悬有一海螺，一只神鸟振尾栖于其上。① 在东巴经《神鹏斗恶署（龙王）》中的神树也与之类似：神树立于神坛之上，其左右各有对称的六枝，第一级树枝左为神鼠，右为宝物盘；第二级树枝上，每枝左右都栖息着神鸟，中间为呈振翅状，爪攫恶署的神鹏；树根到枝叶之树干左右各有神马、神像守护神；树根左右为神牛、宝瓶。无疑，这里散发更多的是印度气息，印度神树信仰对东巴神话中神树的影响是巨大的。但是，这种影响不是直接的，是经过了藏族的神树信仰这个媒介。可以说，藏族神话中的神树"巴松主使"乃是印度神树梭罗树与东巴神话中恒依达巴神树之间的中介物。

（3）神箭——纳西语：lee see；藏语：madǎ。

神箭在纳西族和藏族中，二者不仅读音相近，而且在神话及民俗意义中有相似性。箭在东巴经和民俗意义中象征着生命力。金龟被神箭射死后化生"巴格图"。这与"神箭"的象征意义有关。东巴经《神箭的来历》："竹子的父亲是龙竹，母亲是青竹，两个相结合，生了大儿实心竹，二儿空心竹，三儿岩竹。无人发现这些竹，先由乌搓补男儿发现了它，他用白铁镰刀割竹子，从涅罗夸割来的竹子用白骡马驮回来，交给巧匠汝崩制箭，锐眼者在火上烘烤校直竹子，制成三个有节子的素神之箭，象征了三代祖孙永不分离。最上一节，象征着家里人像江中游鱼一样快速发展；第二节象征家人像地下的蚂蚁一样成群繁衍；最后一节象征家人像花上的蝴蝶一样猛烈增长。"②

---

① 牧野和春：《巨树民俗学》，见白庚胜：《东巴神话研究》，北京：社会科学文献出版社1999年版。

② 和云彩释读，王世英翻译：《神箭的来历》，见东巴文化研究所编译：《纳西东巴古籍译注全集》（第10卷），昆明：云南人民出版社1999年版。

　　在东巴经中，"箭"与"素神"关系紧密，同为一体，素神的化身就是以箭为代表。"素"在纳西语中为"生命、生机、活力"的意思，是象征生命的神灵。为什么以箭代表素神？素神又象征生命力？首先，从前段的叙述中可以看出箭是由竹子制成，竹子的繁殖、生长能力与人的生殖能力的需求有着内在的关联。其次，箭的形状与男性生殖器相似，以此来象征人类的生殖能力是显而易见的。以往在纳西族家庭中都供奉着素神，代表素神的箭是放在一个上窄下宽的圆形竹笼中，称为"素笃"。"笃"是纳西语竹笼的意思。"素笃"作为家神，代表着这一家人的兴旺发达，生命相传。在结婚仪式上，东巴要诵读《大祭素神菜与素神拴结娶女托付给素神》，意为把娶来的新娘托付给男方家的素神。仪式中东巴念完经后，新娘把红绳子系在男方新郎家的箭上，东巴把箭放回竹笼中。然后，东巴分别给新娘、新郎的额头抹酥油。由此意味着新娘已经成为男方家的正式成员，她的生命已经拴在了男方家的素神上，两人的结合得到了家神的认可。这个仪式的象征意义有三：一是箭隐喻男性生殖器，竹笼隐喻女性生殖器；二是"素笃"表示男女结合，生命繁衍；三是以男女双方的生殖能力隐喻家庭的兴旺发达。这在东巴抹油时所诵的经文中可以得以证明，牦牛油被视为华神（生殖之神）的象征。

　　无独有偶，在藏族本教的经典中也有关于箭的来历的记载：南喀东丹却松国的国王有五种本源物质，法师把这五种本源物质放入他的体内，口中轻轻吹了口气，气变成了风，风又产生了火、露珠及一明一暗两个卵，法师用光轮敲打发亮的卵，由此产生了光，在空中形成了托塞神，即散射神；向下射去的火光形成了达塞神，即箭神。另一个故事中说到，在"叶"和"岸"的分界线上长了一棵神树，树叶如丝绸，果实如金子，树皮如布匹，荆棘如兵器。一天，拿着白箭的恰马羊喀骑着一头山羊爬上德喀山顶，发现了这棵树，意识到了"叶""岸"两族之间的战争即将来临。后来在战争中"岸"族的首领卓波射中了"叶"族首领黙巴的帽子，由此打败了"叶"部族。这支系着白绸的箭被看成是法器，成为象雄本教占卜经中的 360 个神的象征。与婚礼有关的箭在藏族民间也有传说：恰风央扎与什贝东桑玛结合后，生了三个不同颜色的卵，从金卵中生出一支青绿色箭翼的金箭，青绿色卵生出了一支金色箭翼的青绿色箭，白色卵却生出了一个纺锤。

　　在藏族婚礼中，"箭"和"纺锤"的意义非凡。在婚礼上新娘和新郎一起唱的歌声中是这样描绘的："男子的生命依赖于箭，女子的生命依赖于纺锤，我们把他们的生命托付给众神，愿箭和纺锤永不分离。"①

　　箭的象征意义在纳西族、藏族两个民族中有着相似的内容，都包含着生命力的意蕴，从中可以看出生殖崇拜观念的遗留。从源头来分析，本教对东巴教的影响是明显的，因为在早期的东巴经中并没有安排"素神"的位置，"素神"应与"巴格图"一样，皆属后期出现的神灵崇拜类型，而且"素神崇拜"中已经有了明显的祖先崇拜的色彩。本教中"箭神"的来历则与万物产生、万物有灵观念有关，其产生时间应更早些。

二、极大地丰富了与神灵叙事相关的东巴经书体系

　　庞大的神灵体系与相应的仪式及经籍是相匹配的，折射到东巴叙事传统方面，比之原生的叙事传统，这些新神灵体系渗透进来后，"新神灵故事"也由此猛增，甚至呈现出后来居上的特征。丁巴什罗作为东巴教教主，《丁巴什罗传略》是必不可少的经典，甚至在东巴丧葬仪式上都要回顾教主不平凡的一生来缅怀他的丰功伟绩。在超度丁巴什罗仪式上所念诵的经书就包含了以下经书：

　　《铺设神座》《为卢神沈神除秽》《烧天香》《迎请盘神禅神》《点灯火第卷》《迎请什罗》《杀三百六十个鬼卒》《杀固松玛》《在居那若罗山四面招魂》《祈求神力》《招死者的灵魂》《出处来历》《遗福泽》《赐威力》《还毒鬼之债》《送固松玛第卷》《在黑毒海旁用黑猪还毒鬼之债》《竖督树的来历》《解脱过失》《施水施食给冷凑鬼》《开罗梭门》《从海中招魂》《刀子的出处来历》《寻找什罗灵魂》《弟子协力攻破毒鬼黑海》《灵魂从血海里接上来》《把本神送回去下卷》《送走斯姆朗登》《驱除是非过失引起的冷凑鬼》《在生牛皮上点灯火》《解除过失》《开辟神路》《洒沥血水》《接祖》《除秽》《粮食之来历》《寻仇》《迎接本丹神》《格巴弟子点神灯》《求威力》《赐福泽第卷》《驱赶冷凑鬼》《用岩羊角解结》《开神路》《越过九道黑坡》《打开柜子之门》《倾倒督树》《把什罗从十八层地狱接上来》《开神路上》《法轮之出处》《开神路》《开神路中》《开神路下第卷》《指引死者灵魂之路》《后卷》《施鬼食》《射五方之鬼王》《火化后送什罗灵魂》《烧灵塔》《赐徒弟以威力》《什罗改名十二次》《杀牲》《用羊占卜算卦》《宰杀牲畜》《供奉尊贵的祖先》《隆重祭送常胜的死者》《规程》。

　　"夫贵妻荣"，丁巴什罗的妻子——拉姆地位也非同一般，与超度丁巴什

---

　　①　魏强，嘉雍群培，周润年：《藏族宗教与文化》，北京：中央民族大学出版社2002年版，第20-23页。

罗仪式相对应，东巴妻子去世时也要举行规模宏大的超度拉姆仪式，所含经书包括：

《拉姆的来历》《迎接神灵》《为圣洁的神女拉姆除秽》《茨拉金姆传略》《东巴什罗配偶茨拉金姆》《追忆生前》《寻找灵魂》《接送圣洁尊贵的神女》《用猪给毒鬼还债》《丢弃冷凑面偶超度拉姆趣衣拉姆仪式》《送走大鹏面偶第卷》《丢弃卡里面偶》《送走里朵》《超度女能人》《破除尼坞血海》《丢弃过失》《送拉姆》《射杀毒鬼仄鬼》《烧灵塔》《规程》。

与天上神灵众多相似，地上的神灵——署神体系也是庞大宏富，数不胜数。正如东巴经中所言：天上有 99 个署，地上有 77 个署，山上有 55 个署，山谷中有 33 个署，村寨中有 11 个神，另外在海、岩崖、风、云、虹、草滩、河、石、坡、树等中也有不同的署神。① 有关祭署的东巴经籍就达 50 余种：

《撒神粮》、《请署歇息》、《唤醒署》、《迎请尼补劳端神》、《署的来历》、《请署》、《请署酉降临》、《点燃神火灯》、《送刹道面偶》、《烧天香》、《开坛经》、《卢神的起源》、《送署酉守门者》、《迎接佐玛祖先》（上、中、下）、《迎按佐玛祖先尾》、《用白山羊白绵羊白鸡偿还欠署的债》、《都沙敖土的故事》、《普蛊乌路的故事》、《神鹏与署争斗的故事》、《把署猛鬼分开》、《俺双金套姆和董若阿夸争斗的故事》、《蛊堆三子的故事》、《梅生都迪与古鲁古久的故事》、《妥构古汝和美利董主的故事》、《祭署的六个故事》、《鸡的来历》、《沈爪构姆与署争斗的故事》、《纽莎套姆和纽莎三兄弟到人类家中》、《高勒趣招父魂》、《请署》、《崇仁潘迪的故事》、《红眼仄若的故事》、《美利恒孜与桑汝尼麻的故事》、《杀猛鬼、恩鬼的故事》、《送傻署》、《东巴什罗开署寨之门》、《让署给主人家赐予福泽》、《建署塔》、《白"梭刷"的来历》、《药的来历》、《拉朗拉镇的故事》、《给署供品》、《给署献活鸡》、《放五彩鸡》、《迎接四尊久补神》、《开署门》、《给署许愿、给署施药、偿署债》、《招魂经》、《不争斗，又和好》、《求福泽与子嗣》、《木牌的出处与崇仁潘迪找药的故事》、《给仄许愿、给娆许愿》、《立标志树〈诵开坛经〉》、《送神》。

居住于泸沽湖畔的纳西族支系摩梭人的达巴文化中也有祭自然神、水神信仰，但从仪式种类、故事类型、神灵体系来说，远没有东巴文化的繁复庞杂。这说明藏文化中的自然神文化对纳西族东巴文化有深刻影响。

---

① 《普蛊乌路》，见东巴文化研究所编译：《纳西东巴古籍译注全集》（第 6 卷），昆明：云南人民出版社 1999 年版。

三、藏族神话故事融入东巴叙事文本中

这些膨胀起来的东巴经书中，就包含着藏族宗教中的神话故事。如东巴经典《休曲术埃》（大鹏鸟与署神争斗的故事）与本教中的大鹏鸟神话故事有惊人相似之处。藏族创世歌谣《斯巴形成歌》："最初斯巴形成时，天地混合在一起，分开天地是大鹏……"而关于藏族远古象雄六大氏族"琼"的起源，在典籍中也有如下记载："报身化身慧明王，化作三鹏空中游，栖落象雄花园内，象雄人们大惊喜，从未见过此飞禽，老人称其有角鹏。三鹏飞返天空时，爪地相触暖流闽，黑白黄花四蛋生，每孵幼童叫琼布。"其余版本大鹏卵生人而为始祖的神话也在各个支系流传。可见大鹏和藏族的创世神话有莫大的关系。而本教神话中，大鹏称为"曲"，它与恶龙相斗，在《格萨尔王传》也有出现。这与印度以龙为食的伽楼罗到底有无联系，还有待考证。纳西族东巴神话中，大鹏称为"休曲"，与狮、龙等作为护法神守护恒依巴达神树。在《休曲术埃》中，休曲制服了高傲的署神（纳西族的自然神）。它还出现在东巴教的木牌画与纸牌画上。纳西族东巴文化中的大鹏神鸟，纳西语叫"都盘休曲"，意为白海螺色的大鹏神鸟。东巴经书中说大鹏神鸟居住在居那若罗神山恒依巴达神树上的巢里。在丽江六区及接近藏区的纳西人叫它"朵曲格布"，但老东巴说，这是藏语的音译。大鹏神鸟是纳西族东巴教始祖丁巴什罗的三大护法神之一，是调解人与自然关系的使者，在纳西文化中大鹏神鸟代表着一切正义力量。①

纳西族英雄史诗《黑白战争》中在叙及战争起因时强调双方是为争夺海英宝达神树，这棵神树有 12 片叶子、12 个分权、12 朵花，隐喻了这是一棵制定天文历法的神树，历法树与日月星辰关系密切，所以"董和术的争斗，是为了天地岁月时日而械斗，结仇战争的来历就从此开始"。这部英雄史诗的主要情节如下：

（1）黑白善恶世界之间生有海英宝达神树，但此树本属于善神所看护。

（2）术族的老鼠从山上打洞，使光明透到黑暗世界，董术两大部族开始了争夺光明的战争。

（3）战争的结果是董部族取胜，并肢解术族首领美利术主的尸体，从此善恶分明，是非清楚。

无独有偶，藏族本教经典《叶岸战争》也有类似的情节：

---

① http：//www. artwork－cn. com/Html/Dongbawenhua/6498. html.

（1）神的世界叫"叶"，魔的世界叫"岸"，在两个世界间有分界线，神的世界有各种药物和花果，魔的世界则生长毒药和有毒的植物。神魔交界处生长着一棵奇特的树，叶片是丝绸，果实是黄金、珠宝。善神看护着此树。

（2）最初只有天，然后产生地，由此出现两种神灵对立，他们有彼此的分界线，但一天一位恰神来到此地，从这棵树中看到即将发生的善恶之战，便派具有占卜能力的绵羊来作为中介。

（3）战争以神灵获胜为结束，魔王被俘获，各种占卜羊毛从此产生，各种解毒药出现，净化仪式以及世界的规范、准则也得到确立。[①]

白庚胜也对这两部作品做过比较研究，认为两部作品的结构基本一致，两界性质完全一致，战争起因都是争夺神树，战争过程存在相对应的传承关系。[②]

四、藏族宗教叙事传统风格对东巴叙事传统的影响

东巴教在接受本教及藏传佛教的神灵体系和教义的同时，其叙事传统也不可避免地受到了对方的深层影响。英雄史诗《董埃术埃》作为受藏族宗教文化影响的文本，其叙事风格明显受到本教的深层影响。需要强调的是，宗教叙事背后隐含的是宗教观念，宗教观念之间的交流影响必然投射到叙事风格中。在东巴叙事传统中有一引人瞩目的开头模式，即先叙述天地自然变化生成万物，而这种变化往往与二元论密切相关，如好与坏、善与恶、白与黑、阴与阳、天与地、真与假等。创世史诗《崇搬图》中对世界的起源是这样描述的：

太古时候，天地尚未开辟，先出现三样天影子和三样地影子；日月没有造，出现三样日影子与月影子，同样地还出现山谷、水渠等影子。然后是"三样出九个，九个出母体：出现真和假，出现实与虚"。最初真与实来变化，产生白天明亮太阳和碧石，碧石又产生白晶晶的实蛋，实蛋变化又产生好声气的呼唤者，好声音做变化，产生善神依古阿格。假和虚做变化，产生夜晚暗月亮和墨石，墨石变化产生黑色虚蛋，虚蛋变化出恶声气的唤者，恶声音做变化，产生恶神依古顶那。善神依古阿格又生出一个白蛋，对白蛋作用产生白鸡，白鸡自称东族（善神家族）的额玉额玛，生下九对白蛋，分别产生盘神（藏族之神）与禅神（白族之神）、高神与吾神、窝神与恒神（纳西族神）、阳神与阴神、能者与智者、丈量师与营造师、酋长与目老、巫师与占卜

① 孙林：《论藏族、纳西族宗教中的二元论及与摩尼教的关系》，《西藏研究》2004 年第 4 期。
② 白庚胜：《〈黑白战争〉与〈叶岸战争〉的比较研究》，《民间文化》2001 年第 1 期。

师等。恶神依古顶那变化出黑蛋，产生黑鸡，叫术族（恶神家族）的负纪俺那。该黑鸡最后生下九对黑蛋，分别产生鬼与怪、毒鬼与争鬼、水鬼与水怪、恶鬼与无头鬼、脏鬼与污鬼等。此后善神九兄弟开始创造世界，造出宇宙四方、天地空间以及宇宙圣山居那若罗神山等，然后又经过一番变化："最早好气象，上面出响声、下面出气息，声气相互变化，生出三滴白露，白露做变化，生出三个大海；大海做变化，生出人类祖先：海史海古、海古美古、美古初初、初初兹玉、兹玉初居、初居具仁、具仁迹仁、迹仁崇仁、崇仁利恩（有五兄弟六姐妹，为人类先祖）。"最后人类产生并经过各种磨难和变故后，从天国迁徙到英古地，繁衍延续至今。①

　　本教经典《"黑头矮人"出生》也有类似的描述：宇宙最初的状态是虚空，之后有一道光射出，于是就有了光明、黑暗、冷暖及阴阳的分别，这种状态交替作用又产生空气的流动，于是有了风，风推动看不见的雾气流动，在冷暖温度和风的作用下使雾气变成露珠，露珠凝聚成大水塘，以上所产生的几种因素继续交替作用，使水塘表面形成一个神奇的卵，这个卵经自然孵化而生成两个宇宙之鹰，一黑一白。双鹰结合又产下三个卵，分别呈白、黑、黑白相间的花色。后来，这三个卵破裂，从中诞生出天神的不同世系以及一位会思考的混沌之肉团，名叫世间祈愿王，他以其思考能力创造了万物。②

　　孙林认为，纳西族东巴神话中的这种二元论受到本教二元论的影响。"本教中的二元论主要反映于大约在13世纪形成的一些经书中，其中以《'黑头矮人'出生》《斯巴卓浦》《金钥》等为代表，这些著作在描述宇宙起源时采用二元论的说法，将宇宙的原始动力解释为白色与黑色两种光，这两种光是对立的，它们共同发生作用，产生宇宙的一切。而且，黑色还是愚昧、迷茫、迟钝、疯狂等一切丑恶的孳生力量。白光与黑光在宇宙创造过程中有时还以白卵与黑卵的形式出现，它们分别产生神与恶魔的传承系统。纳西族东巴教中的有关宇宙起源的神话也有类似的思想。"③

　　本教的传入对东巴叙事传统的修辞、叙事风格也产生了深刻的影响。白庚胜认为："在本教传入之后，东巴神话从口传神话变为书面神话，许多作品开始定型化。在篇幅上，许多作品从过去的短篇向长篇发展；在形象塑造上，开始调动白描、心理描写、肖像刻画等多种技巧；在语言上，一改过去平白

①　吕大吉、何耀华主编：《中国原始宗教资料丛编》（卷1），上海：上海人民出版社1993年版，第320-329页。

②　桑木且·噶尔美著，耿升译：《"黑头矮人"出生》，见王尧主编：《国外藏学研究译文集》（第5辑），拉萨：西藏人民出版社1989年版。

③　孙林：《论藏族、纳西族宗教中的二元论及与摩尼教的关系》，《西藏研究》2004年第4期。

明快的叙述语言，大量使用排比句，有的甚至连续使用十几个或几十个排比，造成铺天盖地、势如波澜，或缠绵悱恻、细雨连连的艺术效果。如果没有本教书面语言的影响，纳西族古老的神话语言是难以有如此重大的发展，形成如此富有特色的东巴神话语言特色的。"①

五、藏族宗教文化对东巴叙事传统影响的特点分析

1. 藏族宗教神灵与东巴教神灵体系的共同点

（1）神灵体系的庞杂性。两个民族的宗教经典中，神灵体系庞杂宏大，尤其是本教及东巴教中，自然界的动物神灵占了神灵体系中的主体部分，构成了一个庞大的神灵体系。这与二者的"万物有灵"观念密切相关。

（2）神灵体系分类的复杂性。神灵的语义分类结构庞大而复杂。不管从原生、再生、新生的发生学来看，还是从天堂、自然界、阴间的空间形态来看，两个民族的宗教神灵体系都是异常丰富庞大。从动物神灵来说，既有畜牧动物，又有野生动物。家养的语义层次结构比野生要多且复杂，但野生的神通却比家养的要多且复杂，如狮子、大象、老虎、大鹏鸟、龙是东巴教中重要的护法神灵。家养内部也有区别，牛、马、羊的文化内涵比猪、鸡、狗要多且复杂。

（3）神灵原型来源的多元开放性。东巴文学中的神灵与藏族本教关系密切，如上文所述的动物及神物在形象、职能、读音等方面都有惊人的相近性，显然与东巴教与本教的密切交流相关。另外，纳西族与藏族神灵中不仅有汉语借词，也有从印度甚至从中亚、希腊等古代文明中吸收进来的外来词汇。

（4）历史文化发展的动态性。纳西族与藏族民间文学中的神灵形象的生成和发展与两个民族的历史社会文化的发展有着密切的关系。历史上纳西族与藏族经历过漫长的游牧生活，并逐步向畜牧与农耕并存的社会过渡。由于长期接触，神灵形象在两个民族的社会生产、生活及宗教文化中烙下了深刻的印痕，并对两个民族的思维方式及语言表达方式产生了一些影响。如以自然界动植物来命名人名、神名、鬼名、地名，以寓言、神话、传说等民间文学来比喻社会生活中的哲理、经验。另外，两个民族的神灵形象也经历了自然崇拜、图腾崇拜、神灵崇拜、祖先崇拜几个阶段。尤其是藏族的神灵，纳入更为完整、严格、成熟的宗教文化体系中，其神性、职能、形象、性质都得到了进一步的提升、完善。

---

① 白庚胜：《白庚胜纳西学论集》，北京：民族出版社 2008 年版，第 142 页。

2. 藏族宗教叙事传统与东巴叙事传统的不同点

纳西族和藏族神话中的神灵体现出共性的一面，反映了二者文化联系的特征。但由于纳西族与藏族的地理环境、历史发展的状况有差异，两个民族的宗教叙事也有个性的一面。

（1）两个民族神话叙事传统受外来文化影响的程度、性质不同。藏族的宗教信仰受印度佛教文化影响较大，而且这种影响是直接的。纳西族的宗教信仰里也有印度宗教文化影响的内容，但这种影响主要是间接的，中间经过了藏族宗教文化的过滤、融合。

（2）两个民族的宗教叙事传统的源流影响关系是不对等的。大体来说，藏族的宗教叙事对东巴叙事传统影响更为广泛、深刻，而纳西族的叙事传统对藏族的影响相对较小。究其原因，主要有三个方面：一是二者的历史发展的差异性，藏族在历史上建立过自己的国家政权，并且在民族的整体实力，包括政治、经济、军事等方面占有绝对优势。虽然说木氏土司在 13 世纪中期至 17 世纪经略滇西北、康南藏区，实力膨胀一时，但无法控制整个藏区，充其量不过是藏区的东南一隅。而且木氏土司在向藏区扩张时，并没有削弱藏文化而是大力扶持宗教势力以巩固其统治，同时藏文化对纳西族文化的影响也并未减弱。二是藏区处于南亚、中亚、中原文化三大文化圈之间，在文化交流的区位上比纳西族更有优势，本教、藏传佛教也是这种文化交流、融合的产物。三是藏族的以佛教为代表的宗教文化体系比之东巴教更庞大缜密，是已经高度人文化了的宗教，比东巴教要成熟、完善得多。

（3）两个民族宗教叙事传统中的文化内涵层次、结构体系存在差异性。纳西族与藏族宗教叙事传统的文化内涵层次存在差异。如休曲（xiu qu）在藏语中的指义是"鸡"，在纳西语中是"大鹏鸟"，其神通比藏语中的"鸡"要大得多，柏树、杉树、栎树等植物所蕴含的文化内涵也比藏族的要丰富。"牦牛""犏牛""乌鸦"的神通功能则在藏语语义中要比纳西族大得多。这说明两个民族在历史上既有相关性，也有差异性。

藏族宗教文化中的神灵体系比起东巴神灵体系更为宏大庞杂，结构层次也较为严格分明，如藏族宗教文化中的神灵分为原始神灵、本教神灵、藏传佛教神灵三大类。佛教作为后来居上的文化层，以其缜密严谨的逻辑体系把原始宗教、本教神灵置于佛教神灵体系中；而东巴教处于原始宗教与人为宗教过渡阶段，其神灵体系也呈现出较为分散、各职其能、互不统摄的特点。这与纳西族和藏族不同的历史、政治、文化有着内在的关系。

第二节　东巴神话与彝族神话的比较研究

彝族与纳西族是中国西南地区有着悠久历史和灿烂文化的民族，在语言上都属于汉藏语系藏缅语族彝语支，族源上皆与古羌族群关系密切，地理上属于毗邻杂居状态，文化上，尤其是古老的传统文化存在着诸多共性，这在作为民族根谱的创世神话与史诗中得到了充分的体现。纳西族的《崇搬图》"是纳西族祖先神话的压卷之作，也是整个东巴文学的魁首之著。它作为一部气势磅礴的创世史诗，在纳西族文学史上占有重要地位"①。而《勒俄特依》《查姆》《梅葛》《阿细的先基》称为彝族的四大史诗，同样具有彝族创世史诗的代表性，在此将其作为与纳西族史诗进行比较研究的材料。神话与史诗是一个民族的根谱，是这个民族文化的骨与肉，是构成这一想象共同体的根基所在，是记录了本民族古代社会生产生活及传统文化的活化石，通过对这些传统史诗文本的比较研究，我们可以更深入地了解、认识纳西族与彝族之间深层的文化联系。

一、纳西族与彝族的历史共源关系

虽然纳西、彝两个民族的族源没有定论，众说纷纭，但学术界一般认为纳西族与彝族的民族历史与古羌人有着深刻的渊源关系。据《后汉书·西羌传》载，汉代羌人已是"凡百五十种"，其辖地"滨于赐支，至于河首，绵地千里。赐支者，禹贡所谓析支者也。南接蜀汉徼外蛮夷，西北接鄯善、车师诸国"。有独立名称的羌人有河湟羌、牦牛种越奢羌、白马种广汉羌、参狼种武都羌、蜀汉徼外羌等，说明羌人在汉代以前可能早已发生分化，在汉代已形成可称为羌系民族的族系了。方国瑜认为纳西族源于远古时期居住在中国西北河（黄河）湟（湟河）地带的古羌人，向南迁徙至岷江上游，又向西南方向迁徙至雅砻江流域，再西迁至金沙江上游东西地带。② 他说："彝族祖先从祖国西北迁到西南，结合古代记录，当与'羌人'有关。早期居住在西北河湟一带的就是羌人，分向几方面迁移，有一部分向南流动的羌人，是彝

---

① 和钟华、杨世光主编：《纳西族文学史》，成都：四川民族出版社 1992 年版，第 129 页。
② 《纳西族的渊源、迁徙和分布》，见方国瑜编撰，和志武参订：《纳西象形文字谱》，昆明：云南人民出版社 1981 年版。

族的祖先。"① "从彝族迁移的方向以及语言、生活、文化、名称的特点，都与古代羌人有关，'彝族渊源出自古羌人'的提法是可以成立的。"② 另外，从基因学角度考察，彝族与同源于古羌的藏族更接近。"我国主要民族明显分为南北两大群，四川彝族虽处于北方人群一组，但在遗传距离上介于南北方人群之间。主成分分析发现，彝族处于汉藏语系群体之中，与藏族群体关系最近。"③

也有学者对两个民族的渊源提出了不同看法。有学者认为除了氐羌戎系的民族，还有夷系。"若犹以藏彝语族诸族先民尽属之氐羌，甚且尽以氐羌支系目之，与此羌系民族之关系实为含混难分。近年来，民族调查日益开展，资料日益丰富，研究也日益深入，藏彝各族多能溯其族源至于汉代甚至汉以前，逐渐发现汉代西南民族之族系，除越、叟、氐羌三系外，还应当有一个'夷'系。在当时人看来，这个'夷'系各族，与羌系各族已明显不同；从他们的起源和发展演变上看，也是与羌人源流各别的。这个问题不仅是汉代西南民族的族系划分问题，还涉及彝语支民族的族源问题。"④ 在郭大烈、和志武编写的《纳西族史》中也采用了纳西族族源主要是夷系的观点。⑤ 彝族学者也有主张彝族源于夷系族群的观点。

属于夷系的白狼夷因"白狼歌"而名。《后汉书·西南夷列传》中记载的《白狼王歌》是现存反映藏缅语族语言特点的最早的历史文献。东汉明帝永平年间（58—75），益州刺史梁国朱辅大力宣传汉朝政策，对附近的少数民族影响很大。当时，"白狼王、唐菆等慕化归义，作诗三章"，歌颂中央政权的统一领导。近半个世纪以来，国内外学者以比较语言学的方法探讨白狼语同藏缅语族语言的关系，一般认为白狼语属藏缅语族，但究竟同哪种语言最近，则有藏语、嘉戎语、彝语、纳西语、西夏语等不同说法。丁文江、杨成志、王静如、方国瑜、董作宾、陈宗祥都认为白狼语属彝语支语言。⑥

在彝族经典中，笃阿慕（又称为"阿普笃慕"）是作为彝族祖先神灵存在的，他是六祖分支时的先祖。据彝文古籍《洪水泛滥》记述：笃阿慕前三

---

①　方国瑜：《彝族史稿》，成都：四川民族出版社 1984 年版，第 14 页。

②　方国瑜：《彝族史稿》，成都：四川民族出版社 1984 年版，第 15 页。

③　许铭炎、陈耿等：《四川彝族的起源初探——来自人类白细胞抗原－B 基因的线索》，《汕头大学医学院学报》2005 年第 4 期。

④　蒙默：《试论汉代西南民族中的"夷"与"羌"》，《历史研究》1985 年第 1 期。

⑤　郭大烈、和志武：《纳西族史》，成都：四川民族出版社 1994 年版，第 7 页。

⑥　丁文江：《爨文丛刻·序》；杨成志：《云南罗罗族之巫师及其经典》；王静如：《东汉西南夷白狼慕义歌本语译证》；方国瑜：《么些民族考》；董作宾：《读方编么些文字典甲种》；陈宗祥：《白狼歌研究述评》。

十五世处于野蛮时代，他在天神的帮助下躲进葫芦里，从而在洪水泛滥中逃过一劫。为延续世间人类香火，策格兹天神让三个仙女下凡嫁给笃阿慕。三个妻子各生二子，共六个儿子，即慕雅切、慕雅考、慕雅热、慕雅卧、慕克克、慕齐齐。在纳西族《崇搬图》中，董神，又称为卢神、阿普董或美利董主，"阿普""美利"都是尊称，关键词是"董"（dvq），与"笃阿慕"的"笃"（dvq）是同音的。这里的"阿慕"与"阿普"皆为"祖先"之义。纳西族创世神话中，董神是制定规矩、帮助崇仁利恩避过洪水、到天上寻求伴侣的人生导师，纳西语的"笃姆"（类似于彝语的"笃慕"）就是指规矩、伦理道德、规律等。据东巴经记载，董神与沈神是作为第一代人类的代表，后升格为天神。而彝族先祖也是作为第一代人类祖先而升格为祖先神灵的。这一名称折射出纳西族与彝族的祖先谱系传说有着千丝万缕的联系。

纳西族自称为"纳西""纳汝""纳日"或"纳罕"，"纳"的本义为黑，引申义为强大、伟大、众多，"西""汝""日""罕"的本义为人，"纳西"的引申义为伟大的种族。而云南昭通、武定、禄劝、弥勒、石屏，四川大、小凉山的彝族自称"诺苏""纳苏""聂苏"，这部分彝族约占总人口的1/2。云南哀牢山、无量山及开远、文山、马关一带的彝族自称"腊苏（泼）""濮拉泼""尼濮"等。贵州的彝族自称"糯苏""纳""诺""聂"等。前面的"诺""腊""尼""糯""纳""聂"的本义为黑，后面的"苏"本义为人，引申义为种族、民族，与"纳西"的自称是相同的。这种自称的相似性在彝语支民族中也同样存在，这从一个侧面证明了这些民族历史文化的共源性特征。

以上材料充分说明了彝族、纳西族作为藏缅语族彝族支民族，二者的族源与古羌、夷等古代族群有着紧密的联系。

二、纳西族与彝族的文化传统比较

纳西族与彝族在族源上的深刻历史关系，在宗教信仰、民间习俗、民间祭司等文化传统方面也得到了体现。

1. 宗教信仰

纳西族与彝族都有自己的原生宗教——东巴教与毕摩教。毕摩教是彝族先民在长期的社会生活中形成的属原生态的本土本民族信仰的宗教。它是以自创为主，并吸收其他宗教小部分内容，至今仍在彝区沿袭传承的一种宗教形式。① 彝族原始宗教——毕摩教是彝族先民在长期的社会生活中形成的，以祖先崇拜为核心，集自然崇拜、图腾崇拜、灵物崇拜为一体的传统信仰，属于本土民族信仰的宗教。毕摩教对彝族人民的生活、风俗礼仪、精神气质都产生了极大的影响，形成了独特的文化结构，被称为"毕摩文化"，毕摩文化是彝族文化的重要组成部分。东巴教与毕摩教的宗教性质相类似，同样具有自然崇拜、图腾崇拜、神灵崇拜、祖先崇拜等原始宗教特征，以东巴教为核心的东巴文化被称为"纳西族古代社会的百科全书"。关于东巴教及东巴文化在前面已有详述，在此不赘。

在纳西族与彝族的宗教信仰中，祖先崇拜是最为突出的，可以说是两个民族宗教信仰及传统文化的核心所在。纳西族祭祖仪式是所有东巴仪式中规模最大、影响最广的传统仪式之一。比较大的祭祖仪式分为春祭、夏祭、冬祭三次。另外，传统东巴仪式也复合了祭祖仪式的内容，从祭天到请素神、延寿仪式、祭村寨神、祭风等都有追溯祖先丰功伟绩、感恩祖先遗泽的内容。东巴经《祭祖经》如是说："父亲抱你的恩情、母亲给你喂奶的恩情、给你在额头抹油的恩情、劳累回家还要立刻给你喂奶的恩情、用手掌给你接屎接尿的恩情、用羊皮披肩背你的恩情、手把手教你走路的恩情、嘴对嘴教你说话的恩情、事对事教你做人的恩情……"纳西人在死之前，东巴要呼唤其三代祖先的名字，让他们前来接引。东巴教认为人死后要实行火化，经过举行超度仪式，灵魂可以回到祖先居住地。在超度仪式上，东巴要念诵指路经，使亡灵能够顺着魂路回到灵魂栖息地。丧葬仪式上杀牲越多，越能够取悦祖先神灵，使亡灵更顺利地抵达祖魂地，也使主人家获得象征资本。2009 年笔者在三坝参加了一次东巴葬礼，所杀牦牛多达 7 头，猪、羊、鸡则多达 20 余只。

彝族毕摩教的传统观念认为人的灵魂是永远不会死的，人死是其灵魂离开他的身体的表现，他们认为身体只不过是灵魂存在的一个实体，没有灵魂的存在，体内的血、气就不会产生，身体因此也就不复存在。因此，彝文经典《说文·论人道》说："始祖希母遮，昭穆二先人，他然自然造，身体赋灵魂，血与气效分。"彝族的祖先崇拜是建立在父母灵魂不死的信念基础之上的，彝族把善鬼称为神，而认为善鬼中最善者即是父母的灵魂。在他们看来，父母生前是世中对自己最关怀的人，死后亦必然处处关怀和保佑着自己的子孙，对于子孙的不轨行为，犹如他们在世时一样，死后亦能通过自己的灵魂进行管教，并随时可对子孙的无道予以惩罚。因此，他们总是把崇拜祖先神

---

① 张纯德、龙保贵、朱琚元：《彝族原始宗教研究》，昆明：云南民族出版社 2008 年版，第 1 页。

置于崇拜其他诸神之上，无时不怀着虔敬的心情来对待祖灵。①

　　彝族的祭祖仪式与纳西族相似。道光《云南通志·爨蛮》引《临安府志》说："俗或以六月二十四日为节，十二月二十四日为年。至期，搭松棚以敬天祭祖，长幼皆严肃，无敢哗者。"《马龙州志》说："祭以十二月二十三日为期，植松树于门外，布松、叶于屋上，割鸡烧猪，修以醯酒，陈列地上，诵夷经向罗拜焉。"嘉靖《寻甸府志·风俗令》说："（彝族）六月二十四日杀牲祭祖，夜以高竿缚火炬，以明暗占岁亩丰。"祭献方法与彝年同，不同的是，除杀牲之外，一些葬区还要采新荞、新米做荞粑、米饭供祭，以感谢祖先给子孙带来新的收获。云南弥勒西山、路南圭山等彝区，还要在密枝节祭祖，时间为农历冬月十日左右。民国《路南县志·夷俗》说："十二月子日祭密枝节，祭法是村中男人杀绵羊先去密枝（一片茂盛的密林）中祭密枝神，而后将羊肉分给各户带回家去敬祖神，以求密枝神和祖神共保家人清吉、农牧兴旺。"②

　　彝族祖先崇拜的文化形态比纳西族更为完整，父子连名制传统犹在延续，每个家支都保存着记录家支世系的谱牒，男性成员要能够背诵这本关系血脉的"根谱"，通过根谱可以认亲归宗，加强彼此间的联系。彝族的丧葬仪式与纳西族相似，也是需要毕摩念诵《指路经》，使亡魂安全回到祖居地，丧葬仪式规模更是空前。据新中国成立后在大凉山布拖县木耳乡呷屋村的调查，1949年，该村以作帛（丧葬仪式）为代表的祭祀活动共有250多次，宰杀牲畜不计其数。③又昭觉县城南乡里彝八宜家一次献祖送鬼，打牛就达20多头。该家下传至尔图乌沙时作帛成立吉豪支，一次就打牛100多头。八且五一子死时，他的子孙也打了100多头牛来祭他。④

　　神灵崇拜方面，东巴教后期受本教、藏传佛教影响，其神灵体系比毕摩教要庞大繁杂，而毕摩教的鬼魂崇拜则相对更完备复杂些。关于鬼怪的产生，毕摩教与东巴教的看法是一致的：人死后灵魂不灭，只是离开人的躯体而已，亡者的灵魂要超度到祖居地才能得以安生，没有得到超度就成为孤魂野鬼而祸害人类，尤其是那些非正常死亡者的灵魂往往成为凶鬼。"暴死、凶死亦是产生凶鬼的根源，博脑莫子是凉山彝族最畏惧的凶鬼之一，俗称蛮干鬼，它

　　①　何耀华：《试论彝族的祖先崇拜》，《贵州民族研究》1983年第4期。

　　②　何耀华：《试论彝族的祖先崇拜》，《贵州民族研究》1983年第4期。

　　③　全国人民代表大会民族委员会办公室：《布拖县木耳乡调查》，选自《彝族社会调查》，内部资料1957年版，第150页。

　　④　全国人民代表大会民族委员会四川省少数民族社会历史调查组编：《四川省凉山彝族自治州社会调查综合报告》（初稿），内部资料1958年版，第12页。

能使人朝病夕死，故彝民以暴死者为此鬼作祟所致，据说此鬼就是因反对王朝而被王朝砍去头和四肢的某凶死者所变。又义格萨莫是人们惧怕的另一个凶鬼，俗称情死鬼，据说系因爱情未得家庭认允而投河自杀的某一女性所变。根据毕摩的说法，患可怕疾病的人死后也变为凶鬼，如苏尼鬼就是因患神经病而死的苏尼所变的，猴子鬼（专吃人的五脏）是因患肝、肺、胃、脾、心脏等病而死的人所变的，疟疾鬼、头痛鬼（指脑膜炎引起之头痛）、痢疾鬼、腹痛鬼、出血鬼等则是因患该种疾病而死的人所变的。由于存在灵魂不死的信念，彝族的祖先崇拜者认为人间的一切灾祸，如灾荒、疾病、冤家械斗等都是因凶鬼作祟所造成的。故遇一切不顺心的事发生，都要延毕摩、苏尼来驱鬼。即便是在平常的日子里，他们也要时时预防凶鬼之害，或请毕摩来做预防凶鬼为祟之法术。"① 这与东巴教中的诸多攘灾驱鬼仪式是相类似的。

2．民间习俗

纳西族与彝族在历史文化上存在着共源关系，加上同在西南山地环境的共同地域因素，在民间习俗方面也存在着诸多文化共性。

火把节习俗是纳西族与彝族的主要节日之一，在西南彝语支民族中也广泛传承。火把节的形成与古羌人的历法观念及崇火传统密切相关，现在的火把节中也保留了火熏田除祟。流传在彝语支各民族的火把节传说虽内容各有不同，但文本结构是一致的：人类与天神发生矛盾—天神要惩罚人类—人类通过智慧化解危机—通过点燃火把来庆祝胜利。从中可以看出这个传说出现的时间应该晚于创世神话及英雄史诗产生的年代，神灵已经降格为人类的斗争对象，曲折反映了社会阶级矛盾、民族矛盾。

纳西族与彝族在父子连名制、成人礼（换裙礼）、青春棚（男女青年谈恋爱场所）、火塘禁忌、待客习俗等方面存在着诸多文化共性，尤其在作为文化生命力最顽强的丧葬仪式中就体现得更为充分。

在东巴经书《寻找父母死后葬法》中记载：在诺伴普时代，人类尚无葬俗。诺伴普娶克都木思为妻，生有四个儿子，分别是俄、崩、普、纳。母亲死后，他们不知怎样处理尸体，只好将尸体分成四份，一人得一份。老大俄（汉族祖先）取走一份，将其埋在土中；老二崩（普米族祖先）取走一份，将其挂在松树枝上（成了天葬的习俗）；老三普（藏族）也取走一份，将其投入河中，让河里的鱼类吞食（藏族不吃鱼的说法之一）；老四纳（纳西族祖先）取走最后一份，用火加以焚烧。但是，纳最初并不知道怎样火葬为好，只好用青麻秆做燃料。结果，皮没有烧焦，血没有烧干，于是纳把尸体丢弃

---

① 何耀华：《试论彝族的祖先崇拜》，《贵州民族研究》1983 年第 4 期。

到水中。水流将母尸漂到了董神和塞神那里，董神与塞神将火葬的方法教给了纳：男人死了用九筒柴来烧，妇女死了用七筒柴来烧，青年人死了用五筒柴来烧，小孩死了用三筒柴来烧。照此办法，尸体方可见白骨，焚尸方可留黑炭。从此，纳学会了火葬方法。① 正德《云南志》记载："么夕蛮：焚骨不葬。死者无棺椁，以竹簟舁至山下，贵贱皆焚一所，不收其骨，候冬择日，走马至焚所，用铲毡覆地，呼死者之名，隔毡抓之，或骨或炭，但得一块，取归以祭，祭毕送至山涧弃之。非命死者，别焚之；其土官死则置于床，陈衣服玩好鹰犬于前。"

与纳西族的丧葬仪式源于吃死者尸体相似，贵州古彝文典籍《论撮阻却必构》说："撮阻构阿余，撮阻细产了，火葬的底啊！"意译为："吃人的鼻祖名构阿余，吃人的就随着他产生了，火葬的制度也兴起了。"② 据翻译者罗国义解释，彝族先民原行土葬，后来有个叫"撮阻界"的人出现，由于撮阻界吃人，连死人也吃，所以此后就改行火葬了。在滇黔彝族中，守灵时还要以歌舞来取悦死者，由四人手持八卦铃在死者旁跳，边跳边唱孝歌，名曰"跳脚"（云南宣威戛立乡称"欺骇"，汉语称"跳脚踩舞"）。据说，死者去阴间之路充满荆棘，"跳脚"可把它踩平。孝歌唱述死者一生对家人、亲友的恩爱及生者对死者的依恋惜别之情。③ 纳西族在丧葬仪式期间会通宵达旦跳"窝仁仁"舞蹈以示驱赶吸食死者的仁美鬼，众人手拉手围成一圈，男的以粗犷嗓音大声吆喝，妇女则以绵羊的颤音叫声来回应。有些学者认为这个舞蹈保留了纳西族早期狩猎时的场景。④ 另外，在葬俗上纳西族与彝族皆实行尸体火化之俗，出殡时由祭司执刀开路，驱赶拦路鬼。火化场设于离村子不远的荒野或山坡上。火化时以木柴搭架，男搭九层，女搭七层。尸体置于上面，盖青松等枝叶，由亲属从架子下面生火。

3. 民间祭司

东巴与毕摩都是民间宗教的祭司，他们掌握着本民族的语言、文字、经典，被认为是沟通人神鬼之媒，主持各种民间宗教仪式，同时又是民族传统文化的集大成者、传播者与传承者，他们往往集歌、舞、经、书、史、画、医为一身，成为本民族社会中的智者及尊者。"东巴"源于本教教祖"敦巴辛饶弥沃"的简称，在东巴教中又称为"东巴什罗"或"丁巴什罗"。纳西族

---

① 郭大烈：《纳西族研究论文集》，北京：民族出版社1992年版，第250页。
② 贵州毕节彝文翻译组：《西南彝志》（第11卷），内部油印本1980年版。
③ 蒙默：《试论汉代西南民族中的"夷"与"羌"》，《历史研究》1985年第1期。
④ 宣科：《活的音乐化石——纳西族多声民歌"热美蹉"的原始状态》，《音乐学习与研究》1986年第4期。

民间一般称东巴为"补崩"（biu biuq），为"吟诵""口诵"之意。无独有偶，藏缅语族中的好多民族对民间祭司皆有相似称呼，如彝族的毕摩中的毕，也是"念诵"之意，摩是指长者，傈僳族的祭司称为必扒，哈尼族祭司则称为呗摩、毕摩、贝玛、莫批，羌族祭司称为释比，拉祜族祭司称为比摩，皆有吟诵者之含义。毕摩是彝语音译，"毕"为"念经"之意，"摩"为"有知识的长者"。纳西族、彝族对本民族祭司的称呼皆与吟诵、念经有关，从中反映了二者在历史文化上的同源性特征。徐嘉瑞先生认为："自松潘、西昌、巴布凉山、丽江、西藏至昆明贵州之民族，如黑罗罗、西番、白夷、摩些、花苗等，皆信仰巫救，其祭师之名号，皆大体和同。故由宗教观之，此一区域，实为同一文化系统。"① 李国文也认为，纳西族、彝族对原始巫师"毕摩""崩卟"的特有称谓，最初可能是取于同一含义、同一发音，只是随着各民族以及民族内部各分支的历史发展变化而逐渐产生语音的变异，加上后来五花八门的译、写、记而已。②

　　东巴与毕摩的传承方式都具有血缘传承、世袭传承、传男不传女的共同特征。血缘传承与世袭传承有共同性，即这种祭祀知识及权力只能在具有血缘关系的家族或家支中传承，血缘传承可以扩大到整个家族血统，世袭传承则限定在家族血缘之内。如丽江纳西族的木氏土司专门聘有祭天东巴，一直延续到 20 世纪 40 年代，其祭天东巴由和凤书一家世袭。家传东巴最长的是太安和成章，说得出名字的共 19 代，每代以 25 年计算，近 500 年，那么，他家是从明成化年间起当东巴，可谓源远流长了。③ 彝族毕摩在漫长的历史时期拥有较高的身份地位，这种世袭传承更为突出。"彝族社会里，一些家族被社会认可是从其祖先开始就从事毕摩职业的家族，都有自己的《毕摩谱系》作证明是毕摩世家，即世世代代做毕摩的家族。在毕摩的传承中，以是否出身、来源于这种毕摩世家，区分出家传与非家传。其中，家传是毕摩传承中的主流，非家传的、拜师学成的毕摩只占少数，并且家传毕摩拥有为各家族、家庭祭祖的世袭特权。为了保证毕摩的身份和职业在本血族中的延续，毕摩世家出身的毕摩有义务向其子孙传授毕摩知识和技能，从事毕摩职业的义务，使毕摩的职业和身份在毕摩世家中延续和世袭。"④

　　东巴与毕摩在仪式中所使用的法器、工具也有相似性。譬如在主持仪式

---

① 徐嘉瑞：《大理古代文化史》，昆明：云南人民出版社 2005 年版，第 292 页。

② 李国文：《人神之媒——东巴祭司面面观》，昆明：云南人民出版社 1993 年版，第 10 页。

③ 和志武、郭大烈：《纳西族东巴的现状和过去》，《云南现代史料丛刊》（第 3 辑），云南省历史研究所 1984 年版。

④ 王薇：《彝族"毕摩"与纳西族"东巴"的比较研究》，《贵州民族研究》2005 年第 6 期。

时都要穿戴传统的衣帽，手持法杖、板铃等法器，在仪式场地安插各类画有鬼神的木牌。彝族木牌以鬼类为主，故称"鬼板"。鬼板一般用于驱鬼禳灾、祛病逐疫、被污除秽等仪式上，其思想指归在于驱鬼祈福，其实践方式往往是通过毕摩之口诵念祝咒经诗，加之具体的与神鬼可以产生"互渗"的仪式行为——画符制鬼。① 纳西族的木牌画分为鬼类、神类、署类，其宗教功能与鬼板的"互渗"作用是一致的。

纳西族与彝族共同的历史源头及文化联系，使东巴与毕摩具有诸多文化共性，这种文化共性促进了双方的交流与沟通。如三坝纳西族乡的彝族民众也有延请当地东巴主持仪式的传统，而相传纳西族的炙羊肩胛骨卦是从大凉山牛牛坝彝族人那里学来的。②

三、纳西族与彝族的文化个性比较

需要指出的是，因纳西族与彝族所经历的社会政治、经济形态不同，所处的自然环境、所受外来文化影响等方面存在着差异性，东巴与毕摩之间存在着诸多文化个性。东巴教文化的底层文化与古羌族、彝族文化存在着更多的共源性，后期受本教及藏传佛教、汉文化的影响，从而有了人文宗教的某些特点。和力民认为东巴教属于由原始宗教向人为宗教过渡状态的宗教，具有二者的一些宗教特点。相形之下，毕摩教形态更多地保留了原创性宗教的特征。特别是在大小凉山地区，由于彝族社会长期保持了自成体系的奴隶制社会经济形态，从而使毕摩成为维持这种社会经济形态的重要力量，毕摩在社会地位、身份、经济收入方面比纳西族的东巴要高，所获得的权力也大，东巴与底层农民一样生产生活，并没有跻身于上层阶级。清朝雍正年间，丽江实行改土归流后，东巴教逐渐退缩到偏远山区，其文化影响力也大为减弱。而大小凉山地区毕摩的特殊地位一直保持到 20 世纪 50 年代，至今仍具有较高的社区威望。

由于彝族内部的支系构成庞大复杂，这种不同地域、不同支系间的文化差异使毕摩文化差异比东巴文化内部差异要大。不同方言区的语言差异是明显的，而且演述方式也存在不同程度的差异。凉山地区的彝族史诗《勒俄特依》是通过毕摩吟诵方式传承的，而楚雄姚安地区的史诗《梅葛》、红河弥勒

---

① 巴莫曲布嫫：《巫术咒仪与鬼板符画——大凉山彝族鬼灵信仰与巫祭造型之考察》，《民族艺术》1998 年第 2 期。

② 李霖灿：《东巴教的占卜》，见郭大烈、杨世光主编：《东巴文化论》，昆明：云南人民出版社1991 年版，第 82 页。

地区的史诗《阿细人的先基》则是通过歌手对答方式演述，贵州、云南南部彝族受汉文化影响更深。相对来说，纳西语只存在东、西两大方言区，有东巴文字经典的东巴教主要存在于西部方言区及东西方言区之间的汝卡人支系中，这些不同区域的东巴经书虽在字体、抄写方式、内容上存在一定的差异，但在仪式种类、经书类别、经书主题、法器、服饰、传承方式等方面是共通的。也就是说，纳西族东巴教内部差异性没有彝族毕摩教大。

从构成二者宗教文本载体的经书来说，彝文是比较成熟的文字体系，除了在毕摩经书中使用，在彝族生产生活中也广泛使用。从川、滇、黔各地彝区保留的文献来看，彝族文字形字体没有差异，只是书写风格有所不同。由于方言差异，字的用法不尽一致，但所记录的文献是一致的。若非彝族在历史上有过统一时期，使用过统一的文字，相互被隔断往来千年以上的彝族在各地保留有相同的文字、记载一致的文献是根本不可能的。而纳西族东巴文尚处于不成熟的象形文字或图画文字阶段，虽有少部分应用于民间生产生活中，但其主要使用者还是东巴，其基本功能是用来书写东巴经书。随着汉文化的传播，东巴文字只为少数东巴掌握。东巴文及东巴经书的文化活力远没有彝文强。

纳西族与彝族的文化差异也与双方接触的文化密切相关。纳西族接触藏族、白族、汉族程度深些，受其影响也大。如东巴教受藏族本教、佛教影响后与原生的原始宗教类型发生了较大的变化，包括宗教观念及民俗也发生了相应的变化。纳西族早期历史上也是崇奉黑色，"黑"至今在纳西语中具有"强大""庞大""势大"等含义，这从"纳西"的族称含义中就可以证明，"纳西"源于以黑为大、为强之意，引申为伟大的种族、强大的人种。但后来受藏传佛教及白族传统文化影响，纳西族的宗教观念及审美观念由尚黑转变为尚白，英雄史诗《黑白战争》中白部落战胜黑部落就是这一观念的折射。作为纳西族保护神的三多战神，一袭白袍、白马与白雪覆盖的玉龙雪山相符，由此也成为玉龙雪山的化身。而彝族传统宗教观念中一直奉黑为大、为美。凉山彝族创世史诗《勒俄特依》叙述，民族英雄支格阿鲁是黑鹰与民女蒲莫列依结合而生下的"龙"之子，"龙鹰掉下三滴血，落在蒲莫列依的身上……蒲莫列依啊，早晨起白雾，下午生阿龙……岩是龙住所，阿龙懂龙话，自称'我也是条龙'。饿时吃龙饭，渴时吃龙乳，冷时穿龙衣"。这一方面反映出彝族先民的婚姻形态在史诗所叙说的支格阿鲁时代已由族内婚向氏族外婚制发展和过渡（民族英雄支格阿鲁就是南迁的以"黑鹰"为图腾的氏族部落与土著的以"龙"为图腾的"蒲"人氏族部落的后代），另一方面也反映出彝族先民尚黑之习俗。①

四、纳西族与彝族的创世史诗比较

神话是纳西族和彝族的叙事传统中最为突出的表现方式，而创世史诗作为神话的典型，对两个民族的文化比较有着特殊性与普遍性的意义。纳西族与彝族的创世史诗在创世内容、演述方式、典型形象、艺术特色等方面存在着诸多文化共性与个性。

（一）叙事内容的比较

1. 两个民族的创世史诗梗概

纳西族的创世史诗以《崇搬图》为代表。《崇搬图》又译为《创世纪》，在丽江坝区称为《崇搬图》（coq ber tv），在迪庆州的三坝区称为《吐筚》（tv zzoq），而在三江口的阮可人区域的称呼则由三部分组成——《梭梭科》（Soq sof koq）、《卡汝此》（ka ssee ceeq）、《利恩恩科》（leel ee ee koq）。虽然称呼不同，但内容以开天辟地、创造万物、人类繁衍为主题。《崇搬图》称："很古很古的时候，天地混沌未分，东神、色神②在布置万物，人类还没有诞生。石头在爆炸，树木在走动，混沌未分的天地，摇晃又震荡，天地还未分开。"然后先有三样天地日月影子，三生九，九个出母体，出现真假虚实。然后依次发生变化，先后出生了日、月、碧石、白气、妙音、善神、白露、白蛋、神鸡，神鸡生下九对白蛋，孵出神与人。天地是由神的九兄弟与神的七姊妹开辟的，"东边竖起白螺柱，南边竖起碧玉柱，西边竖起墨珠柱，北边竖起黄金柱，中央竖起一根撑天大铁柱。天不圆满，用绿松石来补，地不平坦，用黄金来铺，把天补得圆圆满满的，把地铺得平平坦坦的"。天地开辟好了，但世间一无所有。依古丁那恶鬼做变化，出现了一只黑鸡，黑鸡生下一对"煞尾蛋"，一年过去了仍孵不出后代。把蛋扔到大海里，生出了一头野牛一样的怪物。最后把怪物杀死，怪物的头变成了天，皮变成了地，肺变成了太阳，肝变成了月亮，骨头变成了石头，肉变成了泥土，血液变成了河水，肠子变成了道路，尾巴变成了树木，身毛变成了青草。后来在神的帮助下，人类建造了高大的居那若罗山，镇住了摇晃的天地。山上妙音与山下白

---

① 马国伟：《彝、纳西创世史诗的艺术特色比较研究》，《中央民族大学学报》（哲学社会科学版）2007 年第 5 期。

② 东神、色神：即阴阳善神。东是男神，全名为美利东（董）阿普；色是女神，全名为勒金色阿兹。

气化成白露，露变海，海生海蛋，蛋里生出人祖恨矢恨忍。经过九代，传到崇仁利恩兄弟这一代。崇仁利恩兄弟姐妹相交配，秽气污染了天地，触怒了天神而罚下滔天洪水。崇仁利恩的其他兄弟对天神不尊，只有崇仁利恩善待天神而被授以良计，躲进牦牛皮鼓得以独存。洪水过后，人间只剩下崇仁利恩一人。天神用木偶制造人类，但他们不会说话，不能听见。崇仁利恩只得到天上寻求配偶，经过天神重重难题考验，终于娶得了天女衬恒褒白回到人间。《创世纪》的中心内容是突出人类代表崇仁利恩，描写他如何坚持与天神做斗争，与恶神做斗争，与洪水做斗争，终于重建了人间，热情歌颂和赞美了人类不屈不挠的精神。①《崇搬图》在云南省丽江市的古城区、玉龙县、宁蒗县，迪庆藏族自治州的香格里拉县、维西县及四川省木里县的纳西族地区都有流传。《创世纪》多在丽江超度、祭风等仪式中念诵，而三江口区域多在禳栋鬼仪式中念诵，且与《黑白战争》一同在仪式中演述。

相对说来，彝族因分布较广，支系众多，其创世神话内容也体现出版本类型多、异文本多、创世神话与创世史诗相重合的特点，主要代表为凉山地区的《勒俄特依》、楚雄姚安的《梅葛》、楚雄双柏的《查姆》、红河弥勒的《阿细的先基》。

《勒俄特依》为彝语音译，"勒俄"意为"耳闻""传说"；"特依"意为"书"。此史诗除了在群众中口耳相传，还有多种彝文抄本。《勒俄特依》中谈到，天地间开始处于宇宙混沌时期。之后，"混沌演出水是一，浑水满盈盈是二，水色变金黄是三，星光闪闪亮是四，亮中偶发声是五，发声后一段是六，停顿后又变是七，变化来势猛是八，下方全毁灭是九，万物全殒尽是十，此为天地变化史"②。后来在东西南北四方分别诞生了儒热古达、署热尔达、史热府尼、阿俄署布四神人。四位神人和另一位神人阿尔，合作开天辟地，创造了适合人类生存的自然环境。之后是关于人类起源的描述：第一代是"一对格俄蠢物来，矮小形状怪，刮风冷难熬"。第二代是"松身愚蠢人……四代长到天。身长闪悠悠，行动慢腾腾，走路摇晃晃，呼吸如无气，似死又非死。头上住喜鹊，腰间住蜜蜂，鼻子住着丝鸟，腋下住松鼠，肚脐住着吉子鸟，膝腋住斑鸠，脚板住蚂蚁，没有成人类"。第三代人类是由雪化成人，"结冰成骨头，下雪成肌肉，吹风来做气，下雨来做血，星星做眼珠，变成雪族的种类，有血的六种，无血的六种"。有血的六种分别是蛙类、蛇类、鹰类、熊类、猴类、人类。其中还谈到由猿猴变成人的过程。

---

① 云南省民族民间文学丽江调查队搜集翻译整理：《创世纪》，昆明：云南人民出版社 1978 年版。

② 冯元蔚：《勒俄特依》，成都：四川民族出版社 1986 年版。

　　《梅葛》是彝语音译，"梅"意为经典，"葛"意为说、唱，梅葛即诵经。《梅葛》称："远古的时候没有天，远古时候没有地。"天地是由格滋天神的五个儿子和四个女儿造的。造好的天地经打雷试天时把天震裂了，地震试地时，把地震裂了个洞，他们又用云彩补天，地衣叶子去补地。"天地间的万物是虎尸所化生的。"虎的"左眼作太阳，右眼做月亮，虎须做阳光，虎牙做星星，虎油做云彩，虎气变雾气，虎肚做大海，虎血做海水，大肠变大江，小肠变成河，虎皮做地皮，排骨做道路，硬毛变树林，软毛变成草。"① 人也是格滋天神造的。"格滋天神撒下三把雪，落地变成三代人。"第一代是独脚人，独自一个不能行走，因无法生存而被晒死了。第二代人有一丈三尺高，树叶当衣裤，吃山林果，身上长青苔，最后也被晒死了。第三代人的两只眼睛朝上长，是直眼睛人，这代人任意糟蹋粮食，格滋天神发洪水灭了这代人。只有一个叫学博若的小儿子照天神的旨意，与妹妹一道躲在葫芦里得以幸免，后来兄妹二人成亲生下了人类的祖先——横眼睛人。②

　　"查姆"意为万物的起源。一个"查"就是指一件事物的起源，现搜集到的只有十一个"查"。《查姆》认为宇宙开始一片混沌，"分不出黑夜，分不出白天……只有雾露一团团，只有雾露滚滚翻"，"雾露飘渺大地，变成绿水一潭，水中有个姑娘，名叫赛依列，他叫儿依得罗娃最先来造人"。第一代人类只有一只眼睛，是"拉爹"时代。"独眼睛这代人，不会说话，不会种田，像野兽一样过光阴。今天跟老虎打架，明日和豹子硬拼，人吃野兽，野兽也吃人，有时还会人吃人。"第二代人为竖眼睛人，"树枝做椽子，树叶作瓦片，树皮当板墙"，并已学会种植粮食作物。第三代人为横眼睛人，是"拉文"时代，"有两只横眼睛，两眼平平朝前生……世上需要的东西，样样都造出"。这一代人成为人类的祖先。③

　　《阿细的先基》中的"先基"是阿细彝语音译，意即歌或歌曲。《阿细的先基》即阿细人的歌曲。这部史诗是通过演唱的形式来叙述的。《阿细的先基》认为"最古的时候，没有天和地"，是阿底神用四根柱子把天稳住，是银龙神和阿托把地稳住，金姑娘、金龙神等众多神人一起，改善了天地，创造了天地万物。人类是由男神阿热和女神阿咪分别用黄泥和白泥制造出来的。人类开始时穿树皮，住在树上、石洞里，后来学会了砍树、割草、盖房子。④

---

①　《梅葛》，昆明：云南人民出版社 1959 年版。
②　《梅葛》，昆明：云南人民出版社 1959 年版。
③　《查姆》，昆明：云南人民出版社 1981 年版。
④　《阿细的先基》，昆明：云南人民出版社 1978 年版。

2. 两个民族创世史诗的主题比较

由以上内容可察，纳西族与彝族创世史诗的主题集中在两个方面——开天辟地与人类诞生。开天辟地又包含了三个方面：宇宙产生之初、产生过程、产生之后。两个民族在这三个方面的内容是惊人的相似——纳西族史诗《创世纪》认为宇宙产生初始时处于混沌状态，天地没有分开，后来经过真与假、实与无、声音与气体、白露与海水等发生系列变化而生成万物；天地是由天神创造而成，世间万物是由野牛怪物化生而成。彝族的四部史诗都认为宇宙创始之初是混沌的，但具体的宇宙及世界万物产生的过程有所不同：《勒俄特依》认为宇宙万物的变化都是从水开始的，是由天神创造了天地；《梅葛》说天地是由格滋天神造就的，天地间的万物是由虎死后化生的；《查姆》叙述了源于"雾露"的变化，重浊的雾露下沉而变成地，轻清的雾露升腾而变成天；《阿细的先基》认为"清气变为天，浊气形成地"。虽然两个民族创世史诗的具体过程有些差异，但都把宇宙的起源、过程归结于物质的变化，天地形成后世间一无所有，最后由某一动物（虎或野牛等）死后化生万物。

关于人类的诞生原点有两种不同的解释——自然说与神造说。自然说的观点认为人类并非上帝或女娲制造的，而是通过事物变化而产生的。纳西族认为人类与天神同源于蛋，最后从海洋里产生了人类祖先；《查姆》也认为人类最早是从水里诞生的，"雾露飘渺大地，变成绿水一潭，水中有个姑娘，名叫赛依列，他叫儿依得罗娃最先来造人"[1]。《勒俄特依》认为是天上的雪化成了人类祖先，"天上掉下梧桐来，霉烂三年后，起了三股雾，升到天空去，降下三场红雪来。雪到地面上，九天化到晚，九夜化到亮，为成人类而化，为成祖先而化"[2]。与前面三部创世史诗不同，《梅葛》和《阿细的先基》认为人类是由天神制造的，《梅葛》认为人类是格滋天神造的，《阿细的先基》认为人类的男始祖"阿达米"和女始祖"野娃"是由男神阿热和女神阿咪分别用黄泥和白泥制造出来的。

纳西族与彝族创世史诗的第二个主题——人类的诞生都有一个共同点，即人类的诞生是渐进的，经历了诸多失败后才得以成功。《崇搬图》里的人类死于洪水，董神制造人类失败，崇仁利恩娶了竖眼美女，生不出人类。《勒俄特依》《查姆》《梅葛》都述及人类祖先的诞生是经过三代人努力才得以成功，前两代人都不能适应自然环境，无法从事生产劳动而灭亡，后面一代比前面一代要先进，更能适应。《阿细的先基》里叙述的人类由穿树叶、住树上

---

① 《查姆》，昆明：云南人民出版社 1981 年版。
② 冯元蔚：《勒俄特依》，成都：四川民族出版社 1986 年版。

到住石洞，再住到房子里，学会割草、盖房、种地，由此反映出人类通过不断的社会生产实践而发展进化的过程。

纳西族与彝族的创世史诗都堪称"活形态的民族传统文化博物馆"，生动形象地记录了本民族古代社会的生产生活状况，内容涉及天文地理、历史形态、经济生产、宗教观念、家族婚姻、民族关系、民间习俗等，具有"民族古代社会的百科全书""民族标志性文化"的特点。

（二）洪水神话的情节、母题比较研究

1. 两个民族的洪水神话的基干情节

马学良说："一个民族必有他自己发源的祖宗，这个祖宗多半是神话中的人物，夷边的人祖传说是一个空幻灵美的神话，而且一直到现在，还是他们最崇拜的神，形成他们习俗的中心，所以很有记录的必要。"[①] 20 世纪 30 年代后期，民族学家马学良深入楚雄武定彝族地区，对彝族洪水神话做了搜集整理，并写成了《云南土民的神话》。现根据马学良搜集的楚雄彝族洪水神话，将神话的主要基干情节概述如下：

（1）上古时候，有兄弟三人，老大和老二心地不好，只有老三心地善良。

（2）三兄弟在山上劳动，遇到一位白发老人（有的说是太白金星或一个名叫"武姆勒娃"的神，有的说是一只熊或一只豪猪）。老大、老二辱骂老人，只有老三对老人很尊敬（如果是熊或豪猪，则是被他们支的扣子扣住，老大、老二不愿意解开扣子，只有老三愿意解开扣子）。

（3）老人告诉他们洪水要来了，叫他们各人准备一只木桶，老大、老二要用凿子凿底，老三用凿子塞底，洪水来了就各人躲进木桶，并在腋下放了一个鸡蛋，听见鸡叫才能走出木桶（有的说是要老大打铜船，老二打铁船，老三打木船；熊或豪猪则是给老三一颗葫芦籽，结出葫芦就躲进葫芦里）。

（4）洪水来了，老大、老二被淹死。老三昏过去，听到鸡叫醒来，才发现木桶（木船、葫芦）被挂在山崖上。

（5）一只老鹰发现了，将木桶（木船、葫芦）蹬下山崖，木桶滚下山崖被竹子挡住，因此老三得救。

（6）世上只剩下老三一个人（有的说还有他的妹妹）。白发老人（神或熊、豪猪）来了，还带来了一个仙女，要老三与她成亲结为夫妻，繁衍人类（如果是只剩下兄妹二人，则叫他们兄妹成亲。兄妹不愿意，就叫他们滚簸箕，滚磨盘，在河中穿针引线，各在一座山头烧火让青烟缠绕等，通过验证，

---

① 马学良：《云南土民的神话》，《西南边疆》1942 年第 12 期。

表明天意。有的只好成亲；有的则为哥哥在河头洗身子，妹妹在河尾捧水吃）。

（7）女人怀孕后生下了三个小孩，都不会说话。一次烧"炮仗草"烤火，炮仗草炸裂吓着娃娃，大娃娃叫"阿尾，阿母"，成了甘彝祖先；二娃娃叫"阿爸，阿买"，成了黑彝的祖先；三娃娃叫"爸爸，妈妈"，成了汉族的祖先（一说生下一全肉块，哥哥挑开肉块，跳出九个娃娃，成为汉、傣、回、白、傈僳、纳西、彝等民族的祖先；另一说生下三十六个娃娃，都不会说话，一次烧竹子烤火，竹子炸裂，火星炸响，一个叫"阿孑孑"，成了彝族，一个叫"阿喳喳"，成了哈尼族，一个叫"阿呀呀"，成了汉族……从此各人成为一族，三十六族分开天下）。①

纳西族史诗《创世纪》的整理本分为开天辟地、洪水滔天、天上烽火、人间迁徙。现将基干情节略述于下：宇宙混沌，创生日月星辰，山川万物，建造神山，神海里出现人类祖先，最后传到崇仁利恩五兄弟，崇仁利恩五兄弟与六姐妹成婚，秽气污染了天地。

（1）崇仁利恩五兄弟在董神与色神（神仙夫妻）聚会地方犁地，董神与色神生气了，变成两头野猪，一夜间把犁好的田地全部拱平；崇仁利恩兄弟就在地里下了扣，第二天扣住了董神与色神，利恩卡古、利恩卡吉两兄弟打了两个神仙。而崇仁利恩给神仙夫妻解除了扣子，还给他们治病。

（2）董神告诉崇仁利恩洪水要来了，叫他杀一只牦牛，用细针粗线将牦牛皮缝制成一个皮鼓，然后把动物、家畜、植物种子及工具放进里面；而告诉崇仁利恩兄弟用粗针细线缝制黄牛皮鼓，把坏的、丑的放进里面。

（3）洪水来了，崇仁利恩的四个兄弟被淹死。崇仁利恩听到鸡叫才醒来，拿刀划开皮鼓回到人世间，发现人世间一片荒凉，四处没有人烟。

（4）董神制作了九副木偶来繁衍人类，警告崇仁利恩九天后才能动他们，但崇仁利恩一个人太孤独，忍不住与木偶握手说话，致使木偶繁衍人类计划失败。

（5）董神告诉崇仁利恩有两个仙女下凡来人间洗澡，一个是竖眼美女，一个是横眼丑女，要娶横眼女为妻才能繁衍人类。但崇仁利恩一见到美女就忘记了董神的话，情不自禁地与竖眼美女好上了，结婚后生下了熊、猪、猴、鸡、松、蛇和蛙等怪胎。

（6）崇仁利恩一个人孤独地继续寻找伴侣，在天地交界的梅花树下遇上了天女衬恒褒白，二人一见钟情，私订终身。衬恒褒白变成一只白鹤，把崇

---

① 杨继中、芮增瑞、左玉堂：《楚雄彝族文学简史》，北京：中国民间文艺出版社1986年版，第49－50页。

仁利恩藏在腋下带到天上，最后被天父孜劳阿普发现，扬言要杀死他。最后在衬恒褒白的暗中帮助下，崇仁利恩一一化解了孜劳阿普设下的道道难题，终于把衬恒褒白娶回人间，并带回了好多动物、植物种子。

（7）崇仁利恩与衬恒褒白在人间繁衍人类，生了三个儿子，但都不会说话，后来蝙蝠听到天父天母谈话，说只有举行祭天仪式才能让三个儿子说话。于是崇仁利恩就举行了祭天仪式。一天，三个儿子看到一匹白马在吃蔓菁，大儿子说出了一句话："达尼余麻萨！"二儿子说了："饶盘阿肯开！"小儿子说了一句："满以辞肯尤！"老大就成了藏族的祖先，而老二成了纳西族的祖先，老三成了白族的祖先。[1]

比较马学良收集的彝族洪水神话与纳西族《创世纪》中的洪水神话可以看出，两个民族的洪水神话的内容、情节、主题、母题、类型、主人公形象有惊人相似之处，这种惊人的相似性并非文化传播造成的，更大原因是历史的共源性，以及所经历的相似的社会经济形态。彝族与纳西族同源于古羌人，共同从大西北迁徙到大西南，经历了游牧到游猎、畜牧、农耕的社会经济形态，婚姻上从群婚、血缘婚到对偶婚、一夫一妻制。马克思说："神话是人类对自身社会生产生活的曲折反映。"这种历史文化共性必然从神话中得到形象的表现。

2. 两个民族的洪水神话的母题比较

马学良在彝族地区调查搜集的洪水神话版本中，有关于兄妹婚的母题：洪水滥发后世间只剩下兄妹二人，天神就叫他们兄妹成亲。兄妹不愿意，就叫他们滚簸箕，滚磨盘，在河中穿针引线，各在一座山头烧火让青烟缠绕等，通过验证，表明天意。[2] 而纳西族《创世纪》中兄妹婚的母题刚好与之相反——兄妹婚发生在洪水暴发之前，兄妹婚正是暴发洪水的原因所在。李子贤认为纳西族洪水神话中的兄妹婚反映了纳西先民对血缘婚姻制度的否定。[3]

无独有偶，纳西族洪水神话中还有一个版本——《司巴金补与司巴金姆》，司巴金补与司巴金姆是东巴神话中纳西族的男女始祖神，又称为"美利董主"（董神或卢神）与"冷启神阿祖"（沈神）。根据东巴经记载，董神与沈神为人类最早的始祖，甚至升格为始祖神灵，是他们制定了人间的规矩（董姆），拯救了人类。而这一对人类始祖是兄妹关系，是洪水暴发后仅存的人类，天神让他们婚配，并先后经历了滚簸箕、滚磨盘、合青烟的考验，最

---

① 云南省民族民间文学丽江调查队搜集翻译整理：《创世纪》，昆明：云南人民出版社1978年版。
② 马学良：《云南土民的神话》，《西南边疆》1942年第12期。
③ 李子贤：《论丽江纳西族洪水神话的特点及其所反映的婚姻形态》，《思想战线》1983年第1期。

终成婚。也就是说，纳西族洪水神话存在两个版本，这两个版本与彝族的洪水神话存在着诸多共性。①

两个民族的洪水神话有些变异了的情节，如《崇搬图》中董神、沈神在发洪水之前，变成野猪把崇仁利恩兄弟犁好的地全拱翻了，崇仁利恩兄弟下了扣子，扣住了董神、沈神，利恩卡古、利恩卡吉两兄弟拿犁头打了董神与沈神。而崇仁利恩挺身而出，解除了扣子，并给二神治病，董神告诉了崇仁利恩要暴发洪水惩罚人类，并授计逃难的方法，最终崇仁利恩在洪水灾难中得以幸存，成为人类的先祖。马学良搜集的楚雄彝族神话中有这样的情节：三兄弟在山上劳动，遇到一位白发老人，有的说是太白金星或一个名叫"武姆勒娃"的神，有的说是一只熊或一头豪猪。老大、老二辱骂老人，只有老三对老人很尊敬。如果是熊或豪猪，则是被他们支的扣子扣住，老大、老二不愿意解开扣子，只有老三愿意解开扣子。最后只有老三在老人的授计下在洪水中得以幸存，成为人类的祖先。《梅葛》里的洪水神话这样说：直眼人生五子，格滋天神要换人种，考验是否心好，将自己变成一头黑熊，被五兄弟下的扣子套着了，前面四个兄弟都不去解套，都想杀了熊，只有第五个弟弟与小妹妹商量，想把黑熊放生，说熊头像老祖祖，熊尾像老爷爷和老奶奶。天神就传话给五弟及其妹妹，说三天后要发大水，让他们躲到大葫芦中，并把生产生活所需的物种、动物都放到里面去。而另外四兄弟打造了金柜子、铁柜子、铜柜子、石柜子，洪水暴发时都淹死了，只有五弟及其妹妹活下来，他们就成了人类的祖先。

纳西族与彝族洪水神话的母题比较

名称	动物	坏人/好人	避难工具	发洪水的原因	发洪水后婚配
《崇搬图》	野猪翻地	两兄/崇仁利恩	牦牛皮/黄牛皮	兄妹婚污染了天地	与仙女成婚
《楚雄洪水神话》	豪猪、熊翻地	两兄/老三	木船/铁船、铜船	人心太坏而要换人种	与仙女或妹妹成婚
《梅葛》	黑熊翻地	四兄/五弟	葫芦/铁柜	人心太坏而要换人种	与妹妹成婚
《阿细的先基》	白胡子老人翻地	三兄/四弟	木柜/银柜、锡柜、铜柜	人心太坏而要换人种	与妹妹成婚

---

① 和志武：《东巴经典选译》，昆明：云南人民出版社1994年版，第200页。

从上面的比较中可以看出，纳西族洪水神话与彝族洪水神话的母题及故事结构、情节是大同小异的，至于二者产生异文的原因可能与所处的自然环境、社会经济生产状态相关。譬如洪水暴发时纳西族的避难工具选择了牦牛皮缝制的皮鼓，而彝族神话里的是葫芦或木船，这是因为楚雄彝族所居住的地方没有饲养牦牛的传统，包括一开始天神为考验人心而变成动物种类也是如此。至于暴发洪水的原因——《崇搬图》认为是兄妹婚产生的秽气所致，而彝族神话却肯定了兄妹婚。这是因为《崇搬图》里的人类在东巴神话里并非第一代人类，在天神董神、沈神时代已经开启了兄妹婚时代，所以在第二代的人类祖先故事中否定了兄妹婚。也就是说《崇搬图》里的洪水神话已经是第二次暴发洪水了，这个时期纳西族的婚姻形态已经彻底否定了血缘婚。而彝族洪水神话仍是上古流传的第一个洪水神话，并且是唯一的一次洪水的神话，这个神话的雏形在传承过程中得以保存，而非全面否定。

（三）典型形象的比较

1. 神灵的形象

宇宙万物的产生归结于物质变化，包括天神都不是先天存在的，都是这种物质变化的结果，而天神也是开天辟地的主角，如纳西族《崇搬图》里的董神及九个男神，沈神及七个女神；《勒俄特依》中的恩体谷兹；《梅葛》中的格滋天神；《查姆》中的涅依保颇；《阿细的先基》中的阿底神。这些神灵都具有超人能力，主宰着世间万物，反映了当时极为低下的原始社会生产力水平。但需要指出的是，纳西族创世神话中的天神形象并没有彝族的创世天神那般无所不能：天神创造的天地被野牛怪物破坏殆尽，天神制造的人类也失败了，最后还是崇仁利恩一人上天寻找到了自己的伴侣，并通过与百般刁难他的天神斗智斗勇而征服了天神，天神创造的天地仍不安宁，最后也是人类自己创造了镇住天地的居那若罗神山，并在山上创造了世间万物。从中可以看出，《崇搬图》中的神灵形象塑造是明褒暗贬，实质是通过降低神性，提升人性来讴歌人类自身不屈不挠、勇往直前的英雄气概及创造精神。

《崇搬图》中并非对所有神灵都予以贬低，对天神之女——衬恒褒白做了赞美，她具有"美丽善良、机智聪慧、勤茂贤达、嫉恶向善和忠于爱情、忠于理想、不畏强暴、敢于抗争的精神。她蔑视父权，冲破天规和包办婚姻的桎梏，敢同人间的崇仁利恩相爱，并做他的保护人，帮他战胜了父亲的阴谋诡计"。她贵为天神之女，可以在天庭享受荣华富贵，但义无反顾地同崇仁利恩返回人间大地，开始了筚路蓝缕的艰难生活。但她无怨无悔，与崇仁利恩同甘共苦，以豁达乐观的精神投入开创人间的生活中，她下田插秧能"同时插七行"，剪羊毛时"剪刀嚓嚓响，雪毛团团滚"。她已经成为勤劳勇敢、美丽善良、忠贞聪慧、敢作敢为的纳西族优秀妇女的典型形象。相对说来，彝族神话中并没有出现衬恒褒白这样的典型妇女形象，这与神话产生时代所处的男权社会有着直接的联系。

2. 眼睛的形象

两个民族的洪水神话里都有与眼睛有关的内容。相比来说，纳西族洪水神话里只提到竖眼睛、横眼睛两个女人形象，而没有提到独眼睛形象。彝族洪水神话里只有《查姆》提到了独眼睛形象，而《勒俄特依》《梅葛》《阿细的先基》中只提到了竖眼睛、横眼睛形象。两个民族的神话里都把竖目人视为不好的，竖目人并没有实现繁衍人类的目的。不同的是纳西族神话里，竖眼睛、横眼睛形象出现在洪水神话之后——崇仁利恩为了繁衍人类而寻找伴侣的时候，而彝族的三个神话经典都是出现在真正的人类祖先诞生之前。

学术界对纳、彝神话中的眼睛形象研究成果颇多。鹿忆鹿认为："天女婚洪水神话大都流传于氐羌族群中，而一目神话、直目神话也都流传于氐羌族群中，彝族、纳西族、白马藏人、独龙族、哈尼族同是古代氐羌族群，他们的神话中就明白宣告着天女的一目、直目或横目。眼睛不是象征人类的善恶或文明与否，而是一种族群的标志。"[1]

日本学者伊藤清司曾引用岩田庆治关于"眼睛具有智力"的见解，并进一步指出"眼睛的智力有优劣"。他以彝族和纳西族创世神话做例证说：神话中主人公选择配偶的标准完全在于女方眼睛的形状，即以女子眼睛是直眼或横眼作为选择的标准，眼睛不只是道德的象征，也深深地包含着文化的意义。直眼象征着妖魔鬼怪、蒙昧和邪恶，而横眼则象征着神、文化和纯正。伊藤清司又认为："一只眼睛和两只眼睛，同样两只眼睛的直眼和横眼的差异，可以认为是象征着从非人类社会到人类社会的进化。"[2] 伊藤清司因而肯定地说，以大洪水为分界线，前后的人类有明显的差异，洪水前的人类形体矮小，意味着不是合乎神意的人类，后来定的男女蒙受天神的指示而幸存下来。而幸存的男女结婚后生出的人类与洪水前的人类异质的大洪水并非只具有自然灾害的消极、否定意义，蕴含在这类神话中积极、肯定的意义是：经历一场净化、过滤，消灭先人的存在，从而创造作为人类存在的现代人类。洪水无疑具有这样的意义，而西南民族的神话说明现代人类的出现是一个长期演变

---

① 鹿忆鹿：《眼睛的神话——从彝族的一目神话、直目神话谈起》，《民俗研究》2003 年第 2 期。

② 伊藤清司：《眼睛的象征——中国西南少数民族创世神话的研究》，《民族译丛》1982 年第 6 期。

的过程。演变的过程分为体质的进化和人性的具备。[1]

云南大学的傅光宇、张福三认为眼睛作为道德象征是后起的观念。永胜纳西族的资料还表明,直眼女、斜眼女与横眼女都同时出现于地上男子面前,但男子只与横眼女婚配,而直眼女、斜眼女并未带来危害,也未与之对立。其实直眼女、斜眼女与横眼女都是仙女,都是神的家庭成员。直眼女不善良的评价只见于东巴经,而口传资料则不予谴责,似乎透露出这是记录者所做的修改。神话中认为直眼女不善良,正是反映出特定历史时期的"人意",正是文明社会的道德标准。[2]

(四) 演述方式的比较

1. 仪式中的演述

纳西族和彝族的创世神话的叙事活动是通过民间宗教仪式中的演述达成的。神话是镶嵌在仪式中而得以传承,而非典藏于图书馆或档案馆中供人阅读的。神话在仪式中演述的目的是禳灾祈福、拔病祛痛,所以在仪式中需要举行请神、颂神、送神等仪式轨程。与娱乐性的史诗演述不同,传承这些创世神话的民众更多的是在娱神,企图通过取悦于神灵,借助神力达到治病消灾、风调雨顺、五谷丰登、人畜繁衍的目的。

《崇搬图》在东巴丧葬仪式、延寿大仪式、禳栋鬼大仪式、除秽大仪式等规模较大的仪式中都要吟诵,尤其在丧葬仪式中使用较多。在丧葬仪式中演述此经文,有慎终追远、感恩先祖、魂归祖居地、告慰死者、劝慰亲人等多重文化含义。东巴在演述此经典时要用东巴唱腔来吟唱,有时还伴随东巴舞,仪式开始前要举行除秽仪式、请神仪式,然后挂上东巴教神灵的卷轴画,仪式进行中有生献、熟献、放药、招魂、接气、献冥马、关死门、退口舌是非、烧天香、送魂、火化等众多程序环节。正常的丧葬仪式时间一般为三天,多的长达十余天,丧葬时间依东巴占卜结果来定。东巴在演述东巴经时可以根据仪式情境来灵活掌握念诵内容,即仪式时间比较宽裕,吟唱经书内容相对全些,如果时间比较紧张,只能摘其梗概跟着程序走。但不管时间宽裕或紧张,经文内容不能随意篡改、增删,只能对无关紧要的故事情节、渲染铺陈内容予以合理的压缩。

彝族创世神话的演述方式与东巴神话的演述方式是一样的,叙事性质上

---

① 伊藤清司:《中国古代文化和日本》,昆明:云南大学出版社1999年版。
② 傅光宇、张福三:《创世神话中"眼睛的象征"与"之前各文化阶段"》,《民族文学研究》1985年第1期。

属于仪式叙事、宗教叙事、神话叙事与民间叙事。凉山地区流传的《勒俄特依》主要在凉山彝族的婚礼仪式活动、丧葬仪式活动、宗教仪式活动及日常节日活动中进行演述，其中"克智"（民间口头论辩活动）成为主要的演述方式。巴莫曲布嫫认为，《勒俄特依》有着极为严格的文本界限与文本属性，整体上分属于"公勒俄"与"母勒俄"两种文本系统；口头演述分为"黑勒俄"与"白勒俄"，并按"说史诗"与"唱史诗"两种言语表达方式进行比赛，由具体的仪式化叙事语境（婚丧嫁娶与祭祖送灵）所决定。换言之，史诗"勒俄"的传承始终伴随着"克智"口头论辩，而与山民的仪式生活发生着密切的联系。① "从论辩场合来看，辩论双方的立论与辩说必须围绕具体的仪式活动来进行，因此对话氛围也与婚礼、葬礼和送灵仪式有密切关联，其基本准则是葬礼上的论辩内容不能用于婚礼；而婚礼上的论辩说词也不能用于葬礼，这在民间有着严格的区分，也规定了'黑勒俄'与'白勒俄'之间的叙事界域。婚礼上的史诗演述（白勒俄），要求立论主题与叙事线索要围绕着婚俗传统、嫁娶的由来以及相关的两性制度、联姻关系等来展开；而葬礼（黑勒俄）与送灵仪式（黑/白兼行）的史诗演述也各有侧重，葬礼主要针对死亡的发生，唱述人们对亡者的怀念，对生死问题的认识；而送灵仪式的说/唱内容则是彝人对'人死归祖'的解释。"②

《阿细的先基》中的创世神话内容是在丧葬仪式中演述的，这也是阿细人最为隆重的仪式，一般为三四天，长的达半个月，出殡日期要避开死者及内亲的生辰八字。死者身上盖的蚕丝被只能由女儿或侄女亲自做。孝男孝女还要亲手做灯笼。毕摩主持法事时也要披一件蚕丝缝制的长袍，袍尾越长越吉利。亲戚也要到死者家送祭布，盖在棺材上，盖的祭布越多，说明死者的社会地位越高。出殡前那一晚要守灵，到拂晓时家人要同吃稀饭，也是与死者的告别饭，死者家眷要哭灵相送。每逢有客人进门相吊，吹号手要吹号提醒主人。以前葬礼上要跳"阿细跳月"，现已不跳了。主持仪式的毕摩要通宵达旦地唱指路经，主要内容是讲述死者的父母亲情况，然后讲述死者的出生、成长、结婚、生儿育女、起房盖屋、生老病死，子女送葬等一生的经历，每个成长阶段由不同人唱，声调也有区别。

2. 娱神与娱人：祭司演述与歌手演述

从上可察，纳西族史诗与彝族史诗的演述都是在仪式中进行的，不同的

---

① 巴莫曲布嫫：《叙事语境与演述场域——以诺苏彝族的口头论辩和史诗传统为例》，《文艺评论》2004 年第 1 期。

② 巴莫曲布嫫：《叙事语境与演述场域——以诺苏彝族的口头论辩和史诗传统为例》，《文艺评论》2004 年第 1 期。

是纳西族史诗很少在婚礼上出现或由歌手演述，只能由东巴进行演述，主要用于丧葬仪式。而彝族的四大史诗都可以根据演述的内容、场域而在毕摩与歌手之间予以转换。如毕摩在丧葬仪式上进行的演述是神圣庄严的，具有娱神祈福的宗教主旨，而歌手在婚礼、岁时节日、生产劳动中的演述更多带有世俗的娱人、消遣的文化功能。《梅葛》《阿细的先基》《查姆》都具有两种文化功能，但都像《勒俄特依》一样，在什么仪式、什么场合演述什么内容都有具体的规定，在丧葬仪式上演述的内容是不能在婚礼上演述的。譬如《梅葛》分为"老年梅葛""中年梅葛""青年梅葛""娃娃梅葛"。"老年梅葛"，彝民也叫"赤梅葛"，内容主要是开天辟地、创世立业和劳动生活，调子和内容相对较固定，一般由中老年传唱。"中年梅葛"主要是青年男女所唱成家后生产生活的艰难困苦，内容曲调比较凄婉忧伤。"青年梅葛"，彝民也叫"山梅葛"，主要反映彝族青年男女纯真情爱生活，属于情恋山歌性质，主要有相好调、传烟调、戴花调、诉苦调、离别调和喜庆调，一般声调内容不固定，演唱中可即兴发挥，比较随意。"娃娃梅葛"是彝族的"儿歌"，俗称"娃娃腔"，一般由成群结伙的彝族青少年和儿童对唱，朗朗上口，易于记诵，演唱时少年儿童喜笑颜开，妙趣横生，回味无穷，给人一种浓郁的民族乡土生活气息和质朴悦耳的美感。[1] 我们说的创世史诗《梅葛》主要指"老年梅葛"，这一史诗主要在丧葬仪式及祭祀仪式中演述。《查姆》分为公本（mu^{31} $tṣha^{31}$）、母本（$ma^{55} tṣha^{31}$）两种。mu^{31}的本意为"做"，《查姆》讲述的是如何做人做事。其内容包罗万象，主要有丧葬经、祭山神经、祭土地神经、祭龙王经、祭五谷神经等。"阿细的先基"原本不是一部作品的名称，翻译为汉文是"阿细人的曲调"，也就是"阿细人的歌曲"。村民所说的"先基调"也就是古调。在20世纪40年代由光未然整理的彝族史诗《阿细的先基》公开发表后，由一部史诗作品代替了一种民族曲调，由此造成了文本理解的区隔。《阿细的先基》中的《送魂调》《指路经》皆与丧葬仪式相关，平时不能在家中演述。2012年7月4日笔者在弥勒县可邑村调查这部史诗，毕摩带我们到野外演述《指路经》，说不能在家里唱丧葬调，而且不是在真正的葬礼上，是不能让村里人听见的。这说明丧葬仪式中的《阿细的先基》与平时休闲娱乐中的《阿细的先基》在演述内容、演述方式、演述禁忌、受众等方面存在着差异，而这些差异正是史诗的不同存在形态的反映，也是我们深入理解、把握史诗概念内涵的关键。史诗不只是作为文学文本来阅读的，也不只是通过

---

① 杨红君：《恢弘壮观的彝族民间文学史诗——彝族历史文化调查》，《云南民族》2011年第4期。

演述来取悦现场观众的，也不只是像游吟诗人那般需要受众的参与、互动来达成文本互动。

（五）史诗文本的比较

1. 文本共性：口传文本与半口传文本

从文本类型来说，纳西族的创世神话与彝族的创世神话都属于口头文本与半口头文本，即口头文本与口头—书面文本共同存在。东巴创世神话既有口头流传的神话故事，也有东巴经书记载的经典文本，但这些书面经典主要是用于仪式上的口头演述，故称为半口传文本或半口头文本。彝族创世神话也存在类似情况，既有口头演述的口头文本，也有彝文记录的经典文本，相对说来，凉山地区的《勒俄特依》和楚雄双柏的《查姆》主要文本类型以彝文经典为主，而《梅葛》《阿细的先基》以口头文本为主，前者以祭司的吟诵或吟唱为主，后者以民间歌手的演唱为主。纳西族的摩梭人没有成体系的经籍文本，相传是达巴祖先在半路上把记录文字的牛皮吃掉了，从而导致了文本的失传。与此相类似，阿细人在传说中也说原来有文字经典，都刻写在玉米粑粑上，但在漫长的迁徙路上，阿细毕摩因饥渴难耐就在途中吃掉了，从而使文本失传了。从彝族四大史诗比较来说，有彝文书面文本的史诗经典，其内容、情节、典型形象比口头文本要丰富，这与文字经籍更有利于保存的特点有内在联系。当然，这并不是说口头文本没有书面文本内容丰富，在口头传统盛行的时代，口头文本的创作高峰时期，往往是沉淀生成民族经典的关键时期，但如果没有文字记录功能，当口头传统时代成为过去时，口头创作的时代语境不再辉煌，后继的传承人单纯地靠口传心授来记录、传承体积庞大的口头传统文本是难以为继的。相对说来，书面文本的保存、记录、加工整理的优势就得以彰显。丽江宝山乡梧母村的东巴和继先到宁蒗、木里等地的东巴文化村交流学习，发现当地的东巴经书、民歌的语言精美，内容更为丰富，他就在原来的东巴经书文本中加入了这些外来的语言和内容，从而使经书内容和质量得到了有效的提升。

2. 文本个性

纳西族与彝族的创世神话文本也存在差异。

首先，纳西族创世神话是用东巴象形文字书写记录的。东巴象形文字属于图画文字，主要在吟诵环节中起到提醒记忆的作用，即提词本的文本功能，而非像彝文那样具有线性的逐字记音功能，由此决定了东巴神话文本的变异成分要多于彝族神话经典。

其次，在演述层面，东巴神话文本在演述时往往与东巴舞、东巴画、东巴音乐相结合，形成一个多模态的复合型文本，尤其是东巴超度仪式，时间一般长达一周以上，念诵经书超过上百本，参与东巴达十多人，形成了一个超级仪式。而彝族四大史诗在丧葬仪式中的使用以吟诵为主，很少以歌舞乐器助兴，但在民间节日、婚礼、建新房、娶亲嫁女、盖房入宅、粮食丰收、祈福迎祥活动中则往往与歌舞相伴随。最有代表性的是《查姆》在民间节日演述中的歌舞活动——老虎笙舞。双柏彝族自称为虎的民族、虎的后代，每年农历正月初八至十五都要举行隆重的虎神节，即跳老虎笙，意为接虎祖回家过年。选出 16 名男性舞者跳模仿老虎亲嘴、交尾、孵蛋、搭桥、开路、盖房等反映生活和农耕生产的 12 套舞蹈，舞姿粗犷古朴，生动形象；大锣笙由 16 个舞蹈套路组成，在每年农历六月二十四火把节和农历正月初二祭龙节时跳，以驱邪出祟、祈福求祥为主要内容；小豹子笙在每年农历六月二十四火把节和七月十五祭祖节时跳，可以说"三笙"和双柏彝族的各种歌舞，组成了内容丰富的"查姆"。双柏县内广为传唱的阿乖佬、阿塞调、仁意调、阿苏喳、冷气腔、四句长腔、三月六，与千枝百朵的"笙"结合，形成了内容丰富、形式独特的"查姆歌舞"①。

最后，与壮族的《布洛陀》相似，彝族四大史诗的概念范畴比《崇搬图》要大，二者是一则故事与一部故事总集，一本经书与一套总集的关系。《崇搬图》只是众多东巴经书中的一本经书，一个神话故事文本，一个仪式中吟诵的一本半口传文本。而彝族四大史诗中的每一部史诗其实是一个广义的传统文化集成，《勒俄特依》意为"口耳相传的经书"，包含了凉山地区彝族众多传统古籍；《阿细的先基》包含了以传统的阿细调——先基调来演述的古歌，而非仅指创世神话这一部分内容；《梅葛》是楚雄姚安彝族民间歌舞和民间口头传统的总称，包括了老年、中年、青年、娃娃四个梅葛调。《查姆》讲述事物的来历，"查"指事物的来源，相传总共有 120 个"查"。"查姆"是一种文化现象，双柏的一切彝族歌舞都属于"查姆"的范畴。从中可察，这四部彝族创世神话既包含创世神话的内容，也包含更为广义的民间口头、书面传统，堪称"民间叙事诗集、民间歌舞总集"，其文化体积与称为"纳西族古代社会的百科全书"的东巴文化相匹配。打个比方，在东巴丧葬仪式中，东巴需要吟诵上百本东巴经书，而《崇搬图》只是其中的一本，而《勒俄特依》《查姆》《阿细的先基》《梅葛》就涵盖了所有仪式及民间民俗活动中需要演述的文本。

---

① 苏轼冰：《查姆的魅力》，http：//www.chuxiong.cn/mzwhpd/mzls/679549.shtm.

3. 以传统为导向的文本

以传统为导向的文本是指不同时代对传统文本的翻译整理文本。

从《崇搬图》来说，这种以传统为取向的文本，最早的整理成果应该是李霖灿在 1946 年出版的《么些经典译注六种》，其中收录了《崇搬图》，并把这一经典名称译为"洪水故事"；纳西族女作家赵银棠在 1947 年出版的《玉龙旧话》一书中收入了根据东巴经《崇搬图》翻译的《"摩梭"创世纪》；1948 年傅懋勣出版了《丽江么些象形文〈古事记〉研究》，《古事记》其实为《崇搬图》的另译，这一译本开创了逐字字释的方法。云南省民族民间文学丽江调查队搜集翻译整理的《创世纪》于 1978 年出版，这个版本被学术界普遍参考应用。1999—2000 年，东巴文化研究所出版了百卷本《纳西东巴古籍译注全集》，囊括了丽江县境内不同版本的《崇搬图》，采用了东巴文、国际音标、直译、意译的四对照方式，应该说这是《崇搬图》整理文本中比较完善的版本，但也存在没有收录丽江县以外的文本、注音不准、语境缺失等缺憾。

彝族四大史诗的整理翻译出版也与纳西族《崇搬图》相类似，早在 20 世纪 30—40 年代就有学者开始调查整理。如 20 世纪 30 年代后期马学良在楚雄彝族地区搜集整理创世神话，并在 1942 年发表了《云南土民的神话》；光未然曾于 1943—1944 年在云南弥勒县西山彝族地区调查，并翻译整理出版了《阿细的先鸡（基）》；1945 年夏，北京大学袁家骅用国际音标记音、直译方式翻译整理了《阿细的先基》；1958 年 11 月人民出版社再版光未然的《阿细人的歌》；1959 年，红河调查队整理出版《阿细的先基》；1978 年 10 月云南人民出版社重版《梅葛》。《查姆》的搜集整理始于 1958 年，云南省民族民间文学楚雄、红河调查队第一次调查搜集，由施学生翻译了一部分原始资料；1959 年李文、李志远初步整理成一份 3 000 多行的《查姆》清理稿；1962 年 10 月，中国作家协会昆明分会民间文学工作部将原始材料连同《查姆》清理稿汇集成册，编入《云南民族文学资料》第七集中；继之，郭思九、陶学良进一步整理修订，于 1981 年由云南人民出版社出版。1957 年由徐嘉瑞等人第一次较全面地搜集了在楚雄姚安县马游乡流传的唱本；1958 年云南省民族民间文学楚雄调查队再次做了全面搜集、整理、翻译，并于 1959 年由云南人民出版社出版《梅葛》。《勒俄特依》的异文很多，长短不一。1960 年由巴胡母木（冯元蔚）、俄施觉哈、方赫、邹志诚整理的翻译本，收入《大凉山彝族民间长诗选》，由四川省民间文艺研究会编，四川人民出版社出版；1982 年四川民族出版社出版了冯元蔚整理的彝文本，1986 年该社又出版同一整理者的汉文译本。2009 年由云南民族出版社出版的 106 卷本的《彝族毕摩经典译注》囊括了国内不同区域的彝族毕摩经籍，应该说是彝族古籍译注成果的集大成者。

纳西族与彝族传统古籍文献的搜集整理工作可以分为三个不同阶段：

第一阶段是20世纪30—40年代一些学者进行初步搜集、翻译整理，有开创风气之功，但因研究者调查不深入、研究方法欠妥、语言文字不熟悉等问题，使文本整理质量普遍不高。

第二阶段是20世纪50年代初期为了配合民族识别工作，从国家层面组织了大规模的民间文学搜集、调查、整理活动，出版了一大批国家少数民族的神话经典名著。纳西族的《创世纪》，彝族的《查姆》《梅葛》《阿细的先基》《勒俄特依》就是在这一时期得到全面的搜集、整理、刊布，使历史上长期受污名化的少数民族文化在国家层面上获得了正名与尊重。这些脍炙人口的民族神话作品真正成为中华民族文学宝库中的经典，极大地提升了民族文化自信与文化自觉。但因受时代因素影响，在不同程度上存在着"格式化"问题。以《阿细的先基》为例，整理者们根据自身的评判对不同地区的神话故事文本进行二度创编，生硬地合成一本"文学读物"；为了突出文学色彩及政治意识形态，有意删除重复性的程式句，把男女主人公阴间相恋、成家、悲剧结局的情节视作"宣扬封建迷信糟粕"而予以摒弃；在翻译过程中，把原来的五言韵文体译成长短句，使原诗语境及风貌大打折扣；同时把原来对唱中展开的神话故事情节篡改为单一情节线索。

第三阶段是20世纪80年代延续至今的民族古籍文献的搜集、整理、刊布活动。纳西族与彝族在20世纪初期先后出版了《纳西东巴古籍译注全集》《彝族毕摩经典译注》。这次整理工作时间更长，投入人力、物力更多，成果也最为丰富，而且通过"四对照"方式极大避免了前两次的时代误区，应该说是取得了重大成果，势必将强有力地推进两个民族文化的可持续发展。当然，今天我们盖起的宏伟大厦是以几代前辈付出的心血为基奠的。二十世纪五六十年代收集的民族文学文本，虽有"格式化"痕迹，却足以构成民族口头传统的时代标本。

第三节　壮族史诗与纳西族史诗的比较研究

南方民族史诗是与北方民族史诗相对来说的，主要指我国南方民族中留存至今的活形态史诗。当下学界普遍认为南方史诗的类别界定主要有原始性史诗、神话史诗、创世史诗、迁徙史诗、英雄史诗、复合型史诗等类型。对此问题，笔者曾在《南方史诗类型问题探析》一文中有过探讨，文中认为这几种类型界定未能准确、真实地反映史诗的本质特征，但文中也并未提出具体的史诗类型概念。① 基于对壮族史诗《布洛陀》与纳西族史诗《崇搬图》的比较研究，本书对此问题再做些深入的探讨。

一、《布洛陀》《崇搬图》——两部典型的南方创世史诗

"布洛陀"是壮语的译音，指"山里的头人""山里的老人"或"无事不知晓的老人"等，也可以引申为"始祖公"，是壮族先民口头文学中的神话人物，是创世神和道德神。《布洛陀》是壮族巫教的经文，唱诵壮族祖神布洛陀创造天地万物，规范人间伦理道德，启迪人们祈祷还愿消灾祛邪，追求幸福生活。这部经诗贯穿着自然崇拜、祖先崇拜的原始宗教意识。《布洛陀》各篇都可以独立成篇。因其相当多的内容是关于创造天地万物的，可以说是壮族的创世史诗；因其唱词是民歌，又是在祭祀时喃唱的，故又可以说是壮族宗教文学。《布洛陀》的内容从性质上大致可以分为三大部分：创世神话、伦理道德、宗教禁忌。它的内容包括布洛陀创造天地、造人、造万物、造土皇帝、造文字历书和造伦理道德六个方面，反映了人类从茹毛饮血的蒙昧时代走向农耕时代的历史，以及壮族先民氏族部落社会的情况。根据已整理的版本，全诗分为四个部分，共十九章。第一部分是开头歌，包括礼貌歌、回答歌、石蛋歌；第二部分是创造歌，包括初造天地、造人、造太阳、造火、造米、造牛；第三部分是治理歌，包括再造天地、分姓氏等；第四部分是治理歌。②

纳西族史诗是东巴教祭司——东巴用古老的纳西象形文字书写、记载于东巴经中，并在东巴仪式中演述的史诗。纳西族史诗以《创世纪》《黑白战争》为代表。创世史诗《创世纪》的纳西语称为《崇搬图》，"崇"即人类，兼有种族含义；"搬"即迁徙，兼有分支的含义；"图"即出世、由来之意。"崇搬图"在不同纳西族区域有不同的称呼，虽然称呼不同，但内容都以开天辟地、创造万物、人类繁衍为主题。《崇搬图》的中心内容是突出人类代表崇仁利恩，描写他如何坚持与天神做斗争，与恶神做斗争，与洪水做斗争，最终重建了人间，热情歌颂和赞美了人类不屈不挠的精神。

二、《布洛陀》《崇搬图》的共性比较研究

《布洛陀》《崇搬图》同属于南方民族史诗，二者在语言上同属汉藏语

---

① 杨杰宏：《南方史诗类型问题探析》，《民间文化论坛》2015 年第 6 期。
② "布洛陀"，百度百科，https：//baike. baidu. com/item/布洛陀/1217696? fr = aladdin.

系，史诗内容反映了农耕文明形态，涵盖了自然崇拜、图腾崇拜、神灵崇拜、祖先崇拜等原始宗教文化内容，但两部史诗绝不能被视为原始性史诗，因为两部史诗都有完整的文字经籍、神灵体系以及繁杂的仪式轨程，史诗主人公皆被视为本民族的人文始祖、英雄祖先。这两部史诗与游牧民族史诗的娱乐型演述方式不同，是在民间宗教仪式、民俗活动中演述的，属于仪式中的演述。概括来说，二者的共同性表现在文化及文本两个方面。

（一）两部史诗的文化共性

两部史诗作为南方民族史诗的典型代表，存在着诸多文化共性。这些文化共性的形成与共同的民族大家庭——多元一体的中华民族格局、共同经历的社会经济发展形态，尤其是长期处于农耕文明密切相关，而真正关键的决定性因素是二者深受中华民族文化价值观的深层影响。

1. 仪式中的演述

纳西族的《崇搬图》一般在东巴祭天、超度、禳灾、除秽、求寿等规模较大仪式中演述。祭天是纳西族自识的重要文化标志，历史上其一直以"纳西祭天人"自称。祭天分为春秋两祭，春祭分为小祭、中祭、大祭，从除夕一直延续到大年十五。祭天仪式吟诵《崇搬图》《人类迁徙记》等东巴经典，仪式程序包含了：①布置祭坛，除秽；②敬香请神；③祭牲；④献神粮；⑤射箭驱鬼；⑥献饭；⑦施神药酒，分福泽枝；⑧顶灾，乌鸦献饭；⑨送神；⑩撤神坛，民间歌舞。仪式内容还包含了东巴舞、东巴绘画、东巴工艺、民歌等民间艺术。祭天文化涵盖了神灵崇拜、祖先崇拜、自然崇拜、生殖崇拜等多元文化主题。《创世纪》是在献牲仪式（$mv^{33}dzi^{33}$）中演述。此本经书是整个祭天仪式的核心经书，主要讲述了祭天的来历，阐述了人命由天命而得，是上天赐福给人类，所以人类通过行祭天仪式来表达对天地诸神的感恩之情。这本经书分为两部分，"蒙增"意为献牲，向天、地、天舅三神祭献牺牲，并赞颂三神的恩德。诵完此经后，众人开始杀祭天猪，清理完祭牲，东巴助手把猪胆、猪腰子、猪脾分别挂于象征天舅的柏树、天树、地树上，其余的肉一部分煮在锅里，另一部分分割成块，平均分配给祭天户。过去的祭天仪式程序比现在要复杂得多，比如以前东巴念诵《崇般绍》经书时，各户家长站成排在旁边听经，当念至天神时，各户家长轮流向天神告白祭天的虔诚态度，举行仪式时没有任何不妥行为，祈求神灵保佑。

壮族的布麽（巫师）通过各种法事仪式喃诵《布洛陀》经文，为民消灾解难、超度亡灵、赎魂驱鬼、纳吉求福等。《麽经布洛陀》便是布麽使用古壮字记录传唱布洛陀神话传说的经书。从其整个仪式来看，首先就是敬请祖神布洛陀降临，其次便是恭请布洛陀为主家禳除冤结、纳吉求福。祭祀品也比较简单：一些果品和鸡肉、猪肉、鱼肉，一碗米用来进香。颇为神秘的是，布麼在喃诵经文时所用的一副骨爻卦以及喃诵的咒文。祭祀布洛陀仪式每年举行两次，第一次是从农历二月十九开始一直延续到农历三月初九，历时二十天；第二次是秋收后的农历十月初十。两次朝拜季节分别是春季和秋季，即信俗所说的春祈秋报，两次朝拜除了季节不同，时间长短、人数规模、祭祀内容、目的也不一样。春季是万物复苏的季节，人们通过祭祀祈求风调雨顺，生产丰收，生活富足。田阳敢壮山春祭布洛陀活动时间最长，规模最大，内容最丰富，歌圩最盛大。而秋祭布洛陀则带有还愿的性质，祭祀时间在农历十月初十，这时正是秋收完后尝新季节，敢壮山周围的壮族村寨由寨老率领各户长老挑着供品上敢壮山祭拜布洛陀，酬神还愿，感谢祖神布洛陀赐福。[1]

　　布麼在做道场时，请神要诵念《布洛陀》的序歌，以示自己的正统性和请诸神灵来神坛就位。在消灾仪式上要喃唱"寻水经""造火经"；针对收成不好，要喃唱"赎谷魂经"；牲畜有病，则喃唱"赎水牛魂、黄牛魂和马魂经"；在安六畜仪式上要喃唱"赎猪魂经"；在发生鸡鸭瘟疫时，要喃唱"赎鸡鸭魂经"；在养鱼捕鱼的祈祷仪式上要喃唱"赎鱼魂经"；在丧葬仪式上要喃唱"唱童灵经"；在解兄弟冤恨时，要喃唱"唱罕王经"。此外还有"解婆媳冤经""解父子冤经""解母女冤经"，以及"祝寿经""献酒经""祈祷还愿经"等，都有很强的针对性，各有所用。请神念经、祈祷祭祀、借神消灾、许愿还愿，是巫教的主要宗教行为，它有一套复杂的宗教仪式，具有现实的可操作性。[2]

　　2. 英雄祖先崇拜所蕴含的文化主题：慎终追远，自强不息

　　《崇搬图》既是一部祭天经，也是一部祭祖经，叙述了祖先从天上寻找天女作为伴侣并生儿育女、繁衍人类的经历，塑造了一个惊天地、泣鬼神的英雄祖先形象。这一形象是通过系列难题型母题来完成的：整个宇宙一片混沌，天神开天辟地，天地刚安好，突然出现了一头破坏天地的大怪物；把怪物征服了，又面临着生计问题，不会狩猎，不会放牧，不会种地；学会了生存方式，又因兄妹婚触犯了天条，天神怒发洪水进行惩罚；崇仁利恩因受阳神启示得以幸存，但人类只剩下他一人，危机并未解除；最后到天上求婚，遭受

　　① 王敦：《信仰·禁忌·仪式：壮族麼经布洛陀的审美人类学发微》，《广西民族研究》2011年第2期。

　　② 牟钟鉴：《从宗教学看壮族布洛陀信仰》，《广西民族研究》2005年第2期。

天神的百般刁难；最后在天女的帮助下攻克系列难关，娶得天女回到人间，头三年生育不出子女来；后来生出了子女，但又不会说话……这些艰难险阻不但没有难倒崇仁利恩，反而激发了他无穷的动力与信心，从而战胜困难，迎来了一个又一个的胜利。最后，天神惊奇地问崇仁利恩："你是什么种，属于何种族？"崇仁利恩自豪地说："我是开天九兄弟的种，辟地七姐妹的族。我是白海螺般狮子的种，金黄大象的族。久嘎拿补大力士是我的祖先。我是那江水引到嘴里当水喝，不会呛的族；是雪山怀中揣，累不倒的族；是三节骨头用嘴咬，哽不了的族；是三升炒面一口吞，呛不了的族；是站在九十九个坡前，比九十九个坡还要高的族；翻越七十七个坡，比七十七个坡大的族。"这一回答洋溢着强烈的民族自豪与自信，千百年来激励着民族成员不断进取，从而沉淀生成民族文化精神——慎终追远，自强不息。《崇搬图》以生动的神话故事说明了祭天习俗的来历，祭天也由此成为纳西族自识的重要文化标志，纳西族内部分为"铺笃""古徐""古哉""古珊""阿余"五大祭天群，这也是与他族相区分的文化标志。

壮族人民认为，布洛陀是本民族的人文始祖，有关他的神话传说在壮侗语族流传最广、影响最大。在这些神话传说中，布洛陀被描述成天地之间（中届）的掌管者，无所不知，无所不晓，人人都敬佩他，归服他，称他为"通天晓"。他一生做了许多事情：发明人工取火、织网捕鱼、烧制陶器、分发谷种、开垦田地、发明水车、发明牛耕、制定播种季节、印染缝衣、修建房屋、饲养家禽家畜、规定社会秩序和伦理道德规范等。总之，他被壮族人民奉为生产、生活、文化的开创之神。如今，广西田阳县百育镇敢壮山的祖公庙是壮族集中祭祀布洛陀的主要场所，每年到此处祭祀的人数愈万。仔细分析，不难发现，这是壮族不畏艰难、团结奋斗、勇于创新的民族精神不断激励的结果。而在传承这种民族精神、凝聚民族各成员中，壮族祖先崇拜的作用不可低估。正是这样庄严的祭祖仪式，使每位参与者都强烈地感受到祖先与自己的血缘亲情，并由此产生出强大的亲和力，从而消除宗族内部成员之间的隔阂，加强各成员之间的情感联系，增强家族、宗族乃至整个民族的凝聚力。①

3. 反映了农耕文化为主体的社会经济生活

神话与史诗是现实生产生活的曲折反映，这两部史诗也反映了其特定社会发展条件中的农耕文化。具体说来，纳西族《崇搬图》反映的是纳西族先民的高原山地农耕文化，而壮族《布洛陀》反映的是壮族先民的岭南山地稻

---

① 黄慧：《壮族的祖先崇拜》，《河池学院学报》2007 年第 6 期。

作农耕文化。

《崇搬图》里天神考验崇仁利恩的难题是让他在一天之内砍完九十九座山的树林、烧完九十九座山的树、播种九十九座山的地、捡回九十九片山地上的种子、找回被斑鸠和蚂蚁吃去的种子……这无疑是纳西先民刀耕火种农耕历史场景的再现。崇仁利恩到天上寻求伴侣，被天神孜劳阿普发现后准备杀掉他，天女衬恒褒白向天父求情："天不会不晴，天晴要搬粮晒谷；天不会不阴，天阴要理水清沟，留下他来晒谷子，留下他来理水沟。"崇仁利恩夫妇从天上返回人间时，他们所带的嫁妆里有牛、羊、猪、狗、鸡等九种畜禽和十样粮食种子，以及偷取的猫和蔓菁籽，在东神和色神的共同帮助下历经凶神可兴可洛抢夺等艰难险阻而顺利回到人间定居生活："东神手牵一条牛，装作在路旁挤奶，不让凶神哟，抢走利恩的牲畜"，"色神背来一背麦，装作在路旁搓麦穗。不让凶神哟，抢走衬红的谷种。""五谷长得好快！粮食堆成山；牲畜繁殖好快啊！已有千千万。"狗、鸡、羊、猫是人类较早驯养的动物，小麦、水稻等谷物是农耕民族较早培育种植的农作物，以犁架犁头为工具和以牛等家畜为牵引力进行犁地是农耕民族的传统耕作方式，天晴时晾晒家中的谷物、天阴时疏通房前屋后的水沟是定居农耕民族典型家庭生活场景的描述，这些都是定居农耕社会的重要经济生活内容，是对纳西族先民历史上定居农耕和畜牧经济生活经历的生动描述与曲折反映。[①]

壮族的《布洛陀》可以说是壮族的一部农耕文化史诗。《布洛陀》中，叙述了种植的粮食作物包括粳米、灿米、糯米、旱谷、黑糯谷、小米、高粱等，还叙述开田造地、犁田、耙田、播种、移秧、灌溉、耘田、施肥、收割等一整套耕作方法。特别叙述了布洛陀教人们到山上找野生稻种，加工山石做犁、制作木耙来耕作等，反映了原始时代人类把野生稻驯化为栽培稻，创造了稻作农业以及人类最早使用石犁这些重大的发明创造。

在《布洛陀造方唱本》中这样唱到：造田很顺利，造地也完成；没有种子播，想来想去也没办法，只好坐在路上哭，只好去路的尽头喊，恰好遇上布洛陀，恰好遇到姆渌甲。布洛陀就问，为什么在大路上哭？为什么到路的尽头喊？子民就回答：我们造了田，我们造了地，没有种子播，我们出生来天下，什么也没有，吃什么养命？我们无奈就出来，到大路上哭，到路的尽头喊。姆渌甲就说，你们莫用哭，无奈也不用喊。你们去巡走山边，你们去巡走坡岭，有一种野生稻谷，你拿它来栽种，分种四方田，拿粪肥去秧田

---

① 马国伟：《纳西族神话史诗〈创世纪〉研究》，中央民族大学博士学位论文，2012年，第47页。

撒，拿火灰去苗根壅，到五月中间，你们就去田中间仔细看，你们就到墙角仔细瞧，禾苗根部得吸几个月火灰，田里的秧苗就变得禾稻。①

4. 文化根基：原始宗教向自然宗教过渡阶段的信仰文化

弗雷泽在《金枝》中对巫术与宗教做了清晰的区分，马林诺夫斯基在《巫术科学宗教与神话》等著述中对弗氏的观点做了肯定和发挥。但他们着重研究保存原始文化形态的土著民族的巫术活动，而对神灵崇拜活动更为发达的文化中的巫术与宗教的区分没有提出切实的区分标准。② 鉴于现代社会中巫术与宗教常混在一起，难以彻底区分开来，部分当代人类学家倾向于将二者化为一类，许烺光认为："无论我们采取哪一种标准，都会得出这样一个结论：巫术和宗教不应看作是两种互不相容的实体，而必须整体地将它们看作是巫术—宗教体或巫术—宗教现象。"这种观点得到越来越多人类学家的赞同。③

牟钟鉴《从宗教学看壮族布洛陀信仰》一文从宗教的视角探讨了布洛陀信仰的价值。他认为"壮族布洛陀信仰属于原生型巫教，可称为原生型民族民间宗教，它与壮族的生存与发展紧密联系在一起，是壮族特有的文化传统"。他"将布洛陀信仰定性为原生型巫教。它是自发形成的，其源头当为氏族社会，因此有许多原始宗教的特点。但它又带有很多跨时代的特征，并深受中华民族主流信仰儒、佛、道的影响，超越了原始宗教的阶段。然而它又没有形成独立的教团和完备的制度，仍然保持着它的民族性、民间性和地方性。布洛陀信仰类似于北方的萨满教、西南的东巴教、本主教、本教等，都属于历史延续下来的巫教形态"④。首先，布洛陀信仰具有原始宗教信仰的古老特征。其次，布洛陀信仰兼有等级和阶级社会的跨时代特征。再次，布洛陀信仰还兼有跨文化的特征，也就是说，它接受了与壮族交往密切的其他民族文化的影响，在保持其民族性地域性的同时也增添了多样性和混杂性。最后，布洛陀信仰在古壮字诞生以后，已经由民间口头相传的古代神话，变成形诸文字的麽教经书，并且成为布麽进行法事活动喃诵的经文。黄桂秋教授认为："壮族民间麽教已是由原始宗教向人为宗教过渡的中间形态。"⑤张声震也认为"壮族麽教（包括布依族魔教）已树立起相对统一信仰的高级神祇布

① 牟祥雷：《壮族布洛陀创世与"那文化"的传播》，《中国三峡：人文版》2010 年第 10 期。
② 马林诺夫斯基著，李安宅译：《巫术科学宗教与神话》，北京：中国民间文艺出版社 1986 年版，第 66 页。
③ 转引自史宗主编：《20 世纪西方宗教人类学文选》，上海：上海三联书店 1995 年版，第 726 页。
④ 牟钟鉴：《从宗教学看壮族布洛陀信仰》，《广西民族研究》2005 年第 2 期。
⑤ 黄桂秋：《壮族民间麽教与布洛陀文化》，《广西民族研究》2003 年第 3 期。

洛陀，编就一套较完整而系统的经文典籍，形成社会化的师徒传承方式等"，
已经基本上脱离了原始自然宗教形态，向人为宗教方向过渡。①

　　《崇搬图》作为东巴经典，其所依托的文化载体是东巴教。和力民认为东
巴教属于由原始宗教向人为宗教过渡的一种后原始宗教形态。② 笔者认为东巴
教作为一种具有历史形态的民族民间宗教，它是兼有原始宗教与人文宗教的
内容，不能截然把二者分开孤立起来。内容上，它既有巫术性质的自然崇拜，
也有宗教性质的祖先崇拜、神灵崇拜。严格说，东巴教到后期已经发展成以
祖先崇拜为主、神灵崇拜与自然崇拜次之的民族宗教形态。另外，东巴教有
系统完备的东巴经典：东巴经典共有二万余册，不同种类、不重复的经书有
1 300 多种。③ 有职能明确、体系庞大的神灵体系，并出现了教主神——丁巴
什罗，在东巴教徒中形成了到其出生地、创教地——白地进行"加威灵"仪
式而获得"大东巴"称号的朝圣活动。"作为纳西族传统宗教的东巴教在漫长
的历史发展过程当中与印度教、耆那教、婆罗门教、本教、藏传佛教有过接
触和影响关系。"东巴教有主旨明确、程序复杂的仪式仪轨。以祭天为例，一
年中分为大祭天与小祭天两次，大祭天是在春节期间举行，从初一到十五，
每天均有不同的仪式程序，如十一日这一天的祭天仪式程序分为：杀猪、鸡；
念吉祥经；以牲血祭神石、神树；敬香、酒、茶；跪拜；念《创世纪》；献
牲；二次祭拜；分食进餐；三次祭拜。东巴教长期受藏族宗教以及汉传佛教、
道教的影响，"三界六道""生死轮回""因果报应""超脱"等和在金龟八卦
图中的"精威五行（金、木、水、火、土）""五方三维""宇宙""时空"
"阴阳"等宗教观念大量地渗透到东巴教中，东巴教的教义、体系、仪式也随
之得到了扩充。东巴教中把世界分为天界、人界、鬼界三个层次，东巴充当
人与天神、鬼怪的中介，并构建了宗教二重世界理论，即人死后，善者可达
祖源地（天界）；恶者被罚下地狱，灵魂不得安生。东巴教主要关注的是人与
人的社会关系，自然崇拜内容并不占主导地位。东巴经三大经典《创世纪》
《鲁般鲁饶》《黑白战争》就是力证。

　　由此观之，东巴教虽然保留了大量原始巫教的内容，但它最终的、发展
了的形态已经超出了原始巫教的范畴，已经包含了占主体地位的原始宗教甚
至是属于人为宗教的内容。因此，把东巴教定性为原始巫教是有失偏颇的。

---

①　张声震主编：《壮族麽经布洛陀影印译注》，南宁：广西民族出版社 2004 年版，第 43 页。
②　和力民：《论东巴教的性质》，见《东巴文化论》，昆明：云南人民出版社 1991 年版，第 57 页。
③　和力民：《东巴文化在古代纳西族社会历史中的作用》，见《东巴文化研究所论文选集》，昆
明：云南民族出版社 2003 年版，第 15 页。

（二）两部史诗的文本共性

约翰·麦尔斯·弗里、劳里·杭柯等学者借鉴了洛德的"表演中的创编"及鲍曼的"表演理论"，把史诗研究对象的文本划分为三个主要层面：一是口头文本（或口传文本）；二是来源于口头传统的文本（或半口传文本）；三则是"以传统为导向的口头文本"。① 从两部史诗的文本类型来看，首先，二者都具有书面文本与口头文本复合型特征，即《布洛陀》《崇搬图》分别用本民族的文字——壮文、东巴文书写记录而成的经籍文本。其次，这些文本基本上是在仪式上演述的经书，属于半口传文本，同时也存在着与史诗内容相关的各类口头文本，如与《崇搬图》内容大同小异的口头文本《祭天古歌》。

1. 口头文本

东巴经在东巴仪式应用中应分为口诵东巴经与东巴经书两类，这在东巴祭司中有着明确的分类，称为"kho³³by³³tɕγ³¹"（口诵经），"the³³ɣɯ³³by³¹tɕγ³¹"（书本诵经）。前者没有具体的经书，都是由东巴口头吟诵为主。戈阿干翻译、整理的《祭天古歌》均系祭天祝词，按祭仪的程式，从头至尾全部祭词共 8 000 行，全面系统地反映了祭天文化的原貌。总体来说，这部《祭天古歌》是纳西古代祭天活动程式化的结果，是东巴在主持祭天活动的过程中，为配合具体而繁缛的仪式、仪节而编写创作的祭天经诗。② 《祭天古歌》价值极为珍贵，一则说明了祭天作为纳西族传统文化的源远流长，二则从中反映出祭天经文源于口诵经，从而成为口头文本与书面文本互证的重要材料。难能可贵的是，作者对经文中的口头程式有着深刻的认识："为了保持作品的原貌，我们保留了原文套句的运用，就在作品中出现了大量相同与类同的句子与章节。这不能看成是不必要的重复，这些相同或类同的句、章不断出现在不同的母体篇目中自有它特殊的意义，这是祭坛诵经形式的需要，也是表达内容的需要，它犹如一首歌曲的主旋律一样，对表现作品的主题和神韵都起着增强的作用。"③ 正因为《祭天古歌》中存在着这些大量"套句"，所以才有力地证明了这是一部口头文本。另外，在一些东巴经书缺失、东巴文化传统剧烈变迁的地区存在着大量东巴口诵经，如西藏昌都地区的盐井纳西族乡的祭天仪式以口诵经形式进行，泸沽湖区域摩梭人的达巴也只有口诵经。口

---

① 参见巴莫曲布嫫：《"民间叙事传统格式化"之批评——以彝族史诗研究中的"文本迻录"为例》（下），《民族艺术》2004 年第 4 期。

② 巴莫曲布嫫：《纳西族东巴祭祀诗——祭天古歌》，见《中华文学通史》，北京：华艺出版社1997 年版。

③ 陈烈：《祭天古歌》，北京：中国民间文艺出版社 1988 年版，第 18－19 页。

诵经在祭天仪式中得到保留，说明了祭天仪式的叙事传统最初是以口诵经为主的，经书文本是后期才产生的，二者同时并存在祭天仪式中，也说明了祭天对纳西族传统文化的深远影响。①

《布洛陀》自古以来以口头方式在广西壮族自治区田阳县一带传承。李斯颖在考察布洛陀传承人现象时发现，壮族民间歌手与布麽之间存在转化关系，民间歌手往往在长期的演述活动中逐渐转化为布洛陀经诗传承人——布麽。民间歌手往往熟悉布洛陀神话，擅长诵唱布洛陀古歌，这为他们成为布麽提供了良好的前提条件。他们当中，有的长辈就是掌握经诗的老布麽、老歌手。他们从小耳濡目染，凭借先天优秀及后天的不懈努力和机遇，加之常常能够得到指点和教诲，最终继承前辈的衣钵，成为享誉一方、演唱技巧高超的布麽或歌手。布洛陀经诗就是以他们为主体得到世代延续、长盛不衰。② 黄伦生认为《布洛陀》虽具有古文献文本性质，但文人个人创作的可能性不大，因为在壮族人用方块字记录之前，类似《布洛陀》这样的唱本口头流传的时间已经久远，明显的改动很容易被当地的布麽发现，也不易于接受，忠实记录长久以来流传的文本原样，就成为记录者的唯一选择。当然，口传也会有变异，某个抄本只是记录了某一布麽诵唱的文本，但其变异只是在一些具体的细节或者语句方面，当地民间叙事的传统习惯显然不会发生大的改变。因此，文人事实上没有介入叙事的内容和改变其语式语态。正是这两方面的原因，一方面使壮族的文化传统得到了保持其稳定风貌的传承，另一方面也让我们能够通过书面的文本看到口头叙事的原生面貌。而后者，在所有民族的典籍中恐怕不多见。③

另外一个现象也值得注意，在布洛陀流传地区流传着诸多民间口头文本——"嘹歌"和"排歌"。"嘹歌"和"排歌"的形式相对比较灵活自由，篇幅从一二十行一首到几百行甚至上千行一首，句式以五言、七言为主，增减长至十数言短至一字，内容的叙述没有较固定的结构模式。④ 笔者认为，广义的《布洛陀》文本，除了包括《麽经布洛陀》，还应该涵盖与之相关的民间口头的民歌、故事、传说，就是说《布洛陀》不只是留存于宗教经籍中，更存活在民间活态的仪式演述、民歌传唱、传说故事中。

---

① 杨杰宏：《纳西族东巴文献整理范式检析》，《民族学刊》2015 年第 4 期。
② 李斯颖：《试析布洛陀神话叙事的演述者——布麽》，《广西民族研究》2011 年第 4 期 。
③ 黄伦生：《"欢""唱""麽"——壮族民间诗性叙事类型及其功能》，《文化遗产》2010 年第 4 期。
④ 黄伦生：《〈布洛陀〉与民间文化叙事》，《民间文化论坛》2006 年第 1 期。

2. 半口传文本

源于口头传统，且为口头演述服务的书面文本称为半口传文本。以东巴象形文字记载的《崇搬图》及用方块壮文书写的《麽经布洛陀》无疑具有这一特点。

东巴文是一种原始的图画象形文字，主要为东巴教徒传授使用，书写东巴经文，故称东巴文。东巴文常用单字约 1 400 个。东巴经是纳西族古代文化的百科全书，2003 年 8 月，纳西东巴古籍文献被联合国教科文组织列入世界记忆遗产名录。已知不雷同的东巴经书有 1 000 多种，藏书共约 2.5 万册，其中国外藏书 1 万余册，国内藏书 1.5 万余册。

东巴经除记载迎神驱鬼、祈福求寿、消灾除难等内容外，还记载了大量纳西族古典文学作品，包括神话故事、史诗、叙事长诗、谚语歌谣等。创世史诗《崇搬图》就是其中杰出的代表，与英雄史诗《黑白战争》、悲剧长诗《鲁般鲁饶》一起被誉为东巴文学的三颗明珠。东巴文"是处于原始图画文字与表意文字中间的一种象形文字"①。与具有一字一词相对应、逐词记录、线性排列的成熟文字不同，大部分东巴经书的书写方式体现出字词不对应、没有逐词记录、非线性排列的早期文字特点。② 从中可以看出，《崇搬图》具有书面文本的特点，但因其书面文本源于口头传统，且为仪式中的口头演述服务，具有典型的口头传统文本特征，所以我们说它的文本类型属于半口传文本。

《布洛陀》同样存在类似的文本属性。需要说明的是，在古壮字发明之前，《布洛陀》是口头演述、流传的。后来随着壮族民众与汉人的交往扩大，汉话（桂柳话）和汉字的传入，当地的一些文人才将汉字进行改造，出现了所谓的"古壮字"。古壮字没有一个统一的标准和版本，甚至在同一个抄本中，同一个音义的字，都有不同的记法。最典型的是"布洛陀"的译写，常见的起码有"碌途""布渌托""洛图"等。20 世纪 80 年代初收集整理并公开出版的资料中，开始使用"布洛陀"，以后在出版物上才普遍采用"布洛陀"的写法。③ 但这并不妨碍古壮字抄本的流传，只要能够辨别字的读音，稍有汉字基础的人都能读懂。正是这个缘故，古壮字抄本就成了壮族教化习俗的一个重要的辅助方式，同时也使得壮族的文化传承有了一个重要的书面文

---

① 和志武：《试论纳西象形文字的特点》，见《东巴文化论集》，昆明：云南人民出版社 1999 年版，第 165 页。

② 也有少部分晚期产生的东巴经书中存在字词对应、逐词记录、线性排列的文本，尤其以丽江鲁甸、太安、塔城一带的经书最有代表性，但这部分经书总体所占比例不高。

③ 张声震主编：《壮族民歌古籍集成·情歌》（二），南宁：广西民族出版社 1993 年版。

本系统。古壮字不是一个独立的书面语体系，而是纯粹的口语的记录体。也就是说，除借用汉语的词汇或者叙述汉人的故事外，它在对汉字改造的同时，也没有对书面语言的词汇和语法有所改造和移用，而是遵循壮人口语的习惯，用改造过的汉字忠实地记录下口语的原样，哪怕是民歌这样的叙事或抒情文体。可以这样认为，古壮字的使用，并没有使壮族语由此产生出另一种语体——书面语。纯粹的口头语记录，使得壮语的"语"与"文"始终保持着高度的统一。鉴于古壮字抄本的这一特点，有两点十分重要：一是抄本本质上属口语文本，而不是真正意义上的书面文本，它保存了口语文本的原始面貌，成为口语文本的一种"固化"，从而弥补了口耳相传所造成时间阻隔和内容变异的缺失，而这一点，对于宗教性叙事来说显然尤其重要；二是文字只是一种结合表意的记音符号，文人的记录只是为了保存记忆，而不是为了增加文采而进行改写甚至再创作。①

3．以传统为导向的文本

"以传统为导向的文本（tradition – oriented text）"：按照杭柯的定义，这类文本是由编辑者根据某一传统中的口传文本或与口传有关的文本进行汇编后创作出来的。通常所见的情形是，将若干文本中的组成部分或主题内容汇集在一起，经过编辑、加工和修改，以呈现这种传统的某些方面，常常带有民族主义或国家主义取向。巴莫曲布嫫以诺苏彝族史诗译本《勒俄特依》为例，认为这类文本经过搜集、整理、翻译的一系列出版流程，其间采取了汇编、整合、增删、加工、次序调整等后期编辑手段，已经渐渐游离了口头表演的文本社区和文化语境，脱离了口耳相传的乡土社会，转而面对的文本受众不再以彝族民众的文本听诵为对象，而翻译本身将这种族群表述的传统文本迻译为汉语阅读，其主要的文化功用不再受本土口头叙事的限制，其间的接受过程也从听觉转换为视觉，从集体听诵转换为个体阅读。因此，这种史诗文本对于一般汉语受众而非学者来说，主要是一种"文学读物"而非民俗学意义上的科学资料本。②

对于《崇搬图》这种以传统为取向的文本，在20世纪40年代就已经有人进行翻译整理。其中以李霖灿的《么些经典译注六种》、赵银棠的《玉龙旧话》、傅懋勣的《丽江么些象形文〈古事记〉研究》为代表。1956年，还在

---

① 黄伦生：《"欢""唱""麽"——壮族民间诗性叙事类型及其功能》，《文化遗产》2010年第4期。

② 巴莫曲布嫫：《"民间叙事传统格式化"之批评——以彝族史研究中的"文本迻录"为例》（下），《民族艺术》2004年第4期。

中学读书的牛相奎、木丽春发表了根据《鲁般鲁饶》改编创作的长诗《玉龙第三国》，在国内文坛引起一定的反响，后来二人又根据创世史诗《崇搬图》改编创作了《丛蕊刘偶和天上的公主》。戈阿干在20世纪80年代初期发表了根据《创世纪》改编的《查热丽恩》长诗；赵净修分别与杨世光、牛相奎合作出版了《创世纪》《鲁般鲁饶》等长诗。和志武翻译、整理的《纳西东巴经选译》先后以内部版、公开版形式分别于1983年、1998年出版，其中的《崇搬图》整理本取材于迪庆州三坝乡的东巴经书，文本内容更为丰富。丽江县文化馆于1962年至1965年石印东巴经22种，近年东巴文化研究所油印东巴经数种。从东巴文献的译注种类、数量、规模来说，以1999年出版的《纳西东巴古籍译注全集》百卷本成果最为突出，影响也最大，可以说在百余年来东巴文化研究史上具有里程碑式的意义。《纳西东巴古籍译注全集》，共100卷，每卷收入10来种东巴经典，采用四对照译注体例：古籍象形文原文、国际音标注纳西语音、汉文直译对注、汉语意译；以东巴教仪式诸类别顺序编卷，分为祈福类、禳鬼类、丧葬类、占卜类、其他类（含东巴舞谱、药书、杂言、字典等经卷）五大类。在这百卷整理本中，不同名称的《崇搬图》共有五个不同版本，基本上涵盖了丽江境内的版本，但三坝、三江口、俄亚等其他地方的不同版本没能收录。

对布洛陀神话及其史诗的搜集整理始于20世纪50年代。1958年，广西壮族文学史编辑室搜集到流传于桂西各县的散文体《陆驮公公》（后改题为"保洛陀"）。1978年，广西民间文艺协会在采风中搜集到"招谷魂""招牛魂"的师公唱本。1980年又搜集到两本内容较完整的唱本，但因种种原因未能出版。1984年，周朝珍口述、何承文整理并发表的长篇神话《布洛陀》，流传于右江及红水河一带，是散文体中内容较全面和丰富的一篇。1985年，覃承勤根据在广西东兰、巴马搜集到的师公唱本整理出了创世史诗《布洛陀》。1988年，广西少数民族古籍整理出版规划领导小组调动了各方面的积极性，从各地搜集到布洛陀经诗手抄本22本，并经翻译整理，由广西人民出版社于1991年出版了五对照（原文古壮字、新壮文、国际音标、汉对译、汉意译）的《布洛陀经诗（译注）》。1992年，覃承勤又根据流传于红水河中下游的"摩兵"派师公唱本，翻译并用四种文种（原文古壮字、汉对译、壮文、汉意译）对照，出版了《摩兵布洛陀》（张元生等的《古壮字文献选注》，天津古籍出版社出版）。[①] 2004年，张声震主编的《壮族麽经布洛陀影印译注》出版。林耀华、陈克进如是评价《布洛陀经诗译注》：学术界翘

① https：//baike. baidu. com/item/布洛陀经诗/8357295？fr = aladdin.

首以待的《布洛陀经诗译注》（简称《布洛陀》，下同），在广西诸多学者悉心协力、科学整理后终于公开出版了。《布洛陀》有壮族传统文化"百科全书"之誉。当我们逐字逐句把它读完后，深感这并非过誉。《布洛陀》不仅保留了独特的古壮语、古壮字，为壮语文研究提供了非常珍贵的资料，而且记录了壮族历史变迁的方方面面，为前人探索壮族的神话故事、社会结构及其性质、伦理道德、风土人情、生产习俗、宗教活动等，以论证中华民族文化的多元性，解开南方少数民族古史中的一些"哑谜"，开辟了内容丰富的学术园地。①

三、《布洛陀》与《崇搬图》的差异性比较研究

两部史诗的文化共性及文本共性是相对的，也就是说共性与个性是辩证统一的。因两个民族的历史、所处的地理环境、语言、宗教、民俗、周边文化影响等诸多方面的不同，两部史诗存在着程度不一的差异。主要突出表现在文化与文本两个方面。

（一）文化差异

限于篇幅，关于两部史诗中存在的文化差异不再赘述，通过下面表格所列内容可以管窥。

《崇搬图》与《布洛陀》文化差异比较表

类项	《崇搬图》	《布洛陀》
语言所属	藏缅语族彝语支	壮侗语族壮语支
族群称呼	氐羌、摩挲夷、么些、牦牛羌、白狼羌	百越、西瓯、骆越、俚、僚、溪峒僚、仲
宗教名称	东巴教	麽教
文字	东巴象形文字	方块古壮文
自然环境	云贵高原山地	岭南喀斯特山地
外来文化影响	受本教、藏传佛教影响大	主要受汉族道教影响较大

① 林耀华、陈克进：《壮族传统文化的"百科全书"——读〈布洛陀经诗译注〉》，《广西民族研究》1992年第3期。

（续上表）

类项	《崇搬图》	《布洛陀》
仪式功能	超度、祭天、驱鬼辟邪	喊魂、驱鬼辟邪、治病
周边民族	藏、白、彝、傈僳、普米、汉等族	侗、布依、瑶、水、苗、汉等族
民俗	井干式建筑、祭天、三多节	干栏式建筑、喊谷魂、三月三
文化类型	高原游猎文化及农耕文化	丘陵稻作文化

当然，除了上面所列文化事象存在差异，这两部史诗的历史文化背景、演述方式、依托的文化生态、传承主体、传承形态、传承方式、保护状况等诸方面也存在不同。仅从传承主体来说，壮族布麽所掌握的汉文化水平要高于纳西族东巴。这与壮族深受汉文化影响直接相关，麽经的载体——方块古壮字就是借鉴了汉字的字形、体例而发明的。另外，麽经中大量的道教神灵名称、职能也与汉文化密切相关，也就是说壮族布麽受汉文化影响要大于纳西族东巴。东巴受藏文化影响较大，这与东巴教的形成受藏族本教、藏传佛教的深层影响的历史事实密切相关。东巴教中的神灵体系、职能、名称、仪式与藏文化存在着千丝万缕的联系，东巴字里有直接从藏文引入的文字，东巴经书也有专门用藏文书写的，也有东巴象形文字记录的藏语发音，东巴教中的教主丁巴什罗与本教教主为同一尊神祇等，这些都可以说明，东巴受藏文化影响要大于壮族布麽。需要说明的是，此处只是比较两个民族传统文化中的祭司，而非两个民族的传统文化。譬如虽说汉文化对布麽的影响要大于东巴，但并不说明纳西族传统文化不受汉文化影响，或所受汉文化影响弱于壮族。明清时期，大量汉族移民融入纳西族中，尤其"改土归流"后，汉文化成为主流文化，深刻改变了纳西族传统文化结构，出现了以丽江古城、丽江古乐、丽江壁画等为代表的纳汉融合的文化精品。从传承形态来说，东巴祭司的传承一般有血缘传承、村寨传承、族内传承，而布麽传承除了这三种传承形式，还有一种特殊的传承方式——布麽拥有的《布洛陀》经诗底本必须交给其长子，但布麽本身又不能成为儿子的师傅。布麽的下一代要成为布麽，往往要依靠各种契机和缘分，择拜其他布麽为师学艺。这就形成了麽教传承的一个特别规律。

另外，由上文可知，民间歌手也有可能转化为布麽，二者之间存在身份转化关系，而东巴与民间歌手之间并无这种转化关系。从纳西民谚"对歌对不过东巴，说理说不过东巴，跳舞跳不过东巴"中可以看出东巴本身兼具了歌手身份，而歌手身份并不能代表东巴身份，二者之间身份界限是明显的。这可能与两个民族的文化传统差异也有关系。壮族民歌特别发达。壮族人无论男女，从四五岁就开始学唱山歌，父教子，母教女，形成幼年学歌、青年唱歌、老年教歌的习俗。唱歌几乎成为壮族人民生活中不可缺少的内容。人人能歌，个个会唱，涌现出不少像刘三姐、黄三弟这样被称为"歌仙""歌王"的著名歌手。壮族民歌，就形式分，有勒脚歌、排歌、散歌等。排歌为壮族诗歌的自由体，每诗只咏一事，有时长达 300 多行。长篇叙事诗比较著名的有《布伯》《布洛陀》。壮族人爱唱歌，不仅平时唱，在家里唱，还有定期举行的唱山歌会，称为"歌圩"或"歌节"。歌圩的日期主要在农历三月初三，但在春节、四月初八、中元节、中秋节以及婚嫁、满月、新房落成等喜庆吉日也都会形成歌圩，有时甚至在赶集的路上也会形成临时的歌圩。从中可以看出，《布洛陀》正是依存于这样的民歌海洋中得以源远流长，如鱼得水。民歌为水，《布洛陀》为鱼，二者水乳交融。纳西族的民歌种类也丰富多彩，对纳西族生产生活影响深远，但东巴经诗的演述方式与民歌存在着一定的差异。相对说来，东巴经作为一种宗教经典，它的书写、演述、传承存在着诸多禁忌，这些禁忌便是宗教与民俗之间的界限。如丧葬仪式上演述的热美蹉歌舞源于东巴仪式，虽与民俗已经完全融合，但受宗教禁忌影响，这一民间艺术只能在东巴主持下的丧葬仪式间表演。东巴仪式中的东巴舞、东巴唱腔、东巴画并没有演变成在民众中广泛流传的民间艺术。民间虽有关于崇仁利恩与衬恒褒白的故事传说，但并没有相关民歌流传。这说明了不同民族的文化传统对史诗传承形态的深层影响。

（二）文本差异

两部史诗的文化差异也表现在文本差异方面，或者说，两部史诗的文化差异从文本中得以体现，文化差异是一般，文本差异是特殊。具体来说，二者的文本差异体现在文本类型、文本内容、仪式应用、文本韵律、文本制作等几个方面。

《崇搬图》与《布洛陀》文本差异比较表

类项	《崇搬图》	《布洛陀》
文本类型	涵盖了口传、半口传、以传统为导向三个类型文本，口传文本类型种类较少，以《祭天古歌》为主；半口传文本以东巴经为主体，《纳西东巴古籍译注全集》中有五个不同版本，民间不同版本类型较多，地域之间差异较大；以传统为导向的文本以《纳西东巴古籍译注全集》为代表，采用直观的四对照译注体例：古籍象形文原文、国际音标注纳西语音、汉文直译对注、汉语意译	涵盖了口传、半口传、以传统为导向三个类型文本，口传文本类型种类较多；半口传文本以麽经为主体；以传统为取向的文本以《布洛陀经诗（译注）》《壮族麽经布洛陀影印译注》为代表。《布洛陀经诗（译注）》采取了五对照译注方法（原文古壮字、新壮文、国际音标、汉对译、汉意译）；《壮族麽经布洛陀影印译注》包括百色市右江区、田阳、田东、那坡和河池市巴马、东兰、大化及云南省西畴等市县壮族民间，共计29个手抄本，每个抄本自成一体，分属8卷
文本内容	开天辟地，野牛化生，洪水滔天，天上烽火，求婚难题，英雄归来，生育难题，祭天来历	①开头歌，包括礼貌歌、回答歌、石蛋歌；②创造歌，包括初造天地、造人、造太阳、造火、造米、造牛；③治理歌，包括再造天地、分姓氏等
仪式应用	祭天仪式、超度仪式、延寿仪式、禳鬼仪式，在举行仪式时还伴随东巴唱腔吟诵，跳东巴舞，使用东巴画（木牌画、纸牌画、神像幛等）、东巴工艺（面偶、泥偶）	赎魂仪式（包含稻谷、水牛、黄牛、猪、鸡、鸭赎魂），解冤仪式（包含解婆媳冤、父女冤、妯娌冤等），建新房安龙、扫寨、祭祖仪式、丧葬仪式、婚礼、禳鬼驱邪性质的治疗仪式等。仪式中使用符箓、神水、纸衣服、纸鞋等，忌荤食
文本韵律	押韵，五言为主，间杂七言、九言	韵文为主，五言
文本制作	东巴象形文字书写，从右到左，贝叶经形制，东巴造纸、竹笔、矿物颜料	古壮字书写，书写格式与古汉文献同。传统棉纸，线装书装订，毛笔、墨汁

　　两部史诗的文本差异除了以上方面，还涉及文本的叙事模式、神灵体系、仪式规模、概念范畴等诸方面。

　　其一，从叙事模式来说，二者都是"有困难找天神"的叙事模型，《崇搬图》中崇仁利恩遭遇洪水天灾，是董神面授机宜而躲过灾难；然后到天上寻求伴侣，遭遇天神孜劳阿普刁难，由天女暗中帮助渡过难关；娶得天女返回人间却遭遇了三年未能生育子女，生育了子女后却不会开口说话等难题，最后通过派白蝙蝠到天神处寻求答案而获得解决。《布洛陀》的叙事模式也类似，尤其在创世神话中更为突出，基本上所有难题都是由布洛陀解决，布洛陀不仅是人文始祖，还具备了神灵特征——具有超自然力的神性。在伦理道德、宗教禁忌方面的内容叙事中，布洛陀的神性似有些削弱，重在叙述凡间人类生产生活，譬如《解婆媳冤经》讲述了儿媳妇不孝敬公婆带来的灾难，最后经布洛陀宣讲造成这种灾难的原因，强调伦理道德的重要性，教会人们遵守伦理道德而使问题得以解决；《解兄弟冤》《解父子冤》也是如此，全文名为《唱罕王》（$Mo^1ha：n^5vu：ŋ^2$），讲述了兄弟二人失和带来了诸多灾祸，经历惨痛的教训，最后布洛陀出场，宣讲并教授了伦理道德的行为规范后兄弟俩重归于好。布洛陀在此类故事中并未以斩妖除魔的救世主出现，而是以另外一种身份出现——伦理道德的制定者，谁违背了伦理道德就违背了布洛陀的旨意，谁就得付出代价；谁若改邪归正，知错能改，谁就可以重获幸福。布洛陀就像空气一样无所不在、无时不在，成为壮族先民社会中的"宪章"，这也是史诗的"文化体积"所在。布洛陀的隐性在场与《崇搬图》中天神的显性在场形成了鲜明的对比。

　　其二，二者在开篇叙述的主题及典型场景方面也存在差异。《崇搬图》叙述开天辟地时，先要交代天地混沌，然后经过真与实、虚与假、声音与气体等物质的系列变化后产生了白蛋与黑蛋，然后从中生出了天神与恶神，天神孕育了开天九兄弟，辟地七姐妹，恶神产生了鬼怪，天神九兄弟与七姐妹开天辟地后遭到了魔牛的破坏，后经天神帮助，重新安定了天地，使人类得以繁衍生息。这一叙述模式在不同仪式中的《崇搬图》中都有类似的呈现，而且在东巴经的神话叙述中都有大同小异的表现。东巴经中特别强调事物的来历与出处，经书中经常出现这一警句："如果不知道这一事物的出处与来历，就不要说这一事物。"也就是说，天地万物的来历叙述成为东巴神话与史诗的开头模式，不能随意简略。《布洛陀》中除了"造天地"中叙述了布洛陀开天辟地的过程,① 在其他篇章的开头并未进行类似的详述,而是以比较简略的话语来概括——"三样是三王安置,四样是四王创造,王造黑夜和白天,王造苍天和大地,样样都是王来造。"这里说的"三王""四王"不只是包含了布洛陀,而且包括了道教里的诸位天尊。这也说明了布洛陀神话与史诗受道教文化的深层影响,不只是神灵体系中收编了大量神灵,而且其叙述方式也受到影响,原来铺陈渲染手法被简洁风格所取代。

其三,两部史诗的主人公形象也存在差异。具体来说,二者皆为本民族的英雄祖先、人文始祖,兼具人性与神性的混合特点,但崇仁利恩身上人性要大于神性,布洛陀身上的神性要大于人性。崇仁利恩面对诸多艰难险阻,凭他个人能力是无法克服的,最后都是天神出面相助才得以解决。洪水滔天前,经董神面授机宜而躲进牦牛皮鼓中得以逃生;洪水肆虐过后,崇仁利恩成为唯一的人类,经董神指点上天寻求伴侣;最后也是在天女的帮助下才克服了诸多困难,取得了成功。最后,他带着天女回到人间繁衍人类,成为人类的始祖,并开始了祭天的习俗。崇仁利恩身上的神力不及董神、孜劳阿普,也不及后来居上的丁巴什罗,以及从本教带进来的体系庞大的神灵们,他的形象始终是作为纳西族的祖先而存在,与东巴经里的祖先谱系紧密相连,甚至明代时期木氏土司的家谱都与崇仁利恩相关。纳西人至今自称是"祭天人",其实也是公开承认自己是崇仁利恩的后裔,因为祭天仪式的开创之祖是崇仁利恩,每一次祭天仪式就是缅怀崇仁利恩的开创人文之功。布洛陀神话中,把宇宙分为三界:天上由雷公管理,地上由布洛陀管理,地下由水神管理。这里的天、地、水三神都是自然神灵,布洛陀作为地神具有自然崇拜的色彩,并不是至上的。但《布洛陀经诗》里说,布洛陀既是创世神,又是主宰神,可以决定人间的命运,这时候他已经升到了天神,并具有至高无上的权威。他不仅创造了天地、万物、人类及人间的文明生活,而且能够"造出土司管江山,造出皇帝管国家"。《布洛陀经诗》里还说,布洛陀还能管人们的命运和吉凶祸福,人们只要祈祷和敬请布洛陀,他便会替人们消灾得福,故说:"请布洛陀来祈祷,请布洛陀来消灾;哪家不生男育女,请布洛陀来就儿女满堂;哪家贫苦缺钱财,请布洛陀来就财源滚滚;哪家多灾祸病痛,请布洛陀来除病消灾。"布洛陀兼有生育神、财神和医药神多种职能,法力实在大得很。麽经抄本经文还说:"千个鬼神是祖公安排,万个鬼神是祖公创造。"

---

① 布洛陀神话中的"开天辟地"与盘古开天辟地情节相类似——布洛陀把离得很近的天地撑开来,使人类避免了雷公打鼾的祸害。

可以说布洛陀也是鬼神的主宰。①

　　其四，《布洛陀》概念范畴比《崇搬图》要大。《布洛陀》可以说涵盖了整个壮族传统文化范畴，涉及历史、政治、思想哲学、经济、宗教、艺术、医学、民俗等，堪称壮族传统文化的"百科全书"。《布洛陀》的文化功能类似于汉文化的经史子籍、纳西族的东巴文化，属于一个民族的文化系统，是壮族的民族特质文化、标志性文化。而纳西族的《崇搬图》只是东巴文化中的一本经书、纳西族史诗中的一部经书，一般在祭天仪式、退口舌是非仪式、丧葬仪式、禳栋鬼仪式中使用。需要说明的是，在这些东巴仪式中，并非吟诵这一本《崇搬图》，它只是其中之一并非全部经书的总和。譬如在禳栋鬼仪式中共吟诵东巴经书逾100多本，《崇搬图》只是其中一本而已。这与《布洛陀》有很大的不同，也就是说，与《布洛陀》相关的仪式都只是念诵其中一个单元部分，或者说其中一篇或一本。如举行解兄弟冤仪式时，就吟诵《唱罕王》；举行祭祖仪式时，唱诵《造天地》，壮语的"gaj caeq coj coeng"意为杀牛祭祖宗。从中可以得知，《布洛陀》是仪式中唱诵的"经诗总集"；《纳西东巴古籍译注全集》是东巴经诗总集，囊括了《崇搬图》在不同仪式中的不同版本，但没有收入三坝、俄亚、宁蒗等非丽江县的版本。

四、祭天与稻作：《崇搬图》《布洛陀》史诗的类型

　　《布洛陀》《崇搬图》是南方民族的创世史诗，二者在文本结构、演述方式、故事范型等方面存在着诸多相似性，但在文化类型、核心主题、概念范畴方面存在着不同的旨归。概言之，《布洛陀》史诗突出了稻作文化特点，《崇搬图》强调了祭天文化特质。相对于"创世史诗"这样一个较为笼统的名称，"稻作史诗"（《布洛陀》）、"祭天史诗"（《崇搬图》）更符合这两部史诗的文本主旨，更契合其历史文化语境。

（一）稻作史诗《布洛陀》

　　壮族是世界上早最发明水稻人工栽培的民族之一，稻作文化深深影响了壮族的历史及经济社会的发展进程。《布洛陀》作为壮族传统文化的"百科全书"，稻作文化在史诗中同样得到了突出的叙述。《布洛陀》中叙述了在他开天辟地和创造了人类后，人类不会种地，濒临饿死境地，就向布洛陀求救，布洛陀教会了人们开垦田地，并给予稻种，传授种稻知识，使人们过上丰衣

---

① 牟钟鉴：《从宗教学看壮族布洛陀信仰》，《广西民族研究》2005年第2期。

足食的生活。

稻作文化的形态表现在各种祭祀活动中，典型的如给稻谷、水牛、黄牛、猪、鸡、鸭赎魂。因为禾苗枯死，人们认为"稻魂在树根"，"稻魂埋灰下"，"稻魂压石下"，"稻魂陷土中"，于是人们举行招魂仪式，招呼"回来吧谷魂，下来吧谷魂，来给三合神，来跟土地神，连早稻粳谷，全部都回来。来莫住下村，下村田土差；莫球迷上村住，上村田草多。唯这家田好，有三峒鳄田，七峒保水田，旱十年不忧，旱四年不枯"。无牛耕地，人们无法进行耕作，"要鸡鸭赎魂，五分银赎魂"。人们请麼公诵经赎牛魂，赎鸡鸭魂。①

稻作文化也渗透到人们日常生活、伦理道德之中。以《布洛陀经诗》为例，谈到人际关系和谐时这样说——"王家和顺得像糍粑软和"②；或用来比喻顺心如意——"糍粑有人尝，背痒有人抓"③；婆媳关系紧张的原因——"媳妇回到自己的旧屋，糯饭藏在篮箱里，米饭藏在箱柜中，一点也不给公婆吃，一团也不给公婆尝"④；婆媳关系重修于好后——"拿糯米来泡，拿粳米来浸。蒸糯饭给外甥吃，蒸米饭给公婆尝"⑤；后母用恶毒的话咒骂前妻的儿子——"田挨水泡，田埂同样挨水泡"⑥。交代冤怪来历——"原来并没有冤怪，牛践踏秧苗才产生冤怪，马闯进水田产生冤怪"⑦；民间宗教的禁忌也与稻作文化相关，如"王砍树去撞水坝，王的妻子就死掉，王去砍树拦水车，王的结发妻子就死去"⑧；平时开玩笑也离不开稻谷——"我来找谷种，我来找秧苗，播下的谷种不全，播下的谷种不够，来向你要谷种，谷种不够土地要丢荒。阿婆她喋喋地讲，阿婆她絮絮地答，别人的糯谷都已收割，别人的粳谷都已翻晒，各种杂粮也收成，现在还来找秧苗，捉弄人的话实在好笑"⑨；以小米来比喻远嫁的姑娘——"谁人愿意种小米，谁人愿意养女儿，女儿总得嫁出去；小米种在山崖边，女儿要嫁到远方"⑩；罕王兄弟二人斗法时也是以稻谷为说辞——"让地面旱三年，让地面烈日晒四年，若你罕王这么说，三千处有水车的旱田，六千处水田，我放水进去泡，让大家陈年米吃不完"⑪，

---

① 梁庭望、廖明君等：《布洛陀：百越僚人的图腾》，北京：外文出版社2005年版，第114页。
② 张声震主编：《布洛陀经诗》，南宁：广西人民出版社1991年版，第957页。
③ 张声震主编：《布洛陀经诗》，南宁：广西人民出版社1991年版，第959页。
④ 张声震主编：《布洛陀经诗》，南宁：广西人民出版社1991年版，第907页。
⑤ 张声震主编：《布洛陀经诗》，南宁：广西人民出版社1991年版，第905、906页。
⑥ 张声震主编：《布洛陀经诗》，南宁：广西人民出版社1991年版，第590页。
⑦ 张声震主编：《布洛陀经诗》，南宁：广西人民出版社1991年版，第596、597页。
⑧ 张声震主编：《布洛陀经诗》，南宁：广西人民出版社1991年版，第605、606页。
⑨ 张声震主编：《布洛陀经诗》，南宁：广西人民出版社1991年版，第620－622页。
⑩ 张声震主编：《布洛陀经诗》，南宁：广西人民出版社1991年版，第642、643页。
⑪ 张声震主编：《布洛陀经诗》，南宁：广西人民出版社1991年版，第754、755页。

"我养出七万只米虫，虫把陈谷都咬坏，虫把新谷全蛀空，使陈谷变成霉粉，使新谷变成虫粪"①，"我装来三万只公鸡，我赶来九万只大鸡，把公鸡放下田，把大鸡放下垌。我的公鸡会觅虫，我的大鸡会啄虫，吸吃田间的虫，叮死垌里的虫，我不怕你兄长造难"②。这种稻作文化对民族性格的形成也有深刻的影响。李斯颖认为，"稻作生产需要人们足够的耐心与细心。在长年累月的劳心劳力之中，壮族人形成了谨慎细心、温厚内敛的性格特征。他们说话慢声细语，脾气温和，行为举止端庄文雅。同样，布洛陀神话中叙事语气的温婉、平和，经诗吟唱的低温内敛，韵文押韵规律的复杂、细密、严谨等，都是日常生产生活内容的文化升华"③。

马克思认为"经济基础决定上层建筑"。文化作为上层建筑的形态，必然通过各种形式表现出其经济基础，以稻作为代表的农耕文明贯穿了整个壮族的历史文化、社会生产与民俗生活，这在《布洛陀》史诗中得到了有力的证明。稻作文化为何成为壮族的特质文化？王明富、梁庭望等壮族学者把壮族的这一文化特质称为"那文化"。"那"（壮语：na），意为"田"和"垌"，泛指田地或土地。壮族先民适应珠江流域的自然地理环境和气候特点，把野生稻驯化为栽培稻，是我国最早创造的稻作文化之一，所以壮族是稻作民族。壮侗语民族中称水田（稻田）为"那"。据"那"而作，依"那"而居，据此孕育的文化称为"那文化"④。那文化作为壮族的标志性文化不仅只是学者的自我命名，而且获得了壮族民众的广泛认同。按照"名从其主"原则，把《布洛陀》称为"稻作史诗"也是基于这一文化的广泛认同及史诗本身所表现的文化特质。

（二）祭天史诗《崇搬图》

祭天是纳西族最重要的事情，民谚说："纳西蒙布迪。"意即纳西族以祭天为大；纳西族以祭天为豪。"纳西蒙布若"，意即纳西人是祭天人；纳西族以祭天族（群）自称。"纳西蒙布化"，意为纳西祭天族（群）。可见祭天在纳西族民族意识中意义非同一般。

从历史关系看，祭天及其产生的文化贯穿了整个纳西族的历史发展过程，渗透到纳西族社会的各个方面。其产生时间最早，在原始社会后期产生，传

---

① 张声震主编：《布洛陀经诗》，南宁：广西人民出版社 1991 年版，第 755、756 页。
② 张声震主编：《布洛陀经诗》，南宁：广西人民出版社 1991 年版，第 766 – 768 页。
③ 李斯颖：《壮族布洛陀神话研究》，北京：中国社会科学出版社 2016 年版，第 236 页。
④ 《壮族的"那"文化》，中国民族宗教网，2012 年 11 月 1 日。

承时间最长，至今仍在一些纳西族地区顽强保留着、沿袭着。

《崇搬图》的主题就是敬天法祖，祭天是纳西族的标志性文化，由此奠定了《崇搬图》在纳西族文化中的地位及影响。这一史诗何以成为纳西族的标志性文化？首先，它涵盖了纳西族社会发展的不同历史进程。"利恩五弟兄，弟兄无配偶，为同姐妹结缘而械斗，利转六姐妹，姐妹无伴侣，同兄弟结缘成对偶"①，说明了纳西族社会中出现过血缘家庭及群婚制。崇仁利恩兄弟姐妹的这种乱伦遭到了天神的惩罚——洪水滔天，整个世上仅剩下崇仁利恩一人。崇仁利恩为了繁衍人类，到十八层天上向天女衬恒褒白求婚，自后二人建立了家庭，其间也有与竖眼女、魔女之间的短期性婚姻，最后经过诸多磨难才巩固了与天女之间的夫妻关系，从中也可看出纳西族所经历的血缘婚、对偶婚、一夫一妻制过渡的历史文化。

《崇搬图》除了以神话、史诗的形式反映了社会历史发展过程外，在具体的仪式中，还原生态地记录下来一些历史事件，如在祭天仪式中有躲果洛兵、射杀果洛兵的场景。纳西族的迁徙路线经过了现青海果洛县，可以推断，纳西先民在迁徙途中与果洛境的异族发生了战争，这个战争事件在纳西先民心中留下了深刻印象，为了铭记这场民族历史上的血战以示后人，东巴就把这个战争事件搬到祭天仪式中，成为代代相传的历史活教材。

《崇搬图》史诗反映了纳西族先民所经历过的自然崇拜、神灵崇拜、祖先崇拜的发展演变史。《崇搬图》记述了人类祖先的由来：远古时候，天地没有分开，先出现天影子和地影子，后面接着出现了日月星辰、山谷河流的影子，真和实变化出现了白天、太阳、实蛋、真气以及善神依古阿格；假和虚变化出现了黑夜、月亮、虚蛋和恶气以及恶神依古顶那。善神和恶神做变化，出现了白蛋、黑蛋，白蛋和黑蛋生出了董族的额玉额玛神鸡，术族的负及俺纳神鸡，两只神鸡孵出九对白蛋和黑蛋，分别生下众多天神和鬼怪……杀了牛状怪兽后，董族建造了居那若罗神山，山上声音与山下百气化生百露，露成海，海生蛋，蛋里生出人类始祖海史海古、海古美古、美古初初、初初慈禹、慈禹初居、初居具仁、具仁迹仁、迹仁崇仁、崇仁利恩九代。② 这说明了世界万物皆是由天地中的物质演变而来，折射出纳西先民对天地自然的崇拜、敬畏心理。《崇搬图》中的神灵崇拜也较为突出，"有困难，找天神"成为人类

---

① 东巴文化研究所编译：《纳西东巴古籍译注全集》（第56卷），昆明：云南人民出版社1999年版，第161页。

② 东巴文化研究所编译：《纳西东巴古籍译注全集》（第56卷），昆明：云南人民出版社1999年版，第143－158页。

制胜的法宝，天神成为人类最有力的支持者、救世主，曲折地反映出人类意图通过神灵的力量改造自身及自然的愿望。在这种心理意识的背景下，祭天应运而生，成为纳西先民最早的文化起源点。人类是由天而生，在神灵的庇护下繁衍壮大，而神灵观念中掺杂了人的因素，神人同一成就了神灵祖先，神就是人类的祖先，祖先就是神灵，这种神祖合一的观念为后来的祖先崇拜奠定了思想基础。纳西族祖先是天神的后代，"敬天法祖"的人文观念沉淀到纳西先民的心理意识中，成为民族的一种集体无意识，并在以后的历史发展时期得到强化、固定，逐渐成为凝聚民族认同感的民族意识。

从这个意义来说，祭天坛其实也是祭祖坛。元明清时期纳西族的统治者木氏土司把自己家祖追溯至崇仁利恩一代，并写进家谱里；木增土司向明朝皇帝的上疏中，把"敬天法祖"列为首条。在《木氏家训》中强调"克恭克敬、勿亵尔神"，"孝亲至勤、祀神至诚"。木氏土司在白沙、黄山两地也设有祭天坛，反映出祭天的内容已经演变成天神祖合一的祭祀形式，由此衍生的文化观念意识已成为纳西族普遍的道理准则和民族意识。

"么些"是汉文献中对纳西族的称呼，基于纳西族传统文化变迁、东巴象形文字及纳西语的综合考察，笔者认为"么些"可释义为"天之子民"，是由"祭天人""敬天群"的称呼演化而来的，与纳西族的祭天传统有着内在的逻辑统一性。[①] 祭天作为纳西族的民俗，有两面性：一是作为文化传统渗透到纳西先民社会的各个方面，起到民族精神、民族意识的塑造作用；二是作为活形态的生活模式，在历史发展过程中代代相传、演述，起到了民族文化的传承、保护、丰富的作用。元朝李京的《云南志略风俗条》："（么些人）正月十五登祭天，极严洁，男女幼百数，各执其手，团旋歌舞以为乐。"直到现在，即使经历了战乱、"文革"、市场经济的冲击，祭天在纳西族社会中仍有鲜活的生命力，除丽江的大东、宝山、奉科、鲁甸、塔城、太安、金安、七河、白沙、大具等地在传承外，云南的迪庆州白地，四川的俄亚、达祖、理塘，西藏盐井等地的纳西族社区也在沿袭这一传统。

基于此，笔者认为把《崇搬图》称为纳西族的"祭天史诗"是符合史诗的定义尺度的，也契合史诗反映的纳西族传统文化特征的。

---

① 杨杰宏：《么些考释》，《中央民族大学学报》2013 年第 3 期。

第九章　东巴叙事传统的特征与史诗多元类型探析

东巴叙事传统概念内涵的界定涉及两个限度——"东巴"及"叙事传统"，二者是主体与客体、内容与形式的关系，彼此联系，互为制约。"东巴"限定了这一叙事传统的主体及性质，由此与其他叙事传统相区别开来。"东巴"内涵所指包含了东巴祭司、东巴文、东巴经书、东巴教、东巴仪式等相关因素；"叙事传统"则限定了与主体发生联系的对象性质，即与"东巴"相关的叙述活动及叙述模式。简言之，东巴叙事传统就是"东巴讲述故事的传统模式"。东巴叙事传统的特征表现在哪些方面？这些特征与其他史诗，尤其是以《荷马史诗》为范例的典型史诗存在哪些方面的共性与差异？希望对东巴叙事传统特征的探讨与思考能够促进人们对史诗概念及类型的深入理解，推动民间叙事研究的持续发展。

一、东巴叙事传统的特征

综合前面论述，结合与"东巴"相关的叙述活动及叙述模式这两个维度，东巴叙事传统的特征可以概括为以下几个方面。

（一）宗教叙事

东巴是纳西族民间祭司，是纳西族原生宗教——东巴教的传承者、东巴仪式的主持者，在东巴叙事活动中占有主体地位；东巴叙事文本载体分为口诵经与东巴经书，活动载体为东巴仪式及民俗活动，原动力为东巴教信仰，包括自然崇拜、神灵崇拜、祖先崇拜三个信仰层面，具有浓郁的巫术、原始宗教及早期人文宗教的特征，由此，东巴叙事传统带有突出的宗教性特点，宗教叙事是其本质特征。

东巴教特有的宗教文化深刻影响了其叙事传统的形成与发展。东巴教的宗旨、文化主题全面渗透到东巴叙事文本中，使其成为宣传、传承宗教文化的工具及载体。东巴通过宗教传统来建立叙事权威、建构叙事结构、设置故事情节、塑造神灵及人物形象。东巴叙事文本结构中最为常见的"三段式"结构——开头讲述"万物来历"，中间为叙事主体内容，结尾为"仪式灵验"，这与以宣扬宗教思想为宗旨的宗教叙事风格是相一致的。东巴叙事文本的主人公大多以神灵居多，描写场景多为天堂、天梯、神山、神海、神石、神树等神界内容，其叙述内容中糅合了三界六道、生死轮回、灵魂不死、阴阳相生相克等宗教思想意识，这些宗教意识形态通过文本叙事、仪式表演得以实践，并逐渐沉淀生成民众的信仰根基，促进了东巴叙事传统的形成与发展；东巴借助宗教的超凡脱俗的神圣性达成自身的叙事权威地位。东巴叙事内容中杂糅着本教、藏传佛教、道教等多元宗教内容。由此来说，东巴叙事传统具有浓郁的宗教叙事特征，并构成了其叙事动力。

（二）民间叙事

东巴叙事传统中的宗教性特征并不意味着其叙事内容都是超凡脱俗、远离人间烟火的，其宗教叙事特有的神圣性与超凡性又是与民间性、平民性紧密联系在一起的。东巴并非专职的宗教人员，本身从事生产劳动，其所进行的东巴仪式活动是为民众服务。东巴所从事的活动除了祭祀仪式，也涉及岁时节日、结婚、丧葬、起房、命名等民俗生活内容，从而使它的叙事传统始终带有突出的民间性。这种平民性特征也反映在宗教描写内容中，即使是那些居住于天庭的神仙们，也同凡间人类一样过着放牧、狩猎、农耕生活，如天神孜劳阿普家也养着年羊，也经常上山捕猎岩羊，下河捕鱼；天女衬恒褒白也从事织布、农耕劳动等。他们像凡人一样具有七情六欲、喜怒哀乐，神性建立于人性之上。孜劳阿普多次设计陷害崇仁利恩，屡次违背诺言，索取彩礼，这与现实中的一些岳父没有多大的区别；始祖神董神也是如此，他被崇仁利恩的兄弟撞伤了身体，疼痛难忍而破口大骂，也需要药物治疗，并在洪水降临时故意不去施救伤害他的崇仁利恩兄弟。神话是现实的翻版，说明东巴叙事传统的形成是与纳西族的社会发展状况紧密联系在一起，反映了纳西族古代社会的生产、生活状况。

东巴叙事的文类、主题与纳西族民间叙事存在着同类情况，神话、故事、传说、谚语、民歌等叙事文类在二者叙事文本中存在着互为借用、互为源头的关系；关于东巴叙事传统中的神灵、英雄祖先最初源于民间叙事文本，后经东巴整理、加工后又传播到民间。东巴经典《鲁般鲁饶》与民间叙事长诗

《尤悲》就是一个典型。

另外，东巴叙事传统中的民间性特征也反映在东巴象形文字中。出土于殷墟的甲骨文是为商王朝的王室服务的，甲骨文记载的卜辞属于庙堂之作，多为国家祭祀、征战，文字内容多为礼器、兵器，带有突出的官方色彩。而东巴文字内容多为与纳西族古代社会的生产、生活相关的动物、植物、农作物、生产工具、生活用品等，带有浓郁的民间生活文化色彩。从这个意义上说，民间性是东巴叙事传统的传承形态特征。

（三）神话叙事

神话是人类早期社会实践和意识观念的产物，讲述的是与神灵相关的故事，往往在祭祀仪式中演述，带有"神圣叙事"的特征，神话演述者与受众群体都对叙述内容信以为真，与宗教叙事具有重合性。

东巴叙事传统与神话的关系非同一般，正如白庚胜所说："没有东巴教，东巴神话便无以存在；没有东巴文字的记录，东巴神话就不可能成为书面神话；没有东巴经典，东巴神话也就不可能体系庞大，内容宏富；没有东巴，东巴神话就不可成为一种活形态的神话传承至今；没有东巴道场，东巴神话也就失去了表现、表演的机会。"[①] 东巴叙事传统的文本载体——2 万余卷的东巴经书的内容基本上以神话内容为主，其中与自然崇拜、祖先崇拜、神灵崇拜相关的神话居多，这三类神话又呈现出复合型特征，如创世史诗《创世纪》叙述主题为"人类的生存危机与再生"，其间又融合了开天辟地、万物来历、人类起源的自然崇拜内容；主人公——崇仁利恩通过解决人类生存危机成为人类的始祖，他的英雄事迹成为整个故事的叙述主线，由此成为纳西族的英雄祖先；人类生存危机的解决与天神的帮助密切相关，祭天传统也由此产生，其目的是通过祭天仪式来取悦天神，保佑人类的繁衍发展。这说明神话叙事的动力源于人类童年时期特有的原始思维、集体表象、万物有灵等思想意识形态。

白庚胜在《东巴神话研究》一书中，从东巴神话的内容、类型两个方面进行了分类。东巴神话内容分为自然神话与社会神话两大类：自然神话包括世界起源神话、解释神话；社会神话包括人类起源神话、生产神话、生活神话、爱情神话、争战神话。东巴神话的类型分为卵生型、难题求婚型、兄妹相奸型、死体化生型、天柱型、谱系型。[②] 东巴神话内容、类型的繁杂丰富也

---

① 白庚胜：《东巴神话研究》，北京：社会科学文献出版社 1999 年版，第 28 页。
② 白庚胜：《东巴神话研究》，北京：社会科学文献出版社 1999 年版，第 274 页。

说明了神话在东巴叙事中占有的分量及影响。神话构成了东巴叙事传统的叙述内容及表现形式。

（四）仪式表演叙事

东巴神话是借助神灵故事来宣扬东巴教的主旨，其讲述方式又往往与仪式表演融合在一起，通过文本口头叙事、东巴舞蹈、东巴绘画、东巴音乐、东巴游戏等多元艺术表演形式的融合，给受众多种艺术审美感受、体验，从而达到"神话是真实的"的叙事目的。可以说，东巴叙事传统中的神话叙事同仪式叙事相辅相成，并行不悖。譬如《丁巴什罗传略》是在东巴丧葬仪式上唱诵的主要经书，主祭东巴在仪式中以口头叙事方式讲述东巴教教祖丁巴什罗一生的传奇故事，从他的出生、成长一直到杀魔除妖，最后葬身毒海的整个过程。而仪式现场，东巴助手们以舞蹈形式再现丁巴什罗出生时的情景，如躺在地上，伸出左手作痛苦状，象征丁巴什罗从其母亲左腋下出生的情景；然后东巴又模仿他蹒跚学走路的样子，还有他的脚跟中了青刺后一瘸一拐的走路姿势……另外的东巴助手在仪式神坛上挂上丁巴什罗的神像，在仪式旁边设置画有其形象的木牌，以及毒海场景，烘托"真实可信"的现场环境。在进行到"送魂"仪式时，主祭东巴一边念诵《送魂经》，一边手持油灯从《神路图》的最下端——"地狱"慢慢向上移动，依次讲述"人间""神间"的画卷情景。东巴助手们也随着主祭东巴演述的故事情节展开舞蹈程序环节，手上有板铃、板鼓等乐器相伴奏。整个仪式场面带有浓郁的"仪式戏剧"色彩，或者说东巴叙事通过仪式表演达成了如临其境般的演述场域。

（五）口头—书面叙事

口头性是东巴叙事传统的主要叙述手段。在书写传统未形成之前，口头叙事是东巴叙事的主要表征；东巴象形文字产生后，形成了体系庞大的书写经典系统，但这些书写经典内容都源于口头叙事文本，属于口头记录文本，而且这些书面经典用于仪式中的口头演述，文本类型属于口头演述的提词本（prompt）；由于东巴文字是不成熟的文字符号体系，没有线性排列、逐词记录、字词对应的特点，形成了"看图说话"的文本性质，不同念诵者可以根据自己的演述习惯组织不同的口头表达形式。所以口头性不只是表现在口头文本中，也表现在东巴书面经典中，口头程式是东巴叙事传统的主要表达单元。

另外，与东巴经书并存的口诵经仍以口头叙事方式作为叙述手段。但东巴文的产生及经书系统的形成，无疑使东巴叙事传统具有了书面性特征。东巴经书中保留了大量的古纳西语、外来词汇、专有名词，形成了与口头语不同的书面语体系，而且书写传统所具有的可以超越时空、不断锤炼修改、易保存等功能，催生了大批语言精练、内容丰富、情节曲折、形象鲜明的东巴叙事作品，保留了许多东巴叙事精品，使处于衰落期的东巴叙事传统获得了"第二生命"。口头性与书面性在东巴叙事传统中是互为文本的。这在下文中也有专门的探讨。

　　需要补充说明的是，首先，东巴教的原生宗教特点，并不意味着对外来文化的排斥性。事实上东巴教文化形态中融入了大量的本教、藏传佛教、道教、本主信仰等多元文化因素。甚至可以说，如果没有这些外来文化的影响，东巴教及其文化可能在原始宗教中徘徊不前。其次，东巴叙事传统属于纳西族传统文化范畴，具有族群叙事特点，也是族群传统文化的一个范例、一种标志性文化。但这种族群叙事带有显著的地域性特征：在东巴叙事传统流布的不同区域的东巴文字、东巴经书的书写体例、风格以及叙事方式都存在着很大的差异性，最为突出的是纳西族东部方言区的东巴叙事传统仍以口头叙事为主，并未产生东巴文及东巴经书，东巴教也没有成为主流文化，而是形成了藏传佛教文化主导的，与母系家庭组织、走婚习俗以及东巴（达巴）文化相融的地方性叙事传统，这与西部方言区的东巴叙事传统有着很大的文化差异。当然，这种差异性是基于一个民族内部的文化差异性，属于同源异流的文化现象。再次，东巴叙事传统中的地域性特征与周边民族、南方民族的叙事传统也存在着诸多共性特征。东巴教在与纳西族杂居、毗邻的不同民族中也有传播，如在受东巴文化影响的区域中，除了纳西族，也有傈僳族、普米族、汉族、彝族、藏族信仰东巴教。这与宗教的多元功能特征相关联。东巴教除了具有协调人与自然关系，维持社会秩序、深化族群认同的社会功能外，其基本功能是通过宗教仪式来达成禳灾祛病的实用功能，这种"宗教治疗"功能恰好是这些处于地理偏僻、经济发展滞后、缺医少药的不同民族共同信奉的现实基础，与其说是一种共同的宗教信仰，不如说是共同的生存需要。当然，通过这些"宗教治疗"行为，东巴教成为纳西族与区域内不同民族间不可或缺的文化纽带，促进了民族文化间的对话与交流，形成了多元民族宗教文化共荣共生的文化格局。从更大时空范畴来说，本书中提到的宗教性、民间性、神话性、仪式性、口头性与书面性等东巴叙事传统特征也与南方诸多民族，甚至在国内外的诸多民族的叙事传统有很大相似性。如果能对东巴叙事传统与这些不同时空范畴中的不同民族的叙事传统进行深入的比较研究，这对叙事传统乃至口头传统、文化传统的研究无疑具有深远的意义。

二、关于史诗类型的再探讨

（一）难以界定的南方史诗

我们研究各民族的神话、史诗离不开理论指导，"他山之石，可以攻玉"。不了解西方的神话学及史诗学理论传统，无以对自身的神话、史诗进行有效的研究。我们承认东西文化的巨大差异性，但这个差异性是与文化共性相对而言的，作为人类共有的文化遗产，人类社会都经历过神话及史诗时代，而且作为同一个文类，在内容及形式上皆有相似性。神话的神圣性叙事，史诗的韵文体形式及重大文化体积等文类共性特征为不同民族、地区、国家的叙事传统进行比较研究提供了前提条件。毋庸讳言，西方理论观照我国各民族的叙事传统，不一定都是严丝合缝、对症下药的，必然会有不同程度的理论不适或排斥反应，而这恰好是促进学科理论可持续发展的动力所在。

相对于北方英雄史诗，关于南方史诗类型的界定一直存在着不同的看法。段宝林、李子贤、李惠芳、史军超、巴莫曲布嫫、朝戈金等学者先后提出了"迁徙史诗""创世史诗""英雄史诗""神话史诗""原始性史诗""复合型史诗"等多种不同类型名称。[①] 对此问题，笔者在《南方史诗类型问题探析》一文中有过探讨，认为这几种类型界定并未能准确、真实地反映史诗的本质特征。

（二）爱情史诗存在吗

何为史诗？朝戈金对史诗有过这样的定义："西方文学批评家在使用'史诗'这一术语时，是指一部大体符合下列'尺度'的诗作：以崇高的风格描写伟大、严肃题材的叙事长诗；主人公是半神或英雄式人物，他的行为决定着一个部落、一个国家乃至全人类的命运；史诗故事多具有神奇幻想的色彩，也有一些直接取材或描述真实历史事件的。"[②] 现在国内学界公认的纳西族史诗有创世史诗《崇搬图》，英雄史诗《黑白战争》，以上述尺度来衡量这两部东巴经典，当然符合史诗的范例，但这里存在着诸多问题：除了这两部史诗就没有其他史诗了？史诗的类型，譬如创世史诗、英雄史诗如何界定？东巴史诗是与仪式相依而生的，我们在界定史诗时，是以仪式为原则，还是以单独的某一本经典为原则？在当下的史诗分类中，主要有英雄史诗、迁徙史诗、

---

① 杨杰宏：《南方史诗类型问题探析》，《民间文化论坛》2015 年第 6 期。
② 朝戈金：《国际史诗学术史谫论》，北京：中国社会科学出版社 2016 年版。

创世史诗、原始性史诗、神话史诗、复合型史诗等不同概念。"爱情史诗"并未成为史诗类别，但笔者以为，爱情作为人类文学传统中的永恒主题，也是史诗的重要主题。著名的东巴经典《鲁般鲁饶》一直被称为纳西族的爱情悲剧。这一作品应该是产生于纳西族社会晚期的东巴经典，它的主题就是纳西族历史真实发生过的殉情史。殉情的原因除了阶级斗争，不同民族文化价值观的冲突也是主要原因之一，其中雍正年间的"改土归流"后实行"以夏变夷"的文化歧视政策是丽江纳西族地区发生大量殉情事件的导火索。《鲁般鲁饶》显然涉及民族重大历史题材，并对本民族的历史产生了深远的影响，在文化体积及社会影响上具有"社会宪章"的功能，由此成为"范例的宏大叙事"。从这个意义来说，《鲁般鲁饶》就属于典型的爱情史诗。

（三）"创世"无法涵盖的史诗

创世史诗，简言之，即关于创造世界的史诗。在学界，关于创世史诗的定义，主要与"原始性""神话"紧密相连。"创世史诗，也有人称为原始性史诗或神话史诗。这是一个民族最早集体创作的长篇作品。它不但永远留下了这个民族在他的幼年时期对宇宙万物、人类社会的种种解释和看法；而且也往往以它提供的美妙的神话、丰富的想象、富有特色而引人入胜的故事和生动朴实的诗歌语言，显示着这个民族在艺术创作上的智慧和才能。"① 新近出版的《中国少数民族文学基础教程》也沿用了旧义——创世史诗，又称神话史诗或原始性史诗，它的主要内容是讲述开天辟地、人类起源、万物创造、民族起源和民族迁徙。中国南方民族中间流传着大量创世史诗。②

同为创世史诗，但不同民族的创世史诗存在着巨大的文化及文本差异性。具体来说，这些不同民族史诗的主题及内容绝非能以"创世"来概括，也就是说，这两部史诗不只是讲述创世的内容，也涵盖了诸多非创世内容。以《布洛陀经诗》为例，整个经诗共有七个篇章，从内容篇幅来说，造物神话与解冤经两者内容几乎各占一半，也就是说，这部经诗并非全部属于创世内容，还包括了伦理道德、宗教禁忌等诸多内容。以云南人民出版社于1960年出版的整理本《创世纪》（《崇搬图》）为例，整个文本共分为"开天辟地""洪水翻天""天上烽火""迁徙人间"四大部分。③ 创世内容也只占了一半内容，后半部分主要讲述上天寻找人生伴侣及从天上回到人间的内容，带有歌颂英

---

① 李惠芳：《中国民间文学》（修订版），武汉：武汉大学出版社1999年版，第193页。
② 钟进文主编：《中国少数民族文学基础教程》，北京：中央民族大学出版社2011年版，第60页。
③ 姜彬主编：《中国民间文学大辞典》，上海：上海文艺出版社1992年版，第1128页。

雄祖先及迁徙历程的特征。《崇搬图》在不同地区、不同仪式中存在异文现象，譬如三坝地区祭天仪式上吟诵的《创世纪》称为"土筶"，即"出处来历"。俄亚大村东巴则称《崇般绍》为"祭天创世纪"（mee biuq coq ber tv），此经在祭天仪式中吟诵。而在丽江境内祭天仪式念诵的经书称为"崇般绍"，重点讲述崇仁利恩与衬恒褒白从天上迁徙回到人间的过程。两本经书内容上是大同小异，各有侧重，前者突出讲述万物的来历，后者强调迁徙来历，但两部经书都包含了创世、英雄、迁徙的叙事主题，具有复合型史诗的某些特点，但不能简单称为复合型史诗，因为创世、英雄、迁徙三个主题在不同文本中所占的文化分量、文本比例各有侧重。另外，这里的"英雄"与北方史诗中的"英雄"也有所不同，南方史诗中的"英雄"更突出祖先英雄、文化英雄的特征。钟敬文、巴莫曲布嫫谈南方史诗时也谈到这个问题："以往研究史诗，主要是受西洋史诗理论的影响，比如以希腊史诗为典型，强调史诗一定要是民族的重大事件，一定要有战争的。那么，现在从中国很多的史诗来看，特别是西南民族的，就不一定。那里更多的是神话史诗、创世史诗。神话性的创世史诗只是一个部分，其次是一些主要叙述文化英雄的史诗。某一些早期的创造文化的人物，比如教人家造房子。也有一些战争英雄，比如打倒民族的敌人。但南方英雄史诗不限于战争，更主要的是文化创造英雄，有神话色彩。像造房子、发明农耕、创造两性制度等。"① "文化创造英雄"可以说是南方民族史诗中的一个关键词、核心主题、母题，也是理解创世史诗的一个切入点。创世史诗，不只是创造宇宙、世界万物，更关键在于创造文化！而每个民族因所居住的地理环境不同，所经历的历史不同，或者受周边国家、民族文化影响不同，他们的文化不可能是一样的，即使是同名为创世史诗，但其文化主题绝不可能一模一样。如果说创世史诗是从文本主题的共性来定义不同的史诗，这一定义遮蔽了不同民族史诗中存在的文化差异性，也就是说创世史诗无法表征这一史诗所蕴含的民族文化特质，无法彰显民族文化的多样性特征。

（四）创造史诗创造了一个什么世界

需要说明的是，笔者并不是反对使用"创世史诗"这一概念，而是重在强调"创世史诗"这一主题共性背后的文化差异性，因为"创世"主题并不能涵盖南方各民族的文化特质，由此遮蔽了对不同民族史诗的深入认识。"创世史诗"之概念突出的是"创世"内容，而笔者在此强调的"创世"是"创

---

① 钟敬文、巴莫曲布嫫：《南方史诗传统与中国史诗学建设》，《民族艺术》2002 年第 4 期。

造了一个什么世界"，《布洛陀》创造了一个稻作文化世界，《崇搬图》创造了一个祭天文化世界。除了上文中提到的纳西族与壮族的这两部史诗，类似的史诗在南方民族中比较普遍。譬如德昂族的创世史诗《达古达楞格莱标》始终以万物之源——茶叶为主线，讲述茶种的来历、茶树的栽培、茶叶的制作、茶叶的功效等，并以奇妙的幻想将茶拟人化。"茶叶是德昂的命脉，有德昂的地方就有茶山。神奇的传说流传到现在，德昂人的身上还飘着茶叶的芳香。"当大地一片混沌时，天上却"美丽无比，到处都是茂盛的茶树"，"茶树是万物的阿祖，天上的日月星辰，都是由茶叶的精灵化出"①。52 片茶叶被风吹落到人间，幻化成 52 对男女，他们成为人类的祖先。最后因恶魔作祟，整个人类只剩下一对兄妹，这对兄妹战胜了很多艰难困苦后结为夫妻，把茶树遍种于人世间，成为德昂族始祖。德昂族属于南亚语系孟高棉语族，世代居住在西南热带雨林地区，具有悠久的种茶、制茶、饮茶的历史，茶叶已经渗透到他们的历史、文化与生活中，所以他们才自称为"茶叶的后代"。从这个意义上说，《达古达楞格莱标》是德昂族的文化史、心灵史，茶叶滋养了这个民族，他们赋予茶叶以灵魂，并以史诗的形式世代传承至今。对于这样一个自称为"茶叶的后代"的民族的史诗，我们为什么不能称其为"茶叶史诗"呢？

（五）多元化史诗类型

就西方文学史上的史诗概念而言，某一部史诗应该是由不同章节有机构成的独立的叙事长诗。但就纳西族史诗而言，史诗并非独立存在，它是镶嵌在仪式中，与其他经籍文本以及东巴舞、东巴画、东巴工艺一同构成仪式要素，并不存在单独只念诵《创世纪》《黑白战争》这两部史诗的仪式中。如果离开仪式，或者失去其他经书及仪式要素的支持，这两本所谓的史诗就无法演述。事实上，这两部所谓的史诗也并非只有一部固定的文本，它在不同地域、不同东巴、不同仪式中有不同的文本，如《崇搬图》在三坝被称为"土笮"，意为事物的来历与出处，而在无量河的汝卡人支系中分为三部分："卡兹此""索索卡""利恩恩科"，与丽江版本差异极大；在丽江只要举行大规模的仪式就要念诵《崇搬图》，不同的仪式内容有相应的变化，如禳栋鬼仪式中的《崇搬图》、祭署仪式中的《崇搬图》、延寿仪式上的《崇搬图》、大除秽仪式上的《崇搬图》、超度仪式上的《崇搬图》等。大仪式中使用《崇搬图》，主要是通过讲述人类远古的故事来交代重要的人类生存经验，强调只

---

① 赵腊林演述，陈志鹏记录整理：《达古达楞格莱标》，《山茶》1981 年第 2 期。

有遵循传统古规古制才能克服困难、禳灾降福，只有这样做才符合世间万物，包括人类产生、发展的规律，违背了这些规律，人类就要遭受灾祸。这些不同仪式中念诵的《崇搬图》，以哪一个仪式中的经书为范本，还是综合不同仪式中的版本？1958 年云南省民族民间文学丽江调查队整理出版的《创世纪》就是综合了不同区域的不同版本，并根据阶级斗争观点进行了二度创编。如果没有一个综合文本，史诗的典型代表性及推广、宣传功能就受到影响。《崇搬图》是创世史诗吗？其实《崇搬图》之前还有一个更为古老的"创世纪"——人类始祖神董神与沈神的来历，这远比崇仁利恩的故事要久远。董神与沈神的来历故事在东巴经书中语焉不详，这应该是被改造的结果。因为前者叙述的是兄妹婚，后者是否定兄妹婚。① 《崇搬图》除了讲述世间万物的来历，重点还是在歌颂崇仁利恩的英雄壮举，对于本民族而言，崇仁利恩就是一个充满智慧与勇气的英雄祖先，所以这部史诗也包含了英雄史诗的特征。同样，作为英雄史诗的《黑白战争》在董、术两部落发生战争前就描述了世间万物产生的过程，其实也包含了创世纪的内容。所以这两部经书都杂糅了创世、英雄的主题，具有复合型史诗特征。尊重传统，阐释传统，理解传统应该是我们研究传统文化应秉持的态度，外来理论只是帮助我们理解、阐释传统的工具，而非反之——以传统文化来作为满足、佐证外来理论的工具。只有这样才能真正做到"不忘本来，吸收外来，走向未来"。

从史诗得以产生、传承、演变的具体的文化环境出发，结合其文化特质、历史传统、审美特征、传承流布、文本类型、演述方式等多方面因素来界定不同民族的史诗类型，摒弃简单的概念生搬硬套，既是深入把握史诗类型的多样性与复杂性特征的有效途径，也是推进史诗研究的重要方法论。

---

① 在东巴经《司巴金补、司巴金母传略》中对此有所记载，司巴金补、司巴金母是人类始祖神董神与沈神的别称，此经书中比较隐晦地提到二者兄妹婚的经历，并认为由此导致了秽气的产生。此经书用于除秽仪式。

附录：纳西文与汉语拼音、国际音标对照表[①]

声　母

纳西文	b	p	bb	m	f（w）	d	t	dd	n	l
汉语拼音	b	p		m	f（w）	d	t		n	l
国际音标	p	p·	b	m	f（w）	t	t·	d	n	l
纳西文	g	k	gg	ng	h	j	q	jj	ni	x（y）
汉语拼音	g	k		（ng）		j	q			x（y）
国际音标	k	k·	g	ŋ	h	tɕ	tɕ·	dʑ	ɲi	ç
纳西文	z	c	zz	s	ss	zh	ch	rh	sh	r
汉语拼音	z	c		s		zh	ch		sh	r
国际音标	ts	ts·	dz	s	z	tʂ	tʂ·	dʐ	ʂ	ʐ

韵母表

纳西文	i	u	iu	a	o	e	v	ee	er	ei
汉语拼音	i	u	ü	a	o	e	v		er	ei
国际音标	i	u	y	ɑ	o	ə	v	ɯ	ər	e
纳西文	ai	iei	iai	ia	ie	ui	uai	ua	ue	
汉语拼音	ai	ie	（iɑn）	ia	（iou）	uei	uɑi	uɑ		
国际音标	æ	ie	iæ	ia	iə	uei	uæ	ua	uə	

---

① 参见和志武：《纳西语基础语法》，昆明：云南民族出版社 1987 年版。

参考文献

［1］方国瑜编撰，和志武参订：《纳西象形文字谱》，昆明：云南人民出版社 1981 年版。

［2］李霖灿编著：《纳西族象形标音文字字典》，昆明：云南民族出版社 2001 年版。

［3］云南省少数民族古籍整理出版规划办公室编：《纳西东巴古籍译注（一）》，昆明：云南民族出版社 1986 年版。

［4］云南省少数民族古籍整理出版规划办公室编：《纳西东巴古籍译注（二）》，昆明：云南民族出版社 1987 年版。

［5］云南省少数民族古籍整理出版规划办公室编：《纳西东巴古籍译注（三）》，昆明：云南民族出版社 1989 年版。

［6］东巴文化研究所编译：《纳西东巴古籍译注全集》，昆明：云南人民出版社 1999 年版。

［7］傅懋勣：《纳西族图画文字〈白蝙蝠取经记〉研究》，北京：商务印书馆 2012 年版。

［8］和志武：《东巴经典选译》，昆明：云南人民出版社 1994 年版。

［9］杨福泉：《纳西族文化史论》，昆明：云南大学出版社 2006 年版。

［10］杨福泉：《东巴教通论》，北京：中华书局 2012 年版。

［11］杨福泉：《纳西族与藏族历史关系研究》，北京：民族出版社 2005 年版。

［12］杨福泉：《多元文化与纳西社会》，昆明：云南人民出版社 1998 年版。

［13］杨福泉：《原始生命神与生命观》，昆明：云南人民出版社 1995 年版。

［14］约瑟夫·洛克著，刘宗岳等译：《中国西南纳西古王国（译校

本）》，昆明：云南美术出版社 1999 年版。

［15］奥皮茨、伊丽莎白·许主编，刘永青等译：《纳西、摩梭民族志——亲属制、仪式、象形文字》，昆明：云南大学出版社 2010 年版。

［16］白庚胜：《东巴神话研究》，北京：社会科学文献出版社 1999 年版。

［17］白庚胜主编：《玉振金声探东巴：国际东巴文化艺术学术研讨会论文集》，北京：社会科学文献出版社 2002 年版。

［18］白庚胜译：《日本纳西学论集》，北京：民族出版社 2011 年版。

［19］喻遂生：《纳西东巴文研究丛稿》，成都：巴蜀书社 2003 年版。

［20］喻遂生：《纳西东巴文研究丛稿》（第二辑），成都：巴蜀书社 2008 年版。

［21］郭大烈、和志武：《纳西族史》，成都：四川民族出版社 1994 年版。

［22］郭大烈、杨世光编：《东巴文化论集》，昆明：云南人民出版社 1985 年版。

［23］郭大烈、杨世光主编：《东巴文化论》，昆明：云南人民出版社 1991 年版。

［24］郭大烈主编：《纳西文化大观》，昆明：云南民族出版社 1999 年版。

［25］郭大烈、李锡主编：《纳西东巴文化要籍及传承概览》，昆明：云南民族出版社 1999 年版。

［26］和自兴、郭大烈、白庚胜等主编：《丽江第二届国际东巴艺术节学术研讨会论文集》，昆明：云南民族出版社 2005 年版。

［27］和钟华、杨世光主编：《纳西族文学史》，成都：四川民族出版社 1992 年版。

［28］和志武：《纳西东巴文化》，长春：吉林教育出版社 1989 年版。

［29］和志武：《纳西语基础语法》，昆明：云南民族出版社 1987 年版。

［30］习煜华：《习煜华纳西学论集》，北京：民族出版社 2009 年版。

［31］和力民：《和力民纳西学论集》，北京：民族出版社 2010 年版。

［32］和钟华、和尚礼编：《纳西东巴圣地民间文学选》，昆明：云南民族出版社 1991 年版。

［33］赵世红主编：《东巴文化研究所论文选集》，昆明：云南民族出版社 2003 年版。

［34］赵世红主编：《纳西族东巴教仪式资料汇编》，昆明：云南民族出版社 2004 年版。

［35］阿尔伯特·贝茨·洛德著，尹虎彬译：《故事的歌手》，北京：中华书局 2004 年版。

［36］约翰·迈尔斯·弗里著，朝戈金译：《口头诗学：帕里—洛德理论》，北京：社会科学文献出版社 2000 年版。

［37］尹虎彬：《古代经典与口头传统》，北京：中国社会科学出版社 2002 年版。

［38］格雷戈里·纳吉著，巴莫曲布嫫译：《荷马诸问题》，桂林：广西师范大学出版社 2008 年版。

［39］阿兰·邓迪斯著，朝戈金等译：《西方神话学读本》，桂林：广西师范大学出版社 2006 年版。

［40］朝戈金：《口传史诗诗学：冉皮勒〈江格尔〉程式句法研究》，南宁：广西人民出版社 2000 年版。

［41］巴莫曲布嫫：《鹰灵与诗魂——彝族古代经籍诗学研究》，北京：社会科学文献出版社 2000 年版。

［42］巴莫曲布嫫：《神图与鬼板——凉山彝族祝咒文学与宗教绘画考察》，南宁：广西人民出版社 2004 年版。

［43］格雷马斯著，吴泓缈译：《结构语义学：方法研究》，北京：生活·读书·新知三联书店 1999 年版。

［44］亚里士多德著，陈中梅译：《诗学》，北京：商务印书馆 1996 年版。

［45］普罗普著，贾放译：《故事形态学》，北京：中华书局 2006 年版。

［46］诺思罗普·弗莱著，陈慧、袁宪军、吴伟仁译：《批判的解剖》，天津：百花文艺出版社 2006 年版。

［47］斯蒂·汤普森著，郑海等译：《世界民间故事分类学》，上海：上海文艺出版社 1991 年版。

［48］理查德·鲍曼著，杨利慧、安德明译：《作为表演的口头艺术》，桂林：广西师范大学出版社 2008 年版。

［49］彭兆荣：《人类学仪式的理论与实践》，北京：民族出版社 2007 年版。

［50］刘亚虎主编：《南方史诗论》，呼和浩特：内蒙古大学出版社 1999 年版。

［51］阿地里·居玛吐尔地：《〈玛纳斯〉史诗歌手研究》，北京：民族出版社 2006 年版。

［52］阿地里·居玛吐尔地：《口头传统与英雄史诗》，北京：中央民族大学出版社 2009 年版。

［53］刘魁立等：《民间叙事的生命树》，北京：中国社会出版社 2010 年版。

［54］祁连休：《中国古代民间故事类型研究》，石家庄：河北教育出版社 2007 年版。

［55］刘守华：《中国民间故事类型研究》，武汉：华中师范大学出版社 2002 年版。

［56］和即仁、姜竹仪编著：《纳西语简志》，北京：民族出版社 1985 年版。

［57］丹珠昂奔：《藏族神灵论》，北京：中国社会科学出版社 1990 年版。

［58］金鹏主编：《藏语简志》，北京：民族出版社 1983 年版。

［59］王辅仁：《西藏佛教史略》，西宁：青海人民出版社 1981 年版。

［60］诺吾才让：《本教与古代藏族社会》，北京：民族出版社 1994 年版。

［61］孙正国：《藏族神话母题的文化解读》，北京：中国社会科学出版社 1990 年版。

［62］谢热：《藏族习俗中的本教遗迹》，《青海社会科学》1988 年第 2 期。

［63］李学琴：《藏族神话研究》，北京：民族出版社 1984 年版。

［64］金泽：《宗教人类学导论》，北京：宗教文化出版社 2001 年版。

［65］郭于华：《仪式与社会变迁》，北京：社会科学文献出版社 2000 年版。

［66］马林诺夫斯基著，李安宅译：《巫术科学宗教与神话》，北京：中国民间文艺出版社 1986 年版。

［67］史宗主编：《20 世纪西方宗教人类学文选》，上海：上海三联书店 1995 年版。

［68］钟耀萍：《纳西族汝卡东巴文研究》，西南大学博士学位论文，2010 年。

［69］曾小鹏：《俄亚拖地村纳西语言文字研究》，西南大学博士学位论文，2011 年。

［70］和继全：《白地波湾村纳西东巴文调查研究》，西南大学博士学位论文，2012 年。

［71］杨林军：《明代到民国时期纳西族历史地理考察》，西南大学博士学位论文，2013 年。

［72］GREGORY NAGY. Greek mythology and poetics. Ithaca：Cornell University Press，1990.

［73］KAR REICHL. The oral epic performance and music. Berlin：GAM – Media Gmbh Press，2000.

［74］ SCHECHNER. The future of ritual: writing on culture and perform-ance. New York: Routledge. 1995.

［75］ HELEN REES. Echoes of history: naxi music in modern China. New York: Oxford University Press, 2000.

［76］ F BOAS. Primitive art. New York: Dover Press, 1955.

［77］ FORCEVILLE C & E URIOS - APARISI. Multimodal metaphor. Berlin & New York: Mouton degruyter, 2009.

［78］ ROCK J F. A Na - khi - English encyclocloedic dictionary: part II. Rome: Istituto Italiano per il Medio ed Estremo Oriente, 1972.

［79］ ROCK J F. The Na - khi naga cult and related ceremonies: I and Ⅱ. ［s. l. ］: Serie Oriental Roma, 1974.

［80］ MICHAEL. Oppitz, Naxi and Moso ethnography: kin, rites, pictogra-phys. ［s. l. ］: Munchen University Press, 1997.

［81］ BELL C. Ritual theory, ritual practice. New York & Oxford: Oxford University Press, 1992.

［82］ FRANKFORT HENRI. The intellectual adventure of ancient man: an essay on speculative thought in the ancient near east. Chicago: University of Chica-go Press, 1977.

后记：唯愿大地歌如风

　　本书是国家社科基金项目"川滇地区东巴史诗的搜集整理研究"（18BZW187）的阶段性主要成果。成果永远是阶段性的，因为一直在路上。问道东巴，结缘东巴，不经意间在这条路上蜗蜗前行了 20 余年，一直忘不了第一次访谈东巴时的情景：天色渐渐暗了下来，刚歇了一会儿的细雨又淅淅沥沥地下了起来，山路泥泞蜿蜒。我艰难爬上一个垭口，往前方探视，仍没见到一户人家，群山如兽，狰狞可怖。心下不禁悲凉起来——看来今晚要栖身于山林中了！体力已经严重透支，为了壮胆，我就坐在路边一石头上，点燃了一根烟——民间有这样的说法：夜间在山林中赶路，胆小者易入鬼路而丧命，而带有人气的烟味、口水、声音是可以驱鬼的。抽完第三根烟，突然听到拖拉机的声音，喜出望外！坐着拖拉机走进东巴家时，天已经黑得伸手不见五指了。这是我第一次对东巴文化进行田野调查的经历，至今仍历历在目，刻骨铭心。或许第一次就预示了这条问道东巴之途的崎岖艰难。一晃就快 20 年了。此生谁料，一个从小就与东巴文化绝缘的人长大后成了东巴文化的探索者。

问道东巴：亦无风雨亦无晴

　　东巴文化是纳西族标志性传统文化。但这并不意味着东巴文化在当下的纳西文化中占有绝对性的统摄地位，或者说并不是每一个纳西人都是在东巴文化的习得中成长的。说来也惭愧，我的青少年时光与东巴文化是绝缘的，一直到大学毕业从未看过东巴经书，也没见过任何东巴文化活动。据我的家谱记载，祖上系明清时期从内地移民至丽江的汉人，经 600 多年与当地纳西原住民融合，已经成为地道的纳西人。当然，这个"纳西人"与三坝、俄亚等地的纳西人，泸沽湖区域的纳人多少还是存在着文化差异，最突出的一点是受东巴（达巴）文化影响较少而受汉文化影响更为突出。这种文化差异既

与汉族移民身份有关，也与丽江的地方性历史文化密切相关。雍正元年
（1723）朝廷剥夺了木氏土司的特权，在丽江实行"改土归流"，经济制度上
地主经济取代了领主经济，从而迅速与内地接轨；文化上实行"以夏变夷"，
推行文化同化政策，贬斥东巴文化为"牛头马面"，迫使东巴文化退缩回偏僻
山区。五四运动提出打倒"孔家店"，提倡民主、科学，东巴文化作为封建迷
信受到批判与排斥，至于"文革"期间的"破四旧"更是东巴文化的灭顶之
灾。可以说东巴文化先天不足，后天失养。而我们这一代，既隔绝于本民族
传统文化，又远离了儒释道传统文化的习得环境。今天所积累的那点东巴文
化知识是我大学毕业后重新补课获得的。

1996 年大学毕业后我到丽江师范学校教书。学校在美丽的黑龙潭公园畔，
与丽江市东巴文化博物馆、丽江东巴文化研究所邻潭而居，所以经常可以看
到在公园内举行的各种东巴仪式场景，有时也过去看稀奇。1999 年在丽江召
开国际东巴艺术节，开幕式场景极为壮观，画着人间、天堂的《神路图》从
狮子山顶一直铺设到山麓的体育场内，东巴们摇着板铃、举着宝剑从《神路
图》庄严地走下来，俨然是从天上下凡的神灵，背景是狮子山上郁郁葱葱的
柏林。说来也奇怪，开幕式那天丽江风云突变，暴雨如注，而体育场这块地
竟滴雨未落！当时坐在我旁边的是年逾花甲的木丽春先生，他一直不停地擦
拭着眼睛，我以为老先生患了"迎风泪"之病所致。过了一会儿，老先生感
慨道："真没想到，这辈子还能看到东巴文化的这般景象！"这让我心灵也受
到了震撼。如果没有对东巴文化这么深厚的感情是不会如此动容的。后来了
解到，木老师在丽江中学读高中时，就与同学牛相奎合作，根据东巴经典名
篇《鲁般鲁饶》创作了《玉龙第三国》，并在《边疆文艺》上公开发表，轰
动了当时的云南文坛。木老师高中毕业后从事民族文化收集整理工作，为国
家搜集了近千本东巴经书，同时付出了惨重的代价，在政治运动中，他遭受
批斗，下放矿厂、农村等不公待遇，但他无怨无悔，平反后义无反顾地一头
扎进了东巴文化的调查研究工作中，出版了 30 多本东巴文化专著，成为地方
知名学者。因为木老师在黑龙潭旁边的文化馆工作，又借着同乡关系，所以
我有了更多学习机会，从他那里时常听到关于东巴文化的故事传说，以及东
巴文化传承人、学者的相关故事，从而对东巴文化有了新的认识。

真正与东巴文化亲密接触还是到云南大学攻读硕士研究生之后的事。当
时论文选题是纳西族与藏族宗教联系的语言学考察，主要是从语言词汇方面
对纳西族东巴教与藏族的本教、藏传佛教进行比较研究。塔城、三坝是纳西
族与藏族杂居、毗邻的山区，因此重点对这两个地方进行了田野调查。2002
年 8 月去塔城乡署明村调查传统的祭天仪式。这是我进行东巴文化调查的第

一个田野点。那一天本来是和氏家族的祭天日，却请了杨玉勋、杨玉华两个年轻东巴来做主祭。后来了解到和氏、杨氏两个家族祭天时的主祭东巴是互换的，这说明了两个家族的亲密关系。署明村的祭天习俗一直没有中断，即使在"文革"期间也照常举行，东巴文化的根脉在此顽强地生长着。在那次仪式中，我感受到了东巴文化还活在民间，仍根植在民众的信仰中，这与丽江城里展演类型的东巴文化是不同的。"纳西祭天人"，"纳西祭天为大"。听村民介绍，举办一次祭天仪式，要举全村之力，准备一年多的时间。真正的祭天，准备时间从饲养作为祭天牺牲的小猪算起，从挑选培育秧苗的种子算起①，在祭天仪式上要用的木柴都是经过精挑细选的。如果在哪个环节出问题了就是对祖宗及神灵的不敬，祭天效果就打折扣；哪个人或哪个家庭不出力，态度不好，则为宗族群体所不齿；如果违背了族规，犯了事还会被取消参加祭天资格。

可以说，此次祭天仪式使我对东巴文化的印象从书本及展演层面进入了生活层面，同时也给了我强烈的文化震撼。同处一个时代，同是一个民族，思想观念差异如此巨大。他们也与现代人类一样看电视、开汽车、用手机、穿西装，但在深层的心理意识层面，他们还是坚守着世代传承的祖训——敬天法祖，敬天就是遵循天道，亲近自然；法祖就是慎终追远，秉承祖训，和合至上，笃诚守规。他们居住的地方往往保留了一片青山绿水，村民关系和睦友好。他们认为万物有灵，自然界中的一草一木都是有生命的，不能无故伤害，否则会欠下自然神灵的债务，不还债终身不得安宁，甚至死后会变成孤魂野鬼。做人不守规矩，违背天伦，属于道德有污点，属于不洁行为，这不只是欠下鬼神的债务，而且会给家人、社区带来不祥之灾，所以要举行相应的东巴仪式对这些人进行规劝、让他们忏悔，或者进行区隔，由此形成强大的社会压力。如村中有作奸犯科者则不能参加祭天仪式，甚至把其所在的家庭都排斥在宗族的祭天仪式之外。从这个层面而言，东巴文化具有协调社会关系、调适人与自然关系，乃至规范社会伦理道德的功能。

有一次在塔城田野调查，有个老东巴给我讲了一个真实的故事：家里儿媳妇刚过门，对饲养牲畜没有摸着门道，致使家里的牲畜家禽接二连三病死，甚至连年猪都没剩下，只得花钱去买。这在村里是很丢人的，属于典型的败家子。家里的婆婆也有一肚子气，村里闲言碎语四起，新媳妇承受着巨大的舆论压力，老东巴都看在眼里，但没有任何怨言。春节过后，他召集家人商

---

① 作为祭天牺牲的猪要求身体全黑，四只猪蹄要呈白色，而祭天时用的稻谷种子必须是颗粒饱满的，不能有瘪谷。

议说，去年家道不顺，殃及家畜，他算了一卦，是家里进了伤害家畜的恶鬼，要举行驱赶恶鬼、祈求六畜兴旺的禳灾仪式。于是选了一个吉日举行仪式。在仪式中老东巴念诵了有关烧天香、除秽、请神、献牲等相关经书后，开始念诵如何饲养牲畜的经书。老东巴娓娓道来如何给牲畜喂饲料，如何找草料，如何添加夜料，如何放牧，如何照顾产崽的母猪等。在火塘边忙碌的儿媳妇都听进去了，对她来说，这场仪式不亚于一次畜牧专业培训课，客观上也缓和了一场家庭矛盾。从这个意义而言，东巴文化并不只是迎神驱鬼的祭祀活动，也包含了丰富的生产劳动知识，这是纳西先民在漫长的生产实践中积累的生存经验。我多次在田野中听到村民们说"我们是靠封建迷信而活着的"。这既是对历次政治运动对东巴文化污名化的反讽，也是对自身传统文化的认同。

在有些人的心目中，东巴教是落后、愚昧、野蛮的，但不可否认的是东巴教中有些合理因素在现代社会中仍具有借鉴意义。东巴教认为人们生存于社会舆论之中，贬低与攻击性的舆论会产生口舌是非，所以要举行退口舌是非仪式才能将是非灾难退送回去，表达了纳西族人民对没有是非、和谐美好的幸福生活的向往。和力民认为这一仪式不仅具有事后补救的仪式功能，而且可以事先预防是非的产生。1988年，他在俄亚就遇到了一个主人做生意发财后做此仪式的个案。田松认为现代人对现实中的口舌是非没有程序性的处理方案，有时还会造成严重的社会问题，而传统的纳西人处理此类问题更具智慧：把造成口舌是非的原因归于是非鬼——部鬼，"都是恶鬼惹的祸！"这使得发生口舌是非的双方直接从是非对错、孰是孰非的纠缠中解脱出来，在某种意义上承认了人自身的缺陷，这种智慧是现代人所不具备的。[1] 口舌是非并非是落后地区、民族社区的"专利"，在现代社会中同样存在，且更为突出，现代人如何处理这些口舌是非问题？是在口舌争辩中决出孰是孰非？还是诉诸法律？不少现代人将这些传统视为落后的、需要逐步革除的非理性因素而予以鞭挞。当代人类社会处于工业主导的现代文明体系之下，传统的农业沦为配角，但我们也应该看到：所谓的现代文明并没有将传统文化全面取而代之，换言之，如果现代文明不能正视这一基本文化事实，自身也很难落地生根。基于此，承认民间传统纠纷解决观的社会功能价值，适时整合吸纳，应有助于当下民族、边疆问题的治理。

可以说，通过这十多年来对东巴文化的调查学习，无形中我补上了一直缺位的民族文化传统课程，也给了我一个与其他民族、现代文化进行比较的

[1]　和力民：《田野中的东巴文化》，北京：民族出版社2016年版，第3页。

参照及文化视野，更多的是从传统中反思自己所处的文化生境及文化隐喻。随着对东巴文化调研的深入，原来以为东巴文化离我生长的环境很遥远，但其实我一直在其文化场域间。也就是说，当仪式层面的宗教外衣褪去时，其文化内核仍隐藏于民众的日常生活及心理层面，并持续地或隐或显地发挥着不可或缺的文化功能。正如丽江古城的建筑格局，表面上看似与内地，尤其是江南小镇的"家家流水，户户垂杨"风格大同小异，但它与汉族讲究对称平衡的"九经九纬"建筑形制大相径庭，而是采取了遵循自然态势、依山傍水、顺水而居、引水而居的建筑格局，看似无意，实则和东巴文化强调的人与自然和谐相处的原理是一脉相承的。

"回首向来萧瑟处，亦无风雨亦无晴。"回首近 20 年来的东巴文化探索之旅，我不敢以东巴文化专家自居，只能说是一个初探者，或者说从原来的一无所知，到现在的略有所知而已。几乎每一卷东巴经书里都要提到这样一句话："不知道这一事物的出处与来历，就不要说它。"这种强调出处与来历的观念就是纳西人的集体意识——敬天法祖，慎终追远。董作宾先生比喻的汉字与东巴文对话是仓颉老圣人与神童麦琮之间的对话。[①] 与仓颉为代表的汉字及其文化研究相比，东巴文化研究尚处于幼儿启蒙阶段。东巴文研究虽有百年历史，但其研究领域尚多盲点、空白，至今我们无法断定东巴文产生的年代，甚至对东巴文的文字性质、构造特征仍无定论，对东巴文的字词关系，以及与经文、仪式、口头传统等方面的关系仍处于探索阶段。这说明，我们仍处于一个需要更为深入认识东巴文化的"启蒙阶段"，这个启蒙阶段是无法跨越式发展的。只有认清这个最大的现实，我们才能踏实地做点事情，才能不忘初心，铭记本来，朝向未来。

东巴命运：似曾相识燕归来

东巴文化有存活价值，有着不可替代的文化价值、社会价值，但这并不意味着东巴教的全面复兴或朝着基督教、佛教那样的人文宗教类型发展。虽然我们也不否认东巴教在一些偏远地区仍艰难地存活着、发展与丰富着，譬如在无量河流域的俄亚、拉伯、依吉等乡村，东巴教仍作为全民信仰的宗教而存在。而在旅游业发达的丽江城区，东巴文化借助旅游业的推动也呈现出"复兴"势头，有关东巴文化的研究机构、团体层出不穷，从事旅游服务业的东巴也呈现上升趋势，云南省东巴文化保护与传承协会还制定了东巴学位制

---

① 董作宾：《〈么些象形文字字典〉序》，见郭大烈、杨世光编：《东巴文化论集》，昆明：云南人民出版社 1985 年版，第 479 页。

度，并每年定期发放传承资金。但这种"复兴"并非传统意义上的文化复兴，因为这种文化是从外部植入的，而非源于当地民众内在的自发性发展需求。

东巴教先天不足、后天失养的窘境决定了其衰落命运的不可逆转性。东巴教在发展过程中虽然吸收了本教、藏传佛教的某些文化因子，但其自身仍保留着浓厚的巫教、原始宗教的特征，长期在原始宗教与人文宗教过渡状态间徘徊不前，最终没能跨入人文宗教的门槛。后天失养主要在于历史上纳西族没有建立过自己统一的政权，长期处于"依江附险，酋寨星列，不相统摄"的历史割据局面，也没有得到地方政权的支持，基本上处于各自为政，自生自灭的状态。再后来，雍正元年的"改土归流"、鸦片战争后的洋务运动、辛亥革命后的五四运动，在特定的时代语境下，东巴文化且战且退，逐渐退缩回偏远山区而独善其身，而这些山区交通困难，经济发展滞后，政治实力虚弱，反而束缚了东巴文化自身的创新与变革。反过来，在民国时期，经济相对发达的丽江县境内出现了东巴雕版印刷、东巴庙、东巴学校、东巴法会等新生事物，但这并没有改变东巴教原生宗教的性质。原生宗教的概念在金泽的相关原始宗教论述中有深入的阐述，杨福泉的《东巴教通论》中也把东巴教性质定位为原生宗教。原生宗教是对以往原始宗教的修正，但应该指出，原生宗教与相对成熟的人文宗教并非同义。并未演进为全民族信仰的人文宗教，在整个民族文化中仍处于底层的民间文化地位。20世纪50年代以后，东巴教活动基本上处于停滞状态，东巴教被污名化，被视为"牛鬼蛇神"，尤其在"文革"期间受到批判压制，直到80年代以后才有所恢复。90年代以来随着丽江旅游业的崛起，东巴文化借助"文化立市"而得以"复兴"，整个古城到处是以东巴命名的商店、客栈、商品，甚至出现了"东巴美容""东巴按摩"等名目。杨丽萍主导的《云南的响声》的舞台背景上也装饰着东巴字，其字面意思为"一群大鬼来了"。为了满足、迎合游客的文化差异性体验，东巴文化不断被赋魅、神秘化，这种人为地复制、拼贴东巴文化，使东巴文化沦为拜物教，作为民间宗教的神圣性已经被商业化、同质化消解。旅游市场上东巴文化的虚假繁荣掩盖不了其"无可奈何花落去"的宿命。

当然，作为宗教，东巴教命运的衰落并不意味着东巴文化的死亡，作为"纳西族古代社会的百科全书"，它所蕴含的文化价值、艺术价值、学术价值、思想价值等多元价值仍具有深远的存在价值。文字的产生对人类文明社会的进程意义重大，作为象形文字的东巴字无疑具有高度的研究价值，这也是语言文字研究在东巴文化研究中先声夺人、成就斐然的主要原因之一；以东巴神话、东巴史诗为主体的东巴文学不仅是纳西族文学史中光彩夺目的篇章，在中国文学史中也占有一席之地。以东巴舞谱、东巴画谱、东巴唱腔为代表的东巴艺术的研究成果曾一次次受国内外艺术界的瞩目。繁复庞杂的东巴经书、规模浩大的宗教祭祀仪式，以及其所包含的自然崇拜、图腾崇拜、神灵崇拜、祖先崇拜、亲属制度、婚姻制度、文化变迁一直成为国内外人类学关注的热点。

东巴文化虽然作为宗教信仰的命运不再长远，但其文化生命、艺术生命、思想价值生命仍源远流长，历久弥新。正如当下以东巴书法、东巴雕刻、东巴绘画、东巴装饰等为代表的东巴艺术不仅步入了高校课堂，而且通过市场走入千家万户；东巴文化所阐述的"人与自然和谐相处"的理念逐渐深入人心，并与新时代因素结合而获得了新的生机。东巴文化表面上看似"无可奈何花落去"，但也可以"似曾相识燕归来"。通过大家的努力，它可以重新焕发生机与活力。从这个意义上来讲，东巴文化的生命是永恒的，但这需要更多人的参与、支持、努力。我们在对东巴文化进行抢救、延续其生命的同时，要做好善后工作，如建立博物馆或者数据库。趁着老东巴还健在，东巴仪式还在民间延续的良机，进行多学科、多层次、多领域的调查、深描、整理、研究，并把一些合理的、有价值的文化理念融入现代文化中，从而使东巴文化的生命在某种意义上得以延续，这可能是当下最为要紧的事情。这就像一滴水只有融入大海才能得以永恒。

不忘本来：从目治之学到口耳之学

和学文老东巴去世后，和承德东巴在丽江东巴文化博物馆待过几年，他擅长打卦占卜，也能主持东巴仪式。与其他东巴不同，他是个盲人，经常被人邀请去主持东巴仪式。有一次我随他去大具参加了禳栋鬼仪式。一个没学过东巴字的东巴能够主持东巴仪式，与他自小在浓郁的东巴文化氛围中成长、习得密切相关。这也给了我一个启发——东巴文字及东巴经书并未改变东巴文本的口头文本属性。

从东巴叙事传统而言，在很长的一段历史时期，东巴经典是被作为类似于作家文学一样的书面文学文本来看待的。东巴文化的声名鹊起也是得益于东巴文学作品的整理、创编。我们不否认东巴经籍包含着大量类似于讲故事的神话、史诗、传说、故事的文本，但其实质是作为口头传统而存在的。

我在此把东巴经籍文本定位为口头文本可能会引起一些人的误解——东巴文化是以东巴象形文字书写记录而成的东巴经书为载体的，怎么能说都是口头传统呢？人类是先学会说话，再经过漫长的岁月才有文字的创制，口头先于文字而存在是一个普遍的共识。东巴文化同样如此，先有口头的东巴文化，再有书面文本的东巴文化，或者说是口头与书面文本层面的东巴文化共存。我们看到，东巴象形文字记录的东巴经籍文本绝大部分是东巴口头文本的记录文本，这从东巴经籍文本中大量存在着程式化的词语、句法特征、主题或典型场景、故事范型、居高不下的口头程式密度就可以得到证明。东巴经籍文本就是东巴在仪式中为口头吟诵服务的提词本，属于典型的口头记录文本。它本身源于口头，服务于口头。东巴象形文字本身有字无词、有词无字、非线性排列、非逐字记音等不成熟的文字特征也决定了它的半口传文本性质。而且这些带有浓厚的口头程式特征的东巴经籍文本与东巴画、东巴舞、东巴音乐（主要包含东巴唱腔、东巴乐器、民歌调）、东巴工艺等多元艺术表演融合在一起来实现叙事、治疗、祈福、禳灾、表演、传承等多元文化功能。从这个意义来说，东巴叙事文本绝不只是像书面文学作品那样来阅读的，而主要通过东巴在仪式现场的吟唱来听的，是通过东巴在仪式中的歌舞、绘画、制作工艺来欣赏观看的，是通过神圣庄严的宗教情境来体验的，所以说东巴叙事文本不仅属于口头文本，而且属于纳西族源远流长的口头传统。口头诗学大家约翰·迈尔斯·弗里把这些不同尺度的程式化单元称为"大词"。他认为最小的"词"便是整个诗行，较大的"词"或者是一通讲话（可长达若干行），或反复出现的典型的场景（武装一位英雄、旅行到一座城市、聚集起一支队伍等），乃至整首史诗故事。史诗歌手将一个"词"看作一个表达单元。这个单元在口头史诗中起到结构性作用。[1] 这在东巴叙事传统中也是普遍存在的。有些名词性修饰语在叙事情节中具有"指南"功能，如一提到"khɯ³³ y³¹ʐɛ⁵⁵dʑ i³³"（快脚小东巴），就千篇一律地预示着后面将要发生的情节——故事主人公遇上难题，需要去请大东巴做相关仪式来免除困难灾祸，其后就是描述举行仪式的过程、场景，以及仪式获得圆满后的说明。这种名词性修饰语往往与特定的故事范型、仪式类型相联系，如"快脚小东巴"这一传统性程式片语往往与驱鬼禳灾类、祭署类故事及仪式密切相关。程式最大的一个特征就是惊人的相似性与重复性，这些不断重复的套语、场景、主题、故事类型给东巴提供了丰富的演述利器，这也是东巴能口若悬河、滔滔不绝、记忆超群的秘密所在。

我在研究过程中发现，不仅在东巴经籍文本中大量存在着口头程式特征，在东巴舞蹈、东巴绘画、东巴工艺、东巴音乐中也同样存在着类似于口头程式的程式特征，我把这些仪式中存在的不同单元程式合称为"仪式程式"。这

---

① 约翰·迈尔斯·弗里，朝戈金译：《口头程式理论：口头传统研究概述》，《民族文学研究》1997 年第 1 期。

些仪式程式就是东巴主持仪式时灵活机动地进行口头演述、歌舞表演、工艺制作及与观众互动、神灵沟通的秘密武器所在。以前我们把东巴神话、东巴史诗当作东巴文学，从而在纳西族文学史里获得了独立的学术地位，其开创之功不能抹杀。但东巴神话、东巴史诗不能仅仅视为可供眼睛阅读的民间文学，它其实是口耳相传的口头传统。也就是说，从目治之学到耳治之学，既是东巴文学研究的一个新方向，也是本书所努力的攻关目标。

只了解一种宗教是不了解宗教，同样，只了解一个民族的文化是不能了解这个民族的文化的。东巴叙事传统并非独立存在的文化事象，如果没有横向的与其他民族文化的比较研究，则无从寻找民族文化之根，也找不到自身叙事传统的历史成因。直言之，如果没有藏族本教、藏传佛教及汉文化的影响，便无以解释东巴教的诸多教义、名称、经典以及仪式内涵，甚至连"东巴"及教主丁巴什罗都只能在藏文化背景下才能得以解释清楚。如果不理解这些，更无从谈起其叙事传统；如果没有知悉彝语支民族的文化背景，便无以理解东巴文化及叙事传统的来龙去脉，因为东巴文化的原生文化、底层文化就在那里，东巴叙事传统中的宇宙空间、变化生成万物、洪水神话、父子连名制、送魂路线、火化、笃（董）阿普等诸方面都存在着惊人的相似，这绝非以人类文化共性能够阐释的；当然，作为南方山地民族，并非所有文化都是近邻传播或血缘传承的，有些是共同地域、共同经济生活方式所共享的，这在南方民族的神话与史诗的存在形态中就可以得到证明，以神话为范例，祖先崇拜为动力，仪式中的叙事为表现形态就是南方民族神话及史诗最集中的特点。这也是我把东巴叙事传统与藏族、彝族、壮族的史诗进行横向比较研究的原因所在。

感恩与祈福：唯愿大地歌如风

我从一个"东巴盲"到成为一个东巴文化探索者，有赖于诸多东巴老师们的引渡之功。

借地利之便，在东巴文化博物馆、丽江东巴文化研究所认识了和开祥、和即贵、和学文、和士成、和云彩等学识高深的东巴大师，他们是我最早认识的东巴，听他们闲聊，能了解一些东巴文化常识。因当时未涉足东巴文化研究，并未对他们做过深入的访谈，认识他们只是因为他们名声大，而他们声名鹊起与丽江旅游的兴起及东巴文化被不断赋魅密切相关。

那次塔城署明村祭天结束后，我跟随杨玉勋、杨玉华两个年轻东巴去他们的师傅——和顺老东巴家。老人生于 1926 年，出生于东巴世家，6 岁随父学习东巴教文化，青年时就已主持各种东巴仪式，熟谙东巴经书，擅长东巴舞蹈及东巴画，是远近闻名的大东巴，为国家级"非遗"项目东巴画的第一个传承人。让我吃惊的是老人最后的一番话——"东巴已经没有了，没有已经50多年了，一个已经断气50多年的人还能活过来吗？我是看不到它活过来的希望了！"当时东巴文化恢复势头正旺，在政府层面已经成立了东巴文化博物馆、东巴文化研究所两个研究机构，接连举办了两次有影响的国际东巴文化艺术节暨学术研讨会，东巴谷、东巴万神园、玉水寨等以东巴文化为主题的旅游景区的经济效益一直不错，老东巴自己也收了不少徒弟。后来我才明白，他说的"东巴文化已经死了"是指信仰层面的东巴文化。现在旅游层面的东巴文化得以恢复，的确有借尸还魂的意味，但能否把东巴文化的魂——文化信仰真正喊回来，对此我也不敢太乐观。

　　2003年9月丽江召开国际东巴文化艺术节暨学术研讨会，期间我访谈了来自白地的大东巴树银甲。他说，做梦也没想到东巴文化还能时来运转，以前是把东巴经书当作牛鬼蛇神予以烧毁，有些经书被人拆散后串在线上挂到稻田里作为驱赶麻雀的工具。他说三坝还是有人信东巴教，有些民间习俗还是由东巴来主持，东巴文化并没有完全死绝。这可能与三坝远离丽江、迪庆两个地方行政中心，东巴文化根基深厚的文化传统有关。就东巴文化现状而言，三坝—洛吉—俄亚—依吉—拉伯这一环线构成了东巴文化生态较为完整的区域，也是亟待从国家乃至国际层面重点保护的文化生态区。

　　一个不得不面对的事实是老东巴们一个个离世，东巴文化信仰趋于式微。但我也看到了还是有不少有心人为了延续这把文明薪火做着力所能尽的事情，他们身上体现出来的这种情怀让我感动。和力民老师既是纳西族地区远近闻名的大东巴，也是东巴文化研究的知名学者，田野足迹遍布滇川藏东巴文化村落。他参与编译《纳西东巴古籍译注全集》，翻译经书文字达400多万字。早在20世纪90年代，他在老家成立了东巴文化传承协会，率先恢复了祭天仪式，20多年来一直延续不断，而且在他的指导下，龙山、七河、鲁甸、奉科等地的祭天仪式也得以恢复。有一年，俄亚老东巴机才构土患了癌症到丽江治病，和老师赶到医院，慰问中了解到俄亚成丁礼的相关情况。几个月后老人不幸去世，和老师从老人口中将这份珍贵的文化遗产抢救下来了，后来他在丽江恢复了这一传统习俗，使这一远古文脉得以延续。除了和老师，我认识的木琛老师、和继全博士也是具有学者与东巴双重身份，他们一方面深入挖掘东巴文化所蕴含的文化价值，一方面也做着传承、宣传工作。

　　和树荣老师是三坝完小的退休教师。1998年，他时任三坝完小校长，当时村中除了一个70多岁的和占元老东巴外，学习东巴文化的年轻人几乎断绝，村里的东巴文化命悬一线。和老师并不是东巴，但他深知东巴文化的价值及对村民的意义，为此忧心忡忡。后来他与老东巴、村主任彻夜长谈，三人决定在村中开办东巴文化传承学校，由此走上了一条崎岖不平的传承之路。经过动员，村里有 20 多个学员自愿参加传承活动，利用农闲时节、晚上时间，大家跟着老东巴和占元，从学习东巴文字开始，踏踏实实地学了整整十年。2009 年 6 月和占元老东巴去世，他的 20 多个徒弟举行了规模空前的超度什罗仪式。和树荣老师惋惜地说，老东巴天赋高，能够滚瓜烂熟背诵 80 多本经书，67 种咒语，现只整理出来了一些，但大部分仍未完成，尤其是咒语部分一直未能整理。大家都以为老人家身体还很硬朗，还可以坚持几年，现在却成了无法弥补的遗憾。一位德高望重的老东巴，就是一座巨大的知识宝库，一座会说话、走路的博物馆、图书馆，一旦老人去世了，这些巨型宝库也就没有了。

深山也不能避世。无量河边的树枝村应该说是东巴文化生态保存较完整的村落了，但这几年也遭受着现代文化的冲击。石宝寿是树枝村的大东巴，祖上世代为东巴，其父石波布就是无量河区域著名的大东巴。村民至今仍信奉东巴教，石宝寿一年到头忙于村里的大小东巴仪式。我们在调查期间注意到，即使在他主持丧葬仪式的间歇，仍有周边村落的村民过来请他卜定日子、给小孩起名字……整个仪式做下来，所得报酬只是传统的一些糖、茶、酒、腊肉，规模大一些的仪式就分点牲畜的大腿或头，家境好些给个百把块钱。有一次，一个博士生目睹这样一件事：石宝寿东巴做了一天仪式后主人家给了他一坨砖茶，共有三小块饼茶。这个博士生对他说："以每块五元计，最多值十五元。你可能是最物美价廉的东巴了。"这的确是实情，在丽江旅游景区，不少东巴随便写个东巴字就是五十元以上，合张影也有一二十元的收入。石宝寿说，他不是不想去丽江做东巴，但离不开，因为他一旦离开，村里没有人主持仪式，祖上一脉相承的东巴世家就在他手上断绝了，他担不起这个责任。他感觉一个村的生命与他的家世是紧紧地连在一起的。

在这儿讲这些可歌可泣的东巴文化传承故事，就是要感恩他们的付出与努力。正因为他们长年坚持不懈的传承，东巴文脉才得以源远流长，我们才有可能亲密接触这一民族文化，而非只能在冰冷的博物馆展柜里凝视。同时也要感恩这些年来给我传经布道、讲经解惑的东巴老师们，除了上面提及的东巴传承者以外，还有玉水寨东巴杨玉勋、石春、和旭辉、和华强、和泰、和学东、鲁甸、塔城东巴和桂生、陈四才、和秀东、杨玉华，六区东巴更布塔、和继先、和承德、安普娜姆，三坝乡东巴和丽军、和树昆、杨玉春、和根茂、习建勋，宁蒗县拉伯乡东巴石宝寿、杨扎实、石林、哈巴若，俄亚东巴英扎次里、年若等，还有东巴文化博物馆的两位东巴兼老师。此外还要感谢戈阿干、木丽春、木琛、和丽宝、和力民、王世英、李英、和虹、和云峰、和继全、杨一花、钟耀萍、光映炯、冯莉等一批东巴学者的勉励与切磋之功。

感恩他们，没有他们，我无法看懂东巴经这本"天书"，更无法领略其间所隐藏的神秘而辽阔的文化密码。

感谢杨福泉、尹虎彬、巴莫曲布嫫、朝戈金、白庚胜、和自兴、杨国清、李群育、杨一奔、和长红、李锡、牛增裕、李德静、和丽萍、和红阳、杨树高、陈桂云、吴晓东、朱刚、李斯颖、屈永仙、吴刚、毛巧辉、邱婧、王德炯、杨金山、年建生、和振华等师友一如既往的指导与帮助。感谢武艳飞编辑的宽容与精心编排。最后要感谢家人多年来背后默默无闻的付出与支持。合什祈福：愿吉音萦耳，长寿吉祥，愿青山常绿，流水满潭，唯愿大地歌如风。

杨杰宏

2018 年 12 月 17 日

于北京建国门